1888 813 6961

01693609183

02640455370

czwartek

1k

IRENA DOBRZYCKA

ENGLISH FOR POLES

SELF TAUGHT

JĘZYK ANGIELSKI DLA SAMOUKÓW

COMPLETE COURSE IN THE ENGLISH LANGUAGE FOR POLISH SPEAKING PEOPLE

HIPPOCRENE BOOKS, INC.

Hippocrene paperback edition, 1994.
Second printing, 1996.
Reprinted from the 1962 edition issued by Wiedza
Powszechna, Warsaw.

For information, address: Hippocrene Books, Inc.,
171 Madison Avenue, New York, NY 10016.

Manufactured in the United States of America.

Library of Congress Cataloging in Publication Data
Dobrzycka, Irena.
English for Poles, self taught.

Reprint. originally published: Jezyk angielski dla
samouków. Warsaw: Wiedza Powszechna, 1962.
Text in Polish.
1. English language—Text-books for foreign speakers—Polish.
2. English language—Self-instruction. I. Title.
PE1129.S6D62 1984 428.2'491851 83-10907
ISBN 0-88254-904-9
ISBN 0-7818-0273-3 (pbk)

Książka ta jest przeznaczona przede wszystkim dla osób uczących się języka angielskiego indywidualnie i bez pomocy nauczyciela; może być jednak wykorzystana również jako podręcznik w nauczaniu zbiorowym i przy pomocy nauczyciela.

Jest to w zasadzie podręcznik dla początkujących. Z uwagi jednak na dobór tekstów, obejmujących dużą ilość dialogów, a w nich wyrażeń i zwrotów, w które obfituje codzienny język angielski — materiał zawarty w książce (a zwłaszcza dalsze lekcje) może również służyć zaawansowanym do uzupełnienia i utrwalenia uprzednio nabytych wiadomości i umiejętności posługiwania się językiem angielskim „na codzień".

Teksty lekcyjne wprowadzają uczącego się w atmosferę środowiska angielskiego; jakkolwiek ukazany w nich obraz życia Anglików nie jest pełny, gdyż przedstawia tylko życie warstw zamożnych, niemniej zawiera on wiele realiów typowo angielskich.

SPIS TREŚCI

Ogólne wiadomości o języku XIII
Wskazówki dla uczącego się XV
Wstęp fonetyczny XXII
Wykaz skrótów używanych w słownikach XL
Lekcje (od 1 do 55) 1

Lekcja 1 1
Rzeczownik — rodzaje, odmiana
Przymiotniki i zaimki przymiotne dzierżawcze
Zdania twierdzące i przeczące

Lekcja 2 5
Przedimek nieokreślony
Tworzenie formy pytającej

Lekcja 3 8
Zdania twierdzące i pytające — c. d.
Używanie „no" i „not"

Lekcja 4 10
Przedimek określony „the"

Lekcja 5 12
Przedimek nieokreślony i określony — c.d.
Forma przecząca czasownika „to have"

Lekcja 6 15
Używanie zaimków wskazujących „this", „that"

Lekcja 7 17
Liczba mnoga rzeczowników
„Is" — „are"

Lekcja 8 20
Tryb rozkazujący

Lekcja 9 22
Koniugacja czasownika „to be" — czas teraźniejszy (formy: twierdząca, przecząca, pytająca)
Koniugacja czasownika „to read" — czas teraźniejszy (formy: twierdząca, przecząca, pytająca, trwająca)
Czasownik w bezokoliczniku
„There is", „there are"

Lekcja 10 29

Koniugacja czasownika „to have" — czas teraźniejszy (formy: twierdząca, przecząca, pytająca)
Przedimek — c.d.
Liczba mnoga rzeczowników — c.d.
Krótkie odpowiedzi

Lekcja 11 34

Koniugacja czasownika „to read" (formy: zwykła czasu teraźniejszego, pytająca, przecząca)
Tryb rozkazujący
Drugi przypadek rzeczownika

Lekcja 12 41

Stopniowanie przymiotników
Krótkie odpowiedzi
Zaimki nieokreślone: „some", „any"

Lekcja 13 46

Zaimki przymiotne dzierżawcze — c.d.
„Is there?", „Are there?"

Lekcja 14 50

Koniugacja czasownika „may" i „can"
„That" — „those"
Używanie zaimka „one"
Trzeci przypadek rzeczowników i zaimków

Lekcja 15 56

Koniugacja czasownika „must"
Czas teraźniejszy, tzw. „historyczny"
Bezokolicznik po czasownikach ułomnych
Końcówka „y" — „ies"
Liczba mnoga rzeczowników zakończonych na spółgłoski syczące

Lekcja 16 61

„Much", „many", „plenty of"
Zaimki dzierżawcze i zaimki przymiotne dzierżawcze — c. d.

Lekcja 17 65

3 osoba l. pojedynczej czasowników zakończonych na spółgłoskę syczącą
Liczebniki główne

Lekcja 18 69

Przeczenia

Lekcja 19 73

Czas przeszły czasowników posiłkowych
„to have” i „to be”
Czas przeszły, forma trwająca

Lekcja 20 78

Czas przeszły zwykły czasowników regularnych i nieregularnych
Zaimki względne „who” i „which”

Lekcja 21 84

Zaimki osobowe — przypadki
Czasowniki nieregularne
Opuszczanie zaimka względnego

Lekcja 22 88

Koniugacja czasownika „to come” w czasie przyszłym
Liczebniki porządkowe
Okolicznik czasu — miejsce w zdaniu
Czas przeszły niezłożony czasowników nieregularnych

Lekcja 23 94

Krótkie odpowiedzi — c.d.
Używanie zaimka w drugim przypadku
„So am I,” „So do I” itd. — ja też
Czasowniki nieregularne — formy

Lekcja 24 99

Dopełniacz saksoński
Zaimki zwrotne
Zaimki nieokreślone: „the other”, „both”
Imiesłów bierny czasu przeszłego
Używanie zaimków w stosunku do zwierząt
Słowotwórstwo — rzeczowniki od czasowników

Lekcja 25 105

Czasowniki nieregularne
Czasowniki złożone: „fall in”, „go into” itp.

Lekcja 26 109

Czas przeszły złożony
Używanie czasów przeszłych
Zaimki nieokreślone
Czasowniki nieregularne

Lekcja 27 114

Miejsce w zdaniu przysłówków „often”, „never”, „always” itd.
Podwajanie końcowej spółgłoski przy imiesłowach

Lekcja 28 118

Pytania rozłączne
Imiesłów czasu teraźniejszego
Rzeczownik odsłowny
Zaimki względne „who", „which". „that"
Czasowniki nieregularne

Lekcja 29 124

Zaimki nieokreślone: „all", „both", such"
„Either... or", „neither... nor"
„I am going"
Zdania czasowe
Czasownik „may"

Lekcja 30 129

Tworzenie przysłówków
Zaimki nieokreślone: „some", „any", „no"
„A few" — „a little"
Pytania zależne i niezależne
Zdania bezpodmiotowe

Lekcja 31 135

Forma trwająca czasowników — c.d.
Trzeci przypadek rzeczowników — c.d.

Lekcja 32 140

Opuszczanie przedimka
Zaimki emfatyczne
Zdania warunkowe
Słowotwórstwo: tworzenie czasowników i rzeczowników

Lekcja 33 149

Tryb rozkazujący
Liczba mnoga rzeczowników — c.d.
Liczebniki porządkowe
Koniugacja w trybie warunkowym
Następstwo czasów

Lekcja 34 157

Zaimki i przymiotniki pytające: „who", „which", „what"?
Czasowniki ułomne — c.d.
Pytania bez czasownika „do"

Lekcja 35 163

Słowotwórstwo — tworzenie rzeczowników od przymiotników
Liczebniki wielokrotne
Zdania podrzędne celowe
Drugi przypadek — c.d.
Rzeczownik odsłowny — c.d.
Czas zaprzeszły

Lekcja 36 169

Strona bierna czasowników
Używanie czasowników: „to speak", „to talk", „to say", „to tell"
Liczebniki — c.d.

Lekcja 37 176

Przedimek nieokreślony
Przedimek określony
Forma bezosobowa

Lekcja 38 182

Opuszczanie zaimków względnych — c.d.
Zaimki względne „whose", „of which"
Czasowniki z przyimkami i bez przyimków
Dopełniacz saksoński — c.d.

Lekcja 39 189

Biernik z bezokolicznikiem
Wcale nie — „not at all"
Słowotwórstwo: rzeczownik — przymiotnik
Być zdolnym — „to be able"

Lekcja 40 195

Zdania warunkowe (if — gdyby)
Pytania rozłączne (is it? have you?)
Słowotwórstwo, przedrostek „un"

Lekcja 41 202

Bezokolicznik czasu przeszłego
Przymiotniki i przysłówki o tej samej formie
Słowotwórstwo — przyrostek „y"
Rodzaj rzeczowników

Lekcja 42 210

Używanie zaimków: „each other", „one another"
Porządek wyrazów w zdaniu
Strona bierna (czasownik z przyimkiem)
Używanie spójnika „neither"
Biernik z bezokolicznikiem (bez „to")

Lekcja 43 219

Używanie słów „shall", „will"
Liczebnik — ułamki
Stopniowanie przymiotników i przysłówków

Lekcja 44 229

Przymiotniki odpowiadające rzeczownikom
Używanie słów: „like", „as"
Czas przyszły dokonany

Lekcja 45 237

Używanie słów: „little", „few"
Imiesłowy
Czas przeszły trybu warunkowego
Zdania warunkowe — c. d.

Lekcja 46 245
Przymiotniki nieokreślone
Zdania okolicznikowe celu
Używanie przyimków „at", „in"

Lekcja 47 254
Najczęściej używane przyimki

Lekcja 48 262
Przyimki — c.d.
Czasowniki używane zazwyczaj tylko w formie „prostej" czasu teraźniejszego
Stopniowanie przymiotników i przysłówków (opadające)

Lekcja 49 269
Przyimki — c.d.
Rzeczownik — rodzaje

Lekcja 50 276
Przyimki — c.d.
Rzeczownik — rzadziej spotykana liczba mnoga

Lekcja 51 283
Przyimki — c.d.
Wykaz niektórych zwrotów przyimkowych

Lekcja 52 290
Używanie czasowników „to do" i „to make"

Lekcja 53 296
Używanie czasownika „to mind"

Lekcja 54 301
Najczęściej używane spójniki

Lekcja 55 307
Używanie słów „should" i „would"

Dodatek 313
Klucz 361
Słownik angielsko-polski 433
Słownik polsko-angielski 469

OGÓLNE WIADOMOŚCI O JĘZYKU

Kiedy słyszymy po raz pierwszy język angielski, stwierdzamy, że brzmi on dla naszego ucha obco, bardziej obco niż język rosyjski lub czeski. Przyczyną tej obcości języka angielskiego jest fakt, że należy on do innej grupy języków niż język polski.

Język nasz należy do grupy języków słowiańskich i jest spokrewniony z językiem rosyjskim, czeskim i językami Słowian południowych, podczas gdy język angielski należy do grupy języków germańskich, wraz z holenderskim, niemieckim i innymi. Równocześnie język angielski związany jest silnymi więzami z językami pochodzącymi z łaciny, tj. romańskimi, gdyż zawiera znaczny procent słów pochodzenia francuskiego. Pokrewieństwo języka angielskiego z francuskim jest następstwem wydarzeń historycznych, które wywarły decydujący wpływ na ukształtowanie się języka angielskiego.

Język angielski rozwinął się z narzeczy germańskich, którymi posługiwali się dawni mieszkańcy Anglii: Anglowie, Saksonowie i Jutowie. Byli to przybysze znad wybrzeży Morza Północnego, którzy w ciągu IV, V i VI wieku n.e. opanowali południową i środkową Anglię i osiedlili się w niej na stałe, wypierając do ziem zachodnich — Walii i Kornwalii — tubylców, mówiących językami celtyckimi.

Wśród dialektów, którymi władali najeźdźcy, uzyskał przewagę dialekt anglosaksoński, zwany również staroangielskim, zbliżony do germańskich dialektów mieszkańców dawnych Niemiec.

Wielkie znaczenie dla rozwoju i ostatecznego ukształtowania się języka angielskiego miał podbój Anglii, dokonany w r. 1066 przez Normanów pod wodzą Wilhelma Zdobywcy.

Normanowie byli wojowniczym ludem pochodzenia skandynawskiego, który poprzednio osiedlił się we Francji (w Normandii) i przyjął kulturę francuską. Najeźdźcy opanowali Anglię dzięki przewadze militarnej, narzucili miejscowej ludności nowy ustrój polityczny, kulturę francuską, a także i język — francuskie narzecze normandzkie.

Przez kilka wieków trwała walka między językiem angielskim, mową podbitego ludu, a francuszczyzną, którą władała szlachta normandzka. W końcu zwyciężył język angielski, lecz różniący się już znacznie od staroangielskiego. Pod wpływem francuskiego został on bowiem przeobrażony, wzbogacony w dodatkowe słownictwo i jednocześnie — co wygląda na paradoks — uproszczony.

Współczesny język angielski posiada nieskomplikowaną gramatykę i wielką naturalność stylu. Nie jest jednakże językiem prymitywnym; ma niezwykle bogate słownictwo, obfituje w oryginalne zwroty i liczne skróty. Toteż władać dobrze językiem angielskim jest równie trudno jak i innymi obcymi językami. Niemniej jednak stosunkowo łatwo jest zdobyć podstawowe zasady języka i posługiwać się angielską literaturą fachową w wielu dziedzinach, a nawet porozumiewać się w tym języku zupełnie poprawnie za pomocą szczupłego zasobu słów. Gdy uczymy się innych języków (np. niemieckiego czy rosyjskiego) musimy poświęcić sporo czasu na opanowanie niełatwych deklinacji, skomplikowanych odmian czasowników, końcówek rzeczowników, przymiotników, odmiennych form dla rodzaju męskiego lub żeńskiego itp. Przy nauce angielskiego wspomniane trudności nie występują i dlatego możemy poświęcić więcej czasu wzbogacaniu znajomości słownictwa.

Prostota języka angielskiego jest jedną z przyczyn jego coraz większego rozpowszechniania się; lecz nie jest to jedyna przyczyna.

W przeszłości Anglicy stworzyli wielkie imperium kolonialne. W wyniku długotrwałych procesów historycznych powstały, często niezależne od woli kolonizatorów, nowe narody, wywodzące się z pnia angielskiego i posługujące się językiem angielskim, jak np. Amerykanie, Kanadyjczycy, Australijczycy.

I choć na naszych oczach trwa i przybiera na sile proces rozpadu imperiów kolonialnych i wyzwalania się uciśnionych ludów — to jednak wpływy języka nie znikają na obszarach dawnych kolonii; np. w Indiach język angielski odgrywa dotychczas rolę łącznika między poszczególnymi narodami, mówiącymi różnymi językami.

Praktycznie biorąc, język angielski jest dziś — w większym lub mniejszym stopniu — znany i używany na całym świecie.

Jest wiele dziedzin życia współczesnego (jak np. żeglarstwo

morskie, lotnictwo, nowoczesna fizyka, sport i inne), w których na każdym kroku spotykamy się z językiem angielskim.

Znajomość języka angielskiego umożliwia również korzystanie z ogromnych skarbów kultury angielskiej, a zwłaszcza jej wspaniałej, bogatej literatury.

Jak widzimy, przyczyny wzrostu zainteresowania językiem angielskim są bardzo poważne.

Niezależnie od powyższych przyczyn, istnieje u nas potrzeba rozszerzania znajomości języków obcych wobec rosnącego ożywienia wszechstronnych kontaktów z innymi krajami.

Jest głębokim przekonaniem autora, że trud włożony przez studiującego w naukę języka angielskiego opłaci się.

WSKAZÓWKI DLA UCZĄCEGO SIĘ

Celem niniejszego samouczka jest umożliwienie nauki języka angielskiego osobom, które — z różnych powodów — nie mogą korzystać z pomocy nauczyciela.

Nauka każdego obcego języka wymaga wysiłku. Nie nauczy się nikt ani czytać ani mówić po angielsku przeglądając samouczek tylko od czasu do czasu, lub trzymając go na biurku czy na półce. Przy systematycznej i wytrwałej pracy można za to opanować język na tyle, aby móc czytać początkowo łatwiejsze, później trudniejsze teksty przy pewnej pomocy słownika i aby móc porozumieć się po angielsku.

Jak należy posługiwać się samouczkiem?

Najpierw trzeba zorientować się, z jakich składa się części.

Pierwszą część podręcznika stanowi **wstęp fonetyczny.** Samouk, nawet posługujący się dodatkowo płytami gramofonowymi z tekstami angielskimi czy słuchający lekcji radiowych, czerpie swoją wiedzę o języku przede wszystkim z tekstu drukowanego i ma najczęściej przed sobą milczące litery. Na ogół łatwiej jest zrozumieć tekst pisany aniżeli mówiony. W piśmie, na przykład, często możemy domyślić się znaczenia wielu wyrazów o charakterze międzynarodowym, jak np. **theatre, telephone, television, museum.** Obcość języka angielskiego uderza silniej, kiedy słyszymy go w rozmowie, w przemówieniu — zwłaszcza z ust Anglika — na filmie lub przez radio. Podkreślamy, że tylko bardzo dobra znajomość obcego języka pozwala na rozumienie go w audycji radiowej lub filmie. W nauce języka mówionego przychodzi z pomocą samoukowi fonetyka, tj. nauka o wymowie.

Fonetyka ułatwia rozpoznawanie dźwięków (samogłosek, spółgłosek, akcentu itp.) i naśladowanie ich oraz **opanowanie poprawnej wymowy.** Dlatego też wstęp fonetyczny pokazuje uczącemu się w sposób uproszczony podstawowe zasady, na jakich opiera się mówiony język angielski; wskazuje na dźwięki podobne do polskich i opisuje dźwięki zupełnie odmienne od naszych. Uczący się nie zapamięta owych zasad „za jednym razem"; musi więc często powracać do wstępu fonetycznego, zwłaszcza jeżeli zapomni jaka wymowa, jaki dźwięk odpowiada danej literze czy znakowi fonetycznemu.

Po wstępie fonetycznym następuje **główna część podręcznika — lekcje.**

Każda lekcja tworzy pewną całość pod względem doboru słownictwa i materiału gramatycznego. Przy układaniu tekstów wystrzegano się jednakże mechanicznego nagromadzenia wyrazów związanych ze sobą treściowo(np. wszystkie części ciała, nazwy wielu zwierząt itp.); takie nagromadzenie sprawia zwykle, że uczącemu mieszają się znaczenia poszczególnych słów. Ale jeżeli, na przykład, przy lekcji wprowadzającej nazwy kwiatów czy potraw, uczący zainteresuje się innymi kwiatami czy potrawami, nie występującymi w danym tekście, znajdzie większy ich wybór w usystematyzowanym słowniczku znajdującym się w „Dodatku", na stronach 315—322.

Teksty lekcyjne ujęte są przeważnie w formę rozmów, gdyż celem podręcznika jest nauczenie języka żywego, potocznego, współczesnego. Sporadyczne wierszyki są tylko rymowanymi żarcikami, przykładami tak popularnego w Anglii „humoru-nonsensu".

Po tekście następuje zawsze słowniczek wyrazów nowych, tzn. takich, które występują w danej lekcji po raz pierwszy. Po każdym wyrazie podana jest jego **wymowa w nawiasie,** skrót określający jaka to jest część mowy oraz polskie znaczenie wyrazu. Niektóre wyrazy mają po kilka znaczeń, np.: słowo „box" może oznaczać „pudełko" albo sport „boks". Tak samo jest zresztą we wszystkich językach. Po polsku przykładem może być np. wyraz „cera": zależnie od sensu całego zdania domyślamy się, czy mowa jest o skórze ludzkiej czy o cerowaniu. Jeżeli uczący się nie może sobie przypomnieć znaczenia jakiegoś słowa — choć uczył się go w poprzednich lekcjach — musi zajrzeć do słownika angielsko-polskiego (str. 434—468), ułożonego w porządku alfabetycznym.

Po słowniczku lekcyjnym następują zwroty używane często w mowie potocznej. Nieraz zdarza się, że znamy znaczenie wszystkich wyrazów w zdaniu, a jednak nie rozumiemy sensu całego zwrotu. Mamy bowiem do czynienia z tzw. **idiomem**, zwrotem specyficznym dla danego języka. Takim polskim idiomem jest np. powiedzenie „wziąć nogi za pas". Cudzoziemiec uczący się polskiego języka może doskonale wiedzieć, co znaczą poszczególne słowa: „wziąć, nogi, za, pas", jednak nie domyśli się co znaczy cały zwrot. Idiomów należy więc uczyć się na pamięć, wypisując je w specjalnym zeszycie wraz z polskim wyjaśnieniem.

Z kolei następują po zwrotach i idiomach — choć nie w każdej lekcji — objaśnienia dotyczące wymowy (krótka uwaga umieszczona przed tekstem jest tylko sygnałem ostrzegawczym przed ewentualnymi trudnościami). Objaśnienia te często każą nam zaglądać do wstępu fonetycznego i pomagają poprawić błędy wymowy popełnione przy czytaniu tekstu.

Po tych uwagach dochodzimy do **objaśnień gramatycznych.**

Wykład gramatyki jest tu tylko środkiem nauczania, a nie celem samym w sobie, jest więc uproszczony i ogranicza się do wyjaśnienia przykładów i zasad gramatyki angielskiej w przypadkach, w których język angielski różni się od polskiego. Przez dłuższy czas zasady te wykładane są „na raty", w małych odcinkach; począwszy od lekcji XXXII zaczyna się powtarzanie i systematyzowanie zjawisk gramatycznych oraz układanie ich w reguły obejmujące wszystkie najważniejsze przypadki danego zjawiska. W razie wątpliwości natury gramatycznej uczący się musi wyszukać sobie wyjaśnienie zagadnienia w jednej z poprzednich lekcji; pomoże mu w tym wykaz materiału gramatycznego, znajdujący się w spisie rzeczy. Formy czasownika może znaleźć w tabelach koniugacji czasowników (str. 325—359).

Ostatnia część każdej lekcji — to **ćwiczenia.** Część ćwiczeń ma za zadanie utrwalenie w pamięci nowych wyrazów oraz nauczenie stosowania nowych form językowych i prawideł gramatycznych. Inne ćwiczenia, zwłaszcza tłumaczenia, mają za zadanie sprawdzenie czy uczący się zrozumiał i opanował nowy materiał gramatyczny; jednocześnie służą one do systematycznego przypominania i utrwalania materiału poprzednich lekcji. Ponieważ wszystkie prawie ćwiczenia wykonuje się pisemnie, na końcu każdej lekcji umieszczone jest ćwiczenie fonetyczne, za pomocą którego należy przypomnieć sobie język mówiony, powtarzając głośno wybrane przykłady wymowy napotkane w danej lekcji.

Po wszystkich lekcjach znajduje się wspomniany już „**Dodatek**" (str. 313—359), zawierający szereg pożytecznych informamacji. Są tam wskazówki jak należy stosować znaki przestankowe, które wyrazy piszemy dużą literą itp. Znajdziemy tam również dodatkowe słownictwo usystematyzowane według treści, zestawienie odmiany czasowników, listę czasowników nieregularnych, tabelę angielskiego systemu miar i wag oraz wiadomości o angielskim systemie monetarnym.

Po „Dodatku" następują: **słownik angielsko-polski,** z którego uczący się korzysta ilekroć zapomni znaczenia słowa, którego już uczył się w poprzednich lekcjach i **słownik polsko-angielski,** który będzie mu służył przy pisaniu ćwiczeń. Oba słowniki zawierają wszystkie wyrazy występujące w lekcjach.

W „**Kluczu**" do tekstów i ćwiczeń umieszczonym na końcu książki znajdujemy tłumaczenie prawie dosłowne (nie literackie) wszystkich tekstów oraz poprawne wykonanie ćwiczeń. Klucz ma zastąpić kontrolę ćwiczeń przez nauczyciela.

Po wstępnym, pobieżnym zapoznaniu się z poszczególnymi działami podręcznika samouk powinien **dokładnie przeczytać „Wstęp fonetyczny"**, do którego będzie zresztą często powracał podczas nauki.

Naukę należy rozpocząć od pierwszej lekcji, bez względu na to, czy samouk uczył się już kiedyś początków angielskiego, czy nie. Wszelkie opuszczenie czy przeskakiwanie lekcji przy nauce bez pomocy nauczyciela jest w skutkach fatalne i powoduje luki, które potem mszczą się.

Przy pierwszych ośmiu lekcjach zaczynamy naukę od przeczytania słówek i wszystkich objaśnień, zaglądając do „Wstępu fonetycznego" w miarę zaleceń. Następnie czytamy tekst kilkakrotnie, najpierw korzystając z transkrypcji umieszczonej pod tekstem (to znaczy z tekstu napisanego innymi literami, tak jak się mówi po angielsku, a nie jak się pisze), a potem staramy się czytać poprawnie, patrząc tylko na tekst właściwy, drukowany zwykłymi czcionkami.

Przy następnych lekcjach, począwszy od lekcji dziewiątej, **rozpoczynamy naukę od wykonania zaleceń**, które znajdują się **w formie uwagi** (ale nie we wszystkich lekcjach) umieszczonej tuż przed tekstem czytanki a zaraz pod tytułem lekcji i informacją o materiale gramatycznym zawartym w niej. Uwaga ta każe nam zwykle przypomnieć sobie pewne wskazówki we „Wstępie fonetycznym" lub ostrzega przed pomyłkami w wymowie. Z kolei przechodzimy do **czytania tekstu:** zdań, czytanki czy wiersza, zaglądając do słowniczka lekcyjnego lub ogólnego oraz objaśnień, w miarę napotykania nieznanych (czasem kiedyś znanych, ale już znowu zapomnianych) wyrazów i występowania trudności.

Tekst każdej lekcji należy przeczytać **głośno** i przetłumaczyć ustnie, zaglądając, w razie wątpliwości jak wymawia się dane słowo, do słownika, ewentualnie również do rozdziałów omawiających angielskie samogłoski, akcent itp. we „Wstępie fonetycznym". Niektóre lekcje mają teksty krótkie, które można przerobić „za jednym zamachem", ale w większości wypadków uczący się **czyta i tłumaczy na raz tylko część lekcji.** Może to być połowa tekstu, jedna trzecia, jedna czwarta lub jeszcze mniej, zależnie od tego, czy samouk ma duże zdolności do języków, tzn. czy wszystko w lot rozumie, czy ma dobrą pamięć, czy zna inne obce, pokrewne języki i wreszcie w zależności od ilości czasu, jaki może poświęcić nauce języka. Zasadniczo najlepszym systemem jest przerabianie niezbyt wielkiej partii materiału za jednym razem, ale za to **systematycznie, poświęcając codziennie nauce co najmniej jedną godzinę.**

Po pierwszym przeczytaniu tekstu (z największym naciskiem na poprawne wymawianie wyrazów) uczący się **powinien przestudiować cały słowniczek lekcyjny i wszystkie objaśnienia** fonetyczne i gramatyczne, żeby sprawdzić, czy nie przeoczył jakiejś ważnej wskazówki, a następnie **przepisać** do osobnego zeszytu **pożyteczne zwroty oraz czasowniki nieregularne** w trzech formach, począwszy od tych lekcji, w których wszystkie te formy zaczynają występować. Potem samouk musi znów wrócić do tekstu i **przeczytać go ponownie, kontrolując przy pomocy klucza** czy wszystko dobrze zrozumiał.

Z kolei należy **nauczyć się na pamięć** wybranych zdan z tekstu. Przede wszystkim tych zdań, które uczącego się zainteresowały, które „wpadły mu w oko", a powinny „wpaść" i „w ucho", tych zdań, w których występują nowe formy gramatyczne, zwłaszcza trudniejsze, a także i tych, w których występują wyrazy, których zapamiętanie sprawiało pewną trudność w poprzednich lekcjach. **Tekstów krótkich najlepiej nauczyć się na pamięć w całości.** Tak samo postępuje się z wierszami i przysłowiami.

Po należytym zrozumieniu i opanowaniu tekstu i objaśnień gramatycznych można przystąpić do ćwiczeń.

Do ćwiczeń trzeba przygotować sobie **osobny zeszyt.** Odrabiać je należy „uczciwie", tj. samodzielnie, a więc dopiero po napisaniu **całego** ćwiczenia, a nie przy każdym zdaniu, sprawdzać w kluczu, czy zostało ono dobrze przerobione. Wtedy dopiero poprawia się ewentualne błędy. Błędy ortograficzne są łatwe do poprawienia, trzeba tylko pamiętać, że litery w nawiasach, pisane kursywą (pismem pochyłym) mówią nam, **jak się wymawia** angielskie wyrazy, a nie jak się je pisze.

Jeżeli samouk nie rozumie dlaczego w kluczu użyto innej formy językowej (zwłaszcza gramatycznej) od tej, którą sam zastosował w ćwiczeniu, powinien powtórzyć jeszcze raz materiał gramatyczny danej lekcji albo **poszukać wyjaśnienia problemu w innych lekcjach.** Uczący się nie powinien nigdy poprawiać błędów mechanicznie, tzn. odpisując poprawne zdania z klucza. Powinien starać się zrozumieć na czym polega błąd. W ten sposób naprawdę zrozumie i zapamięta wskazówki gramatyczne, które będą wtedy faktycznie pomocą w nauce. Ze słabą znajomością gramatyki można nauczyć się jako tako czytać po angielsku, ale nie można mówić ani pisać.

Kto uczył się już początków języka angielskiego i zaczyna naukę na nowo, może odrobić ćwiczenia pierwszych lekcji ustnie. Zasadniczo jednakże **ćwiczenia należy wykonywać pisemnie.** Tak samo jeżeli ktoś uczy się w pociągu, poczekalni itp., a więc naturalnie ustnie i po cichu, powinien później przerobić ten sam materiał pisemnie, głośno czytając to co pisze. Nie powinno się nigdy odrabiać ćwiczeń pisząc w książce (np. przy wstawianiu brakujących wyrazów, zamianie czasów itp.); **należy przepisywać do zeszytu całe zdania,** a przy ćwiczeniach wymagających odpowiedzi trzeba również przepisywać i **pytania. Samouk musi dużo pisać.** Przepisywanie pytań, zdań, ma zastąpić rozmowę z nauczycielem, zastępuje także i dawny system „kucia" słówek. Jeżeli przy ćwiczeniu polegającym na pisaniu samodzielnych zdań przychodzą mu na myśl zdania z czytanki (które dobrze zapamiętał), to nic nie szkodzi. Dla samouka lepiej jest, jeżeli choćby i mechanicznie zastosuje zapamiętane wzory, aniżeli miałby usiłować tworzyć bardzo oryginalne zdania, których nie może skontrolować.

Ćwiczenia fonetyczne, umieszczone na końcu każdej lekcji, wymagają, ażeby uczący się starannie i głośno przeczytał podane wyrazy lub zdania, zwracając uwagę na wybrany problem wymowy, np. na sposób wymawiania jakiejś samogłoski, na akcent zdaniowy itp.

Od czasu do czasu uczący się winien przeczytać ponownie tekst i objaśnienia tych lekcji, które uznał za trudniejsze. Tak samo jeżeli z jakiegokolwiek powodu nastąpiła trochę dłuższa przerwa w nauce, należy — przed rozpoczęciem nowej lekcji — powtórzyć co najmniej dwie poprzednie lekcje.

Samouk uczy się sam, bez pomocy nauczyciela. Powinien jednakże **szukać możliwości sprawdzenia swej wymowy,** porówania jej z wymową osoby dobrze władającej językiem angielskim, szukać możliwości osłuchania się z językiem, np. za pomocą płyt gramofonowych, radia czy w ostateczności kina. Biegłość w czytaniu w obcym języku może każdy doskonale zdobyć sam, ale do biegłości w mówieniu potrzebny jest rozmówca. **Dlatego też dobrze jest uczyć się razem z drugą osobą** o podobnych zdolnościach, jednakowo pracowitą i dysponującą takim samym zasobem wolnego czasu. Przede wszystkim potrzebna jest uczącemu się silna wola i **wytrwałość.**

Samouk, który — sumiennie przerabiając materiał — doszedł do lekcji XXXVII, może zacząć **przeplatać naukę z podręcznika lekturą** łatwych tekstów angielskich. Może, na przykład, przeczytać jeden rozdział jakiejś książeczki, po nim jedną lekcję z samouczka i znów jeden rozdział lub dwa z lektury. I tak na zmianę. Najodpowiedniejsze dla jego poziomu będą nowele Oskara Wilde lub streszczenia, przeróbki (np. do użytku szkolnego) dzieł znanych pisarzy angielskich, zaopatrzone w słowniczek i objaśnienia. Po przerobieniu samouczka wzbogaci słownictwo samouka **dalsze czytanie** opowiadań, nowel, dłuższych opowieści, najpierw łatwiejszych, potem trudniejszych. Wtedy czas będzie pomyśleć o zaopatrzeniu się w większy słownik angielsko-polski, gramatykę języka angielskiego i podręcznik wymowy. Przy ich pomocy uczący się będzie mógł zdobywać coraz szerszą znajomość języka i biegłość we władaniu nim. Znajdzie tam również wyjaśnienie bardziej subtelnych wątpliwości językowych, przekraczających ramy podręcznika dla początkujących.

WSTĘP FONETYCZNY

UWAGI WSTĘPNE

W następstwie najazdu Normanów na Anglię* mieszkańcy jej posługiwali się przez kilka wieków równolegle dwoma językami: staroangielskim i francuskim. W trakcie współistnienia i ścierania się tych dwu języków pisownia angielska skomplikowała się, lecz utrzymała się w niej przewaga pisowni francuskiej. Pisownia ta utrwaliła się w wyniku wynalazku druku i zwiększenia ilości tekstów drukowanych. W wymowie natomiast następowały różne zmiany.

Z czasem różnice między sposobem pisania wyrazów angielskich a ich wymową stały się bardzo poważne.

Sam alfabet angielski jest zupełnie podobny do polskiego.

* Porównaj „Ogólne wiadomości o języku".

ALFABET ANGIELSKI

Nazwa litery	Nazwa litery	Nazwa litery
A — *ej*	J — *dżej*	S — *es*
B — *bi*	K — *kej*	T — *ti*
C — *si*	L — *el*	U — *ju*
D — *di*	M — *em*	V — *wi*
E — *i*	N — *en*	W — *dablju*
F — *ef*	O — *ou*	X — *eks*
G — *dżi*	P — *pi*	Y — *uaj*
H — *ejcz*	Q — *kju*	Z — *zed*
I — *aj*	R — *aar*	

Alfabetu angielskiego należy nauczyć się na pamięć; nie tylko kolejności liter — która jest podobna do polskiej — ale i angielskich nazw. Język angielski jest bogaty w skróty i trzeba te skróty umieć przeczytać i powiedzieć po angielsku.

WYMOWA

1. Zasady wymowy liter i grup literowych

Litery alfabetu angielskiego są wprawdzie takie same jak polskie, lecz wymawia się je inaczej niż w j. polskim i to nie zawsze jednakowo. Np. literę „c" wymawiamy czasem jak **k**, czasem jak **s**, a czasem jeszcze inaczej. Po polsku również wymawiamy na przykład literę „b" jak **be**, a przecież w wyrazie „chleb" najwyraźniej mówimy **p** a nie **b**, piszemy „skąd", a wymawiamy **skont**, itp. W angielskim te różnice są znacznie większe, musimy więc uczyć się wymowy każdego nowego słowa osobno. Na przykład przy wyrazie angielskim **table** (tj. „stół") znajdziemy wyjaśnienie wymowy za pomocą innych liter, które czytamy po polsku (tejbl). Wobec tego, że niektóre dźwięki angielskie, samogłoski czy spółgłoski, nie istnieją wcale w języku polskim, musimy czasem posługiwać się specjalnymi znakami, zwanymi znakami fonetycznymi, np. (*æ*, *θ*, *ə*).

Zasadniczo uczący się języka musi dążyć do tego, żeby u s ł y s z e ć te dźwięki obce polskiej mowie, czy to od innego człowieka, mówiącego poprawnie po angielsku, czy to z płyty gramofonowej lub radia. Usłyszawszy dany dźwięk samouk dowiaduje się, jak powinien on brzmieć prawidłowo i stara się go naśladować. Opis dźwięku, porównanie go z nieco zbliżonymi polskimi dźwiękami, rysunek układu ust, pomogą tylko zorientować się w jego charakterze, a zwłaszcza, jak należy go ćwiczyć.

Zamieszczona niżej tabela podaje jedynie przybliżony obraz wymowy angielskich liter i grup literowych. Nie obejmuje ona wszystkich możliwości zestawień liter i wymowy ich ani też licznych w języku angielskim wyjątków. Wymowy poszczególnych wyrazów należy uczyć się więc **przy pomocy transkrypcji fonetycznej** (określającej sposób wymawiania za pomocą pisowni polskiej), umieszczonej przy każdym wyrazie, zarówno w słowniczkach lekcyjnych jak i w słowniku angielsko-polskim.

Litera alfabetu	W zestawieniu z literami	Znak fonetyczny	Sposób wymawiania	Przykłady		Odsyłacz do opisu we wstępie, str.:
				pisownia	wymowa	
1	2	3	4	5	6	7
a	— ass	*æ*	Dźwięk pośredni między polskimi **a** i **e**	cat passenger	*kæt* *'pæsyndżə*	XXXII, 2.B.
	— ar ar+ spółgłoska ass	*a:*	Dźwięk podobny do polskiego **a**, ale dłuższy i bardziej gardłowy	ask car arm pass	*a:sk* *ka:* *a:m* *pa:s*	XXXI, 2.A.
	a+ spółgłoska + e ai ay	*ej*	Dźwięk podobny do polskiego **ej**	late rain day	*lejt* *rejn* *dej*	XXXI, 2.A.
	all au aw	*o:*	Dźwięk podobny do polskiego **o**, ale dłuższy i z wargami bardziej zaokrąglonymi	hall because saw	*ho:l* *by'ko:z* *so:*	XXXI, 2.A.

1	2	3	4	5	6	7
a	wa	*o*	Dźwięk podobny do polskiego **o**	wash	*uosz*	XXX, 2.A.
	air are	*eə*	Dźwięk, który początkowo brzmi jak polskie **e**, potem przechodzi w dźwięk, jaki wydajemy przy jąkaniu się (krótki)	hair care	*heə* *keə*	XXXIII, 2.C.
	W zgłoskach nieakcentowanych	*ə*	Dźwięk, jaki wydajemy przy jąkaniu się, ale krótszy	about	*ə'baut*	XXXII, 2.B.
		y	Dźwięk podobny do polskiego **y**	delicate	*'delykyt*	XXX, 2.A.
	—	—	Nie wymawiane wcale	commercial	*kə'mə:szl*	
b	— mb	b —	Jak polskie **b** Nie wymawiane wcale	bed comb	*bed* *koum*	XXXIII, 3 A.
c	—	*s*	Jak polskie **s**	place	*plejs*	XXXIII, 3.A.
	— ck ch	*k*	Jak polskie **k**	cat black school	*kæt* *blæk* *sku:l*	XXXIII, 3.A.
	ch tch	*cz*	Podobne do polskiego **cz**	chair match	*czeə* *mæcz*	XXXIII, 3.A.
d	—	*d*	Podobne do polskiego **d**	do	*du:*	XXXIII, 3.A.
	Na końcu wyrazów, po bezdźwięcznych spółgłoskach	*t*	Podobne do polskiego **t**	stopped	*stopt*	XXXIII, 3.A.
	dg	*dż*	Podobne do polskiego **dż**	bridge	*brydż*	XXXIII, 3.A.
e	— ea	*e*	Podobne do polskiego **e**	egg head	*eg* *hed*	XXX, 2.A.

1	2	3	4	5	6	7
e	końcowe e e + spółgłoska + e ee ea	*i:*	Podobne do polskiego **i**, ale dłuższe	me Peter see easy	*mi:* *'pi:tə* *si:* *'i:zy*	XXXI, 2.A.
	er ear + spółgłoska	*ə:*	Dźwięk podobny jak przy jąkaniu się	her heard	*hə:* *hə:d*	XXXIII, 2.B.
	ere eer ear	*iə*	Dźwięk, który początkowo brzmi jak polskie **i**, potem przechodzi w dźwięk jąkania się (krótki)	here beer hear	*hiə* *biə* *hiə*	XXXIII, 2.C.
	ear	*eə*	Dźwięk, który początkowo brzmi jak polskie **e**, potem przechodzi w dźwięk jąkania się (krótki)	tear	*teə*	XXXIII, 2.C.
	ei ey	*ej*	Jak polskie **ej**	eight they	*ejt* *ðej*	XXXI, 2.A.
	ew	*u:* lub *ju:*	Podobne do polskiego **u**, ale dłuższe	new	*nju:*	XXXI, 2.A.
	nieakcentowane: er	*ə*	Jak jąkanie się (krótkie)	brother	*'braðə*	XXXII, 2.B.
	ey	*y*	Jak polskie **y**	money	*'many*	XXX, 2.A.
f	—	*f*	Jak polskie **f**	for	*fo:*	XXXIII,
g	—	*g*	Jak polskie **g**	get	*get*	XXXIII, 3.A.
	—	*dż*	Podobne do polskiego **dż**	George	*dżo:dż*	XXXIII, 3.A.
	gh	*f*	Jak polskie **f**	enough	*y'naf*	XXXIII, 3.A.
		—	Nie wymawiane wcale	night	*najt*	
h	—	*h*	Podobne do polskiego **h**	hot	*hot*	XXXIII, 3.A.
	—	—	Nie wymawiane wcale	hour	*auə*	

1	2	3	4	5	6	7
i	—	*y*	Podobne do polskiego **y**	his	*hyz*	XXX, 2.A.
	i + spółgłoska + e ie ild ind igh	*aj*	Jak polskie **aj**	time lie child kind night	*tajm* *laj* *czajld* *kajnd* *najt*	XXXI, 2.A.
	ir	*ə:*	Jak jąkanie się	sir	*sə:*	XXXIII 2.B.
	ire	*ajə*	Dźwięk, który początkowo brzmi jak polskie **aj**, potem przechodzi w jąkanie się (krótkie)	fire	*fajə*	XXXI 2.A. XXXIII 2.C.
	—	*j*	Jak polskie **j**	onion	*'anjən*	XXXIII, 3.A.
	w zgłoskach nieakcentowanych	*y*	Jak polskie **y**	tennis	*'tenys*	XXX, 2.A.
		ə	Jak jąkanie się (krótkie)	beautiful	*'bju:təful*	XXXII, 2.B.
j	—	*dż*	Podobne do polskiego **dż**	jam	*dżœm*	XXXIII, 3.A.
k	—	*k*	Podobne do polskiego **k**	kind	*kajnd*	XXXIII, 3.A.
	kn	—	Nie wymawiane wcale	know	*nou*	
l	—	*l*	Podobne do polskiego **l**	left	*left*	XXXIII, 3.A.
	lk lf	—	Nie wymawiane wcale	walk half	*[u]o:k* *ha:f*	
m	—	*m*	Jak polskie **m**	make	*mejk*	XXXIII, 3.A.
n	—	*n*	Podobne do polskiego **n**	no	*nou*	XXXIII, 3.A.
	ng	*ŋ*	Dźwięk, który w j. polskim wymawiamy przed **k** w wyrazie „bank", ale wymówiony samodzielnie	long	*loŋ*	XXXIV, 3.A.

1	2	3	4	5	6	7
n	ng	*ŋg*	Ten sam dźwięk w połączeniu z **g**	finger	*'fyŋgə*	XXXIV, 3.A.
	nk	*ŋk*	Ten sam dźwięk w połączeniu z **k**	bank	*bæŋk*	XXXIV, 3.A.
o	—	*o*	Podobne do polskiego **o**	not	*not*	XXX, 2.A.
	końcowe o o + spółgłoska + e old oa ou ow	*ou*	Dźwięk, który początkowo brzmi podobnie do polskiego **o** (ale przy bardziej zaokrąglonych ustach), potem przechodzi w **u**	go note cold boat though low	*gou* *nout* *kould* *bout* *ðou* *lou*	XXXI, 2.A.
	or + spółgłoska oar + spółgłoska	*o:*	Podobne do polskiego **o**, ale z wargami bardziej zaokrąglonymi i dłuższe	port board	*po:t* *bo:d*	XXXI, 2.A.
	oo	*u* *u:*	Podobne do polskiego **u** j. w., lecz dłuższe	book food	*buk* *fu:d*	XXX, 2.A.
	— ou	*a*	Podobne do polskiego **a**	money country	*'many* *'kantry*	XXX, 2.A.
	ou ow	*au*	Podobne do polskiego **au**	out how	*aut* *hau*	XXXI, 2.A.
	oi oy	*oj*	Jak polskie **oj**	boil boy	*bojl* *boj*	XXXI, 2.A.
	w zgłoskach nieakcentowanych	*ə*	Jak jąkanie się (krótkie)	somebody	*'sambədy*	XXXII, 2.B.
p	—	*p*	Podobne do polskiego **p**	pay	*pej*	XXXIII, 3.A.
	ph	*f*	Jak polskie **f**	photo	*'foutou*	XXXIII, 3.A.

1	2	3	4	5	6	7
q	qu	*kᵘ*	Jak polskie **k**, z następującym po nim dźwiękiem podobnym do polskiego **ł** w wymowie mieszkańców centralnej Polski	quite	*kᵘajt*	XXXIII, 3.A.
r	—	*r*	Podobne do polskiego **r**, ale bez silnego drgania języka	red	*red*	XXXIII, 3.A.
	r + spółgłoska	—	Nie wymawiane wcale	port	*po:t*	
s	—	*s*	Jak polskie **s**	see	*si:*	XXXIII, 3.A.
	— dźwięczna spółgłoska + s	*z*	Jak polskie **z**	please beds	*pli:z* *bedz*	XXXIII, 3.A.
	sh su	*sz*	Podobne do polskiego **sz**	push sugar	*pusz* *'szugə*	XXXIII, 3.A.
	su	*ż*	Podobne do polskiego **ż**	pleasure	*'pleżə*	XXXIII, 3.A.
t	—	*t*	Podobne do polskiego **t**	take	*tejk*	XXXIII, 3.A.
	th	*θ*	Dźwięk podobny do seplenionego **s**	thick	*θyk*	XXXIV, 3.B.
	th	*ð*	Dźwięk podobny do seplenionego **z**	then	*ðen*	XXXV, 3.B.
	ti	*sz*	Podobne do polskiego **sz**	nation	*nejszn*	XXXIII, 3.A.
	ture	*cz*	Podobne do polskiego **cz**	picture	*'pykczə*	XXXIII, 3.A.
	st	—	Nie wymawiane wcale	listen	*lysn*	
u	—	*a*	Podobne do polskiego **a**	cut	*kat*	XXX, 2.A.
	—	*u*	Podobne do polskiego **u**	put	*put*	XXX, 2.A.

1	2	3	4	5	6	7
u	u + spółgłoska + e ui ue	*u:* lub *ju:*	Podobne do polskiego **u**, ale dłuższe	use fruit blue	*ju:z* *fru:t* *blu:*	XXXI, 2.A.
	ur	*ə:*	Dźwięk podobny do jąkania się	turn	*tə:n*	XXXIII, 2.B.
	w zgłoskach nieakcentowanych	*ə*	Jak jąkanie się (krótkie)	nature	*'nejczə*	XXXII, 2.B.
v	—	*w*	Jak polskie **w**	even	*i:wn*	XXXIII, 3.A.
w	— wh	*u*	Dźwięk podobny do polskiego **ł** w wymowie mieszkańców centralnej Polski	we what	*ui:* *uot*	XXX, 2.A.
	wh	*h*	Podobne do polskiego **h**	whole	*houl*	XXXIII, 3.A.
	—	—	Nie wymawiane wcale	write	*rajt*	
x	—	*ks*	Jak polskie **ks**	box	*boks*	XXXIII, 3.A.
	—	*gz*	Jak polskie **gz**	exam	*y'gzœm*	
y	—	*j*	Jak polskie **j**	yellow	*'jelou*	XXXIII, 3.A.
	końcowe y (akcentowane) y+ spółgłoska + e	*aj*	Jak polskie **aj**	by Hyde	*baj* *hajd*	XXXI, 2.A.
	końcowe y (nieakcentowane	*y*	Jak polskie **y**	only	*'ounly*	XXX, 2.A.
z	—	*z*	Jak polskie **z**	zero	*'ziərou*	XXXIII, 3.A.

2. Samogłoski i dwugłoski

A.

Niektóre samogłoski angielskie — choć pisane są zupełnie inaczej niż po polsku — są w brzmieniu podobne do polskich. Mianowicie dźwięki (e, y, o, a, u).

Te samogłoski **są wymawiane krótko**, tak jak w ogóle wszystkie polskie samogłoski. W angielskim istnieją także i **długie samo-**

głoski. Tę długość samogłosek oznaczamy w transkrypcji fonetycznej (tj. kiedy piszemy wymowę wyrazów wg pisowni polskiej) dwukropkiem, postawionym po znaku fonetycznym, np.: [*u:*] pokazuje, że to [*u*] wymawia się długo [*uuu*].

W języku angielskim mamy następujące długie samogłoski: [*i:*], jak polskie **i**, tylko znacznie dłużej wymawiane.

Przykład: **green** [*gri:n*] — zielony.

[*a:*], podobne do polskiego **a**, ale dłuższe, bardziej gardłowe i z ustami tak otwartymi (w głębi) jak przy pokazywaniu gardła lekarzowi.

Przykład: **last** [*la:st*] — ostatni.

[*o:*], podobne do polskiego **o**, ale dłuższe i wymówione z ustami bardziej zaokrąglonymi.

Przykład: **all** [*o:l*] — wszyscy.

Układ warg przy wymawianiu samogłoski *o:*

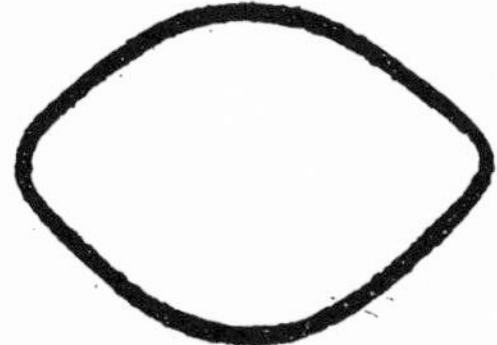

[*u:*], jak polskie **u**, tylko dłużej wymawiane.

Przykład: **noon** [*nu:n*] — dwunasta w południe.

Nietrudne do wymówienia są również **dwugłoski** angielskie: [*ej, aj, ou,* au, oj*]. Trzeba tylko pamiętać, że wymawia się je jednym tchem, a nie jak dwie sylaby, choć słyszy się w nich oba dźwięki, z których składają się. Np. [*au*] wymawia się podobnie jak w polskim słowie „auto", ale z wyraźniejszym [*u*]. Polacy mają skłonność do skracania dwugłosek i dlatego angielskie słowa z dwugłoskami przyswajają często w mocno zmienionej formie. Np. angielskie **cakes** [*kejks*], tzn. „ciastka", przyswoiliśmy sobie w nowej formie „keks", rodzaj ciasta; angielski wyraz **safe** [*sejf*], tzn. zabezpieczona skrytka, przyjął się w polskim jako „sef" itp.

* Uwaga: wielu Anglików wymawia [*ou*] w sposób pośredni między [*ou*] a [*eu*]. Samouk powinien trzymać się łatwiejszej wymowy [*ou*].

B.

Niektóre samogłoski angielskie są zupełnie obce mowie polskiej.

Dźwięk, który określamy znakiem [*æ*] jest dźwiękiem pośrednim między polskim **a** i **e**. Przy wymawianiu go usta są dosyć szeroko otwarte, jak przy naśladowaniu beczenia barana — **eee** (ale dźwięk jest krótki), a w gardle czujemy przy tym pewne napięcie mięśni.

Przykład: **cat** [*kæt*] — kot, **hand** [*hænd*] — ręka.

Układ warg przy wymawianiu samogłoski *æ*

Dźwięk [*ə*] jest dźwiękiem pośrednim między **e** i **o**. Zasadniczo nie istnieje w języku polskim, ale ilekroć jąkamy się, mówimy właśnie [*ə ə*], choć w druku piszemy **eee.** Wymawia się [*ə*] z ustami półprzymkniętymi i wargami **nie** zaokrąglonymi, lecz rozciągniętymi.

Dźwięk ten powtarza się bardzo często w angielskim. Zwykle nieakcentowane samogłoski wymawia się jak [*ə*].

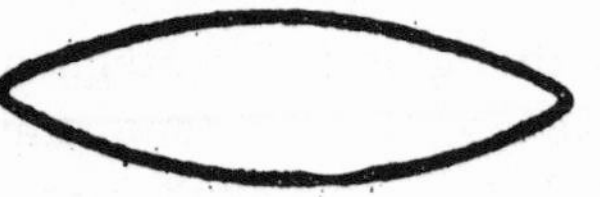

Układ warg przy wymawianiu samogłoski *ə*

Przykład: **colour** [*'kalə*] — kolor, **about** [*ə'baut*] — około.

Podobny do niego jest dźwięk [*ə:*], lecz jest on znacznie dłuższy. Przypomina trochę francuskie **eu** w „peur" lub niemieckie **ö** w „Götter". Różni się od nich tym, że przy wymawianiu go wargi są bardziej przymknięte, trochę tylko rozchylone (zęby mogą nawet dotykać się) i tak samo jak przy [*ə*] nie zaokrąglone.

Przykład: **girl** [*gə:l*] — dziewczyna, **her** [*hə:*] — jej.
Uwaga: Nie wymawia się tu litery „r".

C.

Dwugłoski [*iə, eə, uə*] wymawiamy wszystkie w ten sposób, że zaczynamy od łatwych dźwięków [*i*], [*e*], [*u*], a następnie przechodzimy, „ześlizgujemy się" do wymawiania dźwięku [*ə*]. A więc przy wymawianiu dwugłoski [*iə*] wargi muszą być najpierw rozciągnięte do wymówienia [*i*] a potem ściągnięte do pozycji obojętnej, takiej jaką przybierają przy jąkaniu się. Podobnie jest przy [*eə*]. Przy [*uə*] wargi są z początku zaokrąglone do wymówienia [*u*], a na końcu są w zupełnie obojętnej pozycji, nie zaokrąglone.

Przykład: **here** [*hiə*] — tutaj, **hair** [*heə*] — włosy, **sure** [*szuə*] — pewny.

3. Spółgłoski

A.

Spółgłoski angielskie są na ogół podobne do polskich i nie są trudne do wymawiania. Tak jak w naszym języku, mamy następujące dźwięki (nie litery): b, d, f, g, h, j, k, l, m, n, p, r, s, t, w, z, ż, sz, cz, dż.

Dźwięk [*h*] jest podobny do polskiego **h**, ale znacznie delikatniejszy; powietrze wydychamy mniej energicznie.

Dźwięk [*l*] brzmi tak jak polskie **l**, jeżeli występuje przed samogłoską. Jeżeli znajduje się przed spółgłoską i na końcu wyrazu, wymawia się go podobnie jak polskie **ł**, w wymowie, jaką słyszy się z ust aktorów w teatrze lub radio i u spikerów radiowych, np. „ławka" wymawiane (łafka) a nie (uafka).

Angielskie (*r*) jest podobne do polskiego **r**, tylko mniej energiczne; przy wymawianiu go język nie drga tak długo jak przy polskim. Należy pamiętać przy tym, że w wymowie mieszkańców południowej Anglii **litery** „r" nie wymawia się wcale, jeżeli występuje przed spółgłoskami, ani też na końcu wyrazów.

Istnieje pewien dźwięk, zbliżony do polskiego **n** nosowego, który w angielskim występuje samodzielnie, a w polskim zawsze w połączeniu z dźwiękiem **k** lub **g**. Dźwięk ten nie ma w polskim osobnej litery, musimy więc wprowadzić dla niego specjalny znak [*ŋ*]. W polskim słowie „bank" nie wymawiamy właściwie **n**, ale [*ŋ*]; w słowie „obcęgi" zamiast **ę** mówimy [*eŋ*]. Oba te wyrazy wymawiamy [ba*ŋ*k] [opce*ŋ*gi] za pomocą tego dźwięku, choć w piśmie różnych używamy liter. Występuje on w wielu polskich słowach, np. ręka [re*ŋ*ka], łąka [ło*ŋ*ka], ranga [ra*ŋ*ga], ale zawsze przed dźwiękiem **k** lub **g**. Dźwięk ten tworzymy zbliżając tylną część języka do podniebienia miękkiego (tj. do tylnej ściany ust). W angielskim dźwięk [*ŋ*] występuje czasem z [k] lub [g]; wtedy nie ma żadnej trudności w wymówieniu go, ale w wielu słowach musimy wymówić tylko [*ŋ*] nie wymawiając litery „g", która potem następuje. Np. **king** [*kyŋ*], tzn. „król", **long** [*loŋ*], „długi".

B.

Nieco trudniejszy do wymówienia dla niektórych Polaków — dla innych znów zupełnie łatwy — jest dźwięk, który oznaczamy znakiem [^{u}]. W ten sposób wielu Polaków wymawia polską literę **ł**, np. w słowie „łapa" [^{u}apa], „ołówek" [o^{u}uwek] i innych. Jest to półsamogłoska, podobna do polskiego **u**, ale wymówionego z wargami bardziej zbliżonymi do siebie. Przykład angielski: **what** [^{u}*ot*] tzn. „co".

Najwięcej kłopotu sprawiają Polakowi dwa dźwięki, które wyrażamy znakami [*θ*] i [*ð*], a których nie ma w poprawnej mowie polskiej. Jednakże ludzie sepleniący używają tych dźwięków, a mianowicie mówią właśnie angielskie [*θ*] zamiast polskiego **s**, np. słowo „syn" wymawiają [*θyn*].

Dźwięk ten tworzy się w sposób podobny do [f] i brzmi też podobnie. Ale przy wymawianiu [f] prąd powietrza, które wydychamy przy mówieniu, przechodzi między górnymi zębami a dolną wargą, podczas gdy przy [*θ*] powietrze przeciska się między górnymi zębami a końcem języka, zbliżonym do górnych zębów. Przy [*θ*] wargi są rozchylone a język spłaszczony „leży" na dnie ust, tylko jego koniec zbliża się do zębów. Jeżeli w tej pozycji warg i języka będziemy dmuchać powietrze przez szczelinę (tak jak przy polskim **f** lub **s**), usłyszymy właśnie dźwięk [*θ*]. Nie powinniśmy przy tym zbytnio zbliżać języka do górnych zębów, żeby nie dotknąć ich, gdyż wtedy wymówimy polskie **t**; nie powinniśmy również cofać języka do tyłu, gdyż wyjdzie nam dźwięk zanadto podobny do **s**.

Dźwięk ten nie jest trudny do wymówienia, ale **stałe** poprawne wymawianie go wymaga uwagi, wytrwałości i silnej woli, gdyż wydaje się on obcy i nienaturalny.

Jeżeli nie możemy zorientować się jasno jak język układa się nam w ustach, możemy z początku **ćwiczyć wymawianie** [*θ*] w następujący sposób: rozchylamy usta, końcem języka dotykamy **dolnych** zębów i wydychamy powietrze jak przy polskim **s** (dotykanie dolnych zębów nie jest zasadniczo potrzebne, ale pomoże nam w początkowej fazie nauki, jeżeli stale wychodzi nam **d** lub **s**).

Przykład: **thick** [*θik*] tzn. „gruby".

Dźwięk [*ð*] wymawia się w podobny sposób, tak jak człowiek sepleniący wymawia **z**. Różni się od [*θ*] tym, że jest dźwięczny, a więc przy wymawianiu go wydychamy powietrze głośno, a nie szeptem. Należy więc ćwiczyć [*ð*] wymawiając **z** językiem wsuniętym między zęby, najlepiej lekko dotykając nim **dolnych** zębów, ażeby uniknąć dotykania górnych zębów i cofania języka.

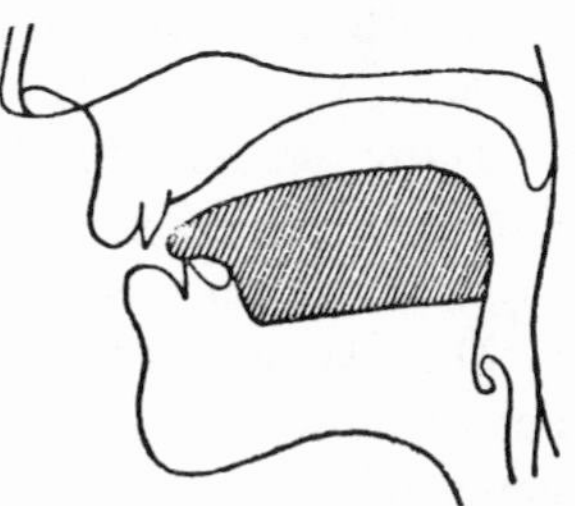

Pozycja języka przy wymawianiu spółgłosek: *ð*, *θ*

Przykład: **they** [*ðej*], tzn. „oni".

Oba dźwięki [*θ*] i [*ð*] należy ćwiczyć z lusterkiem przed sobą, żeby widzieć położenie języka.

C.

Tak jak w języku polskim, istnieją w angielskim spółgłoski dźwięczne (przy których **wydychamy** powietrze głośno), np. [b, d, g] i bezdźwięczne (przy których wydychamy powietrze szeptem), jak [p, t, k]. W języku polskim wszystkie spółgłoski stają się bezdźwięczne na końcu wyrazów. Mówimy [sat] a nie [sad], choć piszemy „sad", [staf] a nie [staw]. W języku angielskim spółgłoski dźwięczne pozostają dźwięczne również i na końcu wyrazów.

A więc [b, d, g, w, z] na końcu wyrazów trzeba wymawiać dość dźwięcznie, np.:

dog [*dog*] a nie [dok] — pies
egg [*eg*] a nie [ek] — jajko
five [*fajw*] a nie [fajf] — pięć
pens [*penz*] a nie [pens] — pióra

4. Akcent

W języku polskim wymawiamy w każdym słowie jedną zgłoskę silniej aniżeli pozostałe. Np. w słowie „lato" zgłoskę „la-" wymawiamy zdecydowanie mocniej niż drugą zgłoskę „-to". Ten nacisk, tzw. **akcent wyrazowy**, pada zazwyczaj na przedostatnią zgłoskę, np.: wi**dzia**łem, **pra**wda, sympa**ty**czny. Ale nie zawsze tak jest. Mamy w polskim szereg wyrazów i form gramatycznych, w których akcent pada na trzecią zgłoskę od końca, lub nawet czwartą, np.: A**me**ryka, **zro**biłbym, wi**dzie**libyśmy. W języku angielskim nie ma stałej reguły, które zgłoski należy akcentować, a więc trzeba uczyć się akcentu przy każdym nowym słowie. Może on padać na pierwszą, drugą, czy jakąkolwiek inną zgłoskę.

Dla ułatwienia nauki, przy wymowie każdego wyrazu oznaczamy w słowniczku akcent za pomocą znaku ['], który stawiamy **przed zgłoską**, którą trzeba silniej wymówić, np. **yellow** [*'jelou*] — „żółty" na pierwszą zgłoskę ['je-] akcentowaną.

Przykłady różnych akcentów:

above [*ə'baw*] — ponad,
government [*'gawnmənt*] — rząd,
correspondence [*korys'pondəns*] — korespondencja,
heavy [*'hewy*] — ciężki,
indeed [*yn'di:d*] — rzeczywiście.

Przy długich wyrazach mamy czasem i drugi, **pomocniczy akcent**, trochę słabszy. Na przykład w słowie „understand" mamy dwa akcenty. Najpierw kładziemy lekki nacisk na zgłoskę „un-" a potem normalny, silny akcent na „-stand". Ten pomocniczy akcent, oznaczany znakiem [ˌ], stawiamy przed odpowiednią zgłoską.

Przykłady: **understand** [*ˌandə'stænd*] — rozumieć
pronunciation [*prəˌnansy'ejszn*] — wymowa

Wyrazy jednosylabowe, tj. o jednej tylko zgłosce, często nie mają w ogóle akcentu, zależnie od tego, czy odgrywają bardziej czy mniej ważną rolę w zdaniu. W języku mówionym niektóre słowa w zdaniu akcentuje się silniej, co wytwarza tzw. **akcent zdaniowy.** Ma on charakter rytmiczny i pada na słowa najważniejsze w zdaniu w dość regularnych odstępach.

Ten akcent zdaniowy wpływa często na wymowę poszczególnych wyrazów. Jest bardzo dużo krótkich wyrazów, które wymawiamy inaczej kiedy pada na nie akcent lub kiedy wymawiamy je uroczyście, lub też gdy dyktujemy tekst. Tę **formę** nazywamy **mocną.** Kiedy zaś nie kładziemy na nie żadnego nacisku, gdy nie odgrywają takiej ważnej roli w zdaniu, wymawiamy je mniej wyraźnie. Tę formę nazywamy **formą słabą** wymowy. Słaba forma wymowy polega najczęściej na tym, że „połyka się" niektóre litery, a niedbale wymówione samogłoski [*œ, a:, o:, o, y*] zamieniają się na [*ə*]. Tak np. wyraz **have** — „mam", „masz" wymawia się pod akcentem [*hœw*], a jeżeli nie jest akcentowany [*həw*] albo nawet [*w*]. Dlatego to w słowniczku lekcyjnym sporadycznie podane są dwie formy wymowy niektórych jednozgłoskowych wyrazów.

Te słabe formy wymowy zaznacza się czasem w piśmie, w skracaniu niektórych wyrazów. Te skróty, **formy ściągnięte**, stosujemy w piśmie, jeżeli cytujemy rozmowę, swobodną wypowiedź, w reportażach, a także i w listach poufałych. I tak:

Wyraz **am** skraca się	na **'m**, np. **I'm**
is	na **'s**, np. **he's, she's, it's** itp.
have	na **'ve**, np. **I've, you've, they've** itp.
has	na **'s**, np. **he's** itp.
are	na **'re**, np. **we're, they're** itp.
had, would	na **'d**, np. **she'd, you'd** itp.
will	na **'ll**, np. **we'll, you'll** itp.
not	na **n't**, np. **isn't, doesn't, don't, can't.**

5. Łączenie wyrazów

W języku angielskim nie wymawia się każdego wyrazu osobno, lecz łączy się je razem w grupy znaczeniowe, wypowiedziane jednym tchem. To łączenie wyrazów utrudnia zrozumienie żywej mowy; wydaje się, że słowa zlewają się razem w jedno długie słowo. W języku polskim również łączymy słowa w grupy znaczeniowe, ale tego nie zauważamy. Zauważa to natomiast cudzoziemiec, któremu wydaje się, że Polak „zlewa” wyrazy, tak, że nie wiadomo gdzie zaczynają i kończą się poszczególne słowa. Np. zdanie: „Mówiłem ci, że to świetny film”, w uszach cudzoziemca brzmi: „Mówiłemci, żetoświetnyfilm”. Jeżeli uczący się sam będzie głośno czytał po angielsku, łącząc wyrazy w grupy, (łączenie zaznaczamy znakiem (‿), będzie mu później łatwiej zrozumieć żywy, mówiony język. Łączenie wyrazów zauważa się zwłaszcza przy samogłoskach na końcu lub początku wyrazów, np. „it's an exercise” brzmi [*yts‿ən‿'eksəsajz*].

6. Intonacja

Każdy język posiada specjalny sposób „śpiewania”. Możemy rozpoznać obcy język, np. rozmowę na ulicy, czy słuchowisko w radio, nawet wtedy kiedy jeszcze nie słyszymy dokładnie poszczególnych słów właśnie dzięki tej **melodii zdaniowej**, tzw. **intonacji.** Intonacja polega na tym, że mówiąc normalnie zmieniamy **wysokość tonu** naszego głosu: jedne zgłoski czy słowa mówimy tonem wysokim, inne znów niskim. W niektórych zdaniach głos nasz idzie w górę, np. w zwykłym pytaniu:

↗ **Is your window open?** — Czy twoje okno jest otwarte?, lub opada na dół, np. w zdaniu twierdzącym lub rozkazującym:

↘ **Yes, it is open.** — Tak, jest otwarte.
Open the window! — Otwórz okno!

Kiedy chcemy specjalnie podkreślić jakieś słowo, wyodrębnić je spośród całego zdania, mówimy je z intonacją opadająco-wznoszącą się:

My book is red, ↘↗ **yours is green** — Moja książka jest czerwona, **twoja** jest zielona.

Intonacji możemy nauczyć się jedynie za pomocą przysłuchiwania się językowi mówionemu. Wskazówki zawarte w podręcznikach fonetyki mogą służyć tylko jako pomoc dodatkowa.

UWAGI KOŃCOWE

Wymowa języka angielskiego podana w samouczku to tzw. „wymowa przyjęta" (Received Pronunciation), zwana czasem „wymową wzorcową" (Standard English); używana jest powszechnie wśród ludzi wykształconych, zwłaszcza na południu Anglii. Wymowa ta jest wzorem dla wielu szkół angielskich, dla spikerów radiowych itp.

Istnieją oczywiście różne inne odmiany wymowy angielskiej w samej Wielkiej Brytanii, nie mówiąc już o Ameryce i dominiach brytyjskich. Każda z nich jest równie dobra jak „wymowa przyjęta", byle była konsekwentnie stosowana, tzn. jeżeli będziemy naśladowali Szkotów czy Australijczyków we wszystkich dźwiękach, a także i w intonacji. Jednakże w większości podręczników języka angielskiego dla cudzoziemców na całym świecie stosuje się „wymowę przyjętą" dlatego, że jest ona najłatwiej zrozumiała dla wszystkich narodów, dla których angielski jest językiem macierzystym.

Należy pamiętać, że i w obrębie „wymowy przyjętej" istnieją bardzo liczne warianty, odmiany wymowy poszczególnych wyrazów. Słownik wymowy D. Jones'a (An English Pronouncing Dictionary) podaje na przykład aż cztery sposoby wymawiania słówka: **often** (często). Wszystkie te warianty są równie „dobre", poprawne, żaden z nich nie jest „lepszy" od pozostałych. Jones może co najwyżej stwierdzić, która odmiana jest najczęściej stosowana.

Znaki fonetyczne, stosowane w podręczniku (np.: *æ*, *θ*, *i:*, *d*), oparte są na międzynarodowej transkrypcji fonetycznej. Niektóre znaki tej transkrypcji mogłyby Polaka niefilologa wprowadzić w błąd i dlatego w samouczku dla początkujących (w okresie nauki, gdy mają ugruntować się podstawy wymowy) zostały one zastąpione prostszymi. Znaki fonetyczne piszemy w całym podręczniku w nawiasach, po to, żeby transkrypcja wymowy nie myliła się z pisownią, żeby uczący się widział jasno, że np. słowo „dosyć" pisze się po angielsku **enough**, a wymawia [*y'naf*].

Po przerobieniu samouczka uczący się może przystąpić do czytania tekstów uproszczonych — np. lektur szkolnych w wydaniach krajowych lub zagranicznych — a także i łatwiejszych pisarzy angielskich czy amerykańskich. Korzystając przy tym z pomocy słowników, przekona się, że istnieją różne systemy oznaczania wymowy, różne ich odmiany, nawet w ramach międzynarodowej transkrypcji. Należy więc starannie przyjrzeć się wszelkim objaśnieniom znaków wymowy w każdej książce angielskiej czy słowniku. Oto dla przykładu jedna z bardziej znanych odmian transkrypcji, z którą uczący się może się spotkać w przyszłości:

zamiast	znaku	[*y*]	napotka znak	[*i*]
„	„	[*a*]	„	[ʌ]
„	„	[o] [o:]	„	[ɔ] [ɔ:]
„	„	[*eə*]	„	[*ɛə*]
„	„	[*oj*]	„	[*oi*]
„	„	[*ej*]	„	[*ei*]
„	„	[*aj*]	„	[*ai*]
„	„	[*sz*]	„	[ʃ]
„	„	[*ż*]	„	[ʒ]
„	„	[*dż*]	„	[*d*ʒ]
„	„	[*cz*]	„	[*t*ʃ]
„	„	[*w*]	„	[*v*]
„	„	[^{u}]		[*w*]

WYKAZ SKRÓTÓW UŻYWANYCH W SŁOWNIKACH

rz. — rzeczownik
pm. — przymiotnik
ps. — przysłówek
pi. — przyimek
z. — zaimek
l. — liczebnik
sp. — spójnik
cz. — czasownik
l.p. — liczba pojedyncza
l.m. — liczba mnoga

PAŃSTWOWE WYDAWNICTWO »WIEDZA POWSZECHNA« WARSZAWA

Irena Dobrzycka

JĘZYK ANGIELSKI DLA SAMOUKÓW

Zeszyt 2 **Lekcje 1—11**

LEKCJE 1—55

LESSON ONE — THE FIRST LESSON

Lekcja pierwsza

Rzeczownik — rodzaje, odmiana
Przymiotniki i zaimki przymiotne dzierżawcze
Zdania twierdzące i przeczące

Uczniowie, którzy przystępują do nauki języka angielskiego po raz pierwszy, powinni przerobić lekcję bardzo systematycznie i przestudiować najpierw słowniczek, następnie objaśnienia fonetyczne i gramatyczne, a potem tekst. Uczniowie, którzy już kiedyś zapoznali się z początkami języka angielskiego i obecnie na nowo podejmują naukę, mogą przerobić kilka pierwszych lekcji na raz, proporcjonalnie do zasobu posiadanych wiadomości.

TEKST

(objaśnienie wymowy pod tekstem)

My pen is red.
maj pen yz red.

It is on my table.
yt yz on maj tejbl.

My pen is on my table.
maj pen yz on maj tejbl.

My book is blue. It is not red. It is not on my table.
maj buk yz blu:. yt yz not red. yt yz not on maj tejbl.

My pen is not blue. It is red. My red pen is on my table,
maj pen yz not blu:. yt yz red. maj red pen yz on maj tejbl,

it is not on my book.
yt yz not on maj buk.

SŁOWNICZEK

blue [*blu:*] pm. — niebieski
book [*buk*] rz. — książka
it [*yt*] z. — ono (często tłumaczy się przez „to")
is [*yz*] cz. — jest (trzecia osoba l. pojedynczej cz. **to be** [*tə bi:* — być]
my [*maj*] z. — mój, moja, moje
not [*not*] ps. — nie (np. nie jest, nie są)
on [*on*] pi. — na
pen [*pen*] rz. — pióro
red [*red*] pm. — czerwony
table [*tejbl*] rz. — stół

OBJAŚNIENIA FONETYCZNE

Wymowa wszystkich wyrazów zawartych w pierwszej lekcji jest łatwa dla Polaka, choć pisownia ich jest zupełnie inna. Dźwięki są prawie takie same jak polskie. Należy uważać jednakże, ażeby nie skracać długiej samogłoski [*u:*]. Dwukropek po literze oznacza, że samogłoskę tę trzeba wymawiać przeciągle, dłużej aniżeli polskie (u), np. w słowie „**blue**", wymawianym (*blu:*).

Przy polskim (r) język drga bardzo intensywnie, przy angielskim (*r*) drga bardzo słabo, czuje się tylko jedno drgnięcie, np. w słowie „**red**".

Należy pamiętać o łączeniu wyrazów w grupy. Np. **It is** czyta się jednym ciągiem [*y'tyz*]. Nie należy również zapominać o akcentowaniu najważniejszych wyrazów w zdaniu, np. **My pen is not blue** [*maj'pen yz'not blu:*]. Zob. „Wstęp", str. XXXVII, poz. III, 4. Tak więc pierwsze zdania tekstu, wolno przeczytane, brzmią: [*maj 'penyz 'red. Y'tyzon maj'tejbl*].

GRAMATYKA

1. Rzeczownik

Rodzaje rzeczowników. W języku angielskim rzeczowniki nieżywotne (tj. nazwy przedmiotów lub pojęć) są rodzaju nijakiego*. Np. **book, pen, table.** Mówiąc o nich używamy zaimka **it** — ono (często tłumaczy się przez „to"). Należy zaznaczyć, że w języku polskim rzeczowniki nieżywotne mogą być rodzaju nijakiego, żeńskiego lub męskiego; np. pióro (rodz. nijaki), stół (rodz. męski), książka (rodz. żeński).

Odmiana rzeczowników jest bardzo prosta. Większość przypadków (z wyjątkiem dopełniacza, o którym będzie mowa w lekcji 11) brzmi jednakowo:

moja **książka** — my **book**
moją **książkę** — my **book**
na mojej **książce** — on my **book**
mój **stół** — my **table**
na moim **stole** — on my **table**

2. Przymiotniki i zaimki przymiotne dzierżawcze** są nieodmienne.

A więc:

red — znaczy: czerwony, czerwona, czerwone, czerwonego, czerwonej, czerwonym itp.

my — znaczy: mój, moja, moje, mojego, moim itp.

---

* Należy tu podkreślić, że język angielski, w odróżnieniu od innych języków (a w tym również i polskiego), nie zna rodzajów rzeczowników w znaczeniu gramatycznym, lecz jedynie rodzaje tzw. naturalne; np. **the man** (mężczyzna) — jest rodzaju męskiego, **the woman** (kobieta) — jest rodzaju żeńskiego, **the pen** (pióro) — jest rodzaju nijakiego.

Rzeczowniki angielskie, jak to już zostało wspomniane we „Wstępie", nie przybierają końcówek w poszczególnych przypadkach, w zależności od rodzaju naturalnego danego rzeczownika.

Rodzaje gramatyczne występują natomiast w zaimkach osobowych **he, she, it** (on, ona, ono).

** Będzie o nich mowa w lekcjach: 13 i 16.

3. Zdania twierdzące i przeczące

Zdanie twierdzące

My book is blue — Moja książka jest niebieska
It is blue — Ona jest niebieska (dosłownie: ono jest niebieskie)

Zdanie przeczące

My pen *is not* blue — Moje pióro **nie jest** niebieskie
It *is not* blue — Ono **nie jest** niebieskie

Przy tworzeniu formy przeczącej stawiamy wyraz **not** *po* czasowniku **is.**

ĆWICZENIA

I. Wstawić brakujący wyraz:

1. My book ... blue. 2. My pen is ... 3. My ... is on my table. 4. It is ... 5. My pen is ... my book. 6. My book is ... red, it is blue.

II. Napisać 3 zdania w formie twierdzącej i 3 w formie przeczącej.

III. Przetłumaczyć:

1. Moja książka jest niebieska. 2. Ona (tłumaczyć „ono") jest na moim stole. 3. Mój stół jest czerwony. 4. Moje pióro jest czerwone. 5. Ono nie jest na moim stole.

LESSON TWO — THE SECOND LESSON

Lekcja druga

Przedimek nieokreślony
Tworzenie formy pytającej

TEKST

My table is large. Is my table blue? Yes, it is blue. Your
maj tejbl yz la:dż. yz maj tejbl blu:? jes, yt yz blu:. jo:

pen is green. Is it on a table? Yes, it is. Is my pen on your
pen yz gri:n. yz yt on ə tejbl? jes, yt yz. yz maj pen on jo:

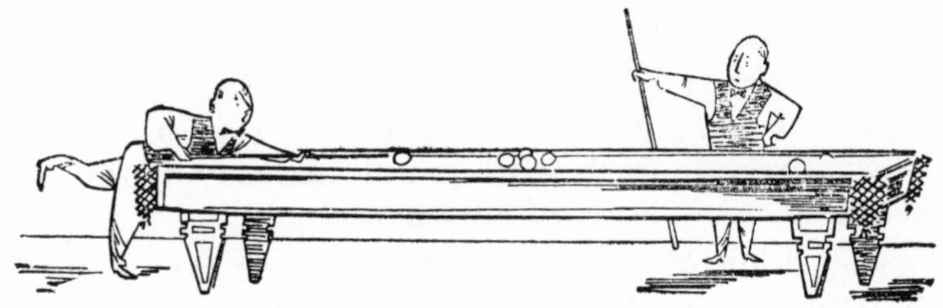

A large table

book? No, it isn't (it is not). My pencil is green, it isn't (it is
buk? nou, yt yznt (yt yz not). maj pensl yz gri:n, yt yznt (yt yz

not) blue. Where is your pencil? It's (it is) on my book. Where is
not) blu:. ᵘeər yz jo: pensl? yts (yt yz) on maj buk. ᵘeər yz

your red book? My red book is on a table.
jo: red buk? maj red buk yz on ə tejbl.

SŁOWNICZEK

a [*ej; ə*] — przedimek nieokreślony, nie istniejący w języku polskim
green [*gri:n*] pm. — zielony
large [*la:dż*] pm. — duży
no [*nou*] ps. — nie (występujące samodzielnie, np. „Nie!")
not [*not*] ps. — nie (po czasowniku)
pencil [*pensl*] rz. — ołówek
where [*ᵘeə*] ps. — gdzie
yes [*jes*] ps. — tak
your [*jo:*] z. — twój, wasz

OBJAŚNIENIA FONETYCZNE

Należy znów uważać na długie samogłoski. A więc w słowach:

large [*la:dż*] wymawiamy długie [*a:*]
your [*jo:*] długie [*o:*]
green [*gri:n*] długie [*i:*]

Długo również brzmi dwugłoska w wyrazie „**no**" [*nou*].

Z nowymi dźwiękami spotykamy się w słowach **a** i **where.**

Przedimek nieokreślony **a** najczęściej wymawiamy za pomocą dźwięku, którego nie ma w języku polskim i który oznaczamy znakiem [*ə*]. Opis tego dźwięku znajduje się we „Wstępie fonetycznym", str. XXXII.

W wyrazie **where** dźwięk początkowy jest łatwy dla Polaków z centralnej Polski; oznaczamy go znakiem [*ᵘ*]. Opis zob. „Wstęp fonetyczny", na str. XXXIV. Litery **wh** tak się zwykle wymawia.

Następujący zaraz po nich dźwięk, to dwugłoska opisana we „Wstępie", na str. XXXIII, oznaczona znakiem [*eə*]. Całe słowo **where** wymawia się [*ᵘeə*]; jeżeli jednak następny wyraz zaczyna się od samogłoski — końcowe **r** wymawia się.

Przedimek nieokreślony **a**, wymówiony pomału i bardzo wyraźnie, brzmi [*ej*]. Normalnie jednakże, w mowie potocznej, wymawia się [*ə*]. **It is** [*yt yz*] w języku potocznym wymawia się często [*yts*], co zaznacza się i w pisowni: **it's.** Tak samo **it is not** skraca się na **it isn't** [*yt'yznt*]. Zob. formy silne i słabe.

GRAMATYKA

1. Przedimek nieokreślony

A table — (jakiś) stół.

A jest przedimkiem nieokreślonym, używanym przed rzeczownikami w liczbie pojedynczej. W języku polskim nie ma przedimków. Są natomiast np. w języku francuskim (nieokreślone: un, une; określone: le, la) i w języku niemieckim (ein, eine, ein, der, die, das). Przedimki nieokreślone tłumaczy się na język polski za pomocą wyrazów „jakiś", „pewien", czasem nie tłumaczy się ich wcale.

2. Tworzenie formy pytającej

Forma twierdząca zdania

My pen is	**green**	— Moje pióro jest zielone
It is	**green**	— Ono jest zielone
Your red book is	**on a table**	— Twoja czerwona książka jest na stole

Forma pytająca

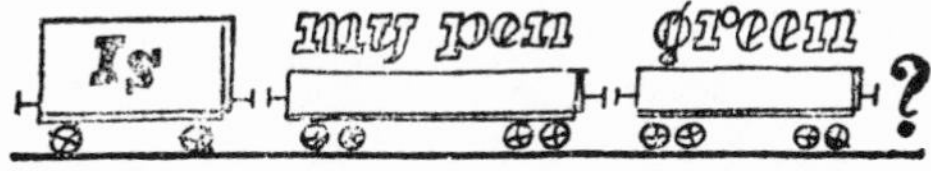

Is my pen	**green?**	— Czy moje pióro jest zielone?
Is it	**green?**	— Czy ono jest zielone?
Is your red book	**on a table?**	— Czy twoja czerwona książka jest na stole?

ĆWICZENIA

I. **Przepisać z lekcji wszystkie zdania pytające.**

II. **Odpowiedzieć na pytania pełnymi zdaniami:**

1. Is your table large? 2. Where is your book? 3. Where is your pencil? 4. Is your pen green? 5. Is your book on a table?

III. **Wyszukać i przepisać wszystkie wyrazy z długimi samogłoskami:** [*u:*, *i:*, *a:*, *o:*], np. green.

LESSON THREE — THE THIRD LESSON

Lekcja trzecia

Zdania twierdzące i pytające — c.d.
Używanie „no" i „not"

TEKST

I have a large room. Is my book large? No, it isn't (it is not).
aj hœw ə la:dż rum. yz maj buk la:dż? nou, yt yznt (yt yz not).

Your pencil is short.
jo: pensl yz szo:t.

My green book is on a table. My table is in my room.
maj gri:n buk yz on ə tejbl. maj tejbl yz yn maj rum.

I have a blue book. Have I a large room? Yes, I have.
aj hœw ə blu: buk. hœw aj ə la:dż rum? jes, aj hœw.

Lesson 1 (one) is short. It's my first lesson. Where is your pen?
lesn ᵘan yz szo:t. yts maj fə:st lesn. ᵘeər yz jo: pen?

It's in your table.
yts yn jo: tejbl.

SŁOWNICZEK

first [*fə:st*] l. — pierwszy
have [*hœw, həw*] cz. — mieć
I [*aj*] z. — ja (pisze się zawsze dużą literą)
in [*yn*] pi. — w
lesson [*lesn*] rz. — lekcja
one [*ᵘan*] l. — raz, jeden
room [*rum*] rz. — pokój
short [*szo:t*] pm. — krótki

OBJAŚNIENIA FONETYCZNE

Opisy dźwięków:
[*æ*] w słowie **have** [*hæw*], zob. str. XXXII, poz. **B.**
[*ə:*] w „ **first** [*fə:st*], zob. str. XXXIII, poz. **B.**

Niektóre wyrazy mają dwie wymowy, np. **have.** Zob. formy silne i słabe, str. XXXVII.

GRAMATYKA

1. Zdania twierdzące i pytające

F o r m a t w i e r d z ą c a

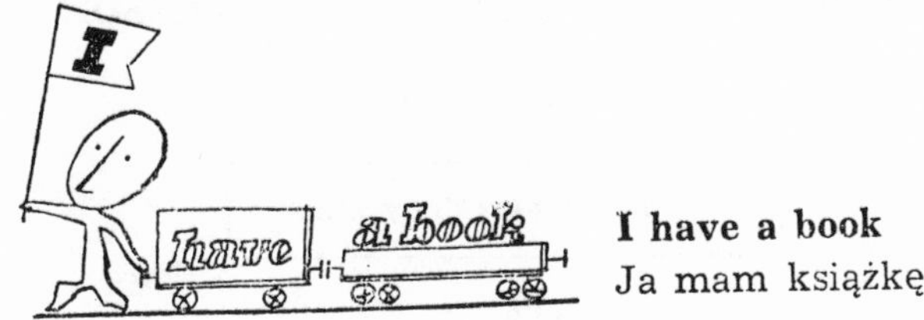

I have a book
Ja mam książkę

F o r m a p y t a j ą c a

Have I a book?
Czy mam książkę?

2. Używanie „no" i „not"

No — zaprzeczenie używane jako osobne zdanie, podobnie jak niemieckie „nein" lub francuskie „non".

Not — zaprzeczenie używane zawsze w połączeniu z innymi wyrazami, zwykle z czasownikami, jak niem. „nicht" lub franc. „ne pas".

W języku polskim w obu wypadkach używamy słowa „nie", np. **No, it is *not* blue** — **Nie,** (ono) **nie** jest niebieskie.

ĆWICZENIA

I. **Zamienić na pytania** (np. Is my room large?):

1. My room is large. 2. I have a book. 3. My first lesson is short. 4. Your pen is in your table. 5. Your green table is in my room. 6. I have one red pencil.

II. **Przetłumaczyć:**

1. Moja książka jest na (jakimś) stole. 2. Twój stół jest w (jakimś) pokoju. 3. On (ono) jest w moim pokoju. 4. Gdzie jest twój krótki ołówek? 5. Ja mam duży pokój. 6. Twój pokój nie jest duży.

LESSON FOUR — THE FOURTH LESSON

Lekcja czwarta

Przedimek określony „the"

TEKST

I have a red book. The book is on a table. You have a green pen.
aj hæw ə red buk. ðə buk yz on ə tejbl. ju: hæw ə gri:n pen.

The green pen is in my room. The table is on the floor.
ðə gri:n pen yz yn maj rum. ðə tejbl yz on ðə flo:.

Where is your blue pen? It is on the small table.
ᵘeər yz jo: blu: pen? yt yz on ðə smo:l tejbl.

Where is the green table? It's in my room.
ᵘeər yz ðə gri:n tejbl? yts yn maj rum.

You have a small picture.
ju: hæw ə smo:l 'pykczə.

The picture is in your book. It is in the first lesson.
ðə 'pykczə yz yn jo: buk. yt yz yn ðə fə:st lesn.

SŁOWNICZEK

floor [**flo:**] rz. — podłoga (wymowa tego wyrazu jest wyjątkowa; normalna wymowa **oo** — zob. „Wstęp fonetyczny", str. XXVIII, poz. **o**).

picture [*'pykczə*] rz. — obraz, fotografia, film

small [*smo:l*] pm. — mały

the [*ðə; ði:*] — przedimek określony, nie istniejący w języku polskim

you [*ju:*] z. — ty, wy, Pan, Pani Państwo (w rozmowie lub w liście)

OBJAŚNIENIA FONETYCZNE

Opis dźwięku:

[ð] w słowie **the** [*ðə*], zob. „Wstęp fonetyczny", str. XXXV, poz. B.

Przedimek określony **the** wymówiony bardzo wyraźnie brzmi [*ði*].

Normalnie w języku potocznym mówimy [*ðə*].

GRAMATYKA

Przedimek określony „the"

The table — (ten) stół.

The jest przedimkiem określonym, używanym przed rzeczownikami w liczbie pojedynczej i mnogiej, bez względu na rodzaj. Podobnie jak przedimek nieokreślony **a**, nie ma odpowiednika w języku polskim. Czasem tłumaczy się go przez „ ten, ta, to, ci, te", czasem w ogóle nie tłumaczy się, np.:

Where is the green table? — Gdzie jest ten zielony stół?

The book is on a table — Książka (znana nam, określona) jest na stole.

ĆWICZENIA

I. **Zamienić na formę przeczącą** (np. The book is not on the table). 1. The book is on the table. 2. It is a red book. 3. My table is green. 4. Your pencil is on the floor. 5. Your room is small. 6. The first lesson is short. 7. The picture is in the book.

LESSON FIVE — THE FIFTH LESSON

Lekcja piąta

Przedimek nieokreślony — c.d.
Przedimek określony — c.d.
Forma przecząca czasownika „to have"

TEKST

Have you a table? Yes, I have. Show the table. I have a pen.
hæw ju: ə tejbl? jes, aj hæw. szou ðə tejbl. aj hæw ə pen.
My pen is thick. Have you a red pen? No, I haven't, my
maj pen yz θyk. hæw ju: ə red pen? nou, aj hæwnt, maj
pen is blue. Is this a book? No, it isn't, it's an exercise-book.
pen yz blu:. yz ðys ə buk? nou, yt yznt, yts ən ˈeksəsajz ˌbuk.
Is it large? Yes, it is. You have a long pencil. Show a long pen.
yz yt la:dż? jes, yt yz. ju: hæw ə loŋ pensl. szou ə loŋ pen.

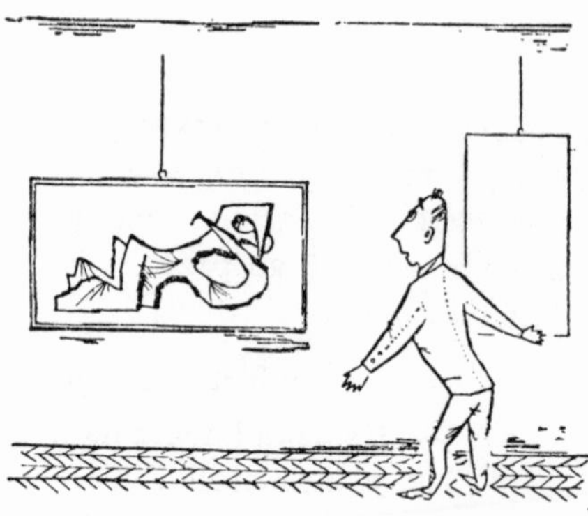

What is this?

My pen isn't long, it's short. What is this? This is my hand.
maj pen yznt loŋ, yts szo:t. ᵘot yz ðys? ðys yz maj hænd.
My pencil is on my book. Is my hand on the book? No, it isn't.
maj pensl yz on maj buk. yz maj hænd on ðə buk? nou, yt yznt.
What is on the table? My pen is on the table.
ᵘot yz on ðə tejbl? maj pen yz on ðə tejbl.

SŁOWNICZEK

an [*æn; ən*] — przedimek nieokreślony, stawiany zamiast „a" przed wyrazami zaczynającymi się od samogłoski
exercise [*'eksəsajz*] rz. — ćwiczenie, zadanie
exercise-book [*'eksəsajz,buk*] rz. — zeszyt
hand [*hænd*] rz. — ręka
long [*loŋ*] pm. — długi
show [*szou*] cz. — pokaż
thick [*θyk*] pm. — gruby
this [*ðys*] z. — ten, ta, to,
two [*tu:*] l. — dwa, dwie
what [*ᵘot*] z. — co

OBJAŚNIENIA FONETYCZNE

[*ŋ*] np. w słowie **long** [*loŋ*], zob. „Wstęp fonetyczny", str. XXXIV, poz. A.

[*θ*] np. w słowie **thick** [*θyk*], zob. „Wstęp fonetyczny", str. XXXIV, poz. B.

GRAMATYKA

1. Przedimek nieokreślony i określony — c.d.

A pen — an exercise-book

Przed wyrazami rozpoczynającymi się od spółgłoski używamy przedimka nieokreślonego **a**; przed wyrazami rozpoczynającymi się od samogłoski — **an**.

A lub **an** — przedimek nieokreślony; używamy go gdy mówimy o rzeczy nieznanej mówiącemu, lub bliżej nieokreślonej. Używany jest tylko w liczbie pojedynczej.

the pen [*ðə pen*] — (to) pióro

the exercise-book [*ði: 'eksəsajz,buk*] — (ten) zeszyt

The — przedimek określony; używamy go gdy mówimy o rzeczy znanej lub bliżej określonej; brzmi tak samo w liczbie pojedynczej jak i mnogiej.

2. Forma przecząca czasownika „to* have"

I have not — nie mam, w skrócie: **I haven't** [*hæwnt*]
you have not — nie masz, w skrócie: **you haven't** [*hæwnt*]
W mowie potocznej używamy zwykle skrótów.

ĆWICZENIA

I. Odpowiedzieć na pytania:

1. Have you a red pencil? 2. Have you a large room? 3. Have I a thick pencil? 4. Have I a small table? 5. Is your hand large? 6. Is your exercise-book green? 7. Is my hand on the table? 8. Is your picture small? 9. Have you an exercise-book? 10. Have you a long pen? 11. Is your pen on the table? 12. What is red?

II. Fonetyka

Ćwiczyć łączenie wyrazów w zdaniu (zob. str. XXXVII):
Have‿you‿a‿red‿pen? No, I‿haven't, my‿pen‿is‿blue. Is‿this‿a‿book? No, it‿isn't, it's‿an‿exercise-book. My‿pencil‿is‿on‿my‿book. What‿is‿on‿the‿table? You‿have‿a‿long pencil.

---

*) W języku angielskim bezokolicznik czasownika jest poprzedzany wyrazem „to". Wyrazu tego nie należy mylić z przyimkiem „to" (polskie znaczenie: „do").

LESSON SIX — THE SIXTH LESSON

Lekcja szósta

Używanie zaimków wskazujących „this", „that"

TEKST

This is a book. It is a red book. The pen is short.
ðys yz ə buk. yt yz ə red buk. ðə pen yz szo:t.

It is on the chair.
yt yz on ðə czeə.

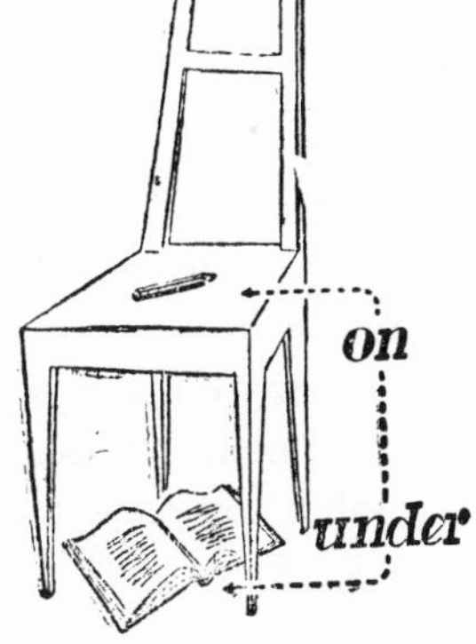

That is a window. The window is large. Where is the blue pencil? It is here, on the chair. Where is the chair? The chair is on the floor. That is a room. Your exercise-book is under my hand. What is under the chair? Where is the picture? It's on the wall.
ðæt yz ə ^{u}yndou. ðə ^{u}yndou yz la:dż. ^{u}eə:r yz ðə blu: pensl? yt yz hiə on ðə czeə. ^{u}eər yz ðə czeə? ðə czeər yz on ðə flo:. ðæt yz ə rum. jo:r 'eksəsajz,buk yz 'andə maj hænd. ^{u}ot yz 'andə ðə czeə? ^{u}eər yz ðə 'pykczə? yts on ðə ^{u}o:l.

Is the wall red? No, it isn't. What have you here on your table? I have an exercise-book.
yz ðə ^{u}o:l red? nou, yt yznt. ^{u}ot hæw ju: hiə on jo: tejbl? aj hæw ən 'eksəsajz,buk.

SŁOWNICZEK

chair [*czeə*] rz. — krzesło
here [*hiə*] ps. — tu
that [*ðœt*] z. — tamten, tamta, tamto
under [*'andə*] pi. — pod
wall [*ᵘo:l*] rz. — ściana, mur
window [*'ᵘyndou*] rz. — okno

OBJAŚNIENIA FONETYCZNE

[*iə*] np. w słowie **here** [*hiə*], zob. str. XXXIII, poz. C.

Zwróć uwagę na opuszczanie końcowego **r**, lub **re** w wymowie słów:

your [*jo:*]
where [*ᵘeə*]
floor [*flo:*]
chair [*czeə*]
here [*hiə*]

Jednakże, jeżeli następny wyraz rozpoczyna się od samogłoski, wymawia się końcowe **r**.

Przykłady: **where is** [*ᵘeəryz*]
the chair is on... [*czeəryz*]
your exercise-book [*jo:r'eksəsajz,buk*]

Zob. str. XXXVII, poz. 5.

GRAMATYKA

Używanie zaimków wskazujących „this", „that"

This — ten, ta, to.

Zaimek wskazujący, oznaczający osobę lub przedmiot, znajdujące się bliżej osoby mówiącej.

That — tamten, tamta, tamto.

Zaimek wskazujący, oznaczający osobę lub przedmiot, znajdujące się dalej od osoby mówiącej.

This is a book — To jest książka.
This window is large — To okno jest duże.
That is a window — Tamto jest okno.
That window is small — Tamto okno jest małe.

ĆWICZENIA

I. **Przepisać tekst lekcji.**

II. **Przetłumaczyć:**

1. Mam duży pokój. 2. Czy to jest moje pióro? 3. Co to jest? 4. Twój obraz nie jest duży, on (należy tłumaczyć przez „it") jest mały. 5. Tu jest mój zeszyt. 6. Ten ołówek jest długi. 7. Tamten ołówek jest krótki. 8. Ta książka jest tutaj na stole. 9. Tamta ściana jest gruba. 10. Co jest pod zeszytem?

III. **Fonetyka.**

Przepisać wyrazy z długimi samogłoskami:

[*u:*] blue [*o:*] short, wall, small
[*a:*] large [*i:*] green

LESSON SEVEN — THE SEVENTH LESSON

Lekcja siódma

Liczba mnoga rzeczowników
„Is" — „are"

TEKST

I have one book. I have two hands.
aj hæw [u]an buk. aj hæw tu: hændz.

My pencil is in my hand.
maj pensl yz yn maj hænd.

Your pencils are on your table.
jo: penslz a:r on jo: tejbl.

Please, show two pictures.
pli:z, szou tu: 'pykczəz.

Have you three hands?

Here are three walls — one, two, three. Have you three hands?
hiər a: θri: ᵘo:lz — ᵘan, tu:, θri:. hœw ju: θri: hœndz?

No, I haven't, I have two hands. Here are three fingers. Show two
nou, aj hœwnt, I hœw tu: hœndz. hiər a: θri: 'fyŋgəz. szou tu:

fingers. Are your exercise-books thin? Please, show lesson two.
'fyŋgəz. a: jo:r'eksəsajz,buks θyn? pli:z szou lesn tu:.

Here is lesson two. Is lesson one long? Yes, it is. Show the door.
hiər yz lesn tu:. yz lesn ᵘan loŋ? jes, yt yz. szou ðə do:

This is the door.
ðys yz ðə do:.

SŁOWNICZEK

are [*a:*] cz. — są
door [*do:*] rz. — drzwi (jedne drzwi)
finger ['*fyŋgə*] rz. — palec
please [*pli:z*] cz. — proszę
thin [*θyn*] pm. — cienki, chudy
three [*θri:*] l. — trzy

OBJAŚNIENIA FONETYCZNE

Zwróć uwagę na wymowę końcowego (l) w wyrazach:
small, wall, table, (zob. str. XXXIII, poz. 3.A.).

Wymowa wyrazów: **floor** [*flo:*] i **door** [*do:*] jest wyjątkowa. Normalnie podwójne **o** czyta się [*u*], np. **book.**

Litery wh w wyrazach **where, what** wymawia się [ᵘ], tak jak zwykle literę „w". (Oprócz tej wymowy istnieje również inna: przed dźwiękiem [ᵘ] występuje coś podobnego do lekkiego wydechu. Wymowa ta jest jednakże trudniejsza dla Polaków, gdyż mamy skłonność do wymawiania polskiego (h) zamiast delikatnego angielskiego [*h*ᵘ]).

Należy zwrócić uwagę na wymowę końcówki rzeczowników w liczbie mnogiej. Po dźwięcznych spółgłoskach i po samogłoskach literę „s" wymawia się jak [*z*]; po bezdźwięcznych spółgłoskach — jak [*s*].

(z)	**hands** [*hœndz*] **chairs** [*czeəz*] **walls** [ᵘ*o:lz*] **pictures** ['*pykczəz*]	(s)	**books** [*buks*]

GRAMATYKA

1. Liczba mnoga rzeczowników

a pencil — ołówek
the chair — krzesło
one hand — jedna ręka

pencils — ołówki
the chairs — krzesła
two hands — dwie ręce

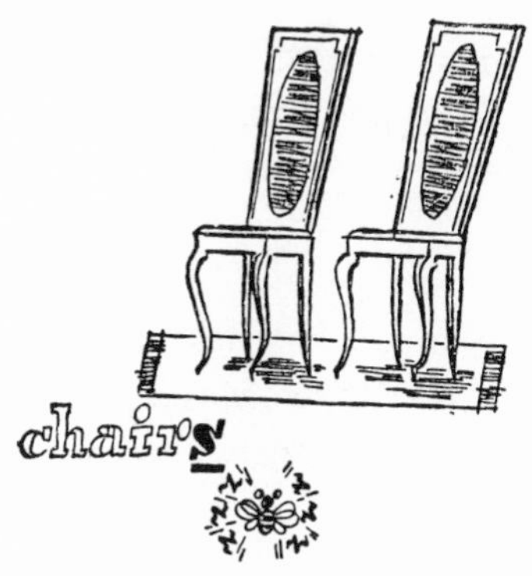

Liczbę mnogą tworzymy przez dodanie do rzeczownika w liczbie pojedynczej litery „s", wymawianej jak „*z*" lub „*s*".

my hand — moja ręka
one large picture — jeden duży obraz

***my* hands** — moje ręce
two large pictures — dwa duże obrazy

Zaimki przymiotne dzierżawcze i przymiotniki nie zmieniają się (nie przybierają końcówki) w liczbie mnogiej.

a wall — (jakaś) ściana — **walls** — (jakieś) ściany

Przedimek nieokreślony nie ma liczby monogiej.

2. Is — are

My pencil *is* in my hand — Mój ołówek jest w moim ręku.
Your pencils *are* on your table — Twoje ołówki są na twoim stole.

ĆWICZENIA

I. **Zamienić na liczbę mnogą**, np. Pens are on chairs (uwaga na przedimki):

1. A pen is on a chair. 2. My hand is on a book. 3. The window is here. 4. A long pencil is on my table. 5. The door is small. 6. My finger is short. 7. An exercise-book is under your book. 8. Where is my room? 9. Here is the blue pen. 10. Is your table long?

II. **Przetłumaczyć:**

1. Pokaż dwa obrazki. 2. Twoje ołówki są na stole. 3. Mam (tłumaczyć: ja mam) dwie ręce. 4. Moje książki są duże. 5. Czy twoje zeszyty są małe? 6. Tutaj są trzy okna. 7. To jest podłoga. 8. Tamto krzesło jest w twoim pokoju.

III. **Fonetyka**

Łączenie wyrazów:

Your‿pencils‿are‿on‿your‿table. Here‿are‿three‿walls. Have‿you‿three hands? Where‿are‿your‿pens. Here‿is‿lesson‿two. Is‿lesson‿one‿long? Yes, it‿is. This‿is‿the‿door.

LESSON EIGHT — THE EIGHTH LESSON

Lekcja ósma

Tryb rozkazujący

TEKST

Are the walls green? No, the walls are white. Here are four
a: ðə ^{u}o:lz gri:n? nou, ðə ^{u}o:lz a: ^{u}ajt. hiər a: fo:

walls. Have you four pens? No, I haven't, I have one pen. Show
^{u}o:lz. hœw ju: fo: penz? nou, aj hœwnt, aj hœw ^{u}an pen. szou

five fingers. Read lesson one. Is exercise one short? I have two
fajw'fyŋgəz. ri:d lesn ^{u}an. yz 'eksəsajz ^{u}an szo:t? aj hœw tu:

white chairs. Where are the chairs? The chairs are on the floor.
^{u}ajt czeəz. ^{u}eər a: ðə czeəz? ðə czeəz a:r on ðə flo:.

How many books have you?
hau 'meny buks hæw ju:?

How many windows have you? I have three windows. What is
'hau 'meny 'ᵘyndouz hæw ju:? aj hæw θri: 'ᵘyndouz. ᵘot yz
that? That is a thin exercise-book. Please, spell "exercise-book".
ðæt. ðæt yz ə θyn 'eksəsajz,buk. pli:z, spel 'eksəsajz,buk.

SŁOWNICZEK

how [*hau*] ps. — jak
how many [*'hau'meny*] ps. — ile (jak wiele)?
five [*fajw*] l. — pięć
white [*ᵘajt*] pm. — biały
four [*fo:*] l. — cztery
read [*ri:d*] cz. — czytaj!
spell [*spel*] cz. — sylabizuj! (wymień wszystkie litery danego słowa)

OBJAŚNIENIA FONETYCZNE

Należy uważać, żeby końcowe spółgłoski dźwięczne wymawi rzeczywiście dźwięcznie:

read [*ri:*d]
five [*faj*w]

please [*pli:*z]

table [*tej*bl]
pencil [*pen*sl]

GRAMATYKA

Tryb rozkazujący

Read! — czytaj! czytajcie!
Show! — pokaż! pokażcie!
Spell! — sylabizuj! sylabizujcie!

Drugą osobę (ty, wy) trybu rozkazującego tworzymy przez użycie czasownika w formie bezokolicznika, bez wyrazu **to.** Np.

bezokolicznik czasownika „czytać" brzmi: **to read** [*tu: ri:d*], a druga osoba trybu rozkazującego: **read** [*ri:d*].

ĆWICZENIA

I. **Zamienić na liczbę pojedynczą** (uwaga na przedimki):
1. Walls are thick. 2. Here are large chairs. 3. Have you small rooms? 4. Are the pictures on the walls? 5. Books are under my chairs. 6. Five pens are blue. 7. Where are the doors? 8. Your thick pencils are here. 9. Three windows are white. 10. Have you two pictures?

II. **Przetłumaczyć:**
1. Pokaż trzy krzesła. 2. Czy twoje palce są czerwone. 3. Czy zeszyty są białe? 4. Czy książki są zielone? 5. Mam dwa okna na jednej ścianie. 6. Co jest pod stołem? 7. Podłoga nie jest biała, ona (tłumaczyć przez: it) jest niebieska. 8. Ty masz cztery pokoje.

III. **Fonetyka**
Przepisać wyrazy kończące się na dźwięczne spółgłoski lub samogłoski (zob. wskazówki fonetyczne w l. 7 i 8) np. read, is, doors.

LESSON NINE — THE NINTH LESSON

Lekcja dziewiąta

Koniugacja czasownika „to be" — czas teraźniejszy (formy: twierdząca, przecząca, pytająca)
Koniugacja czasownika „to read" — czas teraźniejszy (formy: twierdząca, przecząca, pytająca, trwająca)
Czasownik w bezokoliczniku
„There is", „there are"

Uwaga: począwszy od tej lekcji teksty nie są zaopatrzone w transkrypcję fonetyczną. Uczący się musi poznać i zapamiętać wymowę nowych wyrazów ze słowniczka wchodzącego w skład danej lekcji, zaglądając w razie potrzeby również i do słownika angielsko-polskiego (na końcu książki).

Uczący się zaczyna lekcję od przeczytania nowego tekstu, zaglądając, w przypadku wątpliwości, do objaśnień i gramatyki i cofając się czasem do objaśnień w poprzednich lekcjach. Następnie przyswaja sobie wszystkie objaśnienia fonetyczne i gramatyczne danej lekcji. Z kolei czyta jeszcze raz tekst, sprawdzając w kluczu (na końcu książki), czy wszystko dobrze zrozumiał. Potem uczy się wybranych (dowolnie) odcinków lekcji na pamięć. Na końcu przerabia ćwiczenia pisemnie i kontroluje je za pomocą klucza.

TEKST

1. Who is in my room? I am in your room. My teacher is in my room. Is he Polish? Yes, he is. Are you a teacher? No, I am not a teacher, I am a pupil. Where are you? I am here in my room.

My pupil is late. He is not a good pupil. We are happy. My exercise-books are on the table. They are new. How many rooms have you? I have one room. Are we English? No, we aren't English, we are Polish. Where is she? She is here.

2. Please, show the door. I am opening my book. Now I am shutting the book. Where is the chair? It is here. It is standing on the floor. Where are you standing? I am standing here. Show a new picture. What are you showing? How many pencils have you? I have two pencils. Where are they? They are lying on the table. What is lying on your chair? A small pen is lying there. What are you doing? I am shutting an English book. What is she reading now? She is reading exercise four. Is it a good exercise? Yes, it is. Is the red book for me? Yes, it is. Where is your new picture? It is here, in front of me.

3. Now I am learning English (better late than never). I am sitting on a chair in my room. In front of me there is a book. It is an English book. In my book there are many pictures. On the table there are two exercise-books. One is for exercises and one is for English words. Now they are lying in front of me. I am reading lesson four. It is not long but there are many new words in it. Now I am learning the new words.

Better late than never

SŁOWNICZEK

to be [*bi:*] cz. — być
better [*betə*] ps. — lepiej
do [*du:*] cz. — czynić, robić
for [*fo:*] pi. — dla
English [*yŋglysz*] pm. — angielski
good [*gud*] pm. — dobry
happy [*'hæpy*] pm. — szczęśliwy
he [*hi:*] z. — on
in front of [*yn 'frant əw*] — przed
late [*lejt*] ps. — późno
learn [*lə:n*] cz. — uczyć się
lie [*laj*] cz. — leżeć **(lying)**
me [*mi:*] z. — mnie
never [*'newə*] ps. — nigdy, wcale
new [*nju:*] pm. — nowy
now [*nau*] ps. — teraz
open [*'oupən*] cz. — otwierać
Polish [*'poulysz*] pm. — polski
pupil [*pju:pl*] rz. — uczeń
she [*szi:*] z. — ona
shut [*szat*] cz. — zamykać
sit [*syt*] cz. — siedzieć
stand [*stænd*] cz. — stać
teacher [*'ti:czə*] rz. — nauczyciel
than [*ðæn*] sp. — niż, aniżeli
there [*ðeə*] ps. — tam
they [*ðej*] z. — oni
we [*ᵘi:*] z. — my
who [*hu:*] z. — kto, który

Pożyteczne zwroty

he is English — on jest Anglikiem
in front of me — przede mną
in front of you — przed tobą
for me — dla mnie
for you — dla ciebie
to learn English — uczyć się angielskiego

OBJAŚNIENIA FONETYCZNE

1. Litery **sh** zwykle wymawia się [*sz*], np. **short** [*szo:t*], **she** [*szi:*] **shut** [*szat*].

Litery **i**, **y** często — ale nie zawsze — wymawia się jak [*y*], np. **it** [*yt*], **happy** [*hæpy*], **sit** [*syt*].

2. Wyjątkowa wymowa **who** [*hu:*]. Najczęstsza wymowa liter **wh** jest [*ᵘ*], np. **where**, **what**, **white**.

3. Akcent wyrazowy i zdaniowy zob. „Wstęp fonetyczny", str. XXXVI, poz. 4.

Akcent główny w poszczególnych wyrazach:

'teacher,
'exercise,
'pupil.

Akcent pomocniczy: 'exercise-,book (tutaj pada na sylabę „book"). W całych zdaniach akcentowane są tylko najważniejsze słowa: **My chair is 'white, 'not blue. The 'table is in 'front of me. My ,pupil is 'Polish, 'not ,English.**

Akcent zdaniowy (zob. „Wstęp fon.", str. XXXVII, poz. 4): **I'm'sitting on a 'chair in my 'room. In 'front of me ,there is a 'book. I'm** 'shutting **an English ,book. 'What is she ,reading? 'Lesson ,four 'isn't long.**

GRAMATYKA

1. Koniugacja czasownika „to be" [*tə 'bi:*] — być

Czas teraźniejszy

Forma twierdząca

I am [*aj'æm*] — jestem
you are — jesteś
he is — on jest
she is — ona jest
it is — ono (to) jest
we are — jesteśmy
you are — jesteście
they are — oni, one są

Forma pytająca

am I? — czy jestem?
are you? — czy jesteś?
is he? — czy on jest?
etc.

Forma przecząca

I am not — nie jestem
you are not (aren't) — nie jesteś
he is not (isn't) — on nie jest
etc.

2. Koniugacja czasownika „to read" [*tə 'ri:d*] — czytać

Czas teraźniejszy (forma trwająca)

Forma twierdząca

I am reading [*aj æm 'ri:dyŋ*]	— (właśnie) czytam (teraz), jestem w trakcie czytania
you are reading	— ty czytasz
he is reading	— on czyta
she is reading	— ona czyta
it is reading	— ono czyta
we are reading	— czytamy
you are reading	— czytacie
they are reading	— czytają

Forma pytająca

am I reading?	— czy ja czytam?
are you reading?	— czy ty czytasz?
is he reading?	— czy on czyta? etc.

Forma przecząca

I am not reading	— nie czytam
you are not reading	— nie czytasz
he is not reading	— on nie czyta etc.

Formy trwającej (ciągłej) czasu teraźniejszego używamy dla wyrażenia akcji odbywającej się w chwili mówienia. Tworzy się ją za pomocą czasownika **to be** i końcówki **-ing.**

3. Czasownik w bezokoliczniku — Czasownik w formie osobowej, trwającej

to stand	— stać	**I am standing**	— (właśnie) stoję
to show	— pokazywać	**I am showing**	— „ pokazuję
to do	— czynić, robić	**I am doing**	— „ czynię, robię
to open	— otwierać	**I am opening**	— „ otwieram

He is opening

to lie — leżeć — **I am lying** — (właśnie) leżę
to shut — zamykać — **I am shutting** — „ zamykam
to sit — siedzieć — **I am sitting** — „ siedzę

4. There is — there are

W języku angielskim istnieje szczególny zwrot:

there is — dosłownie: tam jest
there are — dosłownie: tam są

Zwrot ten tłumaczy się na język polski jako „znajduje się", „znajdują się" albo „jest", „są". Np.:

There is **a pen on the floor** — Na podłodze **znajduje się** pióro. (na podłodze **jest** pióro)
There are **many pictures** — **Jest** dużo ilustracji.
There are **many new words** — **Jest** dużo nowych wyrazów.
On the table ***there are*** **two exercise-books** — Na stole **znajdują się** dwa zeszyty.

Podkreśla się fakt, że te zeszyty w ogóle **są**, a mniej ważne jest, gdzie one są i jakie one są. Jeżeli chcemy oznaczyć miejsce, gdzie się przedmiot znajduje, musimy użyć innej formy zdania:
Two exercise-books ***are*** **on the table** — Dwa zeszyty są na stole.

Tej samej formy użyjemy dla opisania jakości lub cech przedmiotu:
The exercise-books ***are*** **thick** — Zeszyty są grube.

Forma przecząca, **there is no,** odpowiada polskiemu „nie ma". Np.:

There is no **pencil** — **Nie** ma ołówka.
There are no books — **Nie ma** książek.

W zwrocie tym zwykły porządek angielskiego zdania jest odwrócony (podmiot — **pencil**, następuje po orzeczeniu — is).

ĆWICZENIA

I. **Odmieniać we wszystkich osobach l. pojedynczej i l. mnogiej:** I am not a teacher (tj. you are not a teacher, he is not a teacher itd.) I am happy.

II. **Zamienić na liczbę mnogą** (np. We are late. Are they happy?):

1. I am late. 2. Is she happy? 3. Your new pen is long. 4. A picture is lying on the table. 5. Where is the teacher standing? 6. The pupil is shutting a small door. 7. What is he doing? 8. A thin exercise-book is under your book.

III. **Zamienić na liczbę pojedynczą:**

1. We are here. 2. They are not happy. 3. Three pupils are reading now. 4. You are shutting the windows in my rooms. 5. They are showing five fingers. 6. My chairs are not good. 7. Are we late? 8. We are standing in front of the table.

IV. **Ułożyć 4 zdania według wzoru** (tzn. pytania w formie trwającej):

a) Are you spelling a long word?
b) Is my pen lying under the chair?

V. **Przetłumaczyć:**

1. Twój uczeń czyta (właśnie) angielską książkę. 2. Kto stoi przed wami? 3. Co ty robisz? 4. Co ona robi? 5. Mój nauczyciel nie jest dobry. 6. Krzesło leży na podłodze. 7. Moje ołówki leżą na oknie. 8. Przeczytaj lekcję czwartą! 9. Czy twój stół jest niebieski? 10. Czy książki są grube? 11. Na stole jest (there is) mały obraz. 12. Na oknie jest (są, znajdują się = there are) dużo książek. 13. W moim pokoju jest (są, znajdują się) pięć białych krzeseł.

VI. **Fonetyka.** (przeczytać głośno kilkakrotnie)

[*ej*] late, they, table
[*aj*] white, five, I, lie
[*a*] shut, but, one, under

LESSON TEN — THE TENTH LESSON

Lekcja dziesiąta

Koniugacja czasownika „to have" — czas teraźniejszy (formy: twierdząca, przecząca, pytająca)
Przedimek — c.d.
Liczba mnoga rzeczowników — c.d.
Krótkie odpowiedzi

Uwaga: zobacz wymowę litery **l** na końcu wyrazów i przed spółgłoskami, str. XXXIII.

TEKST

1. In my English book there is a picture. In the picture there are three children. The child is happy. He has a white cup. I have an apple. An apple is red. I am showing an apple and an egg. An egg is not red, it is white and yellow. The children have three cups. We have many yellow apples. Has your pupil a yellow pen? Yes, she has. My table is black. Is there a black pencil on your chair? Yes, there is. Lesson two and three are long — they have many exercises.

2. The children in the picture have three cups of milk. One child has one cup of milk and also one piece of bread. Bread is good. Milk is white. An egg is also white, but coffee isn't white, it is black. There are two pieces of bread on the table, they are for you. I have coffee and milk for breakfast. Children have milk for breakfast. In England they have good tea. We also have good tea. What are you reading? We are reading lesson four. How many pictures are there in lesson four? There is one picture. Are you learning a new lesson? Yes, I am. Where are your apples? They are lying on a table in my room.

3. My pupil is not a child; he is a man. This man is English. This child is not English, he is Polish. Your teacher is a woman, she is also Polish. An apple is good. An orange is very good. This man has tea for breakfast. I have two pieces of sugar in my tea. Have you also sugar in your coffee? No, I have no sugar in my coffee. These oranges are better than apples. I have no oranges here. I have five apples at home. They are very good. Who is learning? These women are learning English. What are you doing now? I am reading lesson four.

What are you doing?

SŁOWNICZEK

also [*'o:lsou*] ps. — także, również
and [*ænd*] sp. — i, a
apple [*æpl*] rz. — jabłko
at [*æt*] pi. — w, przy, na
black [*blæk*] pm. — czarny
bread [*bred*] rz. — chleb
breakfast [*'brekfəst*] rz. — śniadanie
but [*bat*] sp. — lecz, ale
child [*czajld*] rz. — dziecko
children [*'czyldrn*] rz. — dzieci
coffee [*'kofy*] rz. — kawa
cup [*kap*] rz. — filiżanka
egg [*eg*] rz. — jajko
England [*'yŋglənd*] rz. — Anglia
has [*hæz*] cz. — ma
man [*mæn*] rz. — mężczyzna, człowiek
milk [*mylk*] rz. — mleko
no sugar [*nou'szugə*] — bez cukru
orange [*'oryndż*] *rz.* — pomarańcza
piece [*pi:s*] rz. — kawałek
sugar [*szugə*] rz. — cukier
tea [*ti:*] rz. — herbata
these [*ði:z*] z. — ci, te
thumb [*θam*] rz. — kciuk
woman [*'uumən*] rz. — kobieta
women [*'uymyn*] — kobiety
word [*uə:d*] rz. — słowo
yellow [*'jelou*] pm. — żółty

Pożyteczne zwroty

a cup of tea — filiżanka herbaty
a piece of bread — kawałek chleba

OBJAŚNIENIA FONETYCZNE

1. Litery **ch** zwykle wymawia się [*cz*], np. **child** [*czajld*]. Litery **ck** wymawia się [*k*], np. **black** [*blœk*].

2. Wyjątkowa wymowa:

liczba pojedyncza **child** [*czajld*], **woman** ['*uumən*]
liczba mnoga **children** [*czyldrən*], **women** ['*uymyn*].
Litery **ee** wymawia się [*i:*]. **Coffee** jest wyjątkiem ['*kofy*].

GRAMATYKA

1. Koniugacja czasownika — to have [*tə'hœw*] — mieć

Czas teraźniejszy

Forma twierdząca

I have	— mam
you have	— masz
he has	— on ma
she has	— ona ma
it has	— ono ma
we have	— mamy
you have	— macie
they have	— mają

Forma pytająca

have I?	— czy mam?
have you?	— czy masz?
has he?	— czy on ma?
	etc.

Forma przecząca

I have not (haven't)	— nie mam
you have not (haven't)	— nie masz
he has not (hasn't)	— on nie ma
	etc.

Formę pytającą czasownika **to have** (tak samo jak czasownika **to be**) tworzymy przez odwrócenie porządku zdania: podmiot stawiamy po orzeczeniu. Formę przeczącą — przez dodanie **not** po orzeczeniu.

2. **Przedimka [the, a] nie używamy** przy rzeczownikach materialnych, np. **coffee, tea, milk, sugar, bread**, przy nazwach posiłków, np. **breakfast**, imionach własnych, np. **England**, użytych w znaczeniu ogólnym:

***Coffee* is good. He is in *England*.**

Przedimka nie używamy również po zaimkach dzierżawczych (**my, your** etc.), wskazujących (**this** etc.), liczebnikach (**one, two**) i po **no** (**żaden**).

3. **Liczba mnoga rzeczowników — c.d.**

Men

Women

L. pojedyncza		L. mnoga	L. pojedyncza		L. mnoga
a man	—	**men**	**a woman**	—	**women**
a child	—	**children**	**this**	—	**these**

4. **Krótkie odpowiedzi**

W odpowiedziach na pytania, gdzie użyte są czasowniki **to be, to have**, używamy ich również bez konieczności powtarzania pełnego zdania, np.:

Has your pupil a yellow pen? ***Yes, he has,*** lub: ***No, he hasn't.***
Are you a good boy? ***Yes, I am,*** lub ***No, I am not.***

Jeżeli pytanie zadane jest w formie trwającej, to krótka odpowiedź będzie ograniczona do czasownika posiłkowego **to be** w formie osobowej, np.:

Are you learning a new lesson? ***Yes, I am,*** lub ***No, I am not.***

W języku polskim na podobne pytania odpowiadamy: „tak", „owszem", lub „nie".

W zdaniach innego typu zaletą jest odpowiadać w najkrótszy sposób, np.:

How many hands have you? ***I have two.*** **Is this table white?** ***Yes, it is,*** lub ***No, it is not.***

ĆWICZENIA

I. **Ułożyć po trzy zdania według wzorów** (powtarzając podkreślone słowa):

There is a good egg on your table.
My pencil **is on** the book, **not** in my hand.
On your window **there are** three apples.

II. **Wyszukać 8 rzeczowników, których końcowe „s" w liczbie mnogiej wymawia się** (*z*) **np. pens.**

III. **Wstawić następujące przymiotniki w odpowiednie miejsca:** black, blue, good, large, long, red, short, small, thin, white, yellow.
1. This child has a ... apple. 2. This table is .... 3. My children are in the ... room. 4. Is your pencil ...? 5. Sugar is.... 6. These women are sitting in front of the ... table. 7. Coffee is not ..., it is .... 8. This man has ... children. 9. There are four men in the ... picture. 10. Where is my ... exercise-book?

IV. **Odpowiedzieć na pytania:**
1. Have you many pictures? 2. How many fingers has one hand? 3. Is sugar green? 4. Have they oranges in England? 5. How many apples have you at home? 6. How many pupils are there in the room now? 7. Has this room many doors? 8. How many windows have you at home? 9. Are these windows large? 10. What are the pupils reading now? 11. Has the child in the picture a large piece of bread?

V. **Fonetyka**

[*i:*] these, **tea**, read, green
[*g*] **egg**
[*d*] brea**d**, stan**d**, rea**d**, word
[*w*] live

LESSON ELEVEN — THE ELEVENTH LESSON

Lekcja jedenasta

Koniugacja czasownika „to read" (formy: zwykła czasu teraźniejszego, pytająca, przecząca)
Tryb rozkazujący
Drugi przypadek rzeczownika

Uwaga: w lekcji tej dzielimy tekst na części i studiujemy najpierw tylko część pierwszą, a potem pozostałe dwie razem. Należy zwrócić uwagę na używanie dużych liter w tytule i w przymiotnikach pochodzących od nazw geograficznych (zob. „Dodatek" str. 314, 320); należy również pamiętać, że końcówka s po samogłoskach i dźwięcznych spółgłoskach brzmi jak (*z*).
Lekcja ta jest bardzo ważna ze względu na specyficzną dla języka angielskiego formę przeczącą i pytającą.

MY BEDROOM

My bedroom is very nice. It has blue walls, large windows, two brown chairs, and an armchair. A small cupboard stands near the door — I have my clothes there. The bed is long and comfortable. Near the bed there is a table. There I have a small lamp and a book. When I am in bed I often read. Do you read in bed?

On the wall in front of the bed there is a picture of my friend and his son. My friend's son is a good boy and a good pupil. Does he read much? Oh, yes, but he doesn't read Polish books. He reads very many English books. He and his father don't live in Poland. They live in England, they are English.

Near the cupboard there are also two nice pictures. One is a picture of a woman — it's my mother. This large picture shows you a home. It is small but very comfortable. My room is also very comfortable. I often go to bed late, but I sleep long and well. Do you sleep long? Are you going to bed now? Well, good night! Sleep well and don't read long.

SŁOWNICZEK

armchair [*'a:m'czeə*] rz. — fotel
bed [*bed*] rz. — łóżko
bedroom [*'bedrum*] rz. — sypialnia
boy [*boj*] rz. — chłopiec
brown [*braun*] *pm* — brązowy
clothes [*kloudz*] rz. — ubranie (wyraz używany tylko w liczbie mnogiej)
comfortable [*'kamftəbl*] pm. — wygodny
cupboard [*'kabəd*] rz. — szafa
father [*'fa:ðə*] rz. — ojciec
friend [*frend*] rz. — przyjaciel, przyjaciółka (często: znajomy)
genitive [*'dżenytyw*] rz. — dopełniacz (drugi przypadek)
go [*gou*] cz. — iść, chodzić, jechać
home [*houm*] rz. — dom, dom rodzinny (w odróżnieniu od: dom — budynek)
keep [*ki:p*] cz. — trzymać, utrzymywać
lamp [*læmp*] rz. — lampa
live [*lyw*] cz. — żyć; mieszkać
mother [*'maðə*] rz. — matka
near [*niə*] ps. — blisko
nice [*najs*] pm. — miły
night [*najt*] rz. — noc; good night [*gud'najt*] w. — dobranoc
oh [*ou*] w. — oh!
often [*o:fn*] ps. — często
Poland [*'poulənd*] rz. — Polska
Saxon [*sæksn*] pm. — saksoński
sleep [*sli:p*] cz. — spać
son [*san*] rz. — syn
to [*tu, tə*] pi. — do
very [*'wery*] ps. — bardzo
well [*uel*] ps. — dobrze; a więc
when [*uen*] ps. — kiedy

Pożyteczne zwroty

in bed — w łóżku
to go to bed — iść spać

GRAMATYKA

1. Koniugacja czasownika „to read" — czytać

Czas teraźniejszy, forma zwykła*

Forma twierdząca

* W odróżnieniu od formy trwającej.

I read — czytam
you read — czytasz
he read*s* — on czyta
she read*s* — ona czyta
it read*s* — ono czyta
we read — czytamy
you read — czytacie
they read — oni czytają, one czytają

Czas terazniejszy (forma zwykła) zwyczajnych czasowników (ale nie posiłkowych **have** i **be**) tworzymy przy pomocy bezokolicznika (bez wyrazu **to**). 1 i 2 osoba liczby pojedynczej i wszystkie osoby liczby mnogiej są jednakowe:
I sleep long. You sleep long.
I read, you read. We live, they live;

ale 3 osoba l. poj. przybiera końcówkę ***s:***
A small cupboard stand*s* near the door.
He read*s* very many English books.
This large picture show*s* you a home.

Końcówkę tę wymawiamy jak [*z*] przy czasownikach zakończonych na samogłoskę oraz spółgłoskę dźwięczną (np. d, l):
It shows [*szouz*]; **he reads** [*ri:dz'*]

Wymawiamy ją jak (s) przy czasownikach zakończonych na spółgłoskę bezdźwięczną (np. p, t.):
He sleeps [*sli:ps*]; **she shuts** [*szats*].

Forma twierdząca zwykła czasu teraźniejszego jest, jak widać, bardzo łatwa, ale uczący się, nawet zaawansowani, często zapominają o końcówce **s.** Dlatego niejedno ćwiczenie poświęcone jest czasowi teraźniejszemu. Tak samo trzeba pamiętać o ustawicznym stosowaniu zaimków osobowych (pisać: ***I* read, *we* read, *they* live**), mniej używanych po polsku.

Uwaga: dwa czasowniki przybierają wyjątkową formę w 3 osobie l.p.; zamiast *s* mają *es:*

he goes [*gouz*] — on idzie
he does [*daz*] — on czyni

Forma pytająca

do I read? [*du aj ri:d*]
— czy ja czytam?
do you read?
— czy ty czytasz?

doe*s* he read? [*daz hi: ri:d*]
— czy on czyta?

doe*s* she read? — czy ona czyta?
doe*s* it read? — czy ono czyta?
do we read? — czy my czytamy ?
do you read? — czy wy czytacie?
do they read? — czy oni, one czytają?

Dla wykazania różnicy między sposobem tworzenia pytań w języku polskim i angielskim przypomnijmy sobie, w jaki sposób tworzymy pytania w języku polskim. Kiedy zadajemy komuś pytanie po polsku, zaczynamy zdanie:

1) albo od spójnika „czy" (w pytaniach ogólnych, tj. takich, na które należy odpowiedzieć „tak" lub „nie"), np.:

Czy twój brat wrócił do domu?
Czy masz dużo atramentu?

2) albo od zaimków i przysłówków pytających (w pytaniach szczegółowych, na które odpowiemy inaczej aniżeli „tak" lub „nie"), np.:

Kto był u was?
Kiedy widziałeś ten film?

W języku polskim szyk wyrazów w pytaniu może być najrozmaitszy, np.:
Czy wrócił twój brat do domu? Czy twój brat wrócił do domu?
Czy dużo masz atramentu? Czy masz dużo atramentu?
Kto u was był? Kto był u was?

W języku polskim podmiot w pytaniu może znajdować się przed lub po orzeczeniu. W języku angielskim porządek wyrazów w pytaniu jest stały.

Jak wiemy (por. l. 2 i 3), formę pytającą czasowników posiłkowych **have** i **be** tworzymy przez zwykłe przestawienie szyku zdania; orzeczenie stawiamy przed podmiotem, np.: **The bed is long. Is the bed long?**

Przy czasownikach zwyczajnych tworzymy formę pytającą czasu teraźniejszego **za pomocą czasownika *do*.** Nie zmieniamy wcale szyku zdania (podmiot — orzeczenie — przedmiot), ale **przed** podmiotem zdania stawiamy czasownik **do** w odpowiedniej osobie*. Np.:

You read in bed — Czytasz w łóżku
***Do you read* in bed?** — Czy czytasz w łóżku?
You sleep long — Śpisz długo
***Do you sleep* long?** — Czy ty śpisz długo?

(należy pamiętać, że **do** samo przez się wcale nie jest odpowiednikiem polskiego „czy"; jest to czasownik a nie spójnik).

W pytaniach **w trzeciej osobie liczby pojedynczej** musimy użyć również 3 osoby l. p. czasownika **do,** a więc **does.** Główny czasownik przyjmuje formę bezokolicznika (bez wyrazu **to**), a więc występuje bez żadnych końcówek: **read, sleep, stand.**

He reads very many English books
ale: **Does he *read* many English books?**
The picture shows you a home
ale: **Does the picture *show* you a home?**

Forma przeczaca

* W pytaniach zaczynających się od **who** i **what** nie posługujemy się czasownikiem **do**, jeżeli w pytaniach tych pytamy o podmiot. Zob. l. 34, str. 161.

I do not read (I don't read) [*dount*] — nie czytam
you do not read (you don't read) — nie czytasz
he does not read (he doesn't read) [*daznt*] — on nie czyta
she does not read (she doesn't read) — ona nie czyta
it does not read (it doesn't read) — ono nie czyta
we do not read (we don't read) — nie czytamy
you do not read (you don't read) — nie czytacie
they do not read (they don't read) — oni, one nie czytają

Formę przeczącą czasu teraźniejszego tworzymy (tak jak i pytania) **przy pomocy czasownika *do*** (a nie tylko przeczenia **not**). Główny czasownik występuje tylko w bezokoliczniku bez **to**, np.: **read**, a słowo **do** zmienia się zależnie od osoby. A więc w 3 osobie przybiera formę **does not**. W języku potocznym formy **do not** i **does not** skraca się na **don't** wymawiane [*dount*] i **doesn't**, wymawiane [*daznt*]. Np.:

He and his father don't (do not) live in Poland.
He doesn't (does not) read Polish books.

S t o s o w a n i e f o r m y z w y k ł e j c z a s u t e r a ź n i e j s z e g o

Forma zwykła, niezłożona, czasu teraźniejszego różni się od jego formy trwającej tym, że wyraża czynność, którą wykonujemy stale lub powtarzamy często, albo też, której wykonywanie należy do naszych zwyczajów, np.:

They live in England — Mieszkają w Anglii (w ogóle, zwykle).
I go to bed late — Często chodzę spać późno (mam ten zwyczaj).

Forma trwająca mówi o czynności, która trwa w chwili obecnej, np.:

Are you going to bed? — Czy idziesz spać teraz właśnie, (wybierasz się w tej chwili)?

2. Tryb rozkazujący

F o r m a t w i e r d z ą c a	F o r m a p r z e c z ą c a
sleep — śpij śpijcie	**do not sleep** (don't sleep) — nie śpij, nie śpijcie
read — czytaj, czytajcie	**do not read** (don't read) — nie czytaj, nie czytajcie

Formę przeczącą trybu rozkazującego tworzymy również przy pomocy czasownika **do.**

Uwaga. w języku angielskim istnieje zasadniczo tylko 2 osoba w trybie rozkazującym. W polskim spotykamy również i 1 osobę l. m. „śpijmy", „czytajmy". W angielskim dla pozostałych osób stosuje się specjalną konstrukcję.

3. Drugi przypadek rzeczownika

the picture ***of a woman***	— obraz **kobiety**, przedstawiający kobietę
the son ***of my friend***	— syn **mojego przyjaciela**
my friend's **son**	— syn mojego przyjaciela

Drugi przypadek rzeczownika, dopełniacz, tworzy się w angielskim przy pomocy przyimka **of**, postawionego przed rzeczownikiem, który chcemy odmieniać. Przy rzeczownikach żywotnych, oznaczających ludzi i zwierzęta, stosujemy także inną formę, dopełniacz saksoński (tzw. "**Saxon Genitive**"), mianowicie tworzymy go przy pomocy końcówki **s**, którą przybiera rzeczownik w drugim przypadku. Oprócz tej końcówki (używanej przy rzeczownikach żywotnych) i końcówki **s**, którą przybierają rzeczowniki w liczbie mnogiej, angielskie rzeczowniki są nieodmienne. Por. lekcję 1.

ĆWICZENIA

I. **Odpowiedzieć na pytania pełnymi zdaniami:**

1. Is your room comfortable? 2. Do you read in your bedroom? 3. Where does your lamp stand? 4. Do you keep your clothes in the cupboard? 5. Are these clothes comfortable? 6. Does your lamp stand on a table? 7. What do you learn? 8. Where do pupils sit? 9. Do they shut the window? 10. What do you do when you have a lesson?

II. **Ułożyć 7 zdań dotyczących pokoju sypialnego.**

III. **Ułożyć 7 pytań dotyczących pokoju.**

IV. **Fonetyka**

he shows	s = [z]	he learns	s = [z]
he stands		he lives	
he spells		he does	
he reads		he goes	
he opens		he sleeps	s = [s]
he lies		he shuts	
		he sits	

PAŃSTWOWE WYDAWNICTWO »WIEDZA POWSZECHNA« WARSZAWA

Irena Dobrzycka

JĘZYK ANGIELSKI DLA SAMOUKÓW

Zeszyt 3 **Lekcje 12—18**

LESSON TWELVE — THE TWELFTH LESSON

Lekcja dwunasta

Stopniowanie przymiotników
Krótkie odpowiedzi
Zaimki nieokreślone: „some", „any"

Uwaga: lekcja ta jest jednocześnie powtórką dotychczas przyswojonego słownictwa. Należy zwrócić uwagę na wymowę wyrazów: **as** [*œz*], **so** [*sou*].

TEKST

1. A blue pencil is nice; a good picture is nicer; a pretty girl is nicest. Lesson Five is short; Lesson Two is shorter; Lesson One is shortest. My friend's sister is pretty, Mary is prettier, but your daughter is the prettiest girl. Some pupils are happy when the lesson is short. Some pupils are happier when the teacher is late. Some pupils are happiest when there is no lesson.

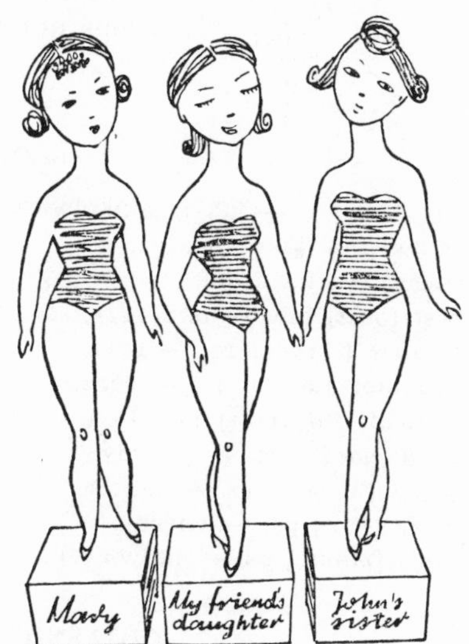

2. What are you showing? I am showing a picture. Open the book! Have you any thick book? I am opening the thickest book in the room. What does your sister learn? She reads lesson six. Is it difficult? No, it isn't, but some words are difficult. "Exercise-book" is a difficult word. Is "cupboard" more difficult? Yes, it is, and "comfortable" is the most difficult word.

3. Do you often sit here? No, I don't, this chair is hard. My chair is softer. What is as white as milk? The walls are as white as milk. Have you any lamp on the large table? No, my lamp stands on the smaller table, near the bed.

The son is younger than the father. Your mother is older than my daughter. Are any of these boys older than you? Yes, some are. These teachers are not so old as your father. My pen isn't good, it's very hard. Your pen is better, it's softer.

Mary has a very tall brother, but she is short. How do you spell "cupboard"? He does not read any English book.

SŁOWNICZEK

any [*'eny*] z. — jakiś, jakikolwiek
as [*œz*] — jako, jak
as...as... — tak... jak...
best [*best*] pm. — najlepszy, -a, -e
brother [*'braðə*] rz. — brat
daughter [*'do:tə*] rz. — córka
difficult [*'dyfyklt*] pm. — trudny
hard [*ha:d*] pm. — twardy
Mary [*'meəry*] rz. — Maria
more [*mo:*] ps. — więcej
most [*moust*] ps. — najwięcej
old [*ould*] pm. — stary
open [*oupn*] cz. — otwierać; pm. otwarty
pretty [*'pryty*] pm. — ładny
sister [*'systə*] rz. — siostra
so [*sou*] ps. — a więc, tak
not so...as — nie tak jak
soft [*so:ft*] pm. — miękki
some [*sam*] z. — trochę, jakiś, kilka
tall [*to:l*] pm. — wysoki
young [*jaŋ*] pm. — młody

OBJAŚNIENIA FONETYCZNE

Należy pamiętać o tym, że w języku angielskim nie wymawia się litery **r**, kiedy występuje ona przed spółgłoską lub na końcu wyrazu. Poprzedzająca samogłoska jest zawsze długa, jeżeli jest akcentowana, np.: **hard** [*ha:d*], **short** [*szo:t*], **learn** [*lə:n*].

GRAMATYKA

1. Stopniowanie przymiotników

short [*szo:t*]	— krótki	**nice**	— miły
short*er* [*'szo:tə*]	— krótszy	**nic*er***	— milszy
shortest [*'szo:tyst*]	— najkrótszy	**nicest**	— najmilszy

W języku angielskim przymiotniki nie zmieniają formy w liczbie mnogiej, nie mają rodzajów, nie odmieniają się, ale mają różne formy w stopniowaniu. Podobnie jak w języku polskim tworzymy **stopień wyższy** przymiotnika przez dodanie końcówki. Przymiotniki jednozgłoskowe i niektóre dwuzgłoskowe przybierają końcówkę **er.** Jeżeli przymiotnik kończy się na literę **e**, dodajemy do stopnia równego tylko **r.** Np.:

The son is young*er* than the father.

Your mother is old*er* than my daughter.

A good picture is nic*er*

Stopień najwyższy tworzymy w polskim przez dodanię przedrostka „naj-" i końcówki „-szy". W języku angielskim dodajemy do stopnia równego tylko końcówkę **est** (ewentualnie **st**, przy przymiotnikach zakończonych na **e**) np.:

Lesson one is short*est*

A pretty girl is nic*est*

difficult	— trudny
***more* difficult**	— trudniejszy
***most* difficult**	— najtrudniejszy

Przymiotniki o większej ilości zgłosek (i niektóre dwuzgłoskowe) stopniujemy przez postawienie przed nimi przysłówków: **more** w stopniu wyższym, a **most** w stopniu najwyższym. W polskim istnieje również podobna forma: mówimy „bardziej interesujący", „bardziej przebiegły" „najbardziej odpowiedni". Np.:

"Exercise-book" is a difficult word.

Is "cupboard" *more* difficult?

"Comfortable" is the *most* difficult word.

Uwaga: przymiotniki zakończone na literę **y** przy stopniowaniu odrzucają tę końcówkę i przybierają końcówkę **ier** w stopniu wyższym, **iest** w stopniu najwyższym, np. happy, happ**ier,** happ**iest.**

The walls are *as* white *as* milk.
These teachers are *not so* old *as* your father.

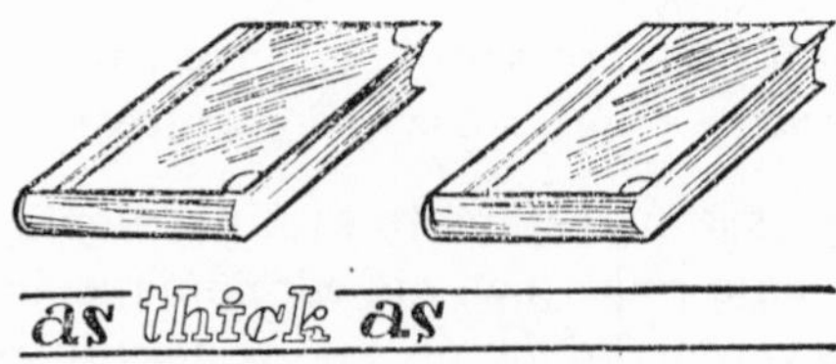

Przy porównywaniu w stopniu równym, używamy przysłówków **as...as** w zdaniach twierdzących, a **not so... as** w zdaniach przeczących. Niektóre przymiotniki stopniujemy nieregularnie, np.:

good — dobry
better — lepszy
best — najlepszy

My pen isn't good, your pen is better and that is the best pen.

2. Krótkie odpowiedzi

Do you often sit here? *No, I don't.*

Are any of these boys older than you? *Yes, some are.*

Podobnie jak z czasownikami posiłkowymi (zob. l. 10) postępujemy ze zwykłymi czasownikami, z tą różnicą, że w krótkich odpowiedziach czasownik „do" zastępuje wszystkie zwykłe czasowniki. A więc odpowiedzi będą zawsze zawierały **do** (np. **Yes, I do. No, he doesn't**), jeżeli nie ma w pytaniu innego czasownika posiłkowego.

3. Zaimki nieokreślone: „some", „any"

Have you any eggs? Yes, I have *some.*

No, I haven't *any* eggs.

Some (jakiś, kilka, trochę, niektórzy) używa się w zdaniach **twierdzących.**

Any (jakiś, jakie, kilka, żaden) używa się w pytaniach i zdaniach **przeczących.**

ĆWICZENIA

I. **Zamienić na liczbę mnogą** (uważać na przedimki):

1. I am reading a difficult word. 2. He sleeps well. 3. This bed is as hard as a table. 4. Your daughter does not learn English. 5. Do I read well? 6. This man is happier than I am. 7. She has a pretty child. 8. This girl shows a nice picture. 9. Does he show the prettiest picture? 10. Has this woman any daughter? 11. He goes to bed late. 12. I do not go there.

II. **Odpowiedzieć na pytania:**

1. What is as long as this table? 2. Are you taller than your brother? 3. Do you sit on the softest chair in the room? 4. What do you do in your room? 5. Who is younger than the mother? 6. Do you sleep in a nice room? 7. Does your friend live in England? 8. Is the window as large as the wall? 9. What is more comfortable than a good chair? 10. Have you any hard pencils? 11. When are the pupils happiest? 12. Does your pupil learn English better now?

III. **Ułożyć 5 zdań według wzoru** (tj. powtarzając podkreślone wyrazy):

John's father **is an** old man. He **is a** good boy.

IV. **Wyszukać przeciwieństwa wyrazów:**

1) large 2) thick 3) long 4) old 5) soft 6) no 7) open.

IV. **Fonetyka**

[ŋ] long, finger, reading

[æ] happy, lamp, hand, black

[e] bed, breakfast, bread, egg

[eə] there, Mary

LESSON THIRTEEN — THE THIRTEENTH LESSON

Lekcja trzynasta

Zaimki przymiotne dzierżawcze — c.d.
„Is there?" „Are there?"

Uwaga: powtórzyć liczebniki od 1 do 5, konstrukcję „there is", l. 9.

THE PICTURE

Mary has an English book. What is it like? It is large and thick. What colour is it? Her book is blue and white. I also have an English book but it isn't blue. Are there any pictures in those books? Yes, in our books there are many nice pictures. What colour are they? Their colour is: black and white. Is there any picture in this lesson? Yes, there is one. It's a picture of a boy. He has a hare in his hands. What is the hare like? It is old and large, and it isn't happy.

The boy let it go.

One, two, three, four, five,
I caught a hare alive.
Six, seven, eight, nine, ten,
I let it go again.

SŁOWNICZEK

again [ə'gejn] albo [ə'gen] ps. — znów, znowu
big [byg] pm. — wielki
caught [ko:t] — cz. przeszły od czasownika to catch [kœcz] — łapać, chwytać

colour [*'kalə*] rz. — kolor
eight [*ejt*] l. — osiem
hare [*heə*] rz. — zając
her [*hə:*] z. — jej
his [*hyz*] z. — jego
its [*yts*] z. — jego (rodzaj nijaki)
let go [*let gou*] cz. — wypuścić
like [*lajk*] pm. — podobny do
nine [*najn*] l. — dziewięć
our [*'auə*] z. — nasz
seven [*sewn*] l. — siedem
six [*syks*] l. — sześć
their [*ðeə*] z. — ich
ten [*ten*] l. — dziesięć

Pożyteczne zwroty

I let — pozwoliłem
I let go — wypuściłem
what colour are they — jakiego koloru są?
what is the hare like? — jak wygląda zając?

OBJAŚNIENIA FONETYCZNE

Wiersza należy nauczyć się na pamięć, akcentując rytmicznie niektóre zgłoski. Znak ['] wskazuje które zgłoski trzeba silniej akcentować.

Oto wiersz w transkrypcji fonetycznej, z akcentami:

['ᵘan tu: θri: fo: 'fajw
aj 'ko:t ə 'heə ə'lajw.
'syks sewn ejt najn 'ten
aj 'let yt 'gou ə'gen]

GRAMATYKA

1. Zaimki przymiotne dzierżawcze — c.d.

my **bed** — mój, moja, moje (łóżko)
your **pen** — twój, twoja, twoje (pióro)
his **egg** — jego (jajko)
her **lamp** — jej (lampa)
its **colour** — jego kolor (rodzaj nijaki)
our **table** — nasz, nasza, nasze (stół)
your **room** — wasz, wasza, wasze (pokój)
their **home** — ich (dom)

Their home

Gramatyka języka polskiego zna tylko „zaimki dzierżawcze". W języku angielskim rozróżniamy zaimki dzierżawcze, które występują samodzielnie, bez rzeczowników (o tych zaimkach będzie mowa w l. 16), oraz takie, które spełniają gramatyczną funkcję przymiotników i występują **zawsze w połączeniu z rzeczowni-**

kami. Dlatego nazywamy je **zaimkami przymiotnymi dzierżawczymi**. Np.:

***Her book* is blue.**
He has a hare in *his hands*.

2. „Is there"? „Are there?"

W pytaniach konstrukcję **there is, there are** zamieniamy na **is there? are there?** — Czy tu jest, czy tu się znajduje? Czy tu są, czu tu się znajdują? Po tej konstrukcji najczęściej następuje zaimek nieokreślony **any**. Np.:

***Is there any* picture in this lesson? — Czy jest tu jaka** rycina w tej lekcji?

***Are there any* pictures in those books? — Czy są jakie (czy znajdują się tu jakie**) ryciny (ilustracje)?

ĆWICZENIA

I. **Przetłumaczyć:**

1. It's a small room. 2. On the table there are some pencils and a lamp. 3. His friend isn't happy. 4. This woman is reading my exercise. 5. These women do not lie in bed. 6. There is a cup of tea on the chair. 7. These new eggs are very large. 8. What do you do? 9. Who is sitting here? 10. These men often learn at home. 11. Read some difficult words in your exercise-book. 12. What is your pen like?.

II. **Zamienić na formę pytającą** [grupa a) przy użyciu czasownika **do**, grupa b) bez pomocy **do**, przez zmianę szyku wyrazów]: (np. You go there — Do you go there?)

a) 1. You go to your room. 2. You open a small door. 3. I stand very near the window. 4. This boy reads his father's book. 5. She lives in a big house. 6. These children sit in the best armchairs. 7. We show the most comfortable bedrooms.

b) 1. Our cupboard is here. 2. I have some sugar. 3. Her mother is at home. 4. There are nice pictures in this book. 5. There are some cups of tea on the table. 6. Their brother has some apples for me. 7. Lesson seven is difficult.

III. **Przetłumaczyć:**

1. Jego córka nie jest tak ładna jak ta dziewczyna. 2. Ci mężczyźni stoją tutaj. 3. Ta kobieta śpi w pokoju mojej matki. 4. Czy oni mają lepsze lampy? 5. Czy są jakie (zwrot: Are there...) łóżka w tym domu? 6. Pokaż mi, proszę, kilka filiżanek. 7. Niektórzy uczniowie są w mniejszym pokoju. 8. Czy ona jest w domu? 9. Te zeszyty nie są większe od książek. 10. To jest najładniejszy obraz. 11. Jakiego koloru (użyć zwrotu) są ściany twojego pokoju? 12. Gdzie jest jej krzesło? 13. To jest ich stół.

IV. **Fonetyka**

Wyszukać wyrazy, w których:
litera „i" wymawia się [*aj*], jak np. nice
litera „i" wymawia się [*y*], jak np. milk
litera „o" wymawia się [*ou*], jak np. home

LESSON FOURTEEN — THE FOURTEENTH LESSON

Lekcja czternasta

Koniugacja czasowników „may" i „can"
That — those
Używanie zaimka „one"
Trzeci przypadek rzeczowników i zaimków

Uwaga: zaczynają się lekcje zawierające rozmowy. Należy starać się nauczyć na pamięć przynajmniej części rozmów, powtórzyć poprzednie przysłowia i nauczyć się nowego. Zwrócić uwagę na akcenty w dłuższych wyrazach.

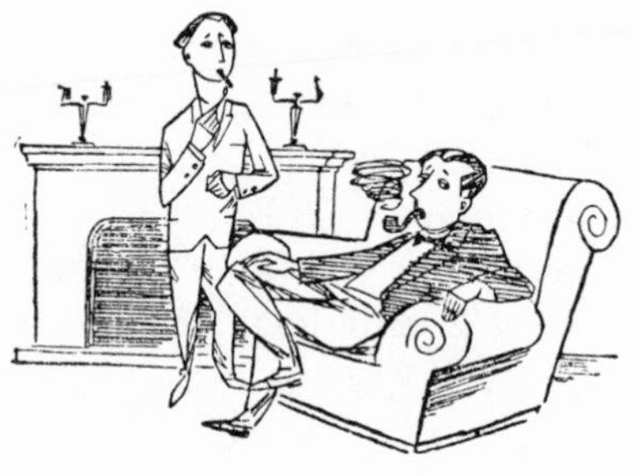

John: Hullo, Stanley!
Stanley: Hullo, John!
John: What are you doing?

Stanley: I'm reading my exercise. I'm learning very much now.

John: May I smoke?

Stanley: Certainly. Have a cigarette!

John: No, thanks. I don't smoke cigarettes. Well, that's your new room! It's nice. Do you sleep here?

Stanley: No, I don't. That's not my bedroom. Now I have two rooms.

John: Can you give me any new book?

Stanley: Certainly, I have a nice one there, on the table. I have it from my sister. You can have it now.

John: Very well (he takes the book). Thanks so much. Good-bye!

Stanley: Cheerio, old boy!

STANLEY'S STUDY

Stanley is showing John his rooms: one is his bedroom, and one is the study. In that room he can learn, read and smoke. He has two shelves for his books and a desk, on which there are pencils, exercise books, a pipe, and some cigarettes. Those cigarettes are for his friends. The long couch which is near the shelf, is brown; he can lie on it when he has time. When Stanley has some friends at home, they can sit in his comfortable armchairs, which are also brown, and they can have a cup of tea. But now Stanley has no time, he is going to his teacher.

A good laugh is sunshine in a house.

SŁOWNICZEK

can [*kœn*] cz. — móc, umieć
certainly [*'sə:tnly*] ps. — na pewno, z pewnością
cheerio [*'cziərj'ou*] w. — do widzenia! do zobaczenia!
cigarette [*sygə'ret*] rz. — papieros
couch [*kaucz*] rz. — tapczan
desk [*desk*] rz. — biurko, ławka
from [*from*] pi. — od, z
give [*gyw*] cz. — dawać, dać
good-bye [*gud'baj*] w. — żegnaj! do widzenia!
hullo [*'ha'lou*] w. — halo! (powitanie), serwus, jak się masz
John [*dżon*] rz. — Jan
laugh [*la:f*] cz. — śmiać się
may [*mej*] cz. — mogę, możesz itd.
much [*macz*] ps. — dużo

SŁOWNICZEK

pipe [*pajp*] rz. — fajka
shelf [*szelf*] rz. — półka; l. mn. shelves [*szelwz*]
smoke [*smouk*] rz. dym; cz. to smoke — palić (tytoń)
Stanley [*'stœnly*] rz. — Stanley — imię męskie
study [*'stady*] rz. — pokój do pracy, gabinet
sunshine [*'sanszajn*] rz. — promień słońca
take [*tejk*] cz. — brać
thanks [*θœŋks*] rz. — dzięki
those [*ðouz*] z. — tamci; czasem: ci (liczba mn. od „that")
time [*tajm*] rz. — czas
which [*[u]ycz*] z. — który (zaimek względny, stosowany przy rzeczownikach nieżywotnych)

Pożyteczne zwroty

I have the book from my sister — mam książkę od siostry
he is going from his bedroom to your room — on idzie ze swojej sypialni do twojego pokoju
have a cigarette! — może pozwolisz papierosa
may I smoke — czy mogę zapalić?
I'm — I am — jestem

OBJAŚNIENIA WYMOWY

Wymowa **give** jest wyjątkowa. Zob. wymowę **i**, po którym następują: spółgłoska oraz **e**, „Wstęp fonetyczny", str. XXVII. Np. **pipe** [*pajp*], **sunshine** [*'sanszajn*].

GRAMATYKA

1. Koniugacja czasowników „may" i „can"

Koniugacja czasownika „may"

Forma twierdząca

I may — mogę (wolno mi)
you may — możesz
he / she / it may — może
we may — my możemy
you may — wy możecie
they may — oni, one mogą

Forma pytająca		Forma przecząca	
may I?	— czy mogę?	**I may not**	— nie mogę
may you?	— czy możesz?	**you may not**	— nie możesz
may he?	— czy on może?	**he may not**	— on nie może
	etc.		etc.

Koniugacja czasownika „can"

Forma twierdząca

I can — mogę (potrafię)
you can — możesz
he / she / it can — może
we can — my możemy
you can — wy możecie
they can — oni, one mogą

Forma pytająca		Forma przecząca	
can I?	— czy mogę?	**I cannot**	— nie mogę
can you?	— czy możesz?	**you cannot**	— nie możesz
can he?	— czy on może?	**he cannot**	— on nie może
	etc.		etc.

May (mogę, wolno mi) i **can** (mogę, potrafię, jestem w stanie) są to tak zwane **„defective verbs"**, czyli czasowniki „ułomne", posiadające specjalną odmianę. Nie posiadają bezokolicznika, formę pytającą i przeczącą tworzą bez pomocy czasownika **to do**, ponadto formę pytającą przez zmianę szyku wyrazów, tak jak czasowniki **have** i **be.** Bezokolicznik następujący po nich traci **to,** np.:

I may smoke (a nie: to smoke)
you can read (a nie: to read)

W trzeciej osobie liczby pojedynczej nie przybierają końcówki **s.**

2. That — those

***Those* cigarettes are for his friends** — Te papierosy są dla jego przyjaciół.

***Those* jest liczbą mnogą zaimka wskazującego *that*.** Zasadniczo **that** i **those** używamy w stosunku do rzeczy i osób znajdujących się dalej (w przestrzeni), a **this** i **these** do bliższych, lecz w praktyce **that** często znaczy również „ten, ta, to" a **those** — „te, ci".

3. Używanie zaimka „one"

What book have you here? — Jaką masz tu książkę?

I have a *nice one* — Mam **ładną.**

Po polsku możemy powiedzieć po prostu „ładną", nie potrzebujemy powtarzać wyrazu „książkę". Po angielsku musimy albo powtórzyć ten sam rzeczownik: **Certainly, I have a *nice book* there,** albo użyć zaimka **one: a nice one.** Nie możemy używać przymiotników zupełnie samodzielnie, jak to czynimy po polsku. Zaimek **one** posiada liczbę mnogą: **ones.**

4. Trzeci przypadek rzeczowników i zaimków

Stanley is showing *John* his rooms — Stanisław pokazuje **Janowi** swe pokoje.

He is giving the boy an apple

Podmiot	Orzeczenie	Przedmiot dalszy	Przedmiot bliższy
Stanley	is showing	John	his rooms
You	give	me	a new book
He	is giving	the boy	an apple

Taki układ zdania wskazuje, że **John** i **me** wyrażają trzeci przypadek (rzeczownika lub zaimka). W języku angielskim nie ma takiej odmiany rzeczowników lub zaimków jak w polskim (Jan**owi, mi**) i nasz trzeci przypadek musimy oddać za pomocą szyku zdania: przedmiot dalszy stawiamy przed przedmiotem bliższym (drugi sposób oddania trzeciego przypadku — za pomocą przyimka **to**, zob. l. 31).

ĆWICZENIA

I. **Odpowiedzieć na pytania** (np. John learns much):
1. Who learns much? 2. What does Stanley smoke? 3. Does he smoke much? 4. Is your friend English? 5. May I open the cupboard? 6. Does Stanley's friend take a Polish book? 7. Have you that pen from a friend? 8. Can you give me those pencils? 9. Where does the new book stand? 10. When can John read it?

II. **Odmieniać we wszystkich osobach:**

a) **Do I read** a new lesson? (do you read a new lesson itd.)

b) **I do not** read those exercises.

III. **Przetłumaczyć:**
1. Czy palisz? 2. Oni mogą pójść do mojej matki. 3. Daję ci nową książkę. 4. Ta półka, która stoi przed tobą (in front of you), jest dla mojej siostry. 5. Tamto biurko ma małą szafkę, w której jest (znajduje się) dużo jabłek. 6. Czy mogę spać na twoim tapczanie? 7. Tak, możesz. 8. Oni często biorą jabłka. 9. Z tamtego pokoju możemy pójść do was. 10. Zamknij tamte szafy. 11. Czy mogę zapalić? 12. Naturalnie, może pozwolisz papierosa? 13. Gdzie jest twoja przyjaciółka? 14. Ona siedzi na fotelu (w fotelu) blisko okna. 15. Czy ona czyta jakąś angielską książkę?

IV. **Fonetyka**

Długie samogłoski: [ɑ:] father, armchair, large
[ə:] learn, certainly, girl, word

LESSON FIFTEEN — THE FIFTEENTH LESSON

Lekcja piętnasta

Koniugacja czasownika „must"
Czas teraźniejszy, tzw. historyczny
Bezokolicznik po czasownikach ułomnych
Końcówka „y" — „ies"
L. mn. rzeczowników zakończonych na spółgłoski syczące

Uwaga: nauczyć się zwrotów grzecznościowych jak: How do you do? Yes, please itp. Zwrócić uwagę na skróty. Zob. „Wstęp fonetyczny", str. XXXVII.

HARRY AND STANLEY

Harry: How do you do, Stanley! You're not yet ready!

Stanley: Hullo, Harry! Yes, I'm late. I must take breakfast yet.

Harry: It's here, it must be cold now.

(Stanley is sitting down at table)

Stanley: The apple may be cold but I don't want any cold porridge.

Harry: Do you eat bacon and eggs with toast or bread?

Stanley: With bread.

Harry: Now I can warm your toast. (Stanley wants to speak). Don't speak, go on eating and hurry up!

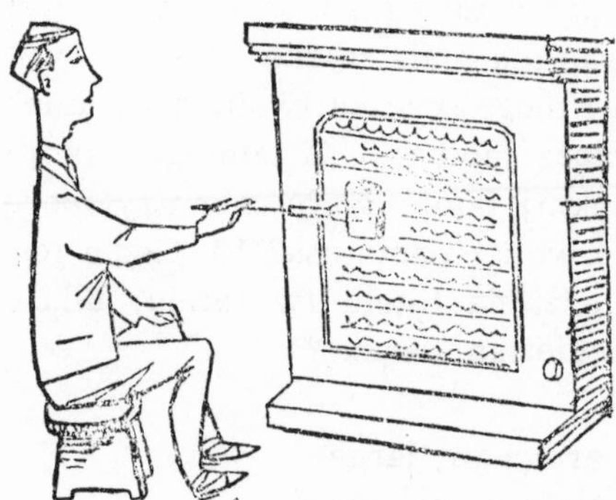

Harry is warming the toast at the fireplace

Harry: It's ready. Do you take butter or marmalade?

Stanley: Butter, please. But you must have some toast or tea?

Harry: No, thanks. We have no time. Now here is your cup. Do you like tea with milk? Any sugar?

Stanley: Yes, please. Milk and sugar. Thanks so much. You are a very good nurse (Stanley eats and drinks very quickly).

Stanley: Now I'm ready to go. It's late indeed, we must hurry up.

A friend in need is a friend indeed

It is late. Stanley is not yet ready. His breakfast is standing on the table, and cold porridge is not very good. But he has a good friend. When Stanley is eating his bacon and eggs, Harry is warming a piece of toast and gives him a cup of tea with milk and sugar. Stanley eats and drinks quickly — he has no time for more bread with butter and marmalade. Harry does not want to take any tea. The young man hurries up to his lesson.

SŁOWNICZEK

bacon [*bejkn*] rz. — bekon
butter ['*batə*] rz. — masło
cold [*kould*] pm. — zimny
drink [*dryŋk*] cz. — pić
down [*daun*] ps. — w dół
eat [*i:t*] cz. — jeść
go on [*gou 'on*] cz. — kontynuować, robić coś dalej
Harry ['*hœry*] rz. — Harry (imię męskie)
hurry ['*hary*] cz. — śpieszyć się; hurry up ['*hary 'ap*] — pospieszyć się
indeed [*yn 'di:d*] ps. — rzeczywiście, istotnie
like [*lajk*] cz. — lubić
marmalade ['*ma:məlejd*] rz. — dżem pomarańczowy
I must [*aj mast*] cz. — muszę

SŁOWNICZEK

need [*ni:d*] cz. — potrzebować, rz. potrzeba
nurse [*nə:s*] rz. — niańka
or [*o:*] sp. — lub, albo
porridge [*'porydż*] rz. — owsianka
quickly [*'kᵘykly*] ps. — szybko
ready [*'redy*] pm. — gotowy
speak [*spi:k*] cz. — mówić
toast [*toust*] rz. — grzanka, tost
up [*ap*] ps. — w górę
want [*ᵘont*] cz. — chcieć
warm [*ᵘo:m*] pm. — ciepły, cz. podgrzać
with [*ᵘyð*] pi. — z
yet [*jet*] ps. — jednak, jeszcze (w zdaniach przeczących)

Pożyteczne zwroty

how do you do? [*'haudju'du*] — dzień dobry, jak się masz (nie wymaga odpowiedzi)
to be sitting down at table — zasiadać do stołu (do posiłku)
go on eating! — jedz dalej!
to take breakfast, an apple, etc. — zjeść śniadanie, jabłko, etc.
to have breakfast, an apple, etc. „ „ „
thanks so much! — bardzo dziękuję
to speak English — mówić po angielsku
you're [*'juə*] — you are
I mustn't [*masnt*] — I must not — nie powinienem

GRAMATYKA

1. Koniugacja czasownika „must"

Forma twierdząca

I must — muszę
you must — musisz
he / she / it must — on, ona, ono musi
we must — musimy
you must — musicie
they must — oni, one muszą

Forma pytająca		Forma przecząca	
must I?	— czy muszę?	**I must not**	— nie powinienem
must you?	— czy musisz?	**you must not**	— nie powinieneś
must he?	— czy on musi?	**he must not**	— on nie powinien
	etc.		etc.

Jak widzimy, trzecia osoba l. pojedynczej nie przybiera końcówki „s". **I must** (muszę) odmienia się jak **I may** i **I can**; w formie przeczącej zmienia znaczenie.

2. Czas teraźniejszy, tzw. historyczny

Czas teraźniejszy zwykły stosujemy również, ażeby wyrazić czynność dokonaną (w żywym opowiadaniu). Nazywamy go wtedy czasem teraźniejszym historycznym. Np.:

Stanley *eats* and *drinks* quickly — Stanley szybko zjada i wypija.

3. Bezokolicznik po czasownikach ułomnych

I want *to* go — chcę iść. **I like *to* read** — lubię czytać.

I must go. I can speak. I may sleep.

Po czasownikach regularnych używamy pełnej formy bezokolicznika, po czasownikach ułomnych opuszczamy wyraz **to.**

4. Końcówka „y — ies"

he hurries up — on się śpieszy.

Czasowniki zakończone na **y**, poprzedzone spółgłoską, w trzeciej osobie zmieniają **y** na **ies.**

5. Liczba mnoga rzeczowników zakończonych na spółgłoski syczące

The nurse **the nurses** [*'nə:syz*]
the couch **the couches** [*'kauczyz*]

Rzeczowniki zakończone na spółgłoski syczące (np. s, z, sz, cz) przyjmują końcówkę **es**, wymawianą (*yz*); zakończone na spółgłoskę syczącą plus samogłoskę **e** przyjmują **s**, przy wymowie jak wyżej.

ĆWICZENIA

I. **Zamienić na pytania** (np. Do you want to sleep?):
1. You want to sleep. 2. They learn English. 3. I smoke a cigarette. 4. He sits at the fireplace. 5. The boy sits in the armchair. 6. She takes a cup of tea. 7. We open a new book. 8. My exercise-books lie on the table. 9. My pen lies on my table. 10. Mary wants to eat toast. 11. Your daughters are very young. 12. You give your money. 13. He shows his pretty cups. 14. Stanley speaks English. 14. I stand in front of the lamp. 15. You take her pen.

II. **Zamienić na formę przeczącą** (np. She does not take six oranges...):
1. She takes six oranges and one apple. 2. The long pencil lies on that chair. 3. My younger brother speaks English. 4. I can sleep here. 5. That wall is white. 6. The pupils take the books from the shelf. 7. They drink milk. 8. They may go to you. 9. We spell the most difficult words. 10. This Englishman smokes a pipe. 11. These old women sit on the floor. 12. She can hurry up. 13. This finger is as long as my pen (zob. l. 12).

III. **Wypisać wszystkie czasowniki z lekcji IX** w trzeciej osobie liczby pojedynczej, np. he does, he is etc.

IV. **Fonetyka**
Dwugłoska [*ou*] — cold, go, so, toast
Długa samogłoska [*i:*] need, indeed, these, sleep

LESSON SIXTEEN — THE SIXTEENTH LESSON

Lekcja szesnasta

Much, many, plenty of
Zaimki dzierżawcze
i zaimki przymiotne dzierżawcze — c.d.

BREAKFAST

Harry and Stanley are taking their breakfast. An Englishman usually begins with fruit. Then he has porridge with milk and sugar. He likes bacon very much and so, after porridge, he often takes bacon and eggs. He does not eat much bread but many warm brown toasts with butter and orange marmalade. You may have no bacon, no porridge, but when there is no marmalade it is not a good English breakfast! Some English people drink coffee, some tea.

In Poland we don't like porridge. We usually take bread, white or brown, or rolls with butter. Some people like cheese or boiled eggs, soft or hard. We usually drink coffee. I drink mine with milk. English people drink tea and coffee from cups; in Poland many people drink tea from glasses. Their tea is very strong and dark brown when it is Indian, or light green when it is China; ours is light brown. They drink it with plenty of milk and sugar.

An apple a day keeps the doctor away,
an onion a day keeps everybody away.

SŁOWNICZEK

after [*'a:ftə*] ps. — po, po tym
away [*ə'uej*] ps. — precz
begin [*by'gyn*] cz. — rozpoczynać
boil [*bojl*] cz. — gotować; boiled [*bojld*] pm. — gotowany
cheese [*czi:z*] rz. — ser
China [*'czajnə*] — Chiny; China tea — chińska herbata
dark [*da:k*] pm. — ciemny
day [*dej*] rz. — dzień
doctor [*doktə*] rz. — doktor
Englishman [*'yŋglyszmn*] rz. — Anglik
everybody [*'ewrybody*] z. — każdy
fireplace [*'fajəplejs*] rz. — kominek
fruit [*fru:t*] rz. — owoc
glass [*gla:s*] rz. — szklanka
Indian [*'yndjən*] pm. — hinduski
hers [*hə:z*] z. — jej
keep away [*'ki:p ə^{u}ej*] cz. — trzymać z dala
light [*lajt*] pm. — jasny; ps. jasno
mine [*majn*] z. — mój, -a, -e
money [*'many*] rz. — pieniądze (używa się tylko w l. poj. jako pojęcie zbiorowe, por. gotówka)
onion [*'anjən*] rz. — cebula
ours [*'auəz*] z. — nasz
people [*'pi:pl*] rz. — ludzie
plenty [*'plenty*] ps. — mnóstwo
Poland [*'poulənd*] rz. — Polska
roll [*roul*] rz. — bułka
strong [*stroŋ*] pm. — mocny
theirs [*ðeəz*] z. — ich
then [*ðen*] ps. — wtedy, potem
usually [*'ju:żuəly*] ps. — zwykle
yours [*jo:z*] z. — twój, -a, -e; wasz, -a, -e

Pożyteczne zwroty

you may — możesz, można, wolno ci
an apple a day — jedno jabłko dziennie
to begin with — zaczynać od, aby zacząć
English people — Anglicy
brown bread — ciemny chleb

OBJAŚNIENIA FONETYCZNE

Zwróć uwagę na wymowę wyrazów: **light** [*lajt*], **money** [*many*], **people** [*pi:pl*].

GRAMATYKA

1. Much, many, plenty of

much bread	— dużo chleba	**many pieces of toast**	— dużo (liczne) grzanek
much bacon	— dużo boczku	**many pictures**	— dużo obrazów

much time — dużo czasu

much money — dużo pieniędzy

plenty of milk — dużo mleka

many glasses — dużo szklanek

many people — dużo (wielu) ludzi

plenty of cups — dużo filiżanek

He likes bacon *very much*

much shorter — much darker

Much stosujemy przy rzeczownikach w liczbie pojedynczej (których nie możemy policzyć), które wyrażają masę, płyn, pojęcie oderwane itp.; **many** — przy rzeczownikach w liczbie mnogiej (które możemy policzyć). **Plenty of** (mnóstwo) — w obu wypadkach.

2. Zaimki dzierżawcze i zaimki przymiotne dzierżawcze — c.d.

Zaimki przymiotne dzierżawcze: **my, your, his, her, its, our, their** — używane są zawsze **w połączeniu z rzeczownikiem,** np.:

Our breakfast is short — Nasze śniadanie jest krótkie.

Zaimki dzierżawcze: **mine, yours, his, hers, its, ours, theirs** — używane są **zamiast rzeczowników z zaimkami,** np.:

We usually drink coffee. I drink *mine* with milk — Ja piję **moją** (zamiast: moją herbatę) z mlekiem.

Their tea is dark brown — *ours* is light brown — Ich herbata jest ciemnobrązowa — **nasza** jest jasnobrązowa.

This book is *mine* — Ta książka jest **moja.**

W języku polskim w obu powyższych przypadkach używamy zaimków dzierżawczych (mój, twój, jego).

ĆWICZENIA

I. **Ułożyć po pięć zdań wg wzorów** (np.: **The** book **of** my sister is red):

a) **The** pipe **of** my teacher is not here.

b) **The** picture **(which)** you show is very old.

II. **Wypełnić puste miejsca,** wstawiając „much", „many" lub „plenty of":

1. You have not ... tea in your cup. 2. Mary has very ... cigarettes in her hand. 3. This house has not ... comfortable rooms. 4. In England everybody eats ... for breakfast. 5. There are ... glasses on our table. 6. I like hares very ... 7. Give me, please, ... coffee. 8. He has ... money. 9. This woman has ... apples. 10. My friend has ... time. 11. Is there ... butter on his bread? 12. You must not eat ... onions.

III. **Przetłumaczyć:**

1. Ich chłopiec pali bardzo dużo. 2. Czy ty chcesz iść spać? 3. Anglicy zaczynają dzień od (with) filiżanki herbaty. 4. Nie chcę siedzieć blisko kominka. 5. Ona nie lubi swojego nauczyciela. 6. Jego brat uczy się polskiego. 7. Czy ona ma więcej czasu teraz? 8. Czy jej niańka idzie do doktora? 9. Twoja lampa jest tak dobra jak moja. 10. Stanley idzie tak szybko jak jego przyjaciel. 11. Wasza sypialnia jest jasna, jej (rodzaj nijaki) ściany są białe. 12. Nie lubię gotowanych jaj.

IV. **Fonetyka**

[*aj*] light, China, time

LESSON SEVENTEEN — THE SEVENTEENTH LESSON

Lekcja siedemnasta

3 osoba l. poj. czasowników zakończonych na spółgłoskę syczącą
Liczebniki główne

Uwaga: nauczyć się czytanki, następnie opisać z pamięci wszystkie obrazki po kolei. Powtórzyć alfabet angielski.

Mr. BROWN

At six in the morning Mr. Brown is lying in his bed, he is sleeping. Ten past seven he gets up. A quarter past seven he washes. At half past seven he dresses. Five to eight he takes his breakfast. Twenty past eight he is ready to go to his office. He works at the office from nine a.m. to five p.m. He goes home at ten past five in the afternoon. A quarter to seven he sits at table and begins his dinner. Twenty-five past eight he is sitting in a comfortable armchair reading and smoking. At ten p.m. he is again in bed.

SŁOWNICZEK

a.m. [*'ej'em*] — przed południem
afternoon [*'a:ftə'nu:n*] rz. — popołudnie
before [*by'fo:*] ps. — przed
Brown [*braun*] rz. — Brown (nazwisko)
clock [*clok*] rz. — zegar
dinner [*'dynə*] rz. — obiad
dress [*dres*] cz. — ubierać się
get up [*'get'ap*] cz. — wstawać
half [*ha:f*] l. — połowa
hour [*'auə*] rz. — godzina
minute [*'mynyt*] rz. — minuta
morning [*'mo:nyŋ*] rz. — ranek, rano
Mr. [*'mystə*] rz. — pan (używane z nazwiskiem)
noon [*nu:n*] rz. — południe
office [*'ofys*] rz. — biuro
o'clock [*ə'klok*] — zwrot używany do określenia godziny
past [*pa:st*] ps. — po
p.m. [*'pi:'em*] ps. — po południu
quarter [*'kuo:tə*] rz. — kwadrans
to [*tu:*] pi. — do
wash [*uosz*] cz. — myć
watch [*uocz*] rz. — zegarek
work [*uə:k*] rz. — praca; cz. — pracować

It's six a.m.

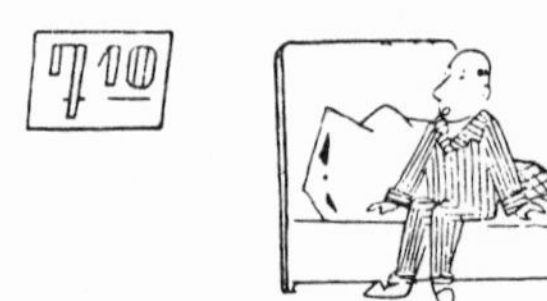

It's ten past seven

It's a quarter past seven

It's half past seven

It's five to eight

It's twenty past eight

From 9 a.m. to 5 p.m.

It's ten past five

It's a quarter to seven

It's twenty-five past eight

It's ten p.m.

Pożyteczne zwroty

in the morning — rano
before noon — przed południem
a.m. — przed południem (ante meridiem)
after noon — po południu
p.m. — po południu (post meridiem)
the afternoon — popołudnie
it is half past six — wpół do siódmej
it is five o'clock — jest godzina piąta
at half past six — o wpół do siódmej
half an hour — pół godziny
a quarter of an hour — kwadrans
a quarter to seven — za kwadrans siódma
a quarter past seven — kwadrans po siódmej
at five } — o piątej
at five o'clock }
what is the time? — która godzina?
what time...? — o której...?
at the office — w biurze
to go home — iść do domu

OBJAŚNIENIA FONETYCZNE

Zwrócić uwagę na wymowę czasowników **wash** i **dress** w 3 osobie l.p. **He dresses** [*'dresyz*], **he washes** [*'uoszyz*]

GRAMATYKA

1. 3 osoba l. p. czasowników zakończonych na spółgłoski syczące (s, sh itd.)

to dress — he dress*es*
to wash — he wash*es*

Czasowniki zakończone na spółgłoski syczące wyrażone literami „s, z, ss, x, sh, ch" przyjmują w 3 osobie l.p. końcówkę **es**, wymawianą [*yz*].

2. Liczebniki główne

1 **one** — [^{u}*an*] — jeden, jedna, jedno, raz
2 **two** — [*tu:*] — dwa, dwie
3 **three** — [*θri:*] — trzy
4 **four** — [*fo:*] — itd.
5 **five** — [*fajw*]
6 **six** — [*syks*]
7 **seven** — [*'sewn*]
8 **eight** — [*ejt*]
9 **nine** — [*najn*]
10 **ten** — [*ten*]
11 **eleven** — [*y'lewn*]
12 **twelve** — [*t^{u}elw*]
13 **thirteen** — [*'θə:'ti:n*]
14 **fourteen** — [*'fo:'ti:n*]
15 **fifteen** — [*'fyf'ti:n*]
16 **sixteen** — [*'syks'ti:n*]
17 **seventeen** — [*'sewn'ti:n*]
18 **eighteen** — [*'ej'ti:n*]
19 **nineteen** — [*'najn'ti:n*]
20 **twenty** — [*'t^{u}enty*]
21 **twenty-one**
22 **twenty-two** etc.
30 **thirty** — [*'θə:ty*]
40 **forty** — [*'fo:ty*]
50 **fifty** — [*'fyfty*]
60 **sixty** — [*'syksty*]
70 **seventy** — [*'sewnty*]
80 **eighty** — [*'ejty*]
90 **ninety** — [*'najnty*]
100 **a hundred** — [*ə'handrəd*]

ĆWICZENIA

I. Odpowiedzi na pytania:

1. What is the time? 2. How many hours are there in a day? 3. What do you do at eight in the morning? 4. Where are you at four a.m.? 5. What are you doing half an hour before breakfast? 6. What colour is your clock? 7. Are you at home at seven p.m.? 8. How many minutes are there in a quarter of an hour? 9. What

time do you take dinner? 10. How long do you sleep? 11. Who works at the office? 12. Does the man in the picture wash at nine o'clock? 13. Does he go to bed late? 14. Have you a good watch?

II. **What is the time**: (napisać następujące godziny pełnymi słowami, np. a quarter past two): 2.15, 4.32, 4.30, 8.50, 9.30, 10.05, 7.47, 10.45, 11.25, 12, 12.35.

III. **Ułożyć po cztery zdania wg wzorów:**

(Odnośnie a) i b) objaśnienie konstrukcji zdania patrz lekcja 9)

a) **There is no** milk in my porridge (np. **There is no** coffee here).

b) **There are no** oranges for dinner.

c) She **has no** time after six p.m.

LESSON EIGHTEEN — THE EIGHTEENTH LESSON

Lekcja osiemnasta

Przeczenia

Uwaga: nauczyć się na pamięć wszystkich krótkich zdań.

A BUSY MAN

Stanley: Hullo, Ronald! I'm so glad to see you. When I want to speak to my friends, I go to the club library, and they are usually there in the morning, but you're never there.

Ronald: I can't. I'm too busy.

Stanley: You have no time? You do nothing!

Ronald: I do!

Stanley: Is that so? What time do you get up?

Ronald: At eight, or half past eight.

Stanley: So you're ready at half past nine.

Ronald: No, I'm not. I must bath and dress.

Stanley: That's half an hour.

Ronald: No, more. It takes an hour. Then breakfast — half an hour, so I'm ready at a quarter to ten, or at ten. My classes are at half past ten, and two hours later I go home to lunch.

Stanley: Then you have nothing to do till three o'clock.

Ronald: Yes, but I must rest a little, smoke a pipe, ring up some friends.

Stanley: And what do you do when the afternoon classes are over?

Ronald: I go to some café to have a cup of tea, then I walk to my club to see if there are any letters for me, read the papers, speak with friends. And — Good Heavens! — it's a quarter to seven! I must run home and dress for dinner. Cheerio!

Stanley: Stop! Come to me after dinner.

Ronald: Can't. I'm busy. We're going to the pictures with Mary and Harry. Good-bye!

SŁOWNICZEK

a little [*ə'lytl*] ps. — trochę
bath [*ba:θ*] rz. — kąpiel, wanna; cz. — kąpać się
busy [*'byzy*] pm. — zajęty
café [*'kœfej*] rz. — kawiarnia
class [*kla:s*] rz. — klasa, ćwiczenia
club [*klab*] rz. — klub, świetlica
come [*kam*] cz. — przychodzić
if [*yf*] sp. — czy, jeżeli
glad [*glœd*] pm. — zadowolony
letter [*'letə*] rz. — list
library [*'lajbrəry*] rz. — biblioteka
little [*'lytl*] pm. — mały
lunch [*lancz*] rz. — drugie śniadanie (posiłek południowy)
nothing [*'naθyŋ*] ps. — nic
over [*'ouwə*] pi. — nad
paper [*'pejpə*] rz. — papier, gazeta
rest [*rest*] rz. — odpoczynek, cz. — odpoczywać
ring [*ryŋ*] cz. — dzwonić
Ronald [*ronld*] rz. — Ronald (imię męskie)
run [*ran*] cz. — biec
see [*si:*] cz. — widzieć (wymawiać s, nie ś)
stop [*stop*] cz. — zatrzymać
till [*tyl*] ps. — aż, aż do
to be over [*tə bi: 'ouwə*] — być skończonym
too [*tu:*] ps. — zbyt, za
walk [*ᵘo:k*] cz. — chodzić, spacerować

Pożyteczne zwroty

I'm glad to see you — miło mi spotkać cię
a club library — biblioteka klubowa
is that so — ach tak? czyżby?
to ring up a friend — zadzwonić (zatelefonować) do przyjaciela
breakfast is over — śniadanie skończone
Good Heavens — mój Boże! (dosłownie: dobre nieba!)
to go home, to run home — iść do domu, biec do domu
to go to the pictures — iść do kina
I can't — I cannot

OBJAŚNIENIA FONETYCZNE

W języku angielskim samogłoska (i) nie zmiękcza poprzedzającej spółgłoski. A więc **see** wymawia się (si:) a nie (śi).

GRAMATYKA

Przeczenia

You are *never* there — Nigdy cię tam **nie** ma.
You do *nothing* — Ty **nic nie** robisz.

He never shuts the door

W języku angielskim tylko jeden wyraz w zdaniu może występować w formie przeczącej: albo przysłówek (np. never) albo zaimek (nothing) albo też czasownik (np. **I *have not* any books**), ale nigdy więcej na raz.

W języku polskim możemy użyć dowolnej ilości wyrazów o charakterze przeczącym (np.: **Nigdy nie** widziałem tam **nikogo**).

ĆWICZENIA

I. **Odmieniać zdania:**

a) I take **my** paper from the shelf.

b) I don't eat plenty of fruit.

II. **Opisać: What is Ronald doing:** a) before noon.
b) after noon

III. **Przetłumaczyć:**

1. Kiedy zaczynasz lekcje? 2. Kiedy jego brat jest zajęty? 3. Kiedy wstajesz? 4. Kiedy Ronald wstaje? 5. Ile palców ma jedna ręka? 6. Gdzie widzisz bułkę? 7. Czy ludzie dużo palą w Anglii? 8. Gdzie leży gazeta ?9. Co ona robi po obiedzie? 10. Czy ono czyta ćwiczenie? 11. Czy ludzie lubią pracować? 12. Co ona zaczyna teraz? 13. Kiedy oni czytają gazetę? 14. Kto chodzi po (w) moim pokoju? (użyć formy trwającej). 15. Co my pijemy na śniadanie? 16. Czy to twój zegarek?

IV. **Fonetyka**

[*o*] **o**range, cl**o**ck, d**o**ctor

[*o:*] w**ar**m, d**au**ghter, qu**ar**ter, w**a**ll, sh**or**t

[*u*] b**oo**k, r**oo**m, g**oo**d

[*u:*] y**ou**, n**ew**, **u**sually

 PAŃSTWOWE WYDAWNICTWO »WIEDZA POWSZECHNA« WARSZAWA

Irena Dobrzycka

JĘZYK ANGIELSKI DLA SAMOUKÓW

Zeszyt 4 **Lekcje 19—25**

LESSON NINETEEN — THE NINETEENTH LESSON

Lekcja dziewiętnasta

Czas przeszły czasowników posiłkowych „to have" i „to be"
Czas przeszły, forma trwająca

Uwaga: tekst można przerobić za jednym razem, ale ćwiczenia należy rozłożyć na kilka dni i bardzo uważnie kontrolować z kluczem.

WHERE WAS THE FOUNTAIN-PEN?

Harry cannot find his fountain-pen. It's a new fountain-pen, a very good one. It isn't on the table, it isn't in his pockets. Harry looks into the drawer of the desk — he usually puts the pen there when he isn't working — but there is nothing inside. He looks behind the picture of his girl friend, then under the desk, behind the bed. He takes down the books from the shelf high above the fireplace to see if the pen is lying there.

He cannot find it. It's a quarter to eight and Harry wants to begin his English exercise. He must hurry up. Where can the pen be?

Yesterday at noon it was certainly in the drawer and in the evening he had it at the classes. Was it in his desk in the morning before breakfast? It was in his pocket when he was going to his classes. He had it in his hand when he was showing it to some friends in the club and they were admiring it. He had it in his pocket when he was having lunch at home, so it wasn't in the club.

It's getting late, it's thirteen past eight. Harry sits down at his desk and takes out a pencil. He opens his exercise-book and there he sees... his fountain-pen! It is lying there inside his English exercise-book.

SŁOWNICZEK

above [*ə'baw*] pi. — nad, ponad
admire [*əd'majə*] cz. — podziwiać
behind [*by'hajnd*] pi. — za, z tyłu
evening [*'i:wnyŋ*] rz. — wieczór
drawer [*dro:*] rz. — szuflada
fountain-pen [*'fauntn-pen*] rz. — wieczne pióro
find [*fajnd*] cz. — znaleźć
get [*get*] cz. — dostać, dostać się, stać się
high [*haj*] pm. — wysoki; ps. wysoko
inside [*'yn'sajd*] pi. — wewnątrz; ps. w środku
into [*'yntu*] pi. — do (do środka)
look [*luk*] cz. — patrzeć
pocket [*'pokyt*] rz. — kieszeń
put [*put*] cz. — kłaść, położyć
yesterday [*'jestədy*] ps. — wczoraj

Pożyteczne zwroty

girl friend — „sympatia", panna, z którą się „chodzi" (tak samo istnieje wyraz **„boy friend"**)
to look into — zaglądać do, patrzeć do środka
he takes down the books to see... — zdejmuje książki, żeby zobaczyć...
at the classes — na lekcji, na ćwiczeniach
it's getting late — robi się późno
to take out — wyjmować

OBJAŚNIENIA FONETYCZNE

Wyraz **was** ma dwie formy wymowy: silną, pod naciskiem [^{u}oz] np.: **It *was* certainly in the drawer,**
oraz słabą formę, kiedy inne wyrazy (a nie „was") sąsiadujące z nim wymówione są z naciskiem, np.:

He had it in his hand when he was showing it to some friends.

Wyraz **were** (byłeś, byliśmy, byliście) pod akcentem wymawia się [^{u}ə:], ale najczęściej stosowana jest forma słaba [^{u}ə]. Zob. formy mocne i słabe, „Wstęp Fon.", str. XXXVII.

GRAMATYKA

1. Czas przeszły czasowników posiłkowych: „to have" i „to be"

It *was* in his pocket — Ono było w jego kieszeni.
***Was* it on his desk?** — Czy było na jego biurku?
It *wasn't* in the club — (ono) nie było w klubie.

Czas przeszły zwykły (the Simple Past Tense) czasownika „to be" — być

Forma twierdząca

I *was* [^{u}oz] — byłem, byłam*
you *were* [^{u}ə]— byłeś
he was — on był
she was — ona była
it was — ono było
we were — byliśmy
you were — byliście
they were — byli

Forma pytająca

was I?	— czy byłem, byłam?	**was it?**	— czy ono było? (czy to było?)
were you	— czy byłeś?	**were we?**	— czy byliśmy?
was he	— czy był?	**were you?**	— czy byliście?
was she	— czy ona była?	**were they?**	— czy byli?

* W języku polskim odróżniamy rodzaj męski i żeński w formach czasowników w czasie przeszłym: **byłem, byłam, byliście, byłyście.** W angielskim nie ma żadnej różnicy między obu rodzajami (zarówno w polskim jak i w angielskim nie rozróżniamy rodzajów w czasie teraźniejszym, np.: on **jest,** ona **jest** (he is, she is.).

Forma przecząca

I was not (forma skrócona: wasn't) — nie byłem
you were not (weren't) — nie byłeś
he was not (wasn't) — on nie był
she was not (wasn't) itd. — ona nie była itd.

Czas przeszły zwykły czasownika **to be** tworzy się za pomocą specjalnych form. Dla 1 i 3 osoby liczby pojedynczej używamy **was**, dla 2 osoby liczby pojedynczej i wszystkich osób liczby mnogiej — **were.**

Czas przeszły zwykły czasownika „to have" — mieć

Forma twierdząca

I *had* [*hæd*] — miałem, miałam
you had — miałeś
he had — on miał
she had — ona miała
it had — ono miało
we had — mieliśmy
you had — mieliście
they had — mieli

Forma pytająca

had I? — czy miałem?
had you? — czy miałeś?
had he? — czy on miał?
had she? — czy ona miała?
had it? — czy ono miało? **itd.**

Forma przecząca

I had not (w skrócie: hadn't) — nie miałem
you had not (hadn't) — nie miałeś
he had not (hadn't) — on nie miał
she had not (hadn't) — ona nie miała itd.

He ***had*** **it at the classes** — Miał je na ćwiczeniach.
He ***had*** **it in his hand** — Miał je w ręku

Czas przeszły zwykły czasownika **to have** jest bardzo łatwy, wszystkie osoby liczby pojedynczej i mnogiej brzmią tak samo: **had.** Należy zwrócić uwagę na fakt, że nie ma żadnej zmiany w 3 osobie l.p. **Formy pytające** i **przeczące** czasowników posiłkowych tworzy się tak samo jak przy czasie teraźniejszym, przez odwrócenie szyku wyrazów, stawiając orzeczenie przed podmiotem.

2. Czas przeszły zwykły, forma trwająca

He had it in his hand when *he was showing* it and *they were admiring* it — On miał je w ręce kiedy pokazywał je (właśnie wtedy), a oni podziwiali je.

Znając czas przeszły od **to be** możemy tworzyć **czas przeszły zwykły** czasowników zwyczajnych **w formie trwającej.** W czasie teraźniejszym forma trwająca brzmi:

I am showing, you are showing itd.

w czasie przeszłym będzie brzmiała:

I was showing, you were showing itd.

Wyraża ona czynność, która odbywała się w przeszłości **równocześnie** z drugą czynnością (również w przeszłości).

Formy pytającą i przeczącą tworzy się analogicznie do form w czasie teraźniejszym: ***Was I* showing? *I was not* showing.**

ĆWICZENIA

I. **Wstawić brakujące wyrazy:**

1. Harry cannot find ... fountain-pen. 2. He looks ... the picture of his girl friend. 3. His shelf is high ... the fireplace. 4. Yesterday, at noon, the pen was in the ... 5. In the evening he ... it at the classes. 6. He looks ... the drawer but there is nothing ... 7. He takes down the books from the shelf to see ... the pen is there. 8. He usually ... the pen into the drawer. 9. It was in his ... when he was going to his classes.

II. **Odmieniać we wszystkich osobach:**

1) **I was** at home (np. you were at home, he was at home itd.)
2) **Was I** in front of the fireplace?

III. **Zamienić na czas przeszły zwykły** (np. My fountain-pen **was** there):

1. My fountain-pen is there. 2. Your coffee is cold. 3. For break-

fast I have two pieces of toast. 4. He has no time for more bread and butter. 5. His friends are admiring his new study. 6. We are spelling the most difficult word. 7. At half past seven he is lying in bed. 8. She is not in bed. 9. They are not at the office.

IV. **Zamienić na formę pytającą** (np. Was he ready to go to the office?):

1. He was ready to go to the office. 2. You were sitting in a comfortable armchair. 3. Those eggs were boiled. 4. She was a good friend. 5. He had two watches in his desk. 6. They had some* good pictures in their room. 7. Her toasts were too hard. 8. She had a small lamp above her bed.

V. **Fonetyka**

[^{u}] was, were, we, watch, when, word, warm, work.
[*aj*] behind, find.

LESSON TWENTY — THE TWENTIETH LESSON

Lekcja dwudziesta

Czas przeszły zwykły czasowników regularnych i nieregularnych
Zaimki względne „who" i „which"

Uwaga: powtórzyć tworzenie formy pytającej i przeczącej czasu teraźniejszego, lekcja 11. Wiersza nauczyć się na pamięć (przy pomocy transkrypcji fonetycznej, umieszczonej w objaśnieniach fonetycznych). Zobacz przestankowanie w zdaniach względnych, „Dodatek", str. 313.

THE TIGER AND THE YOUNG LADY

There was a tiger who lived in Riga near the home of a young lady. He liked to speak with her. She was pretty and she smiled very often. She did not work much. She did not do her lessons, she did not like to walk or run and so she was much too fat. The tiger was old and thin.

One day the young lady wanted to ride on the tiger. The tiger was very glad. But the ride was not very long. When did they

* W pytaniach używamy zamiast „some" innego wyrazu (any); zobacz l. 12.

return from the ride? They returned after the tiger's lunch, which was very good. When they returned the tiger was smiling and he was very happy. Did the young lady smile? Oh, no, she didn't smile, she was inside the tiger.

There was a young lady of Riga,
Who smiled when she rode on a tiger.
They returned from the ride
With the lady inside
And the smile on the face of the tiger.

SŁOWNICZEK

face [*fejs*] rz. — twarz, mina
fat [*fœt*] pm. — gruby, tłusty
lady [*'lejdy*] rz. — pani; ladies [*lejdyz*] — panie
young lady — panna
return [*ry'tə:n*] cz. — wracać
ride [*rajd*] rz. — przejażdżka
ride [*rajd*] cz. — jechać (konno, na rowerze itp.); *czasownik nieregularny*
Riga [*'rajgə*] lub [*'ri:gə*] rz. — Ryga (miasto na Łotwie)
rode [*roud*] cz. — czas przeszły nieregularny od „ride" jechać
smile [*smajl*] cz. — uśmiechać się; rz. uśmiech
tiger [*'tajgə*] rz. — tygrys

Objaśnienia fonetyczne

Wymowa i rytm z jakimi należy nauczyć się wiersza:

[ðeə'ᵘoz ə jaŋ 'lejdy əw 'rajgə
hu: 'smajld ᵘen szi:'roud on ə 'tajgə
ðej ry'tə:nd from ðə 'rajd
ᵘyð ðə 'lejdy yn'sajd
œnd ðə 'smajl on ðə'fejs əw ðə 'tajgə]

GRAMATYKA

1. Czas przeszły zwykły czasowników regularnych i nieregularnych

Czasowniki regularne

He *liked* to speak with her — Lubił rozmawiać z nią
They *returned* from the ride — Wrócili z przejażdżki
When *did they return* from the ride? — Kiedy wrócili z przejażdżki?
She *did not work* much — Ona nie pracowała wiele.
She *didn't smile* — Ona nie uśmiechała się.

Czas przeszły zwykły czasownika **to return** [*ry'tə:n*] — wracać

Forma twierdząca

I returned [*ry'tə:nd*] — wróciłem
you returned — wróciłeś
he returned — on wrócił
she returned — ona wróciła
it returned — ono wróciło
we returned — wróciliśmy
you returned — wróciliście
they returned — oni wrócili

Forma pytająca

did I return? [*dyd*] — czy wróciłem?
did you return? — czy wróciłeś?
did he return? — czy on wrócił? itd.
itd.

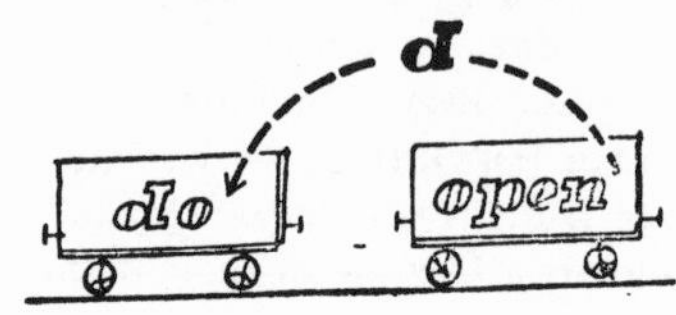

Forma przecząca

I did not return — nie wróciłem
you did not return — nie wróciłeś
he did not return — on nie wrócił
itd.

W formie przeczącej istnieją również skróty: **I didn't return** [*ai 'dydnt ry'tə:n* itd.].

W języku angielskim istnieje kilka czasów przeszłych i ich nazwy nie mają odpowiedników w języku polskim. Język polski nie posiada tylu czasów co angielski, ale za to ma różne formy nie istniejące w angielskim, a utrudniające cudzoziemcom naukę polskiego (np. formę częstotliwą obok zwykłej: śpię — sypiam, jestem — bywam; różne formy dokonane: przespać, wyspać, zaspać itp.).

Czas przeszły zwykły, tzw. „Simple Past Tense", czasowników regularnych tworzy się przez dodanie **ed** lub **d** do bezokolicznika (bez **to**). Formę pytającą i przeczącą tworzy się przy pomocy czasu przeszłego czasownika **to do.** Końcówkę **ed** wymawia się [*yd*] po czasownikach zakończonych na **t** i **d**, po samogłoskach i spółgłoskach dźwięcznych tylko [*d*], po spółgłoskach bezdźwięcznych [*t*].

Czasowniki nieregularne mają odrębne formy na czas przeszły. Będą one stopniowo podawane.

Koniugacja czasownika „to do" (w czasie przeszłym zwykłym)

Forma twierdząca		Forma pytająca	
I did [*dyd*]	— zrobiłem	***did I do?***	— czy zrobiłem?
you did	— zrobiłeś	**did you do?**	— czy zrobiłeś?
he did	— on zrobił	**did he do?**	— czy on zrobił?
she did	— ona zrobiła	**did she do?**	— czy ona zrobiła?
it did	— ono zrobiło	**did it do?**	— czy ono zrobiło?
we did	— zrobiliśmy	**did we do?**	— czy zrobiliśmy?
you did	— wy zrobiliście	**did you do?**	— czy zrobiliście?
they did	— oni zrobili	**did they do?**	— czy oni zrobili?

Forma przecząca

I did not do	— nie zrobiłem	**we did not do**	— nie zrobiliśmy
you did not do	— nie zrobiłeś	**you did not do**	— nie zrobiliście
he did not do	— on nie zrobił	**they did not do**	— oni nie zrobili
she did not do	— ona nie zrobiła		
it did not do	— ono nie zrobiło		

Czasowniki nieregularne

Koniugacja czasownika „to ride" — jechać — Czas przeszły zwykły

Forma twierdząca

I rode [*roud*]	— jechałem	**it rode**	— ono jechało
you rode	— jechałeś	**we rode**	— jechaliśmy
he rode	— on jechał	**you rode**	— jechaliście
she rode	— ona jechała	**they rode**	— oni jechali

Forma pytająca:

did I ride?	— czy jechałem?	**did it ride?**	— czy ono jechało?
did you ride?	— czy jechałeś?	**did we ride?**	— czy jechaliśmy?
did he ride?	— czy on jechał?	**did you ride?**	— czy jechaliście?
did she ride?	— czy ona jechała?	**did they ride?**	— czy oni jechali?

Forma przecząca

I did not ride	— nie jechałem
you did not ride	— nie jechałeś
he did not ride	— on nie jechał
she did not ride	— ona nie jechała
it did not ride	— ono nie jechało
we did not ride	— nie jechaliśmy
you did not ride	— nie jechaliście
they did not ride	— oni nie jechali.

Czasu przeszłego zwykłego używamy dla wyrażenia akcji przeszłej, która odbyła się w określonym czasie przeszłym i nie ma związku z teraźniejszością.

Końcówki czasu przeszłego zwykłego

to hurry — **he hurr*ies* -he hurr*ied*** [*yd*]
to stop — he stopp*ed* [*pt*]

Czasowniki zakończone na **y** poprzedzone spółgłoską zmieniają w czasie przeszłym **y** na **ied** wymawiane [*yd*].

2. Zaimki względne „who" i „which"

The man *who* is standing there is my brother.
I can sit on your chair *which* is also comfortable.

Who zaimek względny stosowany tylko do osób, **which** — do rzeczy.

ĆWICZENIA

I. **Odpowiedzieć na pytania:**

a) 1. Who was at the club? 2. Was Ronald ready at nine o'clock? 3. Were Stanley's friends at home in the afternoon? 4. Was lesson five difficult for you? Were lessons eleven and twelve long? 6. What had you in your desk? 7. Who had our paper?

b) 8. Did Ronald bath quickly? 9. When did he smoke a pipe? 10. Did he rest long after lunch? 11. What time did he dress for dinner? 12. Did you wash your hands? 13. Did we open our English book? 14. Did you give me a new watch?

II. **Zamienić na czas przeszły:**

1.My daughter hurries home. 2. I don't see your clock. 3. He walks with his lady friend. 4. Mary likes marmalade. 5. The girl is running from your home to mine. 6. The young man returns home at eleven o'clock. 7. Our apples are as good as theirs. 8. His son rests half an hour. 9. My mother doesn't lie on her couch. 10. Do you drink tea with milk? 11. That word is very difficult. 12. What do you do at eight?

III. **Ułożyć 7 zdań z wyrazami zakończonymi dźwiękami** (z), (d), (w)

III. **Fonetyka**

[*z*] apple**s**, room**s**, boy**s**, smile**s**
[*d*] be**d**, brea**d**, col**d**, an**d**, frien**d**
[*w*] fi**v**e, ha**v**e, gi**v**e, twel**v**e

LESSON TWENTY-ONE — THE TWENTY-FIRST LESSON

Lekcja dwudziesta pierwsza

Zaimki osobowe — przypadki
Czasowniki nieregularne
Opuszczanie zaimka względnego

A LONDON STREET

Father: You see, my boy, that's Piccadilly Circus!

Little boy: Yes father, but where are the animals?

1. The little boy did not know that Piccadilly Circus was a meeting place of five streets in the heart of London, and that you could not see any animals there (except perhaps dogs). Instead of them you have many cars, large, red buses, bicycles and plenty of people going here and there. Green, yellow, and red lights help the policeman (the Bobby) to show us the way. From Piccadilly Circus, we can go to Piccadilly, the street, which has some of the best shops and restaurants in London.

2. But when you want to have a good time you must go to Leicester Square where every second house is a picture house, a theatre, or a café. There, too, you see one of the deepest underground railway stations. By day Leicester Square is a fine busy

London street, but at night it is still more attractive with its advertisements and lights, crowds of people walking up and down the street.

An Irishman from Tipperary had a good time in London, but Tipperary was nearer to his heart, so he was happy to say, „good-bye Piccadilly, good-bye Leicester Square".

TIPPERARY

It's a long way to Tipperary
It's a long way to go.
It's a long way to Tipperary
To the sweetest girl I know.
Good-bye Piccadilly, good-bye Leicester Square!
It's a long, long way to Tipperary
But my heart's right there!

SŁOWNICZEK

advertisement [*æd'wə:tysmənt*] rz. — ogłoszenie, reklama
animal [*'ænyml*] rz. — zwierzę
at night [*ət najt*] — w nocy
attractive [*ə'træktyw*] pm. — atrakcyjny, efektowny
bicycle [*'bajsykl*] rz. — rower
bus [*bas*] rz. — autobus
by day [*baj'dej*] — w dzień
car [*ka:*] rz. — samochód
circus [*'sə:kəs*] rz. — plac okrągły, cyrk
crowd [*kraud*] rz. — tłum
deep [*di:p*] pm. — głęboki
dog [*dog*] rz. — pies
every [*'ewry*] z. — każdy
except [*ə'ksept*] ps. — z wyjątkiem
fine [*fajn*] pm. — piękny, wytworny
heart [*ha:t*] rz. — serce
help [*help*] rz. — pomoc, cz. pomagać
house [*haus*], houses [*hauzyz*], rz. — dom, domy
instead of [*yn'sted əw*] ps. — zamiast
Irishman [*'ajryszmn*] rz. — Irlandczyk
know [*nou*] cz. — wiedzieć; *nieregularny*
Leicester [*'lestə*] rz. — Leicester (nazwa ulicy w Londynie)
light [*lajt*] rz. — światło
London [*'landən*] rz. — Londyn
meeting [*'mi:tyŋ*] rz. — spotkanie, zebranie
meeting place — miejsce spotkania
perhaps [*pə'hæps*] ps. — być może
Piccadilly [*ˌpykə'dyly*] rz. — Piccadilly (nazwa ulicy i placu w Londynie)
picture house [*'pykczə ˌhaus*] rz. — kino
place [*plejs*] rz. — miejsce
policeman [*pə'li:smən*] rz. — policjant; bobby [*boby*] — nazwa popularna
railway [*'rejl^{u}ej*] rz. — kolej
restaurant [*'restəra:ŋ*] rz. — restauracja

SŁOWNICZEK

right [*rajt*] pm. — słuszny, ps. w porządku
to say [*sej*] cz. — mówić, rzec; *nieregularny*
second [*'seknd*] l. — drugi
shop [*szop*] rz. — sklep
splendid [*'splendyd*] pm. — wspaniały
square [*sk^{u}eə*] rz. — plac prostokątny, ulica ze skwerem, zielenią w środku
station [*'stejszn*] rz. — stacja
still [*styl*] ps. — jeszcze, nadal
street [*stri:t*] rz. — ulica
sweet [*s^{u}i:t*] pm. — słodki, miły
that [*ðœt*] sp. — że
theatre [*'θiətə*] rz. — teatr
Tipperary [*typə'reəry*] — Tipperary (nazwa miasta w Irlandii)
too [*tu:*] sp. — także
underground [*'andəgraund*] pm. — podziemny
way [*^{u}ej*] rz. — droga, sposób

Pożyteczne zwroty

to have a good time — dobrze się bawić
every second house — co drugi dom
by day — w dzień
at night — w nocy, wieczorem
right there — akurat tam

OBJAŚNIENIA FONETYCZNE

Grupa liter **ight** wymawia się [*ajt*] **np. night, right, light.**

GRAMATYKA

1. Zaimki osobowe — przypadki

PRZYPADEK PODMIOTU		PRZYPADEK DOPEŁNIENIA	
I	— ja	**me**	— mi, mnie, mną
you	— ty	**you**	— ci, ciebie, tobą
he	— on	**him**	— jemu, jego
she	— ona	**her**	— jej, ją
it	— ono	**its**	— jemu, je
we	— my	**us**	— nam, nas
you	— wy	**you**	— wam, was
they	— oni, one	**them**	— im, je

The lights show *us* the way — Światła pokazują **nam** drogę (por. szyk zdania 1. 14, str. 54).

The book is for *me*, for *him*, etc. — Książka jest dla **mnie,** dla **niego** itd.

Instead of *them* — Zamiast **nich.**
He goes with *me*, with *her* etc.

W języku angielskim zaimki osobowe mają tylko przypadek podmiotu (tj. pierwszy) i przypadek dopełnienia (po czasownikach i przyimkach). W języku polskim jest więcej przypadków.

2. Czasowniki nieregularne

to know — wiedzieć, znać
I can — mogę
I knew [*nju:*] — wiedziałem, znałem
I could [*kud*] — mogłem
I could not — I couldn't — nie mogłem

3. Opuszczanie zaimka względnego

The sweetest girl I know — Najmilsza dziewczyna (jaką, **którą — whom**) znam.

The policeman I see — Policjant (**którego — whom**) widzę.

W mowie potocznej opuszcza się zaimki względne, jeżeli są w czwartym przypadku (bierniku).

The girl I like

ĆWICZENIA

I. **Wstawić brakujące zaimki osobowe** (np. 1. . . . take it to your bedroom):

1. This lamp must not stand here, take . . . to your bedroom. 2. My sister is at home, I see . . . sitting at the fireplace. 3. Do you know my friend? Certainly, I know . . . very well. 4. My brother did not see your bicycle, show . . . to him. 5. We have nothing for breakfast, give . . .. please, some rolls. 6. Your daughter is very nice, I like . . . very much. 7. Take this money, it's for . . .. 8. I have nothing to read, give . . ., please, an English paper. 9. Here are four letters, read . . . now. 10. This lesson isn't difficult, you can read . . . quickly.

II. **Zamienić na pytania:**

1. That hare was not alive. 2. She returned from Piccadilly. 3. The bus stopped before the railway station. 4. English people like animals. 5. The little boy keeps away from the fireplace. 6. The old gentleman rode with his sons. 7. Your mother gave us splendid cigarettes. 8. Everybody sleeps at night. 9. He smoked twenty cigarettes a day. 10. My friend was sleeping in his clothes. 11. Every day has twenty-four hours. 12. Harry knew London very well. 13. She did not speak with the policeman.

III. **Ułożyć zdania z następującymi zwrotami:**

there is no	at night	go on (eating, reading etc.)
what time	to go to bed	
by day	to go to the pictures	to go home

IV. **Wypracowanie** (opowiedzieć ustnie; odrobić pisemnie i — jeśli to jest możliwe — dać do skontrolowania innej osobie).

What do you see in your street?

V. **Fonetyka.** Napisać fonetycznie:

1) cupboard	6) eleven	11) comfortable
2) return	7) eighty	12) eighteen
3) these	8) lunch	13) half an hour
4) bicycle	9) usually	14) policeman
5) clothes	10) advertisement	15) underground
		16) a quarter of an hour

LESSON TWENTY-TWO — THE TWENTY-SECOND LESSON

Lekcja dwudziesta druga

Koniugacja czasownika „to come" w czasie przyszłym
Liczebniki porządkowe
Okolicznik czasu — miejsce w zdaniu
Czas przeszły niezłożony czasowników nieregularnych

Uwaga: należy zwrócić uwagę na sposób pisania daty, nagłówek listu i jego zakończenie.

Tworzenie czasu przyszłego nie jest zasadniczo trudne, należy tylko pamiętać, ażeby słowa „shall" używać tylko przy pierwszej osobie liczby pojedynczej lub mnogiej.

STANLEY IS ILL

2, Cambridge Street,
London, October 1st 1957.

Dear Willy,

I'm sorry I can't come to you to-morrow night but I caught a cold last Monday and I am still lying in bed. I think I'll be all right on Sunday, but now I must be at home. I think it's rather boring, though I have a fine wireless by my bed and plenty of books. But, you see I can't read or listen to the wireless the whole day and there is nothing more I can do, so the day has for me thirty or forty hours!

Will you be so kind as to come and see me to-morrow? And, please, bring the magazine you showed me last Sunday*, the one with splendid advertisements.

I shall be very glad to see you.

Yours sincerely,

Stanley

P.S. If you can't come, write, please.

SŁOWNICZEK

all right [*o:l rajt*] — w porządku, dobrze
boring ['*bo:riŋ*] pm. — nudny
bring [*bryŋ*] cz. — przynieść
by [*baj*] pi. — przy, przez
Cambridge ['*kejmbrydż*] rz. — Cambridge (miasto w Anglii)
catch [*kœcz*] cz. — chwytać; *nier.*
cold [*kould*] pm. — zimny; rz. zaziębienie
dear ['*diə*] pm. — drogi
first [*fə:st*] l. — pierwszy, skrót 1st
I can't [*aj'ka:nt*] — nie mogę
if [*yf*] sp. — jeśli
ill [*yl*] pm. — chory
I'm [*ajm*] — jestem
kind [*kajnd*] pm. — uprzejmy, dobry
last [*la:st*] pm. — ostatni
listen ['*lysn*] cz. — słuchać
listen to — słuchać (czegoś)
magazine ['*mœgə,zin*] rz. — czasopismo ilustrowane

* Por. opuszczanie zaimka **względnego** w l. 21, gramatyka 3.

SŁOWNICZEK

Monday [*'mandy*] rz. — poniedziałek
1957 [*'najn'ti:n 'fyfty'sewn*] — 1957
October [*ok'toubə*] rz. — październik
P. S. — postscript [*'pousskrypt*]
rather [*'ra:ðə*] ps. — raczej
shall [*szæl*] — czasownik posiłkowy, służący do tworzenia czasu przyszłego
sincerely [*syn'siəly*] ps. — szczerze (wymawiać s dwa razy, a nie ś)
sorry [*'sory*] pm. — przykry
Sunday [*'sandy*] rz. — niedziela
think [*θyŋk*] cz. — myśleć; *nier.*
though [*ðou*] ps. — chociaż
tomorrow [*tə'morou*] ps. — jutro (można również pisać: to-morrow)
whole [*houl*] pm. — całkowity, cały
will [*ᵘyl*] — czasownik posiłkowy, służący do tworzenia czasu przyszłego
Willy [*ᵘyly*] rz. — Willy (imię męskie)
wireless [*'ᵘajəlys*] rz. — radio
write [*'rajt*] cz. — pisać; *nier.*

Pożyteczne zwroty

I am sorry — przykro mi, przepraszam
tomorrow night — jutro wieczorem
to catch a cold — zaziębić się
to have a cold — być zaziębionym
on Sunday — w niedzielę
last Sunday — w zeszłą niedzielę
the last Sunday — ostatnia niedziela
will you be so kind as to... — bądź tak łaskaw, czy będziesz łaskaw...
yours sincerely — szczerze oddany (zakończenie listu do znajomych)

OBJAŚNIENIA FONETYCZNE

Zauważ, że wyraz **day** wymawia się [*dej*], ale w **Monday, Sunday,** nieakcentowane litery **ay** wymawiają się [*y*]: [*mandy*] [*sandy*].

GRAMATYKA

1. Koniugacja czasownika „to come" w czasie przyszłym

Forma twierdząca

I shall come — przyjdę
you will come — przyjdziesz
he, she, it will come — on, ona, ono przyjdzie
we shall come — przyjdziemy
you will come — przyjdziecie
they will come — oni one przyjdą

Forma pytająca

shall I come? — czy przyjdę?
will you come? — czy przyjdziesz?
will he, she, it come? — czy on, ona, ono przyjdzie?
shall we come? — czy przyjdziemy?
will you come? — czy przyjdziecie?
will they come? — czy oni, one przyjdą?

Forma przecząca

I shall not come — nie przyjdę
you will not come — nie przyjdziesz
he, she, it will not come — on, ona, ono nie przyjdzie
we shall not come — nie przyjdziemy
you will not come — nie przyjdziecie
they will not come — oni, one nie przyjdą

Można również mówić: **I will not come, we will not come.**
Skróty:

I'll be, I'll take etc. — **I shall be, I shall take**
you'll be, you'll take — **you will be, you will take.**

I have a boy-friend

I shall have a home

Czas przyszły czasowników regularnych i nieregularnych, z wyjątkiem ułomnych, tworzy się przy pomocy słów posiłkowych **shall** i **will** oraz bezokolicznika danego czasownika. **Shall** używa się z pierwszymi osobami l. pojedynczej i mnogiej, **will** zasadniczo z drugimi i trzecimi, np.: ***I shall be* very glad.**
***Will you be* so kind?**

(W języku polskim, obok czasu przyszłego niezłożonego, mamy również formę złożoną, np.: będę widział, będę spała, będziemy widzieli).

2. **Liczebniki porządkowe**

the first [*fə:st*] -1st — pierwszy
the second [*'sekənd*] -2nd — drugi
the third [*θə:d*] -3rd — trzeci
the fourth [*fo:θ*] -4th — czwarty
the fifth [*fyfθ*] -5th — piąty
the sixth [*syksθ*] -6th — szósty
the seventh [*sewnθ*] -7th — siódmy
the eighth [*ejtθ*] -8th — ósmy
the ninth [*najnθ*] -9th — dziewiąty
the tenth [*tenθ*] -10th — dziesiąty

Sposób pisania daty:

October lst, 1957 — October the first, nineteen fifty-seven albo: **nineteen hundred and fifty-seven.**

3. **Okolicznik czasu — miejsce w zdaniu**

Dokładne określenia czasu stawiamy na początku lub na końcu zdania.

I caught a cold *on Monday*.
***In the afternoon* I usually go to my club.**

4. **Czas przeszły czasowników nieregularnych**

to think	— myśleć	**I thought** [*θo:t*]	— myślałem
to bring	— przynieść	**I brought** [*bro:t*]	— przyniosłem
to catch	— chwytać	**I caught** [*ko:t*]	— schwytałem
to write	— pisać	**I wrote** [*rout*]	— napisałem

ĆWICZENIA

I. **Odpowiedzieć na pytania:**

1. When did Stanley catch a cold? 2. Will he go to his friend Willy? 3. When will Stanley be all right? 4. What is he doing in bed? 5. What will his friend give him? 6. When did Stanley write the letter? 7. What do you do on Monday? 8. What time do you get up on Sunday? 9. What will you do to-morrow?

II. **Ułożyć pytania w czasie przeszłym z następującymi czasownikami regularnymi:** to hurry, to rest, to stop, to walk, to return, to smile, to help.

III. **Ułożyć zdania z następującymi zwrotami:**

in the morning	on Sunday	now
in the afternoon	on Monday	at night
at 6 o'clock	to-morrow	then
at half past two p.m.	last Monday	at noon.

IV. **Przetłumaczyć:**

1. Policjant zatrzymał samochód. 2. Jutro wrócę późno. 3. On wrócił z wami. 4. Nie znam go. 5. Czy jesteś chory teraz? 6. On słuchał radia o wpół do piątej. 7. Teraz jestem zajęty, ale myślę (że) będę miał czas jutro. 8. Jej siostra czyta gazetę, która była w twoim biurku. 9. On myśli, że lekcja siódma jest dosyć nudna. 10. Kiedy zacząłeś uczyć się po angielsku? 11. Czy jesteście zwykle w domu o wpół do dziesiątej? 12. Twoja córka nie chce iść z nami.

V. **Fonetyka***

Litera **r** wymawiana [r] i niewymawiana (—).

[r] very, everybody, hurry, read, breakfast

(—) morning, dark, first, learn, warm

* Nie należy zapominać, że ćwiczenia fonetyczne trzeba kilkakrotnie głośno przeczytać.

LESSON TWENTY-THREE — THE TWENTY-THIRD LESSON

Lekcja dwudziesta trzecia

Krótkie odpowiedzi — c.d.
Używanie zaimka w drugim przypadku
So am I, so do I, itd. — ja też
Czasowniki nieregularne — formy

WHO IS STANLEY?

Peter: Do you know Stanley?

Alfred: Yes, I do. He's an English boy, or rather a young man whose family lives in London. He has got a sister, and I think he is studying something.

Peter: You're wrong. He isn't English, he's a Pole. And his family doesn't live in England; they are at home, in their country. But you're right about his sister, and when you say he is studying in London.

Alfred: But, look here. "Stanley" is an English name, you can't translate it into Polish. And he speaks English very well, and he smokes a pipe...

Peter: You're right. In England almost every young man smokes a pipe and so does Stanley: "In Rome do as Rome does".

Alfred: You see, I thought he was English because he is called Stanley. Why did his mother give him an English name?

Peter: She didn't. His real name is Stanisław but his English friends thought it was too hard to pronounce and so they called him "Stanley".

Alfred: Now I see I didn't know him. What is he doing in London?

Peter: He is improving his English and learning commercial correspondence. He is a nice boy. I like him and hope to see more of him.

Alfred: So do I.

In Rome do as Rome does.

SŁOWNICZEK

about [*ə'baut*]pi. — o, około
almost [*'o:lmoust*] ps. — prawie
at home [*ət'houm*] — w domu, w kraju
because [*bi'koz*] ps. — ponieważ
call [*ko:l*] cz. — wołać, nazywać; called [*ko:ld*] — nazwany (imiesłów bierny)
commercial [*kə'mə:szl*] pm. — handlowy
correspondence [*korys'pondəns*] rz. — korespondencja
country [*'kantry*] rz. — kraj, wieś
family [*'fœmyly*] rz. — rodzina
got [*got*] — otrzymany (imiesłów)
hope [*houp*] rz. — nadzieja, cz. mieć nadzieję
improve [*ym'pru:w*] cz. — poprawić, polepszyć
look [*luk*] cz. — patrzeć, wyglądać, look at — patrzeć na
name [*nejm*] rz. — imię, nazwa
Peter [*'pi:tə*] rz. — Piotr
Pole [*poul*] rz. — Polak
pronounce [*prə'nauns*] cz. — wymawiać
real [*riəl*] pm. — rzeczywisty, prawdziwy
right [*rajt*] pm. — prawy, właściwy
Rome [*roum*] rz. — Rzym
something [*'samθyŋ*] z. — coś, cokolwiek
study [*'stady*] cz. — studiować
to be right — mieć rację
translate [*trœ:ns'lejt*] cz. — tłumaczyć, translate into — tłumaczyć na
whose [*hu:z*] z. — którego, czyj
why [*ᵘaj*] sp. — dlaczego
wrong [*roŋ*] rz. — zło, pm. niewłaściwy
to be wrong — być w błędzie, nie mieć racji

Pożyteczne zwroty

to be wrong — nie mieć racji
to be right — mieć rację
at home — w domu, w kraju
In Rome do as Rome does [*yn' roum ,du: œz 'Roum daz*] — w Rzymie czyń jak Rzym czyni (przysłowie)

Pożyteczne zwroty

in the country — na wsi
he has got — on ma (zwrot używany często zamiast „he has")
look here — popatrz no, słuchaj no
he is called John — nazywa się Jan
I hope to see more of him — mam nadzieję, że będę go widywał częściej.

OBJAŚNIENIA FONETYCZNE

Zwróć uwagę na niewymawianie litery **w** w wyrazach: **who** [*hu:*], **whose** [*hu:z*] i **wrong** [*roŋ*]. Normalna wymowa **w:** [ᵘ] np. **we** [ᵘ*i:*] **warm** [ᵘ*o:m*] itd.

GRAMATYKA

1. Krótkie odpowiedzi — c.d.

Are you* drinking? Yes, *I am (lub No, I'm not).
Is* the doctor at home? No, *he isn't (lub Yes, he is).
Have you* a fireplace? Yes, *I have (lub No, I haven't).
Do you *know* Stanley? Yes, *I do* (lub No, I don't).
Does the policeman *come* here? No, *he doesn't* (lub Yes, he does).
Did* she give him an English name? *She didn't (lub Yes, she did).

Jeżeli w pytaniu użyte są czasowniki **to be** i **to have** oraz czasowniki ułomne, wówczas w krótkich odpowiedziach twierdzących lub przeczących powtarzamy je w tej samej formie czasownika. Jeżeli zaś użyte są czasowniki normalne, to używamy czasownika **to do**. Por. l. 10.

2. Używanie zaimka w drugim przypadku

Whose desk is it? — Czyje to biurko?
This is the man *whose* brother is your teacher. — To jest ten pan, którego brat jest twoim nauczycielem.
Whose jest drugim przypadkiem zaimka **who** — czyj, którego, której, których.

3. So am I, so have I, so can I, so do I, — ja też

I *like* him. So *do* I — Lubię go. Ja też.
You are glad, and so am I — Jesteś zadowolony i ja też.

She likes animals. So do I

I have time, and so has Mary — Mam czas i Mary też.
She can smoke. So can I — Ona (umie) może palić. Ja też.
They must come, and so must you — Oni muszą przyjść i ty też.
She may sleep, and so may John — Ona może spać i Jan też.
She *likes* animals. So *do* I — ona lubi zwierzęta. Ja też.

Zamiast prostego zwrotu „ja też, on też" itp., w zdaniach potwierdzających poprzednie zdanie stosujemy w języku angielskim szczególną konstrukcję. Używamy mianowicie przysłówka **so** oraz słowa posiłkowego lub ułomnego (występującego w poprzednim zdaniu) albo czasownika **to do** (jeżeli w poprzednim zdaniu występuje normalny czasownik). Czasownik musi być w tej samej osobie i w tym samym czasie co w zdaniu poprzednim, ale podmiot musi następować po orzeczeniu. Np. **So *do I*. So *does Mary*. So *can you*.**

4. Czasowniki nieregularne — formy

BEZOKOLICZNIK		CZAS PRZESZŁY	
to say	— mówić	**I said**	— powiedziałem
to think	— myśleć	**I thought**	— pomyślałem
to have	— mieć	**I had**	— miałem

IMIESŁÓW CZASU PRZESZŁEGO	
said	— powiedziany
thought	— pomyślany
had	— posiadany

ĆWICZENIA

I. **Ułożyć osiem zdań ze zwrotami:**
to be right, to be wrong, np. You are right when you say that Alfred isn't English.

II. **Odmieniać we wszystkich osobach:**
I was very glad the watch was for **me** (**You were** glad ... for **you** itd.).

III. **Zamienić na czas przeszły:**
1. Ronald is a busy man. 2. She hopes to see you. 3. What do you take instead of tea? 4. He does not go to the library. 5. The young lady of Riga smiles when she rides on a tiger. 6. I don't see any animals in that street. 7. Does the policeman know you? 8. She gets up late. 9. They drink too much. 10. The doctor says "how do you do" to everybody. 11. Harry writes a fine letter. 12. I can see you better from that window. 13. People are happiest at home. 14. He can show me the way to the station. 15. A railway station is very attractive for little John.

IV. **Przetłumaczyć:**
1. Ty jesteś zadowolony, ja też. 2. Ja mam czas, Mary też. 3. Tapczan jest brązowy, szafa również. 4. Oni mają dużo mleka, my też. 5. Mogę dać wam nowe czasopismo, wy też. 6. Psy są silnymi zwierzętami, tygrysy również. 7. Piotr ma radio, Stanley również. 8. Wszyscy pracują (każdy pracuje) w biurze, moja siostra też.

V. **Podzielić na dwie grupy fonetyczne:** (*a:*) (*a*), tak jak w „Fonetyce", after, bus, butter, bath, cupboard, comfortable, club, class, country, can't, dark.

VI. **Fonetyka**
[*a:*] father, heart, armchair
[*a*] shut, much, but

LESSON TWENTY-FOUR — THE TWENTY-FOURTH LESSON

Lekcja dwudziesta czwarta

Dopełniacz saksoński
Zaimki zwrotne
Zaimki nieokreślone: „the other" — „both"
Imiesłów bierny czasu przeszłego
Używanie zaimków w stosunku do zwierząt
Słowotwórstwo — rzeczowniki od czasowników

Uwaga: począwszy od tej lekcji należy systematycznie przepisywać nowe czasowniki nieregularne (w 3 formach, wraz ze znaczeniem polskim) z listy umieszczonej w „Dodatku", str. 322—324. Np.: know, knew, known — znać.

AT HARRY'S

Harry is half sitting, half lying on a settee with Bonzo, a fine terrier, by his side. Freddie placed himself on a chair opposite him with a large piece of paper in one hand and a brush in the other.

Stanley and Ronald come into the room.

Stanley: Hullo, boys!

Harry: How are you Stanley!

Stanley: Thank you, I'm all right, my cold is over.

Ronald: Good-afternoon, everybody. Oh, I see, painting is Freddie's new hobby!

Freddie: I'm going to be a painter.

Ronald: On Monday you said you wanted to be a great writer.

Freddie: Certainly. I can do both.

Stanley: What a queer picture you are painting!

Freddie: It isn't finished yet, how do you like it?

Stanley: Well, I think his hair is a bit too long.

Ronald: And it isn't too smooth.

Freddie: It's Harry's fault. Why didn't he brush it better?

Harry: I think it is more natural.

Ronald: But his eyes aren't brown, they're rather green.

Stanley: And why is his nose so long? You simply must make it a little shorter.

Freddie: You, fellows, find fault with everything. Now you will say that his mouth is too large, or the ears in the wrong place!

Stanley: But they are!

Ronald: Never mind the painting, we came to ask you both to come with us to see the great football match. There will be plenty of fellows from our classes.

Harry: I am coming. I don't know about Freddie...

Ronald: Betty and Muriel are going with us. Both the girls say...

Harry: Betty? So Freddie is coming too!

Stanley who is still looking at the picture: But, Good Heavens! What is that?

Freddie: Don't you see? That's the tail.

Ronald: Whose tail? Harry's tail?!

Freddie: Oh, you fools, I'm painting Bonzo, not Harry.

SŁOWNICZEK

Betty [*'bety*] rz. — Elżbieta (zdrobniale)

Bonzo [*'bonzou*] rz. — Bonzo (imię psa)

bit [*byt*] rz. — kawałek; a bit — trochę

both [*bouθ*] z. — obaj, obie, ps. zarówno

brush [*brasz*] rz. — szczotka, pędzel, cz. szczotkować

come [*kam*] cz. — przyjść; *nier.*

ear [*iə*] rz. — ucho

everything [*'ewryθyŋ*] z. — wszystko

fault [*fo:lt*] rz. — błąd, wina

fellow [*'felou*] rz. — człowiek, kolega
find [*fajnd*] cz. — znaleźć; *nier.*
finish [*'fynysz*] cz. — kończyć
fool [*fu:l*] rz. — głupiec
football [*'futbol*] rz. — piłka nożna
Freddie [*'fredy*] rz. — Freddie (imię męskie)
hair [*heə*] rz. — włosy (l. poj.)
himself — zob. gramatyka 2.
hobby [*'hoby*] rz. — konik, ulubione zajęcie
match [*mœcz*] rz. — mecz, zapałka
mind [*majnd*] — zważać na
mouth [*mauθ*] rz. — usta (l. poj.)
Muriel [*'mju:rjəl*] rz. — Muriel (imię żeńskie)
natural [*'nœczrl*] pm. — naturalny
never mind [*'newə 'majnd*] — mniejsza o to, drobnostka
opposite [*'opəzyt*] pm. — przeciwny, ps. naprzeciwko
other [*'aðə*] z. — inny, drugi
paint [*pejnt*] cz. — malować
painter [*'pejntə*] rz. — malarz
painting [*'pejntyŋ*] rz. — malowidło, malowanie
place oneself [*'plejs ᵘan'self*] cz. — umieścić się
queer [*kᵘiə*] pm. — dziwny
settee [*se'ti:*] rz. — kanapka
side [*sajd*] rz. — bok, strona
simply [*'symply*] ps. — po prostu
smooth [*smu:θ*] pm. — gładki
tail [*tejl*] rz. — ogon
terrier [*'terjə*] rz. — terier (pies)
thank [*θœŋk*] cz. — dziękować

Pożyteczne zwroty

by his side — u jego boku
how are you — jak się masz?
thank you — dziękuję
I'm going to (read etc.) — mam zamiar (czytać)
at Harry's — u Harry'ego
what a fine book! — co za piękna książka!
how do you like? — jak ci się podoba?
to find fault with — krytykować
never mind (the dog) — mniejsza o (psa)
that's — that is

OBJAŚNIENIA FONETYCZNE

Litery **ai** w zgłosce akcentowanej wymawia się [*ej*] np. **tail** [*tejl*], **paint** [*pejnt*].

GRAMATYKA

1. Dopełniacz saksoński (Saxon Genitive) stosuje się do rzeczowników żywotnych, osób, zwierząt oraz w pewnych określeniach dotyczących miar, wag i czasu, jak również w niektórych zwrotach idiomatycznych. Zob. 1.11.

Tworzy się go:

a) w liczbie pojedynczej przez dodanie apostrofu i litery **s**, tj. **'s**.

Np. **Whose tail? Harry's tail?** — czyj ogon? Ogon Harry'ego?
the boy — chłopiec **the boy's room** — pokój chłopca

b) w liczbie mnogiej, przy rzeczownikach przybierających końcówkę **s**, lub **es**, dodajemy tylko apostrof ', np.:
the boys — chłopcy **the boys' room** — pokój chłopców

c) jeżeli rzeczowniki w liczbie mnogiej **nie** mają końcówki **s**, tworzymy dopełniacz saksoński dodając apostrof i s (tak jak przy liczbie pojedynczej), np.:
the woman — kobieta **the woman's room** — pokój kobiety
the women — kobiety **the women's room** — pokój kobiet

W zwrocie **at Harry's** domyślamy się wyrazu **home.**
At Harry's, tj. **at Harry's home** — u Harry'ego, w jego domu

2. Zaimki zwrotne

To place *oneself* [^{u}an'self]	— umieścić **się**
I place *myself* [*maj'self*]	— umieszczam się
you place *yourself* [*jo:'self*]	— umieszczasz się
he places *himself* [*hym'self*]	— on umieszcza się
she places *herself* [*hə:'self*]	— ona umieszcza się
it places *itself* [*yt'self*]	— ono umieszcza się
we place *ourselves* [*auə'selvz*]	— umieszczamy się
you place *yourselves* [*jo:'selwz*]	— umieszczacie się
they place *themselves* [*ðəm'selwz*]	— oni, one umieszczają się
Freddie placed *himself* opposite him	— Freddie umieścił się naprzeciwko niego.

W języku polskim używamy tylko jednego zaimka zwrotnego dla wszystkich osób, wyrazu „się". W angielskim **każdy zaimek osobowy ma odpowiadający mu zaimek zwrotny.** Nawet dla bezokolicznika istnieje forma bezosobowa ***oneself,***

3. Zaimki nieokreślone — ten drugi, pozostały

Zaimek nieokreślony **the other**, tj. „ten drugi, pozostały", używany jest jeżeli mówimy o dwu tylko osobach, przedmiotach lub grupach. W liczbie mnogiej przybiera on końcówkę **s.**

He had a piece of paper in one hand and a brush in *the other* — Miał kawałek papieru w jednej ręce i pędzel w drugiej.

The other side of the street is warmer

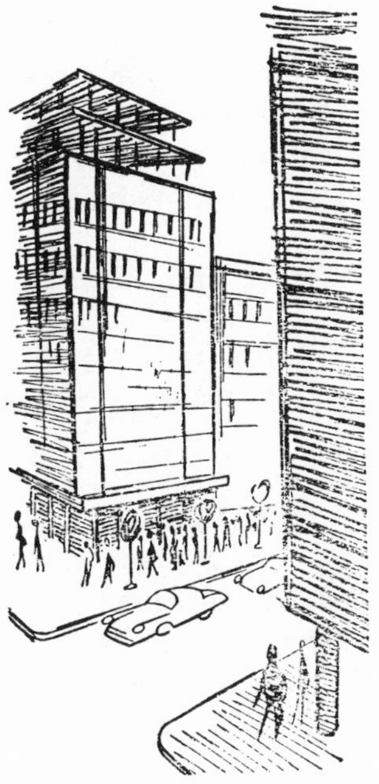

One of the boys was painting — *the others* were looking at the picture — Jeden z chłopców malował, pozostali (ci **drudzy**) przyglądali się.

Zaimek nieokreślony przymiotny "the other" — „ten drugi, pozostały", stosowany tak samo jak poprzedni zaimek, ale zawsze występujący wraz z rzeczownikiem, jest nieodmienny: **the other boy — *the other* boys.**

Both stoi przed przedimkami i zaimkami, a nie po nich:

***Both the* girls...**
***Both the* cupboards are shut.**
I know *both your* brothers.

4. Imiesłów bierny czasu przeszłego (The Past Participle)

to call — nazywać — **call*ed*** (*d*) — nazwany
to paint — malować — **paint*ed*** (*yd*) — namalowany
to finish — kończyć — **finish*ed*** (*t*) — skończony

It isn't finished yet — jeszcze nie skończone

Imiesłów bierny (Imiesłów czasu przeszłego) czasowników regularnych tworzy się przez dodanie **ed** do bezokolicznika (bez **to**)

to know — znać **known** [*noun*] — znany
to find — znaleźć **found** [*faund*] — znaleziony
to do — robić **done** [*dan*] — zrobiony

Czasowniki nieregularne mają różne formy imiesłowu:

a) równe bezokolicznikowi, b) równe czasowi przeszłemu, lub c) całkowicie odrębne

5. Używanie zaimków w stosunku do zwierząt

***His* mouth is too large** — **jego** pysk (tutaj: usta) jest za duży. **Gdy mowa o psie,** używa się zaimka **he** lub **it, his mouth** lub **its mouth.** Zauważ, że **mouth** jest rzeczownikiem w liczbie pojedynczej. Tak samo **hair.**

6. Tworzenie rzeczowników od czasowników

to paint	— malować	**the painter**	— malarz
to write	— pisać	**the writer**	— pisarz
to begin	— zaczynać	**the begi*nner***	— początkujący

ĆWICZENIA

I. **Dokończyć następujące zdania** (np. When will you come. How many cars have you?):

When... How many cars... Why do you... Will his sister... Now we cannot... To-morrow we shall... This Irishman does not want... Did you see... Are you usually... How do you like... We are going to... I'm going to take... She found herself... They must not... Whose watch do you...

II. **Odmieniać we wszystkich osobach:**

I warm **myself** at the fireplace (You warm yourself...)

III. **Zamienić na czas teraźniejszy** (uważać na 3 os. l. poj.):

1. Peter said she was an attractive girl. 2. What was the time when she came home? 3. I'm sorry he didn't know your name. 4. His car couldn't stop here. 5. Where did Betty's friend live? 6. I shall not drink coffee. 7. There were four men at the office. 8. He had cheese for breakfast. 9. How many advertisements did you read in that paper? 10. She called her daughter Muriel. 11. That Englishwoman said good-bye in Polish. 12. I placed myself opposite the fireplace.

IV. **Wypracowanie:**

„A Picture of Bonzo", albo „A Picture of Harry".

V. **Fonetyka**

[*au*] — how, brown, couch
[*iə*] — here, near, dear
[*sz*] — she, station, English
[*cz*] — chair, lunch, picture, match.

LESSON TWENTY-FIVE — THE TWENTY-FIFTH LESSON

Lekcja dwudziesta piąta

Czasowniki nieregularne
Czasowniki złożone: „fall in", „go into" itp.

Uwaga: pierwsze ćwiczenie („1. Napisać w czasie przeszłym", **str. 108**) może służyć również jako czytanka. Po napisaniu go i skontrolowaniu przy pomocy klucza przeczytać ćwiczenie jeszcze raz i nauczyć się wybranych zdań.

There was a young lady of Lynn*
Who was so exceedingly thin
That when she essayed
To drink lemonade,
She slipped through the straw and fell in.

There was a young lady of Hyde
Who ate many apples and died.
The apples fermented
Inside the lamented
And made cider inside her inside.

SŁOWNICZEK

cider [*'sajdə*] rz. — jabłecznik
die [*daj*] cz. — umierać; dying — umierający
essay [*e'sej*] cz. — próbować
exceedingly [*yk'si:dyŋly*] ps. — niezmiernie
fall [*fo:l*] cz. — upaść; *nier.;* **fall in** — wpaść; *nier.*

* Przypomnieć sobie rytm tego rodzaju wiersza z lekcji 20.

SŁOWNICZEK

ferment [*fə:'ment*] cz. — fermentować
get out [*get aut*] cz. — wydostać się; *nier.*
Hyde [*hajd*] rz. — Hyde (nazwa, nazwisko)
lamented [*lə'mentyd*] pm. — obżałowany, opłakiwany
lemonade [*ˌlemə'nejd*] rz. — lemoniada
Lynn [*lyn*] rz. — Lynn (nazwa miejscowości)
make [*mejk*] cz. — robić, fabrykować, tworzyć; *nier.*
out [*aut*] ps. — na zewnątrz, poza
slip [*slyp*] cz. — zsunąć się
straw [*stro:*] rz. — słoma, słomka
through [*θru:*] ps. — przez, na wylot

GRAMATYKA

1. Czasowniki nieregularne:

BEZOKOLICZNIK

a) **to eat** — jeść
to fall — upaść
to go — iść
to drink — pić
to write — pisać
to take — brać

b) **to make** — robić
to get — otrzymać

c) **to let** — pozwolić
to put — kłaść

CZAS PRZESZŁY		IMIESŁÓW CZASU PRZESZŁEGO	
ate	— jadłem	**eaten**	— zjedzony
fell	— upadłem	**fallen**	— upadły
went	— szedłem	**gone**	— miniony
drank	— piłem	**drunk**	— pity
wrote	— pisałem	**written**	— pisany
took	— brałem	**taken**	— brany (wzięty)
made	— robiłem	**made**	— zrobiony
got	— otrzymałem	**got**	— otrzymany
let	— pozwoliłem	**let**	— pozwolony
put	— kładłem	**put**	— położony

2. Czasowniki złożone:

to fall — upaść
to fall in — wpaść
to fall out — wypaść

He is going out

He is coming back

He is taking out

He is falling in

to go — iść, chodzić
to go in / **to go into** — wejść wchodzić
to get — dostać, dostać się
to get into / **to get in** — dostać (się) do
to come — przyjść
to come into / **to come in** — przyjść do, wejść
to put — kłaść
to put into — kłaść do środka
to put in — wkładać do
to take — brać, wziąć

to take out — wyjmować
to go back — wracać
to go out — wyjść, wychodzić
to get out — wydostać (się)
to get back — dostać (się) z powrotem
to come out — wyjść
to come back — wrócić
to put on — nakładać, ubierać
to put off — odkładać
to take off — zdejmować

W języku polskim różne przedrostki zmieniają znaczenie czasowników, np. u-paść, wy-paść, w-paść. W angielskim tę samą rolę spełniają wyrazy **in, out, off** itp., które w tym przypadku są nie przyimkami ale przysłówkami miejsca, np.:

to fall *in* — wpaść
to fall *out* — wypaść itd.

ĆWICZENIA

I. **Napisać w czasie przeszłym:**

1. I (to have) a nice terrier. 2. He (to be) a very good dog. 3. Every morning he (to take) breakfast with me, but he (not to drink) tea; he (to drink) milk and (to eat) bread. 4. Then we usually (to go out). 5. He (not to like) to walk in busy streets, so he (to be) very glad when we (to come) to some large places where there (to be) no houses or traffic. 6. At home he (to be) happy when he (can) lie in front of the fireplace. 7. I often (to have) pieces of old bread in the cupboard or my desk and he (to know) they (to be) for him. 8. So, one day, he (to open) the cupboard and (to get into) it but then he (cannot) get out. 9. That (to be) a splendid picture!

II. **Znaleźć przeciwieństwa wyrazów:**

1) any	8) because	15) dark
2) afternoon	9) cold	16) everything
3) a.m.	10) on	17) to get up
4) after	11) to come	18) great
5) as...as	12) the day	19) in
6) a bit	13) the daughter	20) writer
7) to begin	14) yes	21) wrong

III. **Odczytać i napisać pełnymi słowami:**
3, 13, 30, 84, 12, 14, 55, 78, 41, 19, 11, 4, 7, 40

IV. **Streścić lekcję XVI**

V. **Fonetyka**

boiled opened called	ed — [*d*]	fermented painted rested	ed — [*yd*]	finished liked hoped	ed — [*t*]

PAŃSTWOWE WYDAWNICTWO »WIEDZA POWSZECHNA« WARSZAWA

Irena Dobrzycka

JĘZYK ANGIELSKI DLA SAMOUKÓW

Zeszyt 5 **Lekcje 26—32**

LESSON TWENTY-SIX — THE TWENTY-SIXTH LESSON

Lekcja dwudziesta szósta

Czas przeszły złożony, „Present Perfect Tense"
Używanie czasów przeszłych
Zaimki nieokreślone
Czasowniki nieregularne

IN THE BATHROOM

Stanley is standing outside the bathroom in his dressing-gown with a towel in his hand. He is waiting while Harry is washing himself and whistling.

Stanley: I say, Harry, what are you doing so long? You went in half an hour ago and you're not yet ready.

Harry: I'm taking my bath. I have washed my face, my neck, my ears, my arms, the whole body, now I'm beginning to wash my left leg.

Stanley: Dash your left leg! I can't wait so long. I've got a lesson.

Harry: Never mind your lesson! Sit down in the hall and read the Sunday papers. Now I'm washing the right leg. Good Heavens! The soap has slipped under the bath. I can't get it...

The soap has slipped...

Stanley: Come out with a dirty leg, we won't look.

Harry: There is another piece of soap on the wash-basin. The other leg will be clean, too. Now I'm taking the towel which is hanging behind me.

Stanley: Will you never come out?

Harry: Just a moment! I'm drying myself (he whistles cheerfully). I'm almost ready. I'm putting on my dressing-gown. I am opening the door. Cheerio, Stanley. Have a nice bath!

Stanley goes into the bathroom and locks it. But Harry comes back and knocks at the door.

Harry: I say, old man. I've forgotten my watch, it's lying on the shelf.

Stanley: Never mind your watch. Sit down on the settee in the hall and read the Sunday papers. Now I'm turning on the hot water. I am taking off the dressing-gown, I am...

Keep smiling!

SŁOWNICZEK

ago [*ə'gou*] ps. — temu (np. dwa lata temu)
another [*ə'naðə*] z. — inny, drugi
arm [*a:m*] rz. — ramię
basin [*'bejsyn*] rz. — miednica
bathroom [*'baθ:rum*] rz. — łazienka
body [*'body*] rz. — ciało
cheerfully [*'cziəfəly*] ps. — wesoło, pogodnie
clean [*kli:n*] pm. — czysty
dash! [*dœsz*] w. — niech tam! do licha!
dirty [*'də:ty*] pm. — brudny
dressing-gown [*'dresyŋ'gaun*] rz. — szlafrok
dry [*draj*] cz. — suszyć
forget [*fə:'get*] cz. — zapominać; *nier.*
hall [*ho:l*] rz. — przedpokój, hall, sala
hang [*hœŋ*] cz. — wisieć, wieszać; *nier.*
hot [*hot*] pm. — gorący
just [*dżast*] ps. — akurat, właśnie
knock [*nok*] cz. — stukać, pukać; knock at... — stukać do...
left [*left*] pm. — lewy
leg [*leg*] rz. — noga
lock [*lok*] cz. — zamknąć na klucz
moment [*'moumənt*] rz. — chwila, moment
neck [*nek*] rz. — szyja, kark
outside [*'aut'sajd*] ps. — na zewnątrz
put on cz. — nakładać, ubierać się w...; *nier.*
right [*rajt*] pm. — słuszny, prawy
sit down [*syt daun*] cz. — usiąść; *nier.*
soap [*soup*] rz. — mydło

towel [*'tauəl*] rz. — ręcznik
turn [*tə:n*] cz. — obrócić; turn on — otworzyć (kran), włączyć (radio)
wait [*uejt*] cz. — czekać
water [*'uo:tə*] rz. — woda
while [*uajl*] ps. — podczas gdy
whistle [*uysl*] cz. — gwizdać
yet [*jet*] ps. — jeszcze

Pożyteczne zwroty

keep smiling — uśmiechnij się, bądź uśmiechnięty
just a moment — chwileczkę
this morning — dziś rano
I say! — uwaga, słuchaj no
I won't — I will not
outside the bathroom — przed łazienką
I've got — **I have got** — ja mam

OBJAŚNIENIA FONETYCZNE

Nie wymawia się litery **r** przed spółgłoską. Poprzedzająca samogłoska jest zwykle długa:

[*a:*] **arm, large, heart**
[*o:*] **forty, short**
[*ə:*] **turn, dirty**

GRAMATYKA

1. Czas przeszły złożony, tzw. Present Perfect Tense

Forma twierdząca

to take	— brać, wziąć	**we have taken**	— wzięliśmy
I have taken	— wziąłem	**you have taken**	— wzięliście
you have taken	— wziąłeś		
he, she, it has taken	— wziął	**they have taken**	— wzięli

Forma pytająca

have I taken? — czy wziąłem?
have you taken? — czy wziąłeś?
itd.

Forma przecząca

I have not taken — nie wziąłem
you have not taken — nie wziąłeś itd.

2. Używanie czasów przeszłych

a) **You went in *half an hour ago*** — wszedłeś...
On Monday **I finished my exercise** — skończyłem...
b) **The soap *has slipped* under the bath. I can't get it** — Mydło ześliznęło się (przed chwilą).

I have just finished my exercise

I have just finished my exercise — właśnie skończyłem swoje zadanie.
I have finished **my exercise** — skończyłem (obojętne kiedy, ważne jest to, że skończyłem).

I was very young when I painted this picture

a) **Czasu przeszłego zwykłego (Simple Past)** używa się dla wyrażenia czynności przeszłej, zakończonej, jeżeli czas dokonania czynności został wyraźnie określony (np. „on Monday"). Często używa się go w opowiadaniu.

b) **Czasu przeszłego złożonego* (Present Perfect Tense)** używa się dla wyrażenia czynności przeszłej nie zakończonej i jeszcze

* Czas ten nie ma właściwie odpowiedniej nazwy w języku polskim; łączy przeszłość z teraźniejszością.

trwającej lub dopiero co zakończonej, albo też czynności zakończonej, której czas dokonania nie jest określony i której skutki jeszcze trwają.

3. Zaimki nieokreślone (another — inny, jakiś inny)

a) **There is *another piece* of soap** (inny, jakiś inny).
There are *other pieces* of soap (inne, jakieś inne).

Zaimek nieokreślony przymiotny „another", stosowany zawsze w połączeniu z rzeczownikiem, jest nieodmienny. W liczbie mnogiej odrzuca się jedynie przedimek **an** (który w l. poj. pisze się razem).

b) **This piece of soap is not so good, bring *another*, please.**
I don't want those towels, I want *others* (inne).

Zaimek nieokreślony „another" stosowany samodzielnie, bez rzeczownika, przybiera s w liczbie mnogiej (others).
(porównaj: ***the* other leg** — ta druga noga, l. 24).

4. Czasowniki nieregularne

BEZOKOLICZNIK	CZAS PRZESZŁY	IMIESŁÓW CZASU PRZESZŁEGO
to stand	**stood**	**stood**
to begin	**began**	**begun**
to sit	**sat**	**sat**
to read	**read**	**read**
to lie	**lay**	**lain**
to keep	**kept**	**kept**
to be	**was, were**	**been**
to give	**gave**	**given**

ĆWICZENIA

I. **Ułożyć dziesięć pytań dotyczących lekcji 26.**

II. **Opisać obrazki z lekcji 17.**

III. **Przetłumaczyć:**

1. Jana nie ma (nie jest) w domu, musimy zadzwonić do innego kolegi. 2. On jest niezmiernie nudny. 3. Dlaczego zaziębiłaś się? 4. Nie mogłem napisać tego ćwiczenia, zrobię to innego dnia (inny dzień). 5. Wszyscy są (każdy jest) zajęci w poniedziałek. 6. Nie otwieraj tego okna, otwórz to drugie (pozostałe). 7. Bądź tak łas-

kaw dać nam inne bułki zamiast tych. 8. Niektórzy ludzie czekali przed dworcem, inni (ci drudzy, pozostali) poszli do policjanta. 9. Czy oni poszli do innej restauracji? 10. Czy wytarłeś się swoim ręcznikiem (za pomocą — with)?

LESSON TWENTY-SEVEN — THE TWENTY-SEVENTH LESSON

Lekcja dwudziesta siódma

Miejsce w zdaniu przysłówków: „often", „never", „always" itd.
Podwajanie końcowej spółgłoski przy imiesłowach

A GENTLEMAN IS ALWAYS POLITE

Betty: I like your friend, Peter, he is so polite.

Freddie: Oh, yes. He always says "I'm so sorry".

Muriel: He is my neighbour. I often see him in the garden or in the street on my way home. He always bows and smiles, and he seldom forgets to ask me how I am.

Ronald: When he finds his dog in his best armchair, he usually says with a friendly smile: "Excuse me, my dear..." and waits for the dog to climb down.

Freddie: One day he couldn't stop talking with an old man on the bus.
He sat on the old man's hat. The man said: I beg your pardon, my **hat**!
Peter said: Oh, I **beg** your pardon!
The man: I beg your pardon...
Peter: **I** beg your pardon...
The man: ...beg pardon...
Peter: ...beg pardon...
The man: ...pardon...

Peter: ...pardon...
The man: ...par'n...
Peter: ...par'n...
The man: ...nnn...
Peter: ...nnn...

Betty: Oh, Freddie, that's not true!

Freddie (grinning): Well, no. It isn't true. But it looks like Peter.

SŁOWNICZEK

always ['*o:l^{u}əz*] ps. — zawsze
beg [*beg*] cz. — prosić, błagać, żebrać
bow [*bau*] cz. — kłaniać się, rz. — ukłon
climb [*klajm*] cz. — wspinać się
climb down ['*klajm daun*] cz. — schodzić z pewnej wysokości
excuse [*yks'kju:z*] cz. — wybaczyć
friendly ['*frendly*] pm. — przyjacielski
garden [*ga:dn*] rz. — ogród
gentleman ['*dżentlmən*] rz. — pan, człowiek dobrze wychowany
grin [*gryn*] cz. — uśmiechać się, szczerzyć zęby, rz. — uśmiech
neighbour ['*nejbə*] rz. — sąsiad
pardon ['*pa:dn*] rz. — przebaczenie, cz. — przebaczać
polite [*pə'lajt*] pm. — grzeczny, uprzejmy
seldom ['*seldəm*] ps. — rzadko
talk [*to:k*] cz. — mówić, gadać, rozmawiać
true [*tru:*] pm. — prawdziwy

Pożyteczne zwroty

I am sorry — przykro mi, przepraszam (po uczynku; np. potrąceniu kogoś)
sorry — przykro mi, przepraszam
he asks me how I am — pyta mnie, jak się czuję

Pożyteczne zwroty

excuse me — przepraszam (przed uczynkiem, np. sięgnięciem po przedmiot leżący przed drugą osobą)
to stop talking — przestać rozmawiać, gadać
on the bus — w autobusie
I beg your pardon — przepraszam
pardon — przepraszam
it isn't true — to nieprawda
it's true — to prawda
it looks like — to podobne do...

OBJAŚNIENIA FONETYCZNE

Litery **ow** wymawia się:
czasem: [*au*] **bow, how, now**
czasem: [*ou*] **know, yellow, window**

GRAMATYKA

1. Miejsce przysłówków w zdaniu

I *often* see him.
He *never* forgets to ask me how I am.
We are *often* busy.
A gentleman is *always* polite.
They *have seldom given* me cigarettes.
Often, never, always, usually, seldom stawiamy przed czasownikami (z wyjątkiem **to be**) w czasach prostych, a w czasach złożonych — w środku, tj. między czasownikiem posiłkowym a głównym.

2. Podwajanie końcowej spółgłoski przy imiesłowach

BEZOKOLICZNIK	IMIESŁÓW CZASU TERAŹNIEJSZEGO	CZAS PRZESZŁY lub IMIESŁÓW CZASU PRZESZŁEGO
to grin	**gri*nn*ing**	**gri*nn*ed**
to run	**ru*nn*ing**	
to begin	**begi*nn*ing**	
to sit	**si*tt*ing**	
to put	**pu*tt*ing**	
to slip	**sli*pp*ing**	**sli*pp*ed**
to stop	**sto*pp*ing**	**sto*pp*ed**

Freddie (**grinning**): **Well, no.**

Czasowniki kończące się na **n, t, p** z ostatnią sylabą krótką i akcentowaną podwajają tę literę przed końcówką **ing** lub **ed.**

ĆWICZENIA

I. **Zamienić na dopełniacz saksoński ilekroć rzeczownik określa osobę:**

1. The study of my teacher has seven chairs. 2. The walls of that theatre are almost yellow. 3. I shall not take the towel of my sister. 4. The bath of Mary is ready. 5. The legs of your armchair are short. 6. I won't speak to the friend of your nurse. 7. Don't whistle, the mother of the girl is ill. 8. Some gentlemen stopped before the house of the doctor. 9. I always forget the name of that town.

I. **Odpowiedzieć na pytania** (uważać na czasowniki nieregularne):

1. When do you read your English book? 2. Did Stanley lie in bed when he had a cold? 3. Did Bonzo sit by the fireplace? 4. Does your clock stand near the bed? 5. Have you often been in the country? 6. Have you begun lesson twenty-one? 7. Is your neighbour as old as you? 8. Who ate many apples and died? 9. What do you like better tea or coffee?

III. **Wyszukać w l. 27 słowa zakończone dźwiękiem (z), np. says, his.**

IV. **Ułożyć w cztery grupy** (*o:*) (*aj*) (*ej*) (*o*) **następujące wyrazy:**

1) call, 2) write, 3) basin, 4) short, 5) always, 6) side, 7) to-morrow, 8) late, 9) neighbour, 10) sorry, 11) eight, 12) right, 13) office, 14) shop.

LESSON TWENTY-EIGHT — THE TWENTY-EIGHTH LESSON

Lekcja dwudziesta ósma

Pytania rozłączne
Imiesłów czasu teraźniejszego
Rzeczownik odsłowny
Zaimki względne „who", „which", „that"
Czasowniki nieregularne

Uwaga: jeżeli uczącego się interesują nazwy innych części ubrania niż wymienione w czytance, znajdzie je w „Dodatku", str. 320.

BEFORE THE LECTURE

Betty: Did you see Sylvia's new frock?

Muriel: No, I didn't.

Stanley: Who is Sylvia? I don't know her? What is she like?

Betty: Ah, you know her! She's tall and fair and she has most beautiful grey eyes.

Muriel: And what is the frock like?

Betty: It's simply beautiful! That kind of pink suits her perfectly. And I like the coat she bought last week.

Peter: Must you women always talk about frocks? When two girls meet they either begin or finish speaking about clothes.

Stanley: Yes, it is so. And when two Englishmen meet, they always speak about the weather.

Peter: Oh, no! They don't.

Stanley: I bet you a good dinner that every real Englishman that comes in will say something about the weather.

Peter: All right. I bet you they won't. Here is John.

John: Hullo, everybody! Stanley, haven't you seen my fountain-pen at your place? I have left it somewhere.

Peter: You see Stanley, I am right.

Stanley: No, you aren't. John, are you a real Englishman?

John: Certainly not! I am a Scotsman. Betty dear, lend me your pencil, please, I can't find mine.

Willy comes in.

Willy: Hullo! Awful weather, isn't it?

Everybody laughs.

Willy: Why are you laughing? There is nothing funny in it. It looks like rain and I haven't my mackintosh.

Muriel: Where did you leave it this time?

Willy: I was in the country for the week-end and I forgot all my things there.

Sylvia comes in, looking very nice in a green raincoat.

Sylvia: Good-afternoon, everybody! What an awful wind, I couldn't open my umbrella.

Everybody laughs.

Sylvia: I don't mind the clouds and rain but I hate the wind.

John: I don't mind winds. What I hate is going out in foggy weather.

Stanley: So do I*. London fogs most of all. It's not so bad when it is white, but when it is yellow-brown and it gets into the houses, it is simply awful.

Freddie (running in): It's raining cats and dogs.

Everybody laughs.

Freddie: Don't laugh. It's raining very hard, and, Willy, you'll be wet through, your mackintosh is at my brother's**, in the country.

Betty: Never mind. Sylvia will lend him her umbrella.

Stanley (to Peter): Look here, old man. That makes three dinners, doesn't it? They all spoke about the weather...

Mr. Green, the professor comes in: Good-afternoon ladies and gentlemen. It's rather cold to-day, isn't it?

Everybody smiles.

---

* **So do I** — ja też. Por. l. 23, str. 96.

** Należy się domyślić: at my brother's home. Por. l. 24, str. 102.

SŁOWNICZEK

all [*o:l*] z. — wszystko, wszystek, wszyscy
awful [*'o:ful*] pm. — straszny
bad [*bœd*] pm. — zły
beautiful [*'bju:təful*] pm. — piękny
bet [*bet*] cz. — założyć się
buy [*baj*] cz. — kupować; *nier.*
cat [*kœt*] rz. — kot
cloud [*klaud*] rz. — chmura
coat [*kout*] rz. — płaszcz
either... or... [*'ajðə...o:*] sp. — albo... albo
fair [*'feə*] pm. — piękny, jasnowłosy
fog [*fog*] rz. — mgła
foggy [*'fogy*] pm. — mglisty
fountain-pen [*'fauntn,pen*] rz. — pióro wieczne
frock [*frok*] rz. — suknia
funny [*'fany*] pm. — śmieszny, zabawny
grey [*grej*] — pm. szary
hate [*hejt*] cz. — nienawidzić
kind [*kajnd*] rz. — gatunek
leave [*li:w*] cz. — opuścić, pozostawić; *nier.*
lecture [*'lekczə*] rz. — wykład
lend [*lend*] cz.—pożyczyć (komuś) *nier*
mackintosh [*'mœkyntosz*] rz. — płaszcz nieprzemakalny
meet [*mi:t*] cz. — spotykać; *nier.*
perfect [*'pəfykt*] pm. — doskonały; perfectly [*'pə:fyktly*] — ps. doskonale
pink [*pynk*] pm. — różowy
professor [*prə'fesə*] rz. — profesor
rain [*rejn*] rz. — deszcz
raincoat [*'rejnkout*] rz. — płaszcz przeciwdeszczowy
Scotsman [*'skotsmn*] rz. — Szkot
somewhere [*'sam^u^eə*] z. — gdzieś
suit [*sju:t*] cz. — pasować, być dobranym do, rz. garnitur męski
that [*ðœt*] z. — który, jaki (zaimek względny)
thing [*θyŋ*] rz. — rzecz
today lub to-day [*tə'dej*] ps. — dzisiaj
umbrella [*am'brelə*] rz. — parasol
weather [*'^u^eðə*] rz. pogoda
week [*^u^i:k*] rz. — tydzień
weekend [*'^u^i:'kend*] — koniec tygodnia, wyjazd na koniec tygodnia
wet [*^u^et*] pm. — mokry
wind [*'^u^ynd*] rz. — wiatr

Pożyteczne zwroty

what is she like? — jak ona wygląda?
how is she? — jak ona się czuje?
it looks like rain — zanosi się na deszcz
I like that coat — ten płaszcz podoba mi się
this time — tym razem
I don't mind — nie zważam na, nie mam nic przeciw
most of all — przede wszystkim
it's raining cats and dogs — leje jak z cebra
it rains hard — pada mocno (deszcz)
I am wet through — jestem kompletnie przemoczony
I bet you five shillings — założę się z tobą o pięć szylingów
at my place — u mnie w domu
a most beautiful frock — bardzo piękna suknia
perfectly boring — okropnie nudny

GRAMATYKA

1. Pytania rozłączne

Isn't it? Aren't you? etc. — prawda? —
It is cold, isn't it? Zimno jest, prawda?
You *can* speak English, *can't* you? — Umiesz mówić po angielsku, prawda?

The professor *has* a raincoat, *hasn't* he? — Profesor ma płaszcz przeciwdeszczowy, prawda?
They like dogs, *don't they?* — Oni lubią psy, prawda?
She sleeps well, *doesn't she?* — Ona sypia dobrze, prawda?

Po polsku, w języku potocznym, czasem do zdania twierdzącego, np. „dziś jest zimno" dodajemy krótkie pytanie: „prawda?" prosząc jak gdyby o potwierdzenie poprzedniego zdania. W angielskim ten rodzaj pytań, tzw. rozłącznych, jest bardzo pospolity w mowie potocznej. **Powtarzamy** w nich **ten sam czasownik** posiłkowy lub ułomny — w wypadku innych czasowników słowo **„to do" — w tym samym czasie, osobie, ale w formie przeczącej.**

2. Imiesłów czasu teraźniejszego (The Present Participle)

sleep*ing* — śpiąc, śpiący **tak*ing*** — biorąc, biorący
We found her talking with her neighbour.
She came in, looking very nice.
Imiesłów czasu teraźniejszego tworzymy dodając do bezokolicznika końcówkę **ing.**

3. Rzeczownik odsłowny (The Gerund): używany po niektórych czasownikach (to like, to begin, to hate etc.)

tak*ing* — branie **sleep*ing*** — spanie
They either begin or finish *speaking* about clothes.
I like riding on a bicycle.
When do you begin learning English?
They hate walking in dark streets.
Rzeczownik odsłowny tworzymy tak samo jak imiesłów czasu teraźniejszego, dodając **ing** do bezokolicznika.

4. Zaimki względne

Who (który) stosuje się do osób.

I know an Englishman who is a policeman.

Which (który) stosuje się do rzeczy w zdaniach względnych, które nie ograniczają znaczenia danego rzeczownika, a raczej stanowią dalszy ciąg zdania głównego, wyjaśnienie przyczyn lub skutków.

In my room I have a large desk which I like very much (= and I like it).

I hate a lesson which is too difficult (= when it is too difficult). **That** (który, jaki) stosuje się do rzeczy i do osób w zdaniach względnych, które ograniczają znaczenie danego rzeczownika, określają go bliżej.

I cannot learn the lesson that is so difficult (only this lesson). **I can learn the others.**

This is the best pupil that comes to your class.

5. Czasowniki nieregularne

BEZOKOLICZNIK	CZAS PRZESZŁY	IMIESŁÓW CZASU PRZESZŁEGO
to run — biec	**ran** — biegłem	**run** — (w polskim nie ma)

to ring — dzwonić	**rang** — dzwoniłem	**rung** — zadzwoniony
to sleep — spać	**slept** — spałem	**slept** — spany
to shut — zamykać	**shut** — zamykałem	**shut** — zamknięty
to speak — mówić	**spoke** — mówiłem	**spoken** — powiedziany
to see — widzieć	**saw** — widziałem	**seen** — widziany
to show — pokazywać	**showed** — pokazywałem	**shown** — pokazany
to know — wiedzieć (znać)	**knew** — wiedziałem (znałem)	**known** — (znany)
to bring — przynosić	**brought** — przynosiłem	**brought** — przyniesiony

ĆWICZENIA

I. **Wstawić brakujące zaimki dzierżawcze i zaimki przymiotne dzierżawcze, tj.: „mine, yours" lub „my, your" etc.**

(**Uwaga:** zaimek dzierżawczy przymiotny występuje zawsze **przed rzeczownikiem**; zaimek dzierżawczy występuje samodzielnie, **bez rzeczownika**).

1. Give me, please, ... soap, I don't know where ... is (gdzie **moje** jest). 2. Whose coat is it; ... or ...? 3. He says that ... apples fermented. 4. All ... friends are learning commercial correspondence. 5. I put ... frock into the cupboard. 6. Where did you see ... books? 7. ... books are here, ... are in the hall (**wasze** są w holu). 8. Stanley is studying in London; he is improving ... English. 9. How do you like ... new watch? 10. There are two straws in ... glass, and one in ... 11. Our neighbours always leave the windows open and I can listen to ... wireless from ... study.

II. **Napisać po dwa zdania z użyciem następujących wyrazów:** almost, always, except, near, seldom, rather, though.

III. **Zamienić skróty na pełne wyrazy:**

1) I'm. 2) he doesn't. 3) you can't. 4) they're. 5) he's. 6) she won't. 7) I'll. 8) it's. 9) we don't. 10) she wasn't.

IV. **Napisać listę przedmiotów**, które można zobaczyć na ulicy (np. a car, a bus, a tree itd.)

V. **Napisać streszczenie** „Before the Lecture".

VI. **Fonetyka**

[*l*] alive, letter, lock, family, eleven
[*l*] awful, almost, call, milk, well
[*s*] whistle, wash-basin, bus, us, house, this, so
[*z*] busy, because, as, excuse, opposite, these.

LESSON TWENTY-NINE — THE TWENTY-NINTH LESSON

Lekcja dwudziesta dziewiąta

Zaimki nieokreślone: „all", „both", „such"
Either... or, neither... nor
I am going...
Zdania czasowe
Czasownik „may"

Uwaga: powtórzyć poprzednie przysłowia.

THE PHONE CALL

The telephone rings. Willy goes up to the phone.

Willy: This is William Jones speaking —

George: (Freddie's brother) Hullo, Willy.

Willy: Hullo, George. I was just going to ask you about that suitcase I left* at your place.

George: That is why I am ringing you up. We saw it in the hall the same day you left.

Willy: When are you coming to town?

George: That's the question. I am going up on Wednesday and you may need some of your things. What have you got inside?

Willy: A suit, tennis trousers and shoes and some handkerchiefs. I don't need them so badly, only my best tie is there and my mackintosh.

* Domyślne: that suitcase (that) I left; the same day (that) you left.

George: And all your washing things are still in the bathroom!

Willy: I know, I had to buy a new tooth-brush. Look here, Freddie might bring the suit-case. It is neither large nor heavy.

George: I'm sure he will do it as soon as he can. What is to-morrrow?

Willy: Tuesday.

George: So he will come down to-morrow.

Willy: Splendid! When I meet him at dinner, I shall ask him to bring the things.

George: All right! And next time you come here*, don't forget your head!

Willy: You see, we were in such a hurry...

George: And you almost missed the train.

Willy: But we didn't. Well, thanks so much. Remember me to your wife! Cheerio!

George: Good-bye!

No man is always a fool, but every man sometimes.

SŁOWNICZEK

ask [*a:sk*] cz. — pytać, prosić
as soon as [*œz'su:nœz*] — skoro tylko
badly [*'bœdly*] ps. — źle, dotkliwie
go up (to) [*'gou ap*] cz. — podejść (do)
handkerchief [*'hœŋkəczyf*] rz. — chustka do nosa
have to [*'hœw tu:*] cz. — musieć
head [*hed*] rz. — głowa
heavy [*'hewy*] pm. — ciężki

* Next time you come here — domyślne: Next time (when) you come here.

SŁOWNICZEK

might [*majt*] cz. — (czas przeszły od „may") mogłem
miss [*mys*] cz. — spóźnić się, chybić, stracić okazję
need [*ni:d*] cz. — potrzebować
neither... nor... [*najðə...no:*] — ani... ani...
next [*nekst*] pm. — następny
only [*'ounly*] ps — tylko
phone [*foun*] rz. — telefon
phone call [*'foun'ko:l*] — rozmowa telefoniczna
question [*k^uesczn*] rz. — pytanie
remember [*ry'membə*] cz. — pamiętać
same [*sejm*] — ten sam (zawsze z przedimkiem „the")
shoe [*szu:*] rz. — but, trzewik
sometimes [*'samtajmz*] ps. — czasem
soon [*su:n*] ps. — wkrótce
such [*sacz*] z. — taki
suit [*sju:t*] rz. — ubranie męskie, kostium damski
suit-case [*'sju:tkejs*] rz. — walizka
sure [*szuə*] pm. — pewny
telephone [*'telyfoun*] rz. — telefon
time [*tajm*] rz. — raz (np. następnym razem)
tennis [*'tenys*] rz. — tenis
tie [*taj*] rz. — krawat
tooth [*tu:θ*] rz. — ząb, **teeth** [*ti:θ*] — zęby
town [*taun*] rz. — miasto
train [*trejn*] rz. — pociąg
trousers [*'trauzəz*] rz. — spodnie (l. mn.)
Tuesday [*'tju:zdy*] rz. — wtorek
Wednesday [*'^uenzdy*] rz. — środa
wife [*'^uajf*] rz. żona, l. mn. **wives** [*^uajwz*] — żony

Pożyteczne zwroty

as soon as — skoro tylko
that is why — dlatego, więc
to go up / **to come up** } **to town** — pojechać do miasta, do Londynu
next time — następnym razem
to go down / **to come down** } — wyjechać z miasta na wieś, na prowincję
to be in a hurry — śpieszyć się
in town — w mieście
to need badly — bardzo potrzebować
remember me to (your wife) — pozdrów ode mnie swoją żonę

GRAMATYKA

1. Zaimki nieokreślone: all, both, such

All, both, such stawiamy przed przedimkiem (jeśli jest potrzebny) np.:

***All your* washing things are here** — Wszystkie twoje przybory są tutaj.

All your cats are grey

All your **cats are grey** — Wszystkie twoje koty są szare.
All the **ladies were inside** — Wszystkie (te) panie były wewnątrz.
Both the **frocks are pretty** — Obie (te) suknie są ładne.
Both his **hands are dirty** — Obie jego ręce są brudne.
We were in *such a* hurry — W takim pośpiechu.

2. Either — or (albo-albo), **neither — nor** (ani-ani).

We shall go *either* to the pictures, *or* to a café — ...albo do kina, albo...
It is *neither* large *nor* heavy — Nie jest ani duża ani ciężka...
I have *neither* time *nor* money — Nie mam ani czasu ani pieniędzy...

Spójniki **neither — nor** są przeczące i czasownik użyty w tym samym zdaniu musi być użyty w formie twierdzącej.

3. I am going — a) idę, wybieram się
— b) mam zamiar

You are going to learn — Masz zamiar uczyć się, będziesz się uczył.

4. Zdania czasowe

***When I meet* him at dinner, I shall ask him** — kiedy spotkam go... poproszę...

***When I am* in town, *I buy* plenty of things** — kiedy jestem... kupuję...

***When he was* in the garden, *he saw* her there** — kiedy był... widział...

W zdaniach czasowych (zaczynających się od **when**, **while**, **as soon as** etc) zamiast czasu przyszłego używamy czasu teraźniejszego. Inne czasy tak jak w języku polskim. (Zob. użycie przecinka w „Dodatku", str. 313—314).

5. Czasownik „may"

I may — mogę; **I might** (majt) — mogłem, mógłbym.

ĆWICZENIA

I. **Dokończyć następujące zdania** (np. When I see your neighbour, I shall give him your letter):

When I see your neighbour... When lunch is ready... As soon as the egg is boiled... As soon as she is sleeping... While you look at the street... I shall do nothing while... He will ring you up as soon as... We shall go on reading while... Your friend will go to bed when... There will be too much light when...

II. **Napisać w czasie teraźniejszym ćwiczenie II lekcji 21.**

III. **Napisać pełnymi słowami** 1) 1946, 2) 1852, 3) 1066, 4) 1216, 5) 1951.

IV. **Przetłumaczyć:**

1. Nie lubię patrzeć na mecze futbolowe. 2. Pokaż nam kilka młodych psów. 3. Widziałem go dziś w waszym ogrodzie. 4. Dlaczego napisałeś tylko jedno ćwiczenie? 5. Oni zazwyczaj myją się gorącą wodą. 6. Jestem bardzo głodny. Ja też (zob. l. 23, str. 96). 7. Dzisiaj chcę namalować następny obraz, chociaż światło nie jest dobre. 8. Obie chusteczki były brudne. 9. Gdzie byłeś na wsi? 10. Jestem pewny, że nasz sąsiad będzie przyjacielski. 11. Ile błędów znalazłeś w swoim zadaniu? 12. Nie zapomniałem żadnych imion (uwaga: tylko jedno przeczenie). 13. Prawie wszyscy uczniowie ukłonili się, skoro tylko nauczyciel wszedł.

V. **Wypracowanie:** A letter from Willy to George.

LESSON THIRTY — THE THIRTIETH LESSON

Lekcja trzydziesta

Tworzenie przysłówków
Zaimki nieokreślone: „some", „any", „no"
A few — a little
Pytania zależne i niezależne
Zdania bezpodmiotowe

Uwaga: podzielić lekcję na dwie części.

IN THE PARK

Freddie and Betty are going home through Hyde Park. When it is raining, or they are in a hurry, they go by bus or by underground, but today the sun is shining, so they can go on foot. The park is rather empty. There are only a few people, for it is quite cold. Some children are running and playing while their mothers watch them.

Two months ago it was quite different. People were resting on the green grass, on chairs, in the sun or in the shade of splendid old trees or hedges. Little babies were showing fat legs and arms, older children often watched white and black sheep, and birds were singing cheerfully. Now summer is over and autumn has begun. The grass is covered with yellow, red and brown leaves, and the trees look black against the sky.

But Freddie does not see anything or anybody, he has eyes only for Betty. He thinks she is the best and the most beautiful girl. Betty is nineteen years old, she has dark brown hair and laughing eyes. Her mouth is a little too large, but she has very fine teeth and a sweet smile. On the whole she is rather good-looking and very kind-hearted, so everybody likes her and Freddie is in love with her.

The young people are going slowly without a word. The girl is thinking of somebody who is coming to see her for a week, while Freddie is asking himself if he has any time to go to the pictures with Betty.

To kiss a miss is awfully simple but to miss a kiss is simply awful.

SŁOWNICZEK

a few [*ə'fju:*] z. — kilka, kilkoro
against [*ə'gejnst*] ps. — na tle, naprzeciw, przeciwko
anybody [*'enybody*] z. — ktoś (w przeczeniach: nikt)
anything [*'enyθyŋ*] z. — coś, (w przeczeniach: nic)
autumn [*'o:təm*] rz. — jesień
baby [*'bejby*] rz. — niemowlę
bird [*bə:d*] rz. — ptak
cover [*'kawə*] cz. — przykryć
different [*'dyfrnt*] pm. — różny
empty [*'empty*] pm. — pusty
ever [*'evə:*] ps. — kiedyś, kiedykolwiek
fat [*fœt*] pm. — tłusty
foot [*fut*] rz. — stopa, **feet** [*fi:t*] — stopy
for [*fo:*] sp. — ponieważ, bo
good-looking — przystojny
grass [*gra:s*] rz. — trawa
hedge [*hedż*] rz. — żywopłot
kind-hearted — dobry, poczciwy
kiss [*kys*] rz. — pocałunek, cz. pocałować
leaf [*li:f*] rz. — liść, **leaves** [*li:wz*] — liście
love [*law*] rz. — miłość, cz. kochać
miss [*mys*] rz. — panna (żartobliwie)

month [*manθ*] rz. — miesiąc
nineteen ['*najn'ti:n*] l. — dziewiętnaście
nobody ['*noubədy*] z. — nikt
park [*pa:k*] rz. — park
play [*plej*] cz. — bawić się, grać
quite [*k^uajt*] ps. — zupełnie
shade [*szejd*] rz. — cień
sheep [*szi:p*] rz. — owca, owce
shine [*szajn*] cz. — świecić; *nier.*
sing [*syŋ*] cz. — śpiewać; *nier.*
sky [*skaj*] rz. — niebo
slow [*slou*] pm. — powolny; slowly — powoli
somebody ['*sambədy*] z. — ktoś
summer ['*samə*] rz. — lato
sun [*san*] rz. — słońce
tree [*tri:*] rz. — drzewo
watch [*^uocz*] cz. — obserwować, pilnować
without [*^uy'ðaut*] pi. — bez
year [*jə:*] rz. — rok

Pożyteczne zwroty

a month ago — miesiąc temu
to go by bus — jechać autobusem
to go by car — jechać autem
to go on foot — iść pieszo
against the sky — na tle nieba
he is five years old — on ma pięć lat
on the whole — ogólnie biorąc
to be in love with — być zakochanym w...
young people — młodzi
in the sun — na słońcu

OBJAŚNIENIA FONETYCZNE

Zwróć uwagę na wymowę liter **ng** [ŋ] w wyrazach: **going, shining, resting, running, playing** itd. Zob. „Wstęp fonetyczny", str. XXXIV.

GRAMATYKA

1. Tworzenie przysłówków

Przymiotniki		Przysłówki	
slow	— powolny	**slow*ly***	— powoli
cheerful	— pogodny	**cheerful*ly***	— pogodnie
usual	— zwykły	**usual*ly***	— zwykle
warm	— ciepły	**warm*ly***	— ciepło
sure	— pewny	**sure*ly***	— pewnie
happy	— szczęśliwy	**happi*ly***	— szczęśliwie, na szczęście
simple	— prosty	**simp*ly***	— po prostu

The birds were singing *cheerfully*.
The young people are going *slowly*.

Przysłówki od przymiotników tworzy się zwykle przez dodanie końcówki **ly**.

Zmiany w końcówkach: **y** — **ily** np. **happily**
le — **ly** np. **simply**

2. Zaimki nieokreślone: some, any, no (i pochodne)

a) ***Some* children are running** (kilkoro).
***Somebody* is coming to her** (ktoś).
Every Englishman will say *something* about the weather (coś).
John has left his pen *somewhere* (gdzieś).

W zdaniach twierdzących używa się zaimków nieokreślonych: **some** oraz wyrazów pochodnych:
somebody — ktoś, **something** — coś, **somewhere** — gdzieś

b) **Freddie asks himself if he has *any* time** (trochę).
Is there *anybody* in the park? (ktoś).

W zdaniach pytających używa się zaimków: **any** oraz wyrazów pochodnych:
anybody — kto, ktoś, **anything** — co, coś, **anywhere** — gdzie, gdzieś

c) **Freddie does *not* see *anything* or *anybody*** (nic i nikogo).
There is *nobody* in the park (nie ma nikogo).
There are *no* children now (nie ma żadnych).
I do *not* see *any* children now (nie widzę żadnych).

W zdaniach przeczących używa się: **any** (tutaj znaczenie jest: żaden) oraz wyrazów pochodnych (anybody, anything, anywhere), jeżeli czasownik jest w formie przeczącej (not... any, not... anybody itd.), albo **no** (żaden) i pochodne:
nobody — nikt, **nothing** — nic i inne, jeżeli czasownik jest w formie twierdzącej.

3. A few — a little

There are only *a few* people (kilkoro).
Her mouth is *a little* too large (trochę).
We have only *a little* time (trochę).

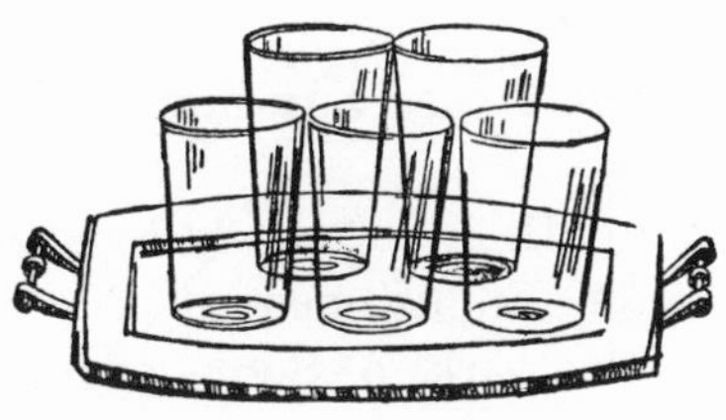
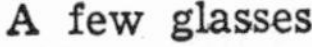

A few glasses

A little water

A few — kilka — stosujemy z rzeczownikami w liczbie mnogiej. **A little** — trochę — stosujemy z rzeczownikami w liczbie pojedynczej lub samodzielnie bez rzeczowników. Zob. l. 18, str. 70.

4. Pytania niezależne i zależne

a) ***Has Freddie* time to go to the pictures?** — Czy Freddie ma czas?
Does he know **England?** — Czy on zna Anglię?
Did the children watch **the sheep?** — Czy dzieci obserwowały...

Zwykłe pytania, tzw. **pytania niezależne**, wymagają formy **pytającej** czasownika. Por. tworzenie formy pytającej, l. 11, str. 37.

b) **Freddie is asking himself *if he has* time...** — Freddie zapytuje (zastanawia się) się, czy ma czas...
Ask him *if he knows* England — Zapytaj go, czy on zna Anglię.
I am not sure *if the children watched* the sheep — Nie jestem pewien, czy dzieci obserwowały...

Pytania zależne od innych zdań (np.: On pyta, czy..., powiedz kto... itp.) wymagają formy twierdzącej. W języku polskim wszelkie pytania — zależne lub niezależne — mają tę samą formę.

5. Zdania bezpodmiotowe

***It* is cold** — Jest zimno.
***It* is dark** — Jest ciemno.

It jest tutaj podmiotem nieosobowego czasownika. Tego rodzaju zdania w gramatyce polskiej nazywamy „bezpodmiotowymi”.

ĆWICZENIA

I. **Zamienić na pytania** (np. Have I seen **any** new advertisements? Did **anybody** take...?):

1. I have seen some new advertisements. 2. Somebody took twelve handkerchiefs. 3. There were some Englishmen at the office. 4. She could sleep somewhere in the park. 5. Somebody caught a cold last Tuesday. 6. My neighbour sees something on his tie. 7. I lent my friend some money. 8. This time I shall eat nothing. 9. He left his mackintosh somewhere in the station. 10. There are some (Are there any...) words difficult to write. 11. Nobody remembered to take an umbrella. 12. Something heavy fell on Peter's leg.

II. **Napisać listę wyrazów oznaczających ludzi** (np. an Englishman, a neighbour etc.).

III. **Zamienić następujące przymiotniki na przysłówki:**

1) awful, 2) beautiful, 3) cold, 4) comfortable, 5) kind, 6) dear, 7) deep, 8) dirty, 9) funny, 10) glad, 11) heavy, 12) pretty, 13) strong, 14) sweet.

IV. **Przetłumaczyć:**

1. W zeszłym tygodniu kupiłem pióro. 2. Często kupowałem w tym sklepie. 3. We wtorek kupiłem nowy rodzaj sera. 4. Jego uczeń malował ten dom (użyć formy trwającej), ale nie skończył obrazu. 5. Dziecko biegało tu i tam. 6. Owce pobiegły do nas. 7. Oni otwierali (forma trwająca) szafę, kiedy weszłam do sypialni. 8. Myliśmy się (forma trwająca) właśnie, kiedy ktoś otworzył najmniejsze okno. 9. Nie widziałem ich brata, chociaż stał (forma trwająca) zupełnie blisko. 10. Spacerowaliśmy całe rano.

V. **Wypracowanie** (ustne lub pisemne):

What you know about Freddie*, tzn. napisz wszystko co wiesz o Freddie.

VI. **Fonetyka**

Wymowa litery **g**:

[*g*] great, fog, grass, go
[*dż*] hedge, gentleman

---

* Domyślne: (that) what you know about Freddie.

LESSON THIRTY-ONE — THE THIRTY-FIRST LESSON

Lekcja trzydziesta pierwsza

Forma trwająca czasowników — c.d.
Trzeci przypadek rzeczowników — c.d.

Uwaga: powtórzyć używanie formy trwającej (porównaj l. 9, str. 26).

A CONVERSATION

Stanley: Muriel says that when she came into your room last night, you were writing something funny. What was it, dear? Could you show it to me?

Mary: Oh, yes here it is. I had to* find a few examples for the past participle of regular verbs for my next lesson.

Stanley: But you're writing a poem, not regular verbs... And I was just going to ask you for a book with English poems.

Mary: Well, that's not a poem, really, simply a rhyme. I heard it from John. And it's taken from a book for children. But there are many verbs in it, so I am learning it by heart.

Stanley: You're quite right**. They are very good examples. I think I shall be learning it too, in a moment. It will help me to remember the names of the days of the week.

Solomon Grundy

Solomon Grundy
Born on a Monday,

* I had to — musiałem, zob. l. 29 ,str. 125 (słowniczek).
** You're quite right — masz zupełną rację, zob. l. 23, str. 95.

Christened on Tuesday,
Married on Wednesday,
Very ill on Thursday,
Worse on Friday,
Died on Saturday,
Buried on Sunday.
Such was the life
Of Solomon Grundy.

SŁOWNICZEK

born [*bo:n*] cz. — urodzony (imiesłów czasu przeszłego czas. „to bear" rodzić)
bury [*'bery*] cz. — grzebać, chować
christen [*krysn*] cz. — chrzcić
conversation [*ˌkonwə'sejszn*] rz. — rozmowa
could [*kud*] cz. — mogłem, mogłeś itd. (czas przeszły czasownika posiłkowego „can"), znaczy również: mógłbym, mógłbyś itd.
example [*yg'za:mpl*] rz. — przykład
Friday [*'frajdy*] rz. — piątek
hear [*hiə*] cz. — słyszeć, *nier.*
life [*lajf*] rz. — życie, **lives** [*lajwz*] — żywoty
marry [*'mœry*] cz. — poślubić, ożenić się, wyjść za mąż
participle [*'pa:tsypl*] rz. — imiesłów; past participle [*'pa:st 'pa:tsypl*] — imiesłów czasu przeszłego
poem [*'pouym*] rz. — poemat, wiersz
regular [*'regjulə*] pm. — regularny; (irregular — nieregularny)
rhyme [*rajm*] rz. — rym, wierszyk
Saturday [*'sœtədy*] rz. — sobota
Solomon Grundy [*'soləmən 'grandy*] — postać z popularnych książek dla dzieci
Thursday [*'θə:zdy*] rz. — czwartek
verb [*wə:b*] rz. — czasownik
worse [*ᵘə:s*] pm. — gorszy, bardziej chory

Pożyteczne zwroty

here it is — oto jest tutaj, oto, proszę
by heart — na pamięć
in a moment — za chwilę

OBJAŚNIENIA FONETYCZNE

Uważać na wymowę końcówki **-day** (*dy*) w nazwach dni tygodnia: **Monday** [*'mandy*], **Tuesday** [*'tju:zdy*] itd.
Wymowa **bury** [*'bery*] jest wyjątkowa, tak samo jak wymowa **busy** [*'byzy*].

GRAMATYKA

1. Forma trwająca czasowników — c.d.

When she came into your room, *you were writing* — Kiedy weszła ...byłaś w trakcie pisania, pisałaś.

***I am learning* it by heart** — Właśnie uczę się go na pamięć.

***I shall be learning* it too, in a moment.**

For the last three hours *she has been reading* a book.

Znana już jest forma trwająca czasu teraźniejszego i czasu przeszłego niezłożonego, zw. Simple Past (zob. 1. 19). W innych czasach również można stosować formę trwającą.

Forma trwająca czasu przeszłego **Present Perfect** wyraża czynność niedokonaną, która trwa już przez pewien okres czasu. Forma trwająca czasu przyszłego wyraża czynność, która będzie trwała przez pewien okres czasu.

Poza tym forma trwająca może wyrażać różne inne odcienie znaczeń, m.in. czasownika **to go** używa się w znaczeniu „mieć zamiar".

***I am going to* ask you for a book** — Mam zamiar poprosić cię. (por. l. 29).

Uwaga: czasowniki ułomne: **can, must, may** oraz czasowniki: **to know, to see, to hear, to like, to love, to hate** (i kilka innych) **nie posiadają zazwyczaj formy trwającej.**

2. Trzeci przypadek rzeczowników

Could you show it *to me,* dear? — Czy mogłabyś pokazać to mnie?

Give the rhyme *to my friend,* not *to me* — ...mojej przyjaciółce, nie mnie.

Celownik, tj. 3 przypadek rzeczowników i zaimków, wyrażamy za pomocą przyimka **to**. W tym wypadku dopełnienie bliższe poprzedza dopełnienie dalsze:

Podmiot	Orzeczenie	Dopełnienie bliższe	Dopełnienie dalsze
I	Show am reading	it the rhyme	to me to my friend

Tego układu zdania należy przestrzegać, gdy zaimek osobowy jest dopełnieniem bliższym.

Trzeci przypadek możemy wyrazić również za pomocą innego szyku wyrazów, stawiając dopełnienie dalsze (bez przyimka **to**) przed bliższym, np.

Show me *your examples* (zob. l. 14).

ĆWICZENIA

I. **Zamienić na formę zwykłą** (np. They brought. He bought. Do you begin itd.):

1. They were bringing. 2. He was buying. 3. Are you beginning? 4. She is not beginning. 5. Were you sleeping? 6. What is he doing? 7. We were drinking. 8. Who was beginning? 9. Were they catching? 10. Was he dying? 11. He will be climbing. 12. I was drying. 13. They were eating. 14. Is she falling? 15. You were forgetting.

II. **Gra:**

Ułożyć szereg wyrazów z liter składających się na słowo „Conversation" (np. cat, no etc.)

III. **Tłumaczenie ustne:**

1) nie zaczynam
2) ona słyszy
3) czy on idzie?
4) zabrałem
5) oni nie piszą
6) pokazaliśmy
7) ono świeciło
8) czy wiecie?
9) mogę spać
10) popatrz!
11) czy myślisz?
12) one siedzą
13) on się uśmiecha
14) czy śpisz?
15) czy przyniosłeś?
16) nie mam
17) czy zabrałeś?
18) czy myślałeś?
19) zamknij!
20) przetłumaczyłem
21) nie śmiej się.

IV. **Tłumaczenie ustne:**

1) patrzę
2) jestem w trakcie patrzenia
3) kupiłem
4) właśnie napisałem
5) pisałem
6) oni przeczytają
7) odpoczęliśmy
8) ona się umyła
9) ona się myła
10) pobawiliśmy się
11) bawiliśmy się
12) on kładł
13) on położył
14) czy biegłeś?
15) malowałem
16) dzwoniliśmy
17) nie zadzwoniłem

V. **Wypracowanie:**

1. Difficulties in learning English.
2. On the way home (opisać, co widzi się na drodze z pracy, ze szkoły).

VI. **Fonetyka**

[*l*] little, comfortable, simple
[-] talk, walk, half, could (litera **l** nie wymawiana)
[*s*] whistle, us, pencil, place
[*k*] take, keep, car, picture

THIRTY-TWO — THE THIRTY-SECOND LESSON

Lekcja trzydziesta druga

Opuszczanie przedimka
Zaimki emfatyczne
Zdania warunkowe
Słowotwórstwo: tworzenie czasowników i przymiotników

Uwaga: począwszy od tej lekcji materiał gramatyczny będzie podany nie tylko w formie objaśnień dotyczących danej lekcji, lecz także w formie bardziej systematycznej; będzie również zawierał częściowe powtórzenie materiału podanego w poprzednich lekcjach. Zamiast nazwy „pożyteczne zwroty" uczący się znajdzie tytuł: „Idiomy", a więc dział ten będzie obejmował tylko zwroty specyficzne dla języka angielskiego, a nie dające się wyjaśnić za pomocą reguł gramatycznych.

GOSSIPING

Ann has got a month's leave and is going to spend it at the sea-side, but on her way she has stopped at her sister's in London for a week. Betty thinks it is a splendid idea and that having a guest is a pleasant change from her everyday work at the commercial courses.

Betty's room is full of their chatter and laughter as they get ready to go to bed. Anne is already in her pyjamas, and sitting on the bed. She is looking over some photographs. The younger sister is doing her hair before the looking-glass.

Anne: I say, Betty, who is that fellow?

She holds up a photo of some young people sitting on the steps of a large house.

Betty: That's Willy. You remember, the one who is always forgetting things.

Anne: And that's George, Freddie's brother, isn't it? They're so much alike.

Betty: Yes, but there is 10 years' difference betwen them. George is a married man, you know. That photo was taken at his place in the country.

Anne: Is that young man from your course, too?

Betty: Yes, that's John. He comes from Scotland. But he is not pleased with commercial correspondence. His uncle is a business-man and wants to make him his secretary, but I think he will give it up. He has decided to be a physician.

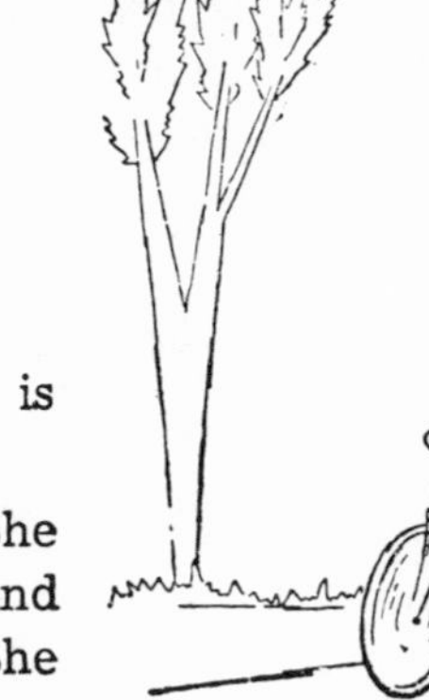

Anne: I see Muriel here. She is as plump as she was at school!

Betty: She's worrying about it! She has given up chocolate and sweets and taken to playing tennis and cycling. She is doing her best to get slim.

Anne: I don't see Ronald anywhere.

Betty: There must be photos of everybody. I've taken them all myself. If you open that little cupboard in my desk, you'll find more.

Anne: And is he still hoping to be the manager of a big bank one day?

Betty: Yes, but I don't think he'll ever be — he's so lazy!

Anne: Is that Mary, the Swede?

Betty: Yes, and here's a young Pole. We call him Stanley for his real name is too hard to pronounce. He plays the piano beautifully.

Anne: Aren't there any more foreigners?

Betty: Plenty of them, but not in my class. There are a few Frenchmen, two Italian sisters, a Dutch girl, who has just come from Holland, and a Spaniard, very handsome, too.

Anne: And who is that young lady in the riding suit? She looks like a film star.

Betty: Don't you know her? It's Sylvia. I must say she is extremely good-looking.

Anne: Oh, what a funny picture of Freddie and his aunt!

Betty: (turns red for Freddie is her boy-friend) Funny? The aunt may be but not Freddie:

(The clock of a neighbouring church tower strikes eleven).

Anne: Well, it's time to go to bed. If you don't get enough sleep you'll feel tired to-morrow. Good-night! Sleep well!

Betty: Good-night!

SŁOWNICZEK

alike [*ə'lajk*] pm. — podobny, jednakowy
already [*o:l'redy*] ps. — już
anywhere [*'enyᵘeə*] ps. — nigdzie (w pyt. gdzieś)
aunt [*a:nt*] rz. — ciotka
bank [*bœnk*] rz. — bank
between [*by'tᵘin*] pi. — między
businessman [*'byznysmən*] rz. — człowiek interesu, handlowiec
change [*czej'ndż*] rz. — zmiana, cz. zmienić
chatter [*'czœtə*] rz. — gadanie, pogawędka
chocolate [*'czoklyt*] rz. — czekolada
church [*czə:cz*] rz. — kościół
cycle [*sajkl*] cz. — jechać na rowerze
decide [*dy'sajd*] cz. — decydować
difference [*'dyfrəns*] rz. — różnica
Dutch [*dacz*] pm. — holenderski
enough [*y'naf*] ps. — dosyć
everyday [*'ewrydej*] pm. — codzienny, ps. — codzień
extremely [*yks'tri:mly*] ps. — niezmiernie
feel [*fi:l*] cz. — czuć, odczuwać; *nier.*
film [*fylm*] rz. — film, błona
foreigner [*'forynə*] rz. — cudzoziemiec
Frenchman [*'frenczmn*] rz. — Francuz
full [*ful*] pm. — pełny
give up [*gyw'ap*] cz. — zrezygnować, zaprzestać; *nier.*
gossip [*'gosyp*] rz. — plotka, cz. plotkować
guest [*gest*] rz. — gość
handsome [*'hœnsəm*] pm. — przystojny
hold [*hould*] cz. — trzymać; *nier.*
Holland [*'holənd*] rz. — Holandia
idea [*aj'dyə*] rz. — pomysł
Italian [*y'tœljən*] pm. — włoski
laughter [*'la:ftə*] rz. — śmiech
lazy [*'lejzy*] pm. — leniwy
leave [*li:w*] rz. — urlop
look over [*'luk 'ouwə*] cz. — przeglądać
looking-glass [*'lukyŋglass*] rz. — lustro
manager [*'mœnydżə*] rz. — kierownik, dyrektor
may be — być może, możliwe

photograph [*'foutəgra:f*] rz. — fotografia
physician [*fy'zyszn*] rz. — lekarz
piano [*'pjœnou*] rz. — pianino, fortepian
pleasant [*'pleznt*] pm. — przyjemny
please [*pli:z*] cz. — podobać się, **pleased with** — zadowolony z
plump [*plamp*] pm. — pulchny, tęgi
pyjamas [*py'dża:məz*] rz. — piżama
school [*sku:l*] rz. — szkoła
Scotland [*'skotlənd*] rz. — Szkocja
seaside [*'si:sajd*] rz. — brzeg morza, wybrzeże
secretary [*'sekrətry*] rz. — sekretarz
slim [*slym*] pm. — wysmukły
Spaniard [*'spœnj'əd*] rz. — Hiszpan
spend [*spend*] cz. — spędzać (czas, wydawać pieniądze); *nier.*
star [*sta:*] rz. — gwiazda
step [*step*] rz. — stopień, schodek, krok
strike [*strajk*] cz. — uderzyć; *nier.*
Swede [*s^ui:d*] rz. — Szwed
sweets [*s^ui:ts*] rz. — słodycze
tired [*'tajəd*] pm. — zmęczony
tower [*'tauə*] rz. — wieża
turn red [*tə:n red*] cz. — zaczerwienić się
uncle [*aŋkl*] rz. — wuj, stryj
worry [*'^uary*] cz. — martwić się

Idiomy

to take a photograph — zrobić zdjęcie
to do one's hair — czesać się
to do one's best — robić największe wysiłki, zrobić co się da
pleased with — zadowolony z
at school — w szkole
she has taken to — zabrała się do
to turn red — zaczerwienić się
to get slim — wyszczupleć, **to get ready** — przygotować się
enough sleep — dosyć snu
at the seaside — nad morzem

OBJAŚNIENIA FONETYCZNE

Litery **gh** wymawia się często [*f*] np.: **laughter** [*'la:ftə*], **enough** [*y'naf*]

GRAMATYKA

1. Opuszczanie przedimka

Bez przedimka występują następujące rzeczowniki (w przypadkach gdy są użyte w sensie ogólnym):

a) rzeczowniki pospolite w liczbie mnogiej: **things, dogs, windows, boys** (l. mn. od "a thing, a dog, a window, a boy"),

b) imiona własne: **Anne, Peter, London, Smith, Wednesday,**

c) rzeczowniki materialne: **water, rain, grass, straw, chocolate,**
d) rzeczowniki abstrakcyjne: **love, time, laughter, hope,**
e) pory roku, posiłki, sporty: **summer, autumn, dinner, tennis.**

Bez przedimka występują również rzeczowniki w następujących przypadkach:

a) z drugim przypadkiem saskim: **the boy's room, the ladies' sitting-room,**
b) w zwrotach: **dear friend! young lady!**
c) z tytułami przed imionami własnymi: **Doctor Brown, Professor Smith,**
d) w niektórych idiomach: **to go to bed, to go home, at school, at church, at home, to go by bus** itd.

Zob. l. 10.

2. Zaimki emfatyczne

myself — ja sam (osobiście)
yourself — ty sam
himself — on sam
herself — ona sama
itself — ono samo
ourselves — my sami
yourselves — wy sami
themselves — oni sami

np. **I've taken them all *myself*** — Ja **sama** zrobiłam wszystkie zdjęcia.

I shall go there *myself* — Sam tam pójdę.

The boy must find the tie *himself* — Chłopiec sam musi znaleźć krawat.

She can't speak to them *herself* — Osobiście ona nie może do nich mówić.

She *herself* can't speak to them — Ona sama nie może mówić do nich.

Zaimki emfatyczne mają taką samą formę jak względne, ale inne znaczenie; stawia się je po podmiocie lub na końcu zdania.

3. Zdania warunkowe (if — jeśli)

If **Anne *opens* the cupboards, *she will find* the photos** — Jeśli Anna otworzy szafę, znajdzie fotografie.

If he was sleeping, he did not hear us — Jeśli spał, nie słyszał nas.

If you want to read English papers, you must know more words.
Jeśli chcesz czytać angielskie gazety, musisz znać więcej słów.

W zdaniach warunkowych z „if — jeśli”, zamiast czasu przyszłego używamy czasu teraźniejszego (porównaj ze zdaniami czasowymi, np.: To-morrow, when I am in the club, I shall meet him. l. 29, str. 127).

4. Słowotwórstwo — tworzenie czasowników i przymiotników

Rzeczowniki		Czasowniki	
the neighbour	— sąsiad	**to neighbour**	— sąsiadować
the colour	— kolor	**to colour**	— kolorować
the bath	— kąpiel	**to bath**	— kąpać się
the hope	— nadzieja	**to hope**	— mieć nadzieję

NAZWY NARODÓW

Poland	— Polska	**Polish**	— polski
Russia	— Rosja	**Russian**	— rosyjski
England	— Anglia	**English**	— angielski
France	— Francja	**French**	— francuski
Italy	— Italia	**Italian**	— włoski
Spain	— Hiszpania	**Spanish**	— hiszpański

a Pole — Polak
a Russian — Rosjanin
an Englishman — Anglik
a Frenchman — Francuz
an Italian — Włoch
a Spaniard — Hiszpan

(Inne nazwy określające narody oraz wymowa: patrz „Dodatek", str. 320—322).

ĆWICZENIA

I. **Nauczyć się na pamięć następujących pytań:**

How do you spell...? — Jak się pisze...?
How do you say (pronounce)...? — Jak wymawiasz...?
What is... in English? — Jak jest ... po angielsku?
What is the Polish for...? — Jakie jest słowo polskie na...?
What is the past tense of...? — Jaki jest czas przeszły od...?
Why do you write...? — Dlaczego piszesz...?
Is it right...? — Czy to jest dobrze...?
Did I make many mistakes? — Czy zrobiłem dużo błędów?
Shall I read (write)? — Czy będę czytał (pisał)? Czy mam czytać?
Shall I go on reading? — Czy będę dalej czytał?

II. **Wstawić przedimek gdzie należy:**

1. Betty is . . . young lady studying . . . commercial correspondence in London. 2. We often take coffee for . . . breakfast. 3. . . . sun is shining beautifully, and . . . whole park is full of . . . people. 4. Did you put any sugar into your . . . tea? 5. . . . uncle of . . . little boy is at . . . home now. 6. . . . physician said that my daughter had . . .

bad cold. 7. What is ... secretary like? 8. Look over all ... these shelves, you may find ... fountain- pen behind ... books. 9. On ... Sunday we usually have more ... time for playing ... tennis. 10. Don't go on ... foot. 11. ... clouds are quite dark, it looks ... rain and you have got no ... mackintosh.

III. **Zamienić na pytania** (uważać na „some", zob. l. 30, na „another", zob. l. 26).

1. All your washing things are still in the bathroom. 2. The English always talk about the weather. 3. That kind of frock suits her perfectly. 4. I couldn't open my umbrella. 5. The young people will go by bus. 6. They have bought some new umbrellas. 7. His wife shut both the doors. 8. I shall bring another bicycle. 9. Your friend's daughter hangs her dressing-gown in the wrong place. 10. We found twelve photos under the settee. 11. Somebody has taken my soap. 12. Yellow leaves lie under that old tree. 13. We cannot forget this moment.

IV. **Uzupełnić następujące zdania:**

If he climbs into my garden... — Jeśli on wdrapie się do mojego ogrodu... If you cannot find your pen... — Jeśli nie możesz znaleźć swego ołówka... If his friend was in the country... — Jeśli jego przyjaciel był na wsi... If her mother was ill... — Jeśli jej matka była chora... I shall not listen to the wireless if... — Nie będę słuchał radia jeśli... The teacher will not remember your name if... — Nauczyciel nie zapamięta twego imienia jeśli...
You will improve the picture if ... — Poprawisz obraz jeśli...
They are quite happy if... — Oni są zupełnie szczęśliwi jeśli...

V. **Ułożyć zdania według następującego wzoru.**

He likes dogs. So do I (ja też). That fellow works hard. So does his brother (jego brat też). Zbudować zdania z następującymi czasownikami: to spend, to play, to read, to put on, to help, to get, to gossip. (Powtórzyć gramatykę l. 23 str. 96).

VI. **Przetłumaczyć:**

1. Czy twoje ręce są czyste? 2. Nie mogę czekać tak długo. 3. Bądź tak łaskaw pokazać nam drogę na („to") dworzec. 4. Zastukaj do

drzwi kiedy skończysz myć się (mycie). 5. Nie podoba mi się to ogłoszenie, daj mi inne. 6. Czy mówisz po angielsku? 7. Tak, trochę. 8. My zawsze jedziemy autobusem, kiedy wracamy z parku. 9. Czy musisz suszyć włosy na (w) słońcu? 10. Ten chłopczyk (mały chłopiec) umył się bardzo dobrze, z wyjątkiem uszu, które są nadal brudne. 11. Zegarek, który masz w ręce, został znaleziony pod kanapą. 12. We wtorek oni pójdą, a we środę my przyjdziemy. 13. Czy ona ma dosyć czekolady? 14. Ona jest bardzo zadowolona ze zmiany. 15. Kiedy wykład jest skończony, niektórzy (ludzie) idą na filiżankę kawy. 16. Jaka jest różnica między restauracją a kawiarnią?

VII. **Wypracowanie:** A description of a friend (Opis przyjaciela).

VIII. **Fonetyka**

[ð] another, brother, father, mother, mouths, neither, rather, smooth, than, that, the, then, there, they, though, weather, with, without.

[θ] bathroom, fifth, month, mouth, nothing, something, theatre, thick, thin, thing, think, third, three, through, Thursday, tooth.

 PAŃSTWOWE WYDAWNICTWO »WIEDZA POWSZECHNA« WARSZAWA

Irena Dobrzycka

JĘZYK ANGIELSKI DLA SAMOUKÓW

Zeszyt 6 **Lekcje 33—38**

LESSON THIRTY-THREE — THE THIRTY-THIRD LESSON

Lekcja trzydziesta trzecia

Tryb rozkazujący
Liczba mnoga rzeczowników — c.d.
Liczebniki porządkowe
Koniugacja w trybie warunkowym
Następstwo czasów

Uwaga: podzielić lekcję na dwie lub trzy części.

DINING OUT

Stanley and Peter met at the door of a well-known restaurant for a good dinner (see Lesson 28).

"Let us have a drink", said Peter, and first they went to the bar at the back of the room. It was a very pleasant place full of people.

Then the young men found a table for two, and Peter ordered a good dinner. First the waiter brought tomato soup for one of them, and clear soup for the other. It reminded Peter of a funny story. A man called in a restaurant:

"Waiter!"

"Yes, Sir!"

"What's this?"

"It's bean soup, Sir."

"Never mind what it has been — what is it now?"*

"But, you know", said Stanley, "when I came first to England I often found it too hard to make myself understood in restau-

* In speaking "it's bean" is like "it's been".

rants. One day I told the waiter to bring me soft-boiled eggs, and all I got was... soda-water! I had to drink it and go to some other place for a better lunch."

The waiter brought the fish and then roast beef with vegetables for Peter and roast lamb with potatoes and green peas for Stanley. Stanley did not like the soup too much (he did not say it!), but both the fish and lamb were very good indeed.

"Meat is first-rate in this restaurant", he said.

"Yes", said Peter. "You are right. What will you drink?"

"Cider, please".

"I'll have beer".

"And how did you know I didn't like mint sauce? You English always take it with lamb."

"I was sure you wouldn't take it. No foreigner ever likes it. Funny, isn't it? Mary told me it took her half a year to get used to English cooking. And she thought that Welsh rabbit was a real rabbit".

"So did I. What a face I made when the waiter brought hot cheese on toast!"

Fruit salad with cream came after meat. They finished the dinner with coffee, rolls and cheese. For some time they listened to the band, which was playing all the time. Then Peter paid the bill and both friends went out.

"Thank you so much", said Stanley, "it was a splendid dinner".

SŁOWNICZEK

back [*bæk*] rz. — plecy, grzbiet, tył; ps. z powrotem
band [*bænd*] rz. — orkiestra
bar [*ba:*] rz. — bar
bean [*bi:n*] rz. — fasola
beef [*bi:f*] rz. — wołowina

beer [*biə*] rz. — piwo
bill [*byl*] rz. — rachunek, afisz
both...and... [*bouθ...ænd*] — i...i...
clear [*kliə*] pm. — przejrzysty, jasny
clear soup rz. — rosół
cook [*kuk*] cz. — gotować, kucharzyć; **cooking** rz. — gotowanie, kuchnia
cream [*kri:m*] rz. — krem, śmietana
dine out cz. — jeść obiad poza domem
first-rate [*'fə:st'rejt*] — pm. pierwszorzędny
fish [*fysz*] rz. — ryba
get used to — przyzwyczaić się do
lamb [*læm*] rz. — jagnię
meat [*mi:t*] rz. — mięso
middle [*'mydl*] rz. — środek
mint [*mynt*] rz. — mięta
never mind [*'newə 'majnd*] — drobnostka! Nic nie szkodzi! Nie zwracaj uwagi!
order [*'o:də*] cz. — zamówić; rz. zamówienie
pay [*pej*] cz. — płacić; *nier.*
pea [*pi:*] rz. — groch
potato [*pə'tejtou*] rz. — kartofel
rabbit [*'ræbyt*] rz. — królik
remind of [*ry'majndəw*] cz. — przypominać coś (komuś), o czymś
roast beef [*'roustbi:f*] rz. — pieczeń wołowa
salad [*'sæləd*] rz. — sałatka
sauce [*so:s*] rz. — sos
sir [*sə:*] rz. — pan (Sir — tytuł szlachecki)
soda-water [*'soudə'uo:tə*] rz. — woda sodowa
soup [*su:p*] rz. — zupa
story [*'sto:ry*] rz. — opowiadanie, historia
tell [*tel*] cz. — mówić, powiadać, kazać; *nier.*
tomato [*tə'ma:tou*] rz. — pomidor
understand [*ˌandə'stænd*] cz. — rozumieć; *nier.*
vegetable [*'wedżtəbl*] rz. — jarzyna
waiter [*'uejtə*] rz. — kelner
Welsh [*uelsz*] pm. — walijski
welsh rabbit — grzanka zapiekana z serem

Idiomy

yes, Sir; no, Sir — tak, proszę pana; nie, proszę pana
to get used to — przyzwyczaić się do
to dine out — jeść obiad poza domem, być na proszonym obiedzie
to make oneself understood — wyrażać się zrozumiale, dać się zrozumieć
I find it nice (hard etc.) — uważam, że to jest ładne (trudne etc.)
how did you know? — skąd wiedziałeś?
to make a face — zrobić minę
both the book and the pen — i książka i pióro
at the back of the room — w głębi pokoju (sali)

OBJAŚNIENIA FONETYCZNE

Litery **ea** wymawia się często [*i:*], np.: pea, meat, eat. Zob. „Wstęp fonetyczny", str. XXVI.

GRAMATYKA

1. Tryb rozkazujący (Imperative)

***Let us have* a drink** — napijmy się czegoś (dosł.: weźmy jakiś napój)

Forma twierdząca

let me take — niech ja wezmę
take — weź!
let him take — niech on weźmie
let her take — niech ona weźmie
let it take — niech ono weźmie
let us take — weźmy
take — weźcie!
let them take — niech oni wezmą

Forma przecząca

don't let me take — niech ja nie biorę
don't take — nie bierz!
don't let him take — niech on nie bierze
don't let her take — niech ona nie bierze
don't let it take — niech ono nie bierze
don't let us take — nie bierzmy
don't take — nie bierzcie!
don't let them take — niech oni nie biorą

2. Liczba mnoga rzeczowników — c.d.

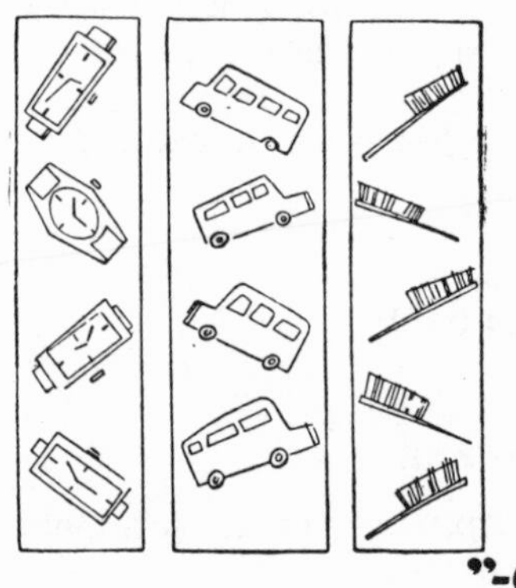

"-es"

a) **the brush** — **the brushes**
the watch — **the watches**
the bus — **the buses**
the tomato — **the tomatoes**
the potato — **the potatoes**
(lecz: the photos)

Rzeczowniki zakończone na **s**, **sh**, **ch**, **x**, **o**, przyjmują **es** w l. mnogiej.

b) **the lady — the ladies**
the family — the families
the boy — the boys
the day — the days

Rzeczowniki zakończone na **y**, poprzedzone przez spółgłoskę, zmieniają **y** na **ies** w l. mnogiej.

c) **the wife — the wives**
the shelf — the shelves

Niektóre czasowniki zakończone na **f** lub **fe** zmieniają **f** i **fe** na **ves**.

Plenty of fish

d) **one fish** (jedna ryba) — **plenty of fish** (dużo ryb) — (ogólnie)
— **plenty of fishes** — (różnych rodzajów)

one fruit (jeden owoc) — **plenty of fruit** (dużo owoców) — (ogólnie)
— **plenty of fruits** — (różnych rodzajów)

e) a **man — men**
a **woman — women**
a **foot — feet**
a **child — children**
a **tooth — teeth**

3. Liczebniki porządkowe

the 1st — the first [*fə:st*] — pierwszy
the 2nd — the second [*seknd*] — drugi
the 3rd — the third [*θə:d*] — trzeci
the 4th — the fourth [*fo:θ*] — czwarty itd.
the 5th — the fifth [*fyfθ*]
the 6th — the sixth [*syksθ*]
the 7th — the seventh [*sewnθ*]
the 8th — the eighth [*ejtθ*]
the 9th — the ninth [*najnθ*]
the 10th — the tenth [*tenθ*]
the 11th — the eleventh [*y'lewnθ*]
the 12th — the twelfth [*t*[u]*elfθ*]
the 13th — the thirteenth [*'θə:'ti:nθ*]
the 20th — the twentieth [*'t*[u]*entyyθ*]
the 21st — the twenty-first [*'t*[u]*enty 'fə:st*]
the 30th — the thirtieth [*'θə:tyyθ*]
the 100th — the hundredth [*'handrydθ*]

4. Koniugacja w trybie warunkowym

Forma twierdząca

I *should* take [*szud*] — wziąłbym
you *would* take [[u]*ud*] — wziąłbyś
he would take — wziąłby
she would take — wzięłaby
it would take — wzięłoby
we *should* take — wzięlibyśmy
you *would* take — wzięlibyście
they would take — wzięliby

Forma przecząca

I should not take — nie wziąłbym
you would not take — nie wziąłbyś
he would not take — on nie wziąłby
itd.

Forma pytająca

should I take? — czy wziąłbym?
***should* you take?** — czy wziąłbyś?
would he take? — czy wziąłby?
would she take? — czy wzięłaby?
would it take? — czy wzięłoby?
should we take? — czy wzięlibyśmy?
should you take? — czy wzięlibyście?
would they take? — czy wzięliby?

Uwaga: można również mówić „would you take?"

5. Następstwo czasów (Sequence of tenses)

a) ***I know* that he is ill** — Wiem, że on jest chory.

***They have asked* who will live there** — Zapytali kto tam będzie mieszkał.

***Write* and tell me if you can come** — Napisz i powiedz mi czy możesz przyjść.

Gdy w zdaniu głównym mamy czas teraźniejszy, czas przeszły złożony (tj. Present Perfect Tense) lub tryb rozkazujący — to w zdaniu pobocznym możemy użyć jakiegokolwiek czasu.

b) **How *did* you know I *didn't like* mint sauce?** — Skąd wiedziałeś, że **nie lubię** sosu miętowego?

***I knew* he *was* ill** — Wiedziałem, że **jest** chory.

I was sure you wouldn't take it — Byłem pewien, że nie weźmiesz tego.

***They asked* who *would live* there**— Zapytali kto będzie tam mieszkał.

Gdy w zdaniu głównym mamy czas przeszły prosty — to w zdaniu pobocznym używamy zamiast czasu teraźniejszego, czasu przeszłego, a zamiast czasu przyszłego — trybu warunkowego czasu teraźniejszego.

ĆWICZENIA

I. **Napisać lub przeczytać** „Dining out", od początku do słów „of a funny story", **w czasie teraźniejszym.**

II. **Wstawić „a little" lub „a few"** (zob. l. 30, str. 132):

1. There are ... leaves on the grass. 2. Your manager has ... high looking-glasses in his room. 3. Do you speak French? Yes, ...

4. She is ... too old for this kind of work. 5. Mary has ... magazines to look over. 6. Let us take ... apples. 7. We don't need much time, only ...

III. **Sporządzić listę słów dotyczących ciała ludzkiego,** np. the face, the finger itd.

IV. **Ułożyć siedem zdań według następującego wzoru** (tzn. pytania z „długim podmiotem"):

Did **the gentleman from Rome** speak English well? — Czy ten pan z Rzymu mówił dobrze po angielsku?

Will **Ronald's younger sister** bring flowers? — Czy młodsza siostra Ronalda przyniesie kwiaty?

V. **Opowiedz historię mężczyzny w restauracji.**

VI. **Przetłumaczyć** (zwrócić uwagę na czasy w zdaniach zależnych):

1. On myśli, że ona jedzie autobusem. 2. On myślał, że jedziemy pociągiem. 3. Lekarz mówi, że przyjdzie o piątej. 4. Lekarz powiedział, że przyjdzie w tenisowym ubraniu. 5. Nie wiem, czy te ziemniaki są ugotowane. 6. Nie wiedziałem czy (if) mamy dosyć herbaty. 7. Jej ciotka martwiła się, że nie umie (nie potrafi) jeździć na rowerze. 8. Jego wuj martwił się, że nie umie grać w piłkę nożną (play football). 9. Ona jest zupełnie pewna, że nikt nie zobaczy różnicy w rachunku. 10. On był prawie pewny, że nikt nie zobaczy go na fotografii.

VI. **Wypracowanie pisemne:**

a) A telephone conversation between two friends. (Rozmowa telefoniczna między dwoma przyjaciółmi)

b) The picture on page 130. (Opisz obrazek na str. 130).

VII. **Fonetyka**

[^{u}o:] water, warm, **quar**ter

[ə:] **learn**, th**ird**, **turn**, perfectly

[aj] **high**, **light**, **night**, **right**

LESSON THIRTY-FOUR — THE THIRTY-FOURTH LESSON

Lekcja trzydziesta czwarta

Zaimki i przymiotniki pytające:
„who", „which", „what"
Czasowniki ułomne — c.d.
Pytania bez czasownika „do"

SPELLING

Mary: Does anybody know where I can get good English novels or short stories?

Stanley: There is a very good bookshop in Berkeley Street.

Mary: (taking her fountain-pen) I must write it down. How do you spell "Berkeley"?

Stanley: B... A...

Harry and **John:** E.

Stanley: B... E... er...

Harry and **John:** R.

Stanley: Yes, B... E... R... Oh, dear! I can write the name all right, but I can never remember the English alphabet.

Mary: Those E's and A's and I's always get mixed. And I never know what Y is.

Stanley: I think the alphabet isn't really so important. It's just one of the hobbies of English teachers.

John: May be it is. But you ought to know it. It might save you much trouble.

(He looks at Harry with a twinkle in his eye)

Harry (smiling): Stanley, are you going to the G.P.O. now?

Stanley: I beg your pardon?

Harry: I mean on the way to the Y.M.C.A.

John: I am going that way myself. Do you know who I met at Freddie's yesterday? Michael Brown. You remember he had T.B. at school?

Harry: Yes, and yet he is doing P.T. now. He was an A.I. fellow.

John: His father is a big fish in the T.V. And do you remember his brother who was in the R.A.F. during the war?

Harry: I think he was an A.D.C. and he got the V.C. Now he is an M.P.

John: Yes, I heard him on the B.B.C.

Stanley: Who are you speaking about? What does it all mean?

Harry: We are simply speaking English.

John: You see, Stanley, if you don't know that G.P.O. are three letters, you will never find that word in the dictionary.

Mary laughs, and so does Stanley.

Stanley: You are right!

It is never too late to mend

G.P.O. — General Post Office [*dżenrl'poustofys*] — poczta główna
Y.M.C.A. — Young Men's Christian Association [... *krysczn*...] — Chrześcijańskie Stowarzyszenie Młodzieży Męskiej
T.B. — tuberculosis [*tjubəkju'lousys*] — gruźlica
P.T. — Physical Training ['*fyzykəl* '*trejnyŋ*] — wychowanie fizyczne
A.I. — pierwszorzędny, pierwszej klasy
R.A.F. — Royal Air Force ['*rojəl* '*eə fo:s*] — królewskie siły powietrzne
A.D.C. — Aide-de-Camp ['*ejddəka:ŋ*] — adiutant
V.C. — Victoria Cross [*Wyk'to:riə kros*] — krzyż Wiktorii, (odznaczenie)
M.P. — Member of Parliament ['*membərəw'pa:ləmənt*] — członek parlamentu, poseł
B.B.C. — British Broadcasting Corporation ['*brytysz* '*bro:dka:styŋ ,ko:pə'rejszn*] — radio brytyjskie
T.V. — Television ['*tely'wyżn*] — telewizja

SŁOWNICZEK

alphabet [*'ælfəbyt*] rz. — alfabet
anybody [*'enybody*] z. — kto, ktoś (w przeczeniach i pytaniach)
association [*əˌsousy'ejszn*] rz. — stowarzyszenie
Berkeley [*ba:kly*] rz. — nazwisko angielskiego filozofa
bookshop [*'bukszop*] rz. — księgarnia
dictionary [*'dyksznry*] rz. — słownik
during [*'djuəryŋ*] pi. — podczas
important [*ym'po:tənt*] pm. — ważny
mean [*mi:n*] cz. — znaczyć, mieć na myśli; *nier.*
mend [*mend*] cz. — naprawiać
Michael [*majkl*] rz. — Michał
mix [*myks*] cz. — mieszać, to get mixed — mylić się
novel [*'nowl*] rz. — powieść
ought [*o:t*] cz. — powinienem, powinieneś itd.; *nier.*
post-office [*'poustˌofys*] rz. — poczta
save [*sejw*] cz. — ratować
seem [*si:m*] cz. — wydawać się
short story [*'szo:tˌstory*] rz. — nowela
spelling [*'spelyŋ*] rz. — sylabizowanie, pisownia
trouble [*'trabl*] rz. — kłopot
twinkle [*t^{u}ynkl*] rz. — błysk, migotanie
war [*^{u}o:*] rz. — wojna

Idiomy

A. I. [*'ej '^{u}an*] — pierwszorzędny
may be — może
to write down — napisać
on the wireless — przez radio
on the telephone — przez telefon
oh, dear — mój Boże!

GRAMATYKA

1. Zaimki i przymiotniki pytające: who, which, what?

a) **who?** — kto?
whose? — czyj?
whom? — kogo?
to whom? — do kogo?
with whom? — z kim?

Ściśle gramatycznie:

Whom **do you know best?** — Kogo znasz najlepiej?
About whom **do you speak?** — O kim mówisz?
With whom **did she come?** — Z kim ona przyszła?
For whom **is that book?** — Dla kogo jest ta książka? itd.

Język codzienny:

Who **do you know best?**
Who **do you speak** ***about?***

Who **did she come *with?***
Who **is that book *for?*** lub: ***Who for*** **is that book?**

b) **What?** — co?
for what? — na co?
with what? — z czym? czym?
on what? — na czym? itd.
which — który spośród? (dla ludzi i rzeczy)
of which — którego? itd.
what **room?** — jaki pokój?
which **room?** — który pokój?

Ściśle gramatycznie:

What **do you see there?** — Co tam widzisz?
With **what do you write?** — Czym piszesz?
On what **table will you put it?** — Na jakim stole to położysz?
At what **is she looking?** — Na co ona patrzy?
About which **book is he speaking?** — O której książce on mówi?

Język codzienny:

What **do you see there?**
What **do you write *with?***
What **table will you put it *on?***

What **is she looking *at?***
Which **book is he speaking *about?***

What is she looking at?

2. Czasowniki ułomne — c.d.

I may — mogę; **I might** — mogłem, mógłbym
I can — mogę; **I could** — mogłem, mógłbym
I must — muszę; (— nie ma czasu przeszłego)

I ought (to) [*o:t*] — powinienem
you ought
he ought
she ought
it ought
we ought
you ought
they ought

ought I? — czy powinienem?
ought you? itd.

I ought not — nie powinienem
you ought not itd.

Po słowie **ought** zawsze następuje czasownik w bezokoliczniku z wyrazem **to.**

Czasowniki ułomne nie przybierają w bezokoliczniku wyrazu **to**, nie mają imiesłowów i nie przyjmują końcówki **s** w trzeciej osobie l. pojedynczej. Formy pytające i przeczące tworzą bez słowa posiłkowego **to do**. Formy czasów przeszłych i przyszłych tworzą przy pomocy ekwiwalentów. Por. l. 14.

3. Pytania bez „do" w czasie teraźniejszym i przeszłym

Have you time? Was he at home? Can you run well? Must I go? May I smoke?
Who came first? Who sleeps there?
Whose coat hangs there?
What fell from the tree? What soap slipped under the bath?
Which of them took my things? Which way seemed shorter?
How much money lies on his desk? How many men sit there?

Formy pytajne bez **to do**, w czasie teraźniejszym i czasach przeszłych, formujemy przy czasownikach posiłkowych i ułomnych oraz z następującymi wyrazami **przy pytaniu o podmiot:**

who, whose, what, which, how much, how many. Przy pytaniu o dopełnienie używamy słowa **to do** np. **Whom did she meet there? How did you do that?**

ĆWICZENIA

I. **Przesylabizować następujące słowa:**
Association, advertisement, bicycle, beautiful, exceedingly, handkerchief, laugh, mackintosh, Wednesday.

II. **Zamienić na język codzienny** (przestawić przyimki):
1. Whom do you like best? 2. Of what did she think? 3. With whom do you play tennis? 4. About what does Mary write? 5. For what is that little door? 6. To what restaurant do they go? 7. For whom is the lady waiting? 8. With whom did he meet in Piccadilly? 9. To whom did you give the tie? 10. In what house do you live?

III. **Wstawić czasowniki we właściwych czasach:**
1. Yesterday I (to return) home as soon as it (to begin) raining. 2. Now, when I (to see) my mistakes I want to learn more. 3. If you (to find) that funny picture (to ring) me up, please. 4. Tomorrow that good-looking fellow (to come) to us as soon as he (to have time). 5. When they (to buy) all those novels, the bookshop (to be) empty. 6. The child (to eat) all your cheese before you (to sit) at table. 7. On Tuesday we (to get) some new handkerchiefs if she (to bring) us money. 8. The mother (to put) her things into the suit-case while the baby (to sleep). 9. We (to listen) to the wireless when you came in.

IV. **Zadać pięć pytań w czasach teraźniejszym i przeszłym bez użycia „to do"** (np. Who knows Anne? Who took my pen?)

V. **Przetłumaczyć:**
1. Co zrobisz kiedy zobaczysz mnóstwo owiec? 2. Czy zamknąłeś psa w gabinecie? 3. Nie wiem co zabrałeś zamiast swojej chustki. (pytanie zależne, zob. l. 33, następstwo czasów). 4. Musisz napisać list dłuższy aniżeli ten. 5. Czy jego biurko jest zupełnie puste? 6. Jej walizka była cięższa aniżeli moja. 7. Jestem pewny, że te opowiadania będą dosyć dziwne. 8. Gdzie położyłeś te słomki? 9. Mam zamiar (I am going to...) kupić tłustego sera we wtorek.

10. Dzieci bawiły się wesoło, podczas gdy nauczycielka siedziała w cieniu.

VI. **Wypracowanie:**

An English Park — park angielski.

VII. **Fonetyka**

Wypisać przykłady pisowni następujących dźwięków (w wyrazach):

[*a:*] np. class
[*o:*] np. course
[*ə:*] np. bird
[*iə*] np. hear

LESSON THIRTY-FIVE — THE THIRTY-FIFTH LESSON

Lekcja trzydziesta piąta

Słowotwórstwo: tworzenie rzeczowników od przymiotników
Liczebniki wielokrotne
Zdania podrzędne celowe
Drugi przypadek — c.d.
Rzeczownik odsłowny — c.d.
Czas zaprzeszły

Uwaga: powtórzyć liczebniki główne i porządkowe l.17, 22, 33.

POLITENESS

"Benham two singles, third class, please".

Stanley is buying tickets while Mary is looking at him smiling.

Stanley: What are you laughing at?

Mary: What you have said reminded me of a misunderstanding I had had half a year ago.

They get into the train and take opposite seats by the window. They have been asked to George's for the week-end.

Stanley: What was it?

Mary: Several times when I was buying bus or tram tickets, I got two tickets instead of one.

Stanley: Why?

Mary: Because I usually said "To Victoria station", or "To Piccadilly Circus"*.

Stanley (laughs): I often got into trouble before I learned to speak English a little better. Once I had a funny misunderstanding with a girl from my boarding-house. I wanted to ask her for a novel I knew she had, but instead of saying "Will you be so kind..." I said "I please you..." She looked at me coldly and answered: "Oh, do you? Are you quite sure of that?" But Harry burst out laughing and told her what I meant.

Mary: It's so hard to be polite in a foreign country. Even if you speak quite well, you don't know what to say in many cases, and what is done and what is not done. For instance, yesterday. A friend of mine gave me back an umbrella I had lent her, saying "Thank you ever so much", and I didn't know what to answer.

Stanley: Well — you might say "not at all".

Mary: Once, when I was first in England, I met Betty's brother in a café. He looked at me, I was sure he knew me, but he didn't bow. I was so annoyed and angry, I grew quite red and turned away not to see him. And the next morning Harry told me that in England ladies bowed first and the men had to wait for a bow or a smile.

---

* The conductor thought she wanted "two (tickets), Victoria Station", or "two Piccadilly Circus".

Stanley: And, you know, when a man is going with a lady, he must keep to her right side, or, if it is in the street, to the side of the roadway.

Mary: Oh, look here, I think that's our station.

Stanley: Yes, it is. Here is your cap. I have got your bag, and the other things. Let's go.

They get out of the train. The ride is over.

SŁOWNICZEK

angry [*'æŋgry*] pm. — zły, rozgniewany
annoy [*ə'noj*] cz. — dokuczać, dręczyć, trapić
answer [*'a:nsə*] rz. — odpowiedź, cz. odpowiadać
bag [*bæg*] rz. — torba
Benham [*'benəm*] rz. — nazwa miejscowości
boarding house [*'bo:dyŋhaus*] rz. — pensjonat
burst [*bə:st*] cz. — wybuchnąć; *nier.*
cap [*kæp*] rz. — czapka
case [*kejs*] rz. — wypadek, sprawa
even [*'i:wən*] ps. — nawet
grow [*grou*] cz. — rosnąć; *nier.*
in order to [*yn'o:dətu:*] — na to, żeby
instance [*'ynstəns*] rz. — przykład
misunderstanding [*'misandə'stændyŋ*] rz. — nieporozumienie
once [*^{u}ans*] ps. — raz
please [*pli:z*] cz. — podobać się, zadowolić
polite [*pə'lajt*] pm. — grzeczny
ride [*rajd*] rz. — przejażdżka
roadway [*'roud^{u}ej*] rz. — jezdnia
seat [*si:t*] rz. — miejsce
several [*'sewrl*] z. — kilka, **several times** — kilka razy
single [*'syŋgl*] pm. — pojedynczy (bilet, nie powrotny)
ticket [*'tykyt*] rz. — bilet
tramway, tram [*'træm^{u}ej*] rz. — tramwaj
turn away [*'tə:n ə'^{u}ej*] cz. — obrócić
twice [*t^{u}ajs*] ps. — dwa razy
Victoria [*wyk'to:rjə*] rz. — Wiktoria

Idiomy

for instance [*for'ynstəns*]
e.g. (exempli gratia) [*i:dżi:*] } — na przykład
to get into the train, bus, itd. — wejść do pociągu, autobusu itd.
to get out of the train, bus itd. — wyjść z pociągu, autobusu itd.
to get into trouble — nabawić się kłopotu
to burst out laughing — wybuchnąć śmiechem
a friend of mine — jeden z moich przyjaciół
what is done and what isn't done — co wypada i co nie wypada
ever so much — tak bardzo (tylko w rozmowie)
to grow red (angry, tired) — zaczerwienić się, rozgniewać się itd.
not at all — zamiast „proszę bardzo"
when I was first in England — kiedy byłem w Anglii po raz pierwszy

GRAMATYKA

1. Słowotwórstwo: tworzenie rzeczowników od przymiotników

Przymiotnik		Rzeczownik	
polite	— uprzejmy	**politeness**	— uprzejmość
kind	— uprzejmy	**kindness**	— uprzejmość
ill	— chory	**illness**	— choroba

Aby utworzyć rzeczowniki od niektórych przymiotników abstrakcyjnych, dodajemy przyrostek **ness**.

2. Liczebniki wielokrotne

once	— raz	**three times**	— trzy razy
twice	— dwa razy	**four times**	— cztery razy

3. Zdania podrzędne celowe

He comes *to* buy a tie — ... **żeby** kupić
She turned *not to* see him — ... **żeby nie** widzieć
Mother goes out *in order to* see who is in the study — ... **po to, żeby** zobaczyć

4. Drugi przypadek — c.d.

a friend of mine — jeden z moich przyjaciół
a dog of yours — jeden z twoich psów
a boy of Peter's — jeden z chłopców Piotra
a neighbour of father's — jeden z sąsiadów ojca

5. Rzeczownik odsłowny (The Gerund) — c.d.

Gerund jest to rzeczownik urobiony z czasownika przez dodanie końcówki **ing**.

a) **instead *of* read*ing*** — zamiast czytania
to be *against* buy*ing* — przeciwny kupowaniu
for* open*ing — do otwierania
without* look*ing — bez patrzenia (nie patrząc)

Gerund jest używany po przyimkach.

b) **She *finishes* wash*ing* her clothes.**
***Go on* writ*ing*.**

I don't mind sleeping here

I don't *mind* sleep*ing* here.
Mary *likes* walk*ing*

Gerund używany jest z czasownikami: **to excuse, to finish, to go on, to give up, to mind, to miss, to remember, to stop, to understand. Gerund** lub **bezokolicznik** są używane z czasownikami: **to begin, to like, to love, to hate.**

6. Czas zaprzeszły (Past Perfect Tense)

Forma twierdząca

I had taken — wziąłem (był)
you had taken — wziąłeś (był)
he had taken
she had taken
it had taken
we had taken
you had taken
they had taken

Forma przecząca	Forma pytająca
I had not taken	**had I taken?**
you had not taken	**had you taken?**
he had not taken itd.	**had he taken?** itd.

a) **She gave me back an umbrella which I had lent her** — Zwróciła mi parasol, który jej pożyczyłem (poprzednio).

After she had been in the country for three weeks she returned to London — Po (poprzednim) pobycie na wsi przez trzy tygodnie powróciła do Londynu.

Czasu zaprzeszłego używamy dla wyrażenia akcji przeszłej, dokonanej jeszcze **przed** jakąś inną akcją w przeszłości.

b) Następstwo czasów (patrz lekcja 26)

I know he was ill last year — Wiem, że on był chory w zeszłym roku.

I knew he had been ill the year before — Wiedziałem, że on chorował poprzedniego roku.

Kiedy w zdaniu głównym mamy czas przeszły, to dla akcji wyrażonej w zdaniu podrzędnym używamy czasu zaprzeszłego.

ĆWICZENIA

I. **Uzupełnić następujące zdania**

(np. She sings very well, doesn't she? He has fine flowers, hasn't he?) 1. Lunch is ready, ... 2. The weather is simply awful, ... 3. She puts the glasses in the wrong place, ... 4. We can hear them quite well, ... 5. I pronounce this word wrong, ... 6. You remember what Welsh rabbit is, ... 7. Her frock was too long, ... 8. We must wait a bit longer, ... 9. He has much trouble, ... 10. The clock struck eleven, . . .

II. **Wymienić pięć rzeczy, które lubimy i pięć, których nie lubimy.** (np. I like to sleep in the afternoon. I don't like cats.)

III. **Zamienić:** a) **na formę przeczącą:**

1. Open the door. 2. Let him see you. 3. Sleep now! 4. Stop playing! 5. Let us meet in the morning. 6. Let me wait for you!

b) **na formę twierdzącą:**

1. Don't sit on the next seat! 2. Don't let him bring the trousers!

3. Don't let me work now! 4. Don't kiss the baby! 5. Don't let them call you Betty. 6. Don't forget everything!

IV. **Napisz siedem zdań według następującego wzoru:**

Peter, **a** young Englishman, brought some fine pictures.
The policeman, **a** friend of my father's, came into the room.

V. **Przetłumaczyć** (uważać na następstwo czasów, zob. l. 33):
1. Wiem, że ten pies jest żywy. 2. Wiedziałem, że te psy są białe. 3. On mówi, że ten parasol pasuje do mojego płaszcza. 4. Ona powiedziała, że ktoś stuka do drzwi. 5. Byłem pewny, że widziałem go w 1946 r. 6. Jestem pewny, że mam szlafrok w szafie. 7. Czy on myśli, że to jest tygrys? 8. Irlandczyk myślał, że w Londynie wszyscy śpiewają na ulicy. 10. Jerzy czyta w gazecie, że najpiękniejszy park będzie zamknięty. 10. Przeczytaliśmy wczoraj, że ten pisarz ma 48 lat.

VI. **Wypracowanie:**
A Day of Your Life — Opisać zajęcia w przeciętnym dniu.

VII. **Fonetyka**
[*sz*] station, dictionary, association; [*sz*] shall, sheep, finish

LESSON THIRTY-SIX — THE THIRTY-SIXTH LESSON

Lekcja trzydziesta szósta

Strona bierna czasowników
Używanie czasowników: „to speak", „to talk," „to say," „to tell"
Liczebniki — c.d.

Uwaga: wyraz **pretty** znany był dotychczas jako przymiotnik „ładny". W tej lekcji występuje przysłówek **pretty**, tzn. „dosyć", np.: **pretty light, pretty cold** (dość jasny, dosyć zimny) .
Wyraz **furniture** (umeblowanie) używany jest tylko w liczbie pojedynczej, tak samo jak **money, hair** (o ile nie mówimy o poszczególnych włosach).

MR. JOHNSON'S HOUSE

Mr. Johnson (i.e. Freddie's brother, George) has an unusually beautiful house, all covered with ivy and roses. He calls it a cottage, but it is two stories high and has several rooms. George's eldest boy, Dick, shows the house to John who has come by the morning train. First they must go round the garden and admire the smooth lawn, the clean paths, graceful daffodils, primroses and other spring flowers hiding under the bushes, which are beginning to turn green. In one corner, near the garage, some sand can be seen; that's where the children like best to play. The garden is a bit small, but it is large enough for Dick, Joan and Baby, George's children, and when the warmer days come, they will spend almost all their time out of doors.

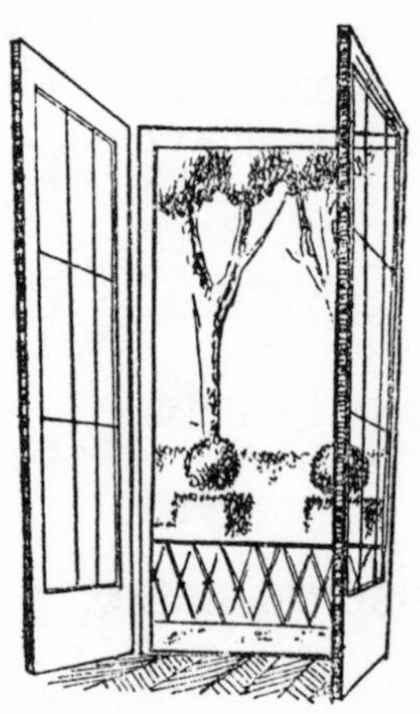

Dick and his guest get into the house through a French window, leading into the sitting room, which is pretty light and sunny (when there is sun!) by day, and warm and cosy in the evening, with its fireplace, warm coloured curtains and comfortable furniture. There is a thick carpet on the floor and bright cushions on the sofa, and armchairs. A fine piano takes up much room in one corner.

Next to it is the dining-room. It is pretty cold now, for the electric fire has been out since lunch. The sideboard, table, and chairs are of light wood. A bowl full of daffodils, standing in the middle of the table, goes very well with the yellow lampshade and the cream-coloured cotton curtains.

"Now I'll show you the study", says Dick, and takes John across the hall to his father's favourite room, which looks like a library, for all along the walls there are book-cases and shelves with hundreds of books and magazines.

"There is an awful mess on the desk but nobody (not even Mummy) is allowed to touch anything there".

The study has a nice view on to the garden and you can go out of it through a French window.

The boy and the young man come out again into the hall.

"We won't go into the kitchen," says Dick, "Ellen does not like to be disturbed and now she is washing up after lunch".

Between the study and the kitchen there is a lavatory, and the last room near the front door is the pantry. "You may go in if you like", says Dick, "but I'm not allowed since I ate half of Joan's birthday cake".

John thinks it safer not to open the pantry. "You have shown me the ground floor, now let us go upstairs".

So they run up the wooden stairs leading to the first floor.

East or West Home is best

SŁOWNICZEK

across [*ə'kros*] ps. — w poprzek, na krzyż
admire [*əd'majə*] cz. — podziwiać
allow [*ə'lau*] cz. — pozwolić
along [*ə'loŋ*] pi. — wzdłuż
birthday [*'bə:θdej*] rz. — urodziny
bookcase [*'bukkejs*] rz. — szafa do książek
bowl [*boul*] rz. — wazon, czara
bright [*brajt*] pm. — jasny, żywy
bush [*busz*] rz. — krzak
cake [*'kejk*] rz. — ciastko, ciasto
carpet [*'ka:pyt*] rz. — dywan
corner [*'ko:nə*] rz. — róg, kąt
cosy [*'kouzy*] pm. — przytulny
cottage [*'kotydż*] rz. — chata, domek na wsi
cotton [*'kotn*] rz. — bawełna, pm. bawełniany
curtain [*'kə:tn*] rz. — firanka
cushion [*kuszn*] rz. — poduszka
daffodil [*'dœfədyl*] rz. — żonkil (żółty narcyz)
dining-room [*'dajnyŋrum*] rz. — jadalnia
disturb [*dys'tə:b*] cz. — przeszkadzać
double [*'dabl*] l. — podwójny
east [*i:st*] rz. — wschód
elder [*'eldə*], **eldest** [*'eldyst*] pm. — starszy, najstarszy (o członkach rodziny)
electric fire [*y'lektryk'fajə*] rz. — kominek elektryczny, piecyk
favourite [*'fejwryt*] pm. — ulubiony
fire [*fajə*] rz. — ogień
flower [*'flauə*] rz. — kwiat
French window [*frencz 'uyndou*] rz.— drzwi oszklone na balkon lub na werandę
furniture [*'fə:nyczə*] rz. — meble
garage [*'gœra:ż*] rz. — garaż
graceful [*'grejsful*] pm. — wdzięczny
ground-floor [*'graund'flo:*] rz. — parter
hide [*hajd*] cz. — chować; *nier.*
i. e. [*'aj 'i:*] — tj. (skrót: „to jest", z łaciny: id est)
ivy [*'ajwy*] rz. — bluszcz
Joan [*dżoun*] rz. — Joanna
Johnson [*dżonsn*] rz. — nazwisko
kitchen [*kyczn*] rz. — kuchnia
lamp-shade [*'lœmpszejd*] rz. — abażur na lampę

SŁOWNICZEK

lavatory [*'lœwətry*] rz. — ustęp, umywalnia
lawn [*lo:n*] rz. — trawnik
lead [*li:d*] cz. — prowadzić, kierować; *nier.*
mess [*mes*] rz. — bałagan
mummy [*'mamy*] rz. — mamusia
pantry [*'pæntry*] rz. — spiżarnia
path [*pa:θ*] rz. — ścieżka
pretty [*'pryty*] ps. — dosyć, dość
primrose [*prymrouz*] rz. — pierwiosnek
room [*rum*] rz. — miejsce (tylko w l. p.)
rose [*rouz*] rz. — róża
round [*'raund*] pm. — okrągły; ps. dookoła
safe [*'sejf*] pm. — bezpieczny
sand [*sœnd*] rz. — piasek
sideboard [*'sajdbo:d*] rz. — kredens
sofa [*'soufə*] rz. — kanapa
since [*syns*] pi. — od, od czasu; sp. ponieważ
spring [*spryŋ*] rz. — wiosna
story [*'sto:ry*] rz. — piętro
sunny [*'sany*] pm. — słoneczny
thousand [*'θauzənd*] l. — tysiąc
touch [*tacz*] cz. — dotykać
upstairs [*'ap'steəz*] ps. — na górze, na górę po schodach
view [*wju:*] rz. — widok
wash up [*ᵘosz 'ap*] cz. — zmywać
west [*ᵘest*] rz. — zachód
wooden [*ᵘudn*] pm. — drewniany

Idiomy

the house is two stories high — (ma parter i 1 piętro) jest piętrowy
the fire is out — ogień zgasł, nie pali się
much room — dużo miejsca
to go well with — pasować do
if you like — jeśli chcesz
the room has a view on to the garden — pokój ma widok na ogród
out of doors — na dworze
next to — obok

OBJAŚNIENIA FONETYCZNE

Należy zwrócić uwagę na wymowę wyrazu **furniture** [*'fə:nyczə*]. Końcówkę — **ture** znamy z wyrazu **picture** [*'pykczə*], por. **na*tu*ral** [*'nœczrl*].

GRAMATYKA

1. Strona bierna czasowników

CZAS TERAŹNIEJSZY

I am seen — jestem widziany	**we are seen** — jesteśmy widziani
you are seen	**you are seen**
he is seen (she, it)	**they are seen**

CZAS PRZESZŁY NIEZŁOŻONY

I was called — byłem nazwany, zostałem nazwany
you were called
he was called itd.

I shall be caught

CZAS PRZYSZŁY

I shall be caught — będę złapany
you will be caught
he will be caught itd.

CZAS PRZESZŁY ZŁOŻONY

I have been found — zostałem znaleziony
you have been found
he has been found itd.

BEZOKOLICZNIK

to be forgotten — być zapomnianym

IMIESŁÓW CZASU TERAŹNIEJSZEGO

being heard — będąc słyszanym
I am not allowed — nie wolno mi (nie jestem „pozwolony").

Przykłady:

Some sand *can be seen* — Trochę piasku widać (może być „widziane").
The lawn *was covered* with leaves — Trawnik był pokryty liśćmi.
That novel *is written* by an English writer — Ta powieść jest napisana przez angielskiego pisarza.

Formę bierną czasowników tworzymy przy użyciu imiesłowu czasu przeszłego danego czasownika i czasownika posiłkowego „to be" w formie osobowej.

2. Używanie czasowników: to speak, to talk, to say, to tell

a) ***to speak*** — mówić, rozmawiać, przemawiać
John and Dick speak English. Mary speaks too quickly. The child speaks quite well.
We shall speak *about* the weather. I want to speak *to* your father. John was speaking *with* his friend.
He spoke on the wireless.

b) ***to talk*** — rozmawiać, gadać
They talked quite long *about* the house. Everybody talked but nobody listened.
Don't talk so much.

c) ***to say*** — rzec, powiedzieć, mówić (coś) **"Now I'll show you the study", says Dick. What did you say? He said *nothing*. She said *something* funny. They said a few words *to* their neighbour. She said something quite different *to* my sister.**

d) ***to tell*** — mówić, opowiadać, kazać (komu) ***Tell him*** **where the kitchen is. Tell *me* please: "There was a young lady of Lynn". She will forget everything you told *her*.**
The young fellow told *us* a few boring stories. Mother told *the boy* to bring more water.

3. Liczebniki — c.d.

100 — a hundred daffodils
200 — two hundred primroses
345 — three hundred *and* forty-five chairs
1 000 — a thousand men
3 000 — three thousand women
6 478 — six thousand four hundred and seventy-eight children

Lecz: **hundre*ds of* magazines** — **setki czasopism. Thousan*ds of* apple-trees** — tysiące jabłoni.

Daty: **1815 eighteen hundred and fifteen, lub eighteen fifteen.**

Numery telefoniczne: **12—79: one two — seven nine.**

33—05: double three — oh five
78—86: seven eight — eight six

Numery telefoniczne podawane są każdą cyfrą oddzielnie, z tym, iż pauzy są między parami, np.

12 034 — one-two oh-three four
22 332 — two-two three-three two
11 00 — double one-double oh
11 000 — one-one oh-double oh

Wyjątek: **999 — nine nine nine** (numer, którym w Anglii wzywa się pomocy policji w razie wypadku).

Liczebniki główne	**Liczebniki porządkowe**
page two	**the second page**
book four	**the four*th* book**
lesson seven	**the seven*th* lesson**

ĆWICZENIA

I. **Napisać siedem zdań według następującego wzoru:**
The boy **said (that)** he had two elder brothers.
Napisać siedem zdań według następującego wzoru:
Mr Brown **told me** that he had spent two weeks in the country.

II. **Napisać zdania w stronie biernej, używając następujących czasowników:** to bring, to watch, to cover, to hide, to write to hear.

III. **Wypisać wszystkie czasowniki nieregularne z lekcji 28 w ich trzech formach głównych**, np. take — took — taken — wziąć

IV. **Podać wyrazy o znaczeniu przeciwnym:**

1) to answer	9) plenty of	17) with
2) behind	10) sorry	18) good
3) always	11) thick	19) never
4) dirty	12) to forget	20) to put on
5) black	13) light	21) seldom
6) fat	14) old	22) slowly
7) to leave	15) long	23) worse
8) nobody	16) shade	24) empty

V. **Odpowiedzieć na następujące pytania:**

1. How many rooms are there on the ground floor? 2. What flowers can you see in the garden? 3. What is a French window? 4. What is the furniture of a study? 5. What is the furniture like* in George's dining-room? 6. What room is there between the kitchen and the study? 7. Why can't Dick go into the pantry? 8. What makes a sitting-room comfortable and cosy? 9. What can you find in a pantry?

VI. **Napisz słowami następujące daty i numery czterocyfrowe telefonów:**

1820; 1066; 1492; 1616; 1350; 1909; 1948; 1950.

25 71; 44 13; 77 68; 45 50; 93 34.

VII. **Wypracowanie:**

An Ideal Study (Idealny gabinet)

VIII. **Fonetyka**

Napisz alfabetem fonetycznym:

1) through, 2) though, 3) thought, 4) cold, 5) called, 6) bed, 7) bad, 8) bet, 9) but, 10) bit, 11) cup, 12) cap, 13) both, 14) bath.

LESSON THIRTY-SEVEN — THE THIRTY-SEVENTH LESSON

Lekcja trzydziesta siódma

Przedimek nieokreślony — c.d.
Przedimek określony — c.d.
Forma bezosobowa

Uwaga: należy powtórzyć wiadomości o używaniu przedimków z lekcji 2, 4, 5. Pierwsze ćwiczenie (I. Wstawić przedimek... str. 180) jest jednocześnie czytanką i po przerobieniu go oraz po starannym sprawdzeniu jego wykonania przy pomocy klucza, należy przeczytać je jeszcze raz i nauczyć się wybranych zdań na pamięć. Nauczyć się limeryków na pamięć, zwracając uwagę na występujące w nich przedimki oraz na opuszczanie przedimków przed niektórymi rzeczownikami.

Począwszy od tej lekcji uczący się może rozpocząć dodatkową lekturę łatwiejszych tekstów (zob. „Wskazówki dla Uczącego się", str. XXII).

---

* Tzn. jak wygląda. Zob. zwroty w 1.13.

Limericks

There was a young fellow of Ealing.
Devoid of all delicate feeling.
When he read on a door:
"Please, don't spit on the floor",
He immediately spat on the ceiling.

There was a young lady of Norway
Who often sat in the doorway.
When they squeezed her flat,
She exclaimed: "Oh! What's that!?"
That courageous lady of Norway.

SŁOWNICZEK*

Atlantic [*ət'lœntyk*] rz. — Atlantyk
ceiling [*'si:lyŋ*] rz. — sufit
courageous [*kə'rejdżəs*] pm. — odważny
delicate [*'delykyt*] pm. — delikatny
devoid [*dy'wojd*] pm. — pozbawiony
Dickens [*'dykynz*] rz. — powieściopisarz 19 wieku
doorway [*'do:^{u}ej*] rz. — brama, odrzwia
exclaim [*yks'klejm*] cz. — wykrzyknąć
feeling [*'fi:lyŋ*] rz. — uczucie
flat [*flœt*] pm. — płaski
hall-stand [*'ho:l 'stœnd*] rz. — wieszak
hat [*hœt*] rz. — kapelusz
immediately [*y'mi:djətly*] ps. — natychmiast
limerick [*'lymərуk*] rz. — limeryk
lots of [*'lotsəw*], **a lot of** rz. — dużo, mnóstwo
mile [*majl*] rz. — mila
narrow [*'nœrou*] pm. — wąski
Norway [*'no:^{u}ej*] rz. — Norwegia
overcoat [*'ouwəkout*] rz. — palto
rubbers [*'rabəz*] rz. — kalosze
size [*sajz*] rz. — rozmiary, wielkość
spit [*spyt*] cz. — pluć; *nier.*
stairs [*steəz*] rz. — schody
stick [*styk*] rz. — kij, laska
stove [*'stouw*] rz. — piec
straight [*strejt*] pm. — prosty
Thames [*temz*] rz. — Tamiza (rzeka w Anglii)
underneath [*ˌandə'ni:θ*] ps. — pod spodem, pod
wall-paper [*^{u}o:l 'pejpə*] rz. — tapeta
weak [*^{u}i:k*] pm. — słaby
Vistula [*'wystj'ulə*] rz. — Wisła

* Niektóre słówka dotyczą I ćwiczenia i gramatyki.

Idiomy

on the left hand side } na lewo
on the left }
it is the right size — jest odpowiedniej wielkości
thirty miles an hour — trzydzieści mil na godzinę
many a time — nie jeden raz
half an hour — pół godziny
in a hurry — w pośpiechu
straight on — prosto naprzód
on the whole — na ogół, w ogóle

GRAMATYKA

1. Przedimek nieokreślony — c.d.

Przedimka nieokreślonego używamy:

a) przed rzeczownikiem wspomnianym po raz pierwszy, np.:
There was *a* young lady of Norway.
There was *a* young fellow of Ealing.

b) przed rzeczownikiem określającym pewną klasę rzeczy, osób, np.:
***A* physician must know much.**
***A* daffodil is a flower.**

c) jako uzupełnienie czasownika **to be,** np.:
Mr. Johnson's house is *a* cottage. My brother *is a* film star.

d) dla wyrażenia pewnej proporcji, np.:
The car runs *thirty miles an hour.*

e) przed imieniem własnym, które określa typ, np.:
He is *a* good writer but he is not *a* Dickens.

f) w takich zwrotach jak:
many *a* time, such *a* good boy, half *an* hour, half *a* mile, in a hurry, itd.

g) w zwrotach: **a few, a little, dla wyrażenia znaczenia** „kilka, trochę".

2. Przedimek określony — c.d.

Przedimek określony „the" jest używany w następujących wypadkach:

a) kiedy rzeczownik jest określony i znany mówiącemu, np.:

Yesterday I saw a dog and a cat in the garden. *The* cat was white and *the* dog was black.

b) kiedy rzeczownik (przedmiot) znajduje się w pobliżu mówiącego i jest znany wszystkim, np.:

There is a carpet on *the* floor. In *the* garden they admire *the* lawn. Put *the* lamp on *the* table (lampa i stół są w tym pokoju).

c) kiedy rzeczownik jest jedyny, np.:

The sun* does not shine to-day. Open *the window (pokój ma tylko jedno okno) ***The wife* of your friend is ill.**

d) kiedy rzeczownik jest określony przez „of" i „which", które następują po nim, np.:

***The* birthday cake *which* Dick ate was for Joan.**

***The son of* my sister is a good pupil.**

***The* house *of* Mr. Johnson is pretty large.**

e) przed przymiotnikami i imiesłowami używanymi jako rzeczowniki, np.

The rich* must think about *the poor. The strong* ought to help *the weak.

f) w powiedzeniach:

all the time, all the year, all the night, double the size, on the whole, go to the pictures itp.

g) przed nazwami rzek, mórz i oceanów, zatok, cieśnin, np.: **The Thames, the Vistula, the Atlantic Ocean** itp.

h) przed nazwiskami dla określenia pojęcia rodziny, np.: **The Murdochs, the Browns** itp.

i) przed nazwami łańcuchów górskich, np. **the Alps** oraz przed niektórymi krajami, jak: **the USA, the USSR, the Netherlands***, **the Far East** itp.

3. **Forma bezosobowa** może być wyrażona następująco:

When it is cold	Kiedy jest zimno,
***one* turns on the electric fire**	nastawia się piecyk elektryczny
***we* turn on the electric fire**	
***you* turn on the electric fire**	
the electric fire *is turned on*	

ĆWICZENIA

I. **Wstawić przedimek „a", „an" lub „the" gdzie należy**

... Hall.

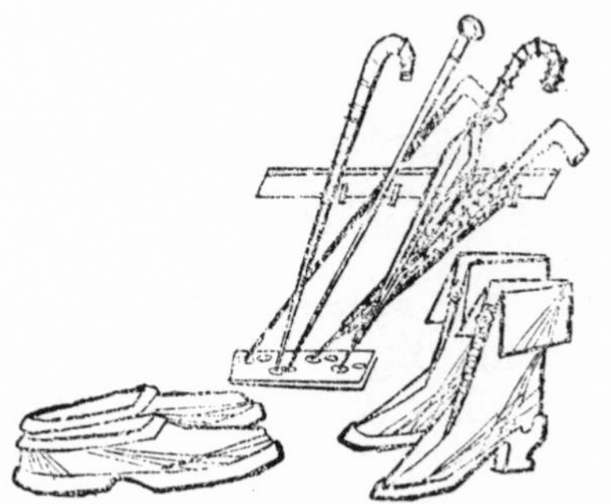

1. In Mr. Johnson's cottage there is ... little hall. 2. It has only one window, ... very high one, and yet it is pretty light. 3. ... walls are covered with ... cream wall-paper and on ... floor there is ... brown carpet. 4. When we enter through ... front door, on the left, we see ... hall-stand with lots of ... hats, ... caps and ... overcoats hanging on it. 5. There is also ... little looking-glass with ... lamp above it, and ... drawer with ... clothes-brushes. 6. Underneath ... sticks and ... umbrellas of Mr. and Mrs. Johnson can be found standing all together. 7. On ... right hand side you see ... telephone. 8. It is ... very good place for it, everybody hears it perfectly from ... dining-room, or ... sitting-room, as well as from ... kitchen. 9. If you go straight on, you come to ... stairs which are neither broad nor narrow, but

* Zob. Dodatek: inne nazwy krajów, str. 320—322.

just ... right size. 10. Under ... stairs there is ... small cupboard for shoe-brushes, and rubbers. 11. It is often untidy for ... Dick and ... Joan are usually in ... hurry when they are looking for their thick shoes. 12. In winter, entering ... hall one looks first for ... stove, or ... fire-place, so when it is pretty cold ... electric fire is turned on making ... room warm and cosy. 13. Usually there are no stoves in ... English house.

II. **Napisać osiem zdań według następującego wzoru.**

a) The lady has **never** been there.

b) Have you **ever** seen such a man?

III. **Sporządzić listę słów odnoszących się do ubrania,** np.: a coat, a frock.

IV. **Wypisać czasowniki nieregularne z lekcji 29** w ich trzech głównych formach.

V. **Opowiadanie:** The Hall.

VI. **Przetłumaczyć:**

1 — ta kobieta
2 — te kobiety
3 — 3 liście
4 — 8 Anglików
5 — 5 owiec
6 — 7 zębów
7 — 11 dzieci
8 — 1 ząb
9 — tamto dziecko
10 — 5 mężczyzn
11 — 9 Polaków
12 — ci panowie
13 — 2 spiżarnie
14 — 12 półek
15 — 4 panie
16 — 4 słowniki
17 — wszystkie żony
18 — dosyć długi
19 — tamte piętra
20 — obaj policjanci
21 — taka żona.

VII. **Fonetyka**

[*u*] sugar, put, cushion, bush
[*u:*] sure, fruit
[*ɑ*] but, shut, just, cup
[*ju:*] used, **fu**ture, pupil, suit
[*ə:*] **fur**niture, turn, burst
[*ə*] fu**ture**, diffi**cu**lt
[—] guest, autumn, buy.

LESSON THIRTY-EIGHT — THE THIRTY-EIGHTH LESSON

Lekcja trzydziesta ósma

Opuszczanie zaimków względnych — c.d.
Zaimki względne: "whose", "of which"
Czasowniki z przyimkami i bez przyimków
Dopełniacz saksoński — c.d.

Uwaga: powtórzyć używanie zaimka "whose", l. 23. Używanie rzeczownika odsłownego.

MR. JOHNSON'S HOUSE

The First Floor

Dick and his guest climb up the stairs and the first thing they come across is a large rubber ball.

"Joan has been playing and, of course, she had to leave her ball here", explains Dick.

First they go into the spare room whose windows look west and north. John finds it nice and comfortable with its gay curtains, modern furniture and cosy lounge chairs. When Stanley was here first, he noticed the big fireplace and the sash windows that slide up and down, instead of opening like a door.

Next to it is the bedroom, but there is no door connecting the two rooms. There you can see the usual furniture: beds, large wardrobes (one is built-in), a dressing-table with lots of bottles and boxes full of things ladies need for making up. The floor is covered with a plain carpet, the colour of which goes perfectly with the pale green curtains. A French window leads to a balcony from which you can go into the nursery.

Windows looking south and east, plenty of light, plenty of air, pale coloured furniture make it an ideal room for children. The walls are light blue without any pictures, but all round the room there is a large border painted all over with bright funny looking animals, such as rabbits, dogs, bears, cats, elephants, etc.

A low shelf can be seen along the wall. The highest shelf is for the older children's school-books. It would not be very safe to let Baby catch hold of them, and her own picture-books are made of strong linen, so that she cannot tear them. Her favourite

toys, a friendly Teddy bear, a wooden farm with cows, horses and sheep, are on the lowest shelf. In one corner John notices a little desk with some ink spots on it — that is where Dick and Joan do their lessons. It strikes John that the nursery is right above the study. "I shouldn't give that room to the children", he says to himself; "they must make a lot of noise, especially in winter when they can't play so much in the garden".

Suddenly loud shrieks come out of the neighbouring bathroom. "Baby is having her bath", Dick explains. So they go in to see the fun. Baby is sitting in the bath and hitting the water with a rubber duck and she shrieks with delight as the water splashes the whole bathroom. Even the high shelf on which Father keeps his shaving things is all wet. Mother does not seem to mind it. She has put on a rubber apron and rubs the child's back rather energetically.

"Well, I think that's all", says John, who does not want to get splashed and hurries out of the bathroom.

"No, there is still Ellen's room to be seen", answers Dick.

"Never mind Ellen's room — there is somebody coming."

So there is. The front door bell rings and Binkie (a fine setter) is running all over the staircase, barking furiously. Dick and his guest run downstairs; their "sight-seeing" is over.

SŁOWNICZEK

air [*eə*] rz. — powietrze; mina
apron [*ejprən*] rz. — fartuch
back [*bœk*] rz. — plecy, grzbiet
balcony [*'bœlkəny*] rz. — balkon
ball [*bo:l*] rz. — piłka
bark [*ba:k*] cz. — szczekać
bear [*'beə*] rz. — niedźwiedź
bell [*bel*] rz. — dzwonek
bottle [*'botl*] rz. — butelka
border [*'bo:də*] rz. — brzeg, obramowanie, szlak
box [*boks*] rz. — pudełko
build [*byld*] cz. — budować; *nier.*
built in [*'bylt'yn*] — wbudowany (cz. **to build** w str. biernej)
come across [*kamə'kros*] cz. — natrafić na, spotkać
connect [*kə'nekt*] cz. — łączyć
cow [*kau*] rz. — krowa
delight [*dy'lajt*] rz. — rozkosz
dressing-table [*'dresyŋ'tejbl*] rz. — tualetka
duck [*dak*] rz. — kaczka
elephant [*'elyfənt*] rz. — słoń
Ellen [*'elən*] rz. — imię żeńskie
energetically [*ˌenə'dżetykly*] ps. — energicznie
especially [*ys'peszly*] ps. — szczególnie
explain [*yks'plejn*] cz. — wyjaśnić
farm [*fa:m*] rz. — ferma, gospodarstwo rolne
fun [*fan*] rz. — uciecha, zabawa
furious [*'fjurjəs*] pm. — wściekły
gay [*gej*] pm. — wesoły
hit [*hyt*] cz. — trafić, uderzyć; *nier.*
horse [*ho:s*] rz. koń
ink [*yŋk*] rz. — atrament
linen [*'lynyn*] rz. — płótno
loud [*laud*] pm. — głośny
lounge-chair [*'laundż'czeə*] rz. — fotel klubowy
low [*lou*] pm. — niski
make up [*mejk'ap*] cz. — szminkować się; *nier.*
modern [*'modn*] pm. — nowoczesny
noise [*nojz*] rz. — hałas
north [*no:θ*] rz. — północ
notice [*'noutys*] cz. — zauważyć
nursery [*'nə:sry*] rz. — pokój dziecinny
pale [*pejl*] pm. — blady
plain [*plejn*] pm. — zwyczajny, gładki, bez desenia
put on [*put'on*] cz. — wkładać, ubierać; *nier.*
right [*rajt*] ps. — akurat
rub [*rab*] cz. — wycierać, pocierać
sash window [*'sœsz ˌuyndou*] rz. — okno zasuwane z góry
shave [*szejw*] cz. — golić się
shriek [*szri:k*] rz. — krzyk, wrzask
sight-seeing [*'sajt si:yŋ*] rz. — zwiedzanie
slide [*'slajd*] cz. suwać (się) na dół i z dołu do góry, zsuwać się; *nier.*
south [*'sauθ*] rz. — południe
spare [*'speə*] pm. — zapasowy
splash [*splœsz*] cz. — pluskać, chlapać
spot [*spot*] rz. — miejsce, plama
staircase [*'steəkejs*] rz. — klatka schodowa
tear [*'teə*] cz. — drzeć; *nier.*
Teddy bear [*'tedybeə*] rz. — miś, niedźwiadek pluszowy
toy [*toj*] rz. — zabawka
wardrobe [*'uo:droub*] rz. — garderoba, szafa na ubranie
winter [*uyntə*] rz. — zima

Idiomy

all over — na całym, po całym (stole etc)
of course — oczywiście
right above — akurat nad, w sam raz nad
to let somebody take — pozwolić (dać) komuś wziąć
to catch hold of — złapać, uchwycić się czegoś
I should like — chciałbym
you would like, he would like itd. — chciałbyś, chciałby itd.
to be seen — do zobaczenia, do oglądania
first, at first — najpierw
at last — w końcu
so there is — faktycznie tak jest

OBJAŚNIENIA FONETYCZNE

Litera **a**, po której następuje spółgłoska oraz **e** niewymawiane, brzmi [*ej*], np.: **place, pale, make, safe.**

Litera **i**, po której następuje spółgłoska oraz **e** niewymawiane, brzmi [*aj*], np.: **nice, slide, like, strike.**

Litera **o**, po której następuje spółgłoska oraz **e** niewymawiane, brzmi [*ou*], np.: **whole, Pole, home.**

GRAMATYKA

1. Opuszczanie zaimków względnych — c.d.

Ściśle gramatycznie:

The first thing *across which* they came was a ball — Pierwszą rzeczą, na którą się natknęli, była piłka.

The gentelman *about whom* you speak is here — Pan, o którym mówisz, jest tutaj.

The house *in which* we live is nice — Dom, w którym mieszkamy, jest miły.

Język codzienny:

The first thing they came across was a ball.
The gentleman you speak about is here.
The house we live in is nice.

W języku potocznym bardzo często opuszczamy zaimek względny (w bierniku), a przyimek stawiamy wówczas po czasowniku. (Patrz lekcja 34, gram. 1, o opuszczaniu zaimków względnych).

The house we live in is nice

2. Zaimki względne: whose, of which

The spare room *whose* windows look west — Pokój, którego okna...
The boy *whose* cap is here — Chłopiec, **którego** czapka jest tutaj.
There is a carpet *whose* colour goes perfectly with... — Tam jest dywan, którego kolor doskonale odpowiada...
There is a carpet *the colour of which* is too dark — Tam jest dywan, którego kolor jest zbyt ciemny.

Drugi przypadek wyrazu **who** — **whose** stosuje się nie tylko do ludzi; może on być również używany w stosunku do rzeczy, podobnie jak **of which**, który jednakże stawiamy po rzeczowniku, np.: ***whose* colour**, ale: **the colour *of which*.**

3. Czasowniki z przyimkami i bez przyimków

W języku angielskim po wielu czasownikach stosujemy odmienne od polskich przyimki. Np.:

stukać **do** (drzwi) — **to knock *at*** (the door)
czekać **na** (kogoś) — **to wait *for*** (somebody)

Z **at** występują następujące czasowniki: **to knock at, to look at, to laugh at, to smile at, to work at.**
Z **of** — **to think of** (lub about), **to remind somebody of something** (przypomnieć komuś o czymś).

Z *for* — **to care for, to look for, to wait for.**
Z *to* — **to listen to, to say something to.**
Z *on* — **to call on somebody.**
Z *into* — **to translate into.**
Z biernikiem, bez przyimka używamy niektórych czasowników, które w j. polskim wymagają przyimków: **to answer** (a letter, a question, somebody), **to climb** (a tree, a chair), **to enter** (a room, a house), **to give up** (chocolate, smoking), **to mind** (a car, a child), **to play** (football, the piano*).

4. Dopełniacz saksoński — c.d.

The lad*y's* umbrella — parasolka pani. **The ladie*s'* umbrellas** — parasolki pań.
Z nieregularną liczbą mnogą: The childre*n's* room — pokój dzieci. **the gentleme*n's* pipes** — fajki panów (Por. l. 24, str. 101).

ĆWICZENIA

I. **Zamienić na pytania** (np. He looks **at** me — What does he look **at****):

1. She laughs at the funny rabbit. 2. They think of their favourite flowers. 3. Freddie works at his new picture. 4. The cat looked at my plate. 5. They begin with an orange. 6. We shall listen to her piano. 7. Now she is thinking of her friend. 8. They must send for the doctor. 9. She smiled at him. 10. He will look at the other pictures.

II. **Wstawić czasowniki we właściwym czasie***** (pamiętać o przepisywaniu wszystkich ćwiczeń, również i tego typu):

1. As soon as you (to see) the maid, tell her to come down. 2. When they (to enter) the sitting-room, they noticed the new wireless. 3. We shall mind the children while you (to cook) the dinner 4. When you (to lose) your umbrella I shall lend you mine. 5. If she (to come) next time, she will get into trouble. 6. He will need money badly before he (to sell) his shop. 7. Those people say that English cooking (to be) quite good. 8. My brother said that the London underground (to be) very deep. 9. Did you hear that my

* Należy sprawdzić, czy znane jest znaczenie wszystkich tych czasowników, ewentualnie wyszukać je w słowniku angielsko-polskim.
** Zob. l.34, str. 159.
*** Uważać na czasy w zdaniach czasowych lub innych zdaniach zależnych.

friend (to have) very fine paintings? 10. I am sure he (to say) it only to please you. 11. Everybody asked the Scotsman if he (to know) London. 12. As soon as the magazine (to be read), you will get another.

III. **Sporządzić listę słów zawierających:** ee, ll, mm, tt, ss (np. deep, wall):

IV. **Napisać zdania zawierające następujące przysłówki:**

Furiously, almost, cheerfully, energetically, perfectly, suddenly, politely, quickly, slowly, pretty (dosyć).

V. **Gra:** Wynaleźć wszystkie słowa, które można zbudować z liter słowa „association", np. son, on, cat itd.

VI. **Przetłumaczyć:**

1. Chciałbym odpowiedzieć na jego list, ale nie mam czasu. 2. Poszukałbym lustra w tamtym pokoju. 3. Popatrz na to czasopismo, jest niezmiernie zabawne. 4. Czy przyniósłbyś więcej sera? 5. Kiedy jest zimno, nastawia się piecyk elektryczny*. 6. Słyszałem, że oni kupują radio u was (at your place)**. 7. Nie wchodź do sypialni tak energicznie, dziecko jest jeszcze chore. 8. Czy ona gra na pianinie? 9. Jego młodszy brat jest nauczycielem. 10. Prawie wszyscy (każdy) śmieją się z jego córki. 11. Wszyscy weszli do pokoju sąsiadującego z pokojem dziecinnym. 12. Jeśli chcesz, będę zważał na dzieci, podczas gdy pójdziesz do biura***. 13. Ta kawiarnia, której drzwi są zamknięte teraz, ma tylko starych kelnerów. 14. Ten Irlandczyk jest bardzo sympatycznym kolegą (fellow).

VII. **Wypracowanie pisemne:**

a) Opisać obraz, który się bardzo lubi.

b) "Home, sweet home,
There is no place like home!" (Dom, miły dom,
Nie ma takiego miejsca jak dom!)

VIII. **Fonetyka**

Napisać fonetycznie: 1 — think, 2 — thing, 3 — thin, 4 — coat, 5 — caught, 6 — could, 7 — cat, 8 — bow, 9 — boy, 10 — buy, 11 — eat, 12 — it, 13 — ate, 14 — at, 15 — eight, 16 — than, 17 — then.

* Forma bezosobowa.
** Uwaga: zdanie zależne.
*** Uwaga: zdanie czasowe.

PAŃSTWOWE WYDAWNICTWO ›WIEDZA POWSZECHNA‹ WARSZAWA

Irena Dobrzycka

JĘZYK ANGIELSKI DLA SAMOUKÓW

Zeszyt 7 **Lekcje 39—43**

LESSON THIRTY-NINE — THE THIRTY-NINTH LESSON

Lekcja trzydziesta dziewiąta

Biernik z bezokolicznikiem
Wcale nie — „not at all"
Słowotwórstwo: rzeczownik — przymiotnik
Być zdolnym — „to be able"

Uwaga: powtórzyć czas zaprzeszły (Past Perfect Tense) 1.35.

TEA IN THE SITTING-ROOM

It is half past four — tea-time. In Mrs. Johnson's sitting-room we can see George, his wife, Margaret, and their guests chatting in a pleasant atmosphere. They are sitting in low armchairs, with cups of tea in their hands, and after the English fashion, everybody has a plate on his knees. Mrs. Johnson is standing by a little table with an electric kettle on it and she is pouring out tea from a huge tea-pot. Her husband and Sylvia are taking the cups round.

Margaret: Freddie, pass Mary the sugar, and hand her some bread-and-butter.

Mary: I often wonder how you can cut bread so thin and not hurt yourself.

George: It's my job. But you must have a very sharp knife.

Freddie (to Stanley): Help yourself to these cakes. They're not bad.

Mary: Your tea is simply delicious, Margaret. I should like you to tell me how to make it. How much tea do you take?

Margaret: It's very simple: you put one teaspoonful for everybody and one for the pot and pour in boiling water. Then keep it in a warm place from five to eight minutes and it is ready.

Sylvia: And if English tea is too strong for you, you can add some water. But I don't.

Freddie: Don't forget you must put sugar into the cup first, then milk and finish by pouring the tea.

George: Nonsense. It doesn't make any difference.

Freddie: It does. It tastes quite different!

Stanley: Oh, never mind! Afternoon tea is a splendid thing, You see, lunch is often a light meal, and, in spite of the dessert (if you have any), tea with bread and butter and jam is quite welcome after three or more hours.

Freddie: In our boarding-school I used to eat lots of bread and cheese after we had finished the sweets.

Sylvia: I don't bother much about lunch. Sometimes I just take a few sandwiches, a cup of tea or coffee, some chocolate and a fruit (yesterday I had a banana!). It's good and you save much time.

Margaret: Help yourself to more jam. Take it with a buttered scone.

Sylvia: I will. It's delicious. Is it home made?

Margaret: Yes, it is. And the fruit is from our own garden. What a pity it's too cold to have tea on the lawn: I think it's so much nicer.

Mary (looking out of the window): Your lawn is so lovely, it's covered all over with daisies.

Sylvia pulls Mary's frock. George looks at Margaret and all at once they burst out laughing.

Mary: Oh, what have I said? I must have dropped a brick!

Sylvia: Yes, you have. A well-kept English lawn mustn't have any daisies at all. So what you said is not a compliment to George's gardening.

Mary: I think I shall never be able to learn English properly!

George: But you speak perfectly. Most foreigners use bookish words and you speak good, everyday English.

Freddie: And do you know what is the longest word in English?

Stanley: No.

Margaret: Well?

Freddie: "Smiles". For there is a mile between the first and the last letter.

SŁOWNICZEK

able [*ejbl*] pm. — zdolny
add [*œd*] cz. — dodać
all over [*o:l 'ouwə*] — cały, na całej przestrzeni
atmosphere [*'œtməsfiə*] rz. — atmosfera, nastrój
at once [*ət 'uans*] ps. — natychmiast, naraz
banana [*bə'na:nə*] rz. — banan
boarding-school [*'bo:dyŋsku:l*] rz. — szkoła z internatem
bookish [*'bukysz*] pm. — książkowy (nie potoczny)
bread-and-butter [*'bredn 'batə*] rz. — chleb z masłem
brick [*bryk*] rz. — cegła
chat [*'czœt*] cz. — gawędzić
compliment [*'komplymənt*] rz. — komplement
cut [*kat*] cz. — ciąć, krajać, *nier.*
daisy [*'dejzy*] rz. — stokrotka
delicious [*dy'lyszəs*] pm. — przyjemny, smakowity
dessert [*dy'zə:t*] rz. — deser
drop [*drop*] cz. — upuścić
fashion [*fœszn*] rz. — moda
gardening [*'ga:dnyŋ*] rz. — ogrodnictwo, zajmowanie się ogrodem
huge [*hju:dż*] pm. — ogromny
hurt [*hə:t*] cz. — zranić; *nier.*
husband [*'hazbənd*] rz. — mąż
in spite of [*yn 'spajt əw*] — pomimo, wbrew
jam [*dżœm*] rz. — dżem, rodzaj marmelady
job [*dżob*] rz. — zajęcie, robota
kettle [*ketl*] rz. — czajnik, kociołek
knee [*ni:*] rz. — kolano
knife [*najf*] rz. — nóż, **knives** [*najwz*] — noże
lovely [*'lawly*] pm. — śliczny
Margaret [*'ma:gryt*] rz. — Małgorzata
nonsense [*'nonsəns*] rz. — głupstwa, bzdury
own [*oun*] pm. — własny
pass [*pa:s*] cz. — podać, mijać
pity [*'pyty*] rz. — litość
plate [*'plejt*] rz. — talerz
pot [*pot*] rz. — naczynie, garnek, dzbanek
pour [*po:*] cz. — nalewać
pull [*pul*] cz. — ciągnąć
sandwich [*'sœn^uydż*] rz. — kanapka (do jedzenia)
scone [*skon*] rz. — rodzaj bułeczki z rodzynkami
sharp [*'sza:p*] pm. — ostry
taste [*'tejst*] cz. — smakować, próbować

SŁOWNICZEK

tea-pot [*'ti:pot*] rz. — czajnik do herbaty
teaspoonful [*'ti:spunful*] rz. — zawartość pełnej łyżeczki od herbaty
welcome [*'uelkəm*] pm. — mile widziany
well-kept [*'uelkept*] pm. — dobrze utrzymany
wonder [*'uandə*] cz. — dziwić się

Idiomy

after the English fashion — na modę angielską
help yourself to (the cakes etc.) — poczęstuj się (ciastkami itp.)
in spite of — mimo, wbrew
I used to (eat) — zwykłem (jadać)
what a pity! — jaka szkoda!
to drop a brick — palnąć głupstwo
I must have dropped a brick — widocznie palnąłem głupstwo
all at once — wszyscy naraz
not at all — wcale nie
to take round — obnieść, oprowadzić dookoła

GRAMATYKA

1. Biernik z bezokolicznikiem (The Accusative with Infinitive)

I should like *you to tell* me how you make tea — Chciałabym, **żebyś powiedziała** mi jak robisz herbatę.
I want *him to wait* longer — Chcę, **żeby on czekał** dłużej.
They want *me to work* more — Chcą, **żebym pracował** więcej.

W języku polskim istnieje konstrukcja **celownika** z bezokolicznikiem a mianowicie zamiast zdania złożonego: „kazałem mu, **żeby przyszedł**", „pozwolili, **żeby chłopiec spał**" możemy podmiot zdania podrzędnego umieścić w celowniku, tj. 3 przypadku, a czasownik w bezokoliczniku. Np.: „Kazałem **mu przyjść**", „Pozwolili **chłopcu spać**".

W języku angielskim (tak jak w łacinie) istnieje często używana konstrukcja **biernika z bezokolicznikiem**, którą tłumaczymy na język polski za pomocą zdania pobocznego. W konstrukcji tej wyraz, który w polskim zdaniu pobocznym byłby podmiotem, stawiamy w bierniku, a czasownik w bezokoliczniku.

Biernik z bezokolicznikiem stosowany jest po czasownikach wyrażających:

życzenie (np. I want, I should like), **rozkaz** (I tell), **przyzwolenie** (I allow), **sąd** (I think), **spostrzeżenie** (I watch, I see, I hear). Porównaj 1. 42.

2. „Wcale nie" (not at all)

A lawn must *not* have any daisies *at all* — Trawnik **nie** powinien **wcale** mieć stokrotek.
I do not know him at all — Nie znam go wcale.
Your towel is quite wet! — Not at all — Twój ręcznik jest zupełnie mokry — Wcale nie!

3. Słowotwórstwo

Rzeczownik		Przymiotnik	
the book	— książka	**book*ish***	— książkowy (nie potoczny)
the child	— dziecko	**child*ish***	— dziecinny
the boy	— chłopiec	**boy*ish***	— chłopięcy
the green	— zieleń	**green*ish***	— zielonkawy
the white	— biel	**whit*ish***	— białawy

4. „Być zdolnym" — (to be able)

***I shall* never *be able* to learn English properly** — nigdy nie potrafię...

I can, I am able	— mogę (potrafię)
I could, I was able	— mogłem
I should be able	— mógłbym
I have been able	— mogłem
I had been able	— mogłem był

Czasownik **can** ma tylko dwa czasy: czas teraźniejszy i przeszły (could), we wszystkich innych czasach musimy używać jego ekwiwalentu **to be able** (być zdolnym). Porównaj: **to have to,** używane zamiast **must.**

ĆWICZENIA

I. **Zamienić na pytania zależne*** (np. Mary asks Margaret **how she makes coffee):**

1. Mary asks Margaret, "How do you make coffee?" 2. He asked, "Where is the best garage?" 3. She asks in the letter "Has George

* Zwrócić uwagę na zdania zależne z czasem przeszłym w zdaniu głównym (por. 1. 30, str. 133).

any work now?" 4. I should like to know "Does your cotton wear as well as ours?" 5. They asked me, "Do you keep your hats in that wardrobe?" 6. Explain, please, "Why did he build such a queer cottage?" 7. I want to know, "Did the man notice us?" 8. Tell me, please, "Do these shoes suit her?" 9. The nurse asked, "Does this street lead to the school?"

II. **Napisać pełnymi słowami:**

The 2nd, the 3rd, the 5th, the 8th, the 9th, the 10th, the 13th, the 15th, the 20th, (np. the 1st — the first).

III. **Sporządzić listę przymiotników, które odnoszą się do człowieka** np. good, tall itp.

IV. **Wstawić „a few" lub „a little":**

1. I found ... advertisements in that magazine. 2. We have got ... coffee. 3. Do you speak English? Yes, ... 4. Under that tree ... soldiers were buried. 5. I am not very ill, just .... 6. Now she has only ... time. 7. Next Tuesday we shall send you ... brushes. 8. His tea is ... too cold. 9. This time their cakes are ... better. 10. I caught a cold, and I must lie in bed for ... days.

V. **Napisać kilka zdań według następującego wzoru** (z czasem zaprzeszłym):

After she had worked hard for two years, she got a much better job — **Potem jak pracowała** ciężko przez dwa lata, dostała daleko lepszą pracę.

VI. **Przetłumaczyć:**

1. Przepraszam, ale muszę wejść do tamtego pokoju. 2. Gazeta, na którą patrzysz, jest zupełnie stara. 3. Ja bym zapytał: która godzina? 4. To mi przypomina film, który widziałem trzy lata temu. 5. Czy powiedziałbyś mu, że bardzo potrzebujesz pieniędzy? 6. Ten jegomość (fellow), którego brat przemawiał przez radio wczoraj, mieszka na naszej ulicy. 7. Obraz, którego kolory* podobały ci się bardzo, został namalowany przez znanego (well-known) malarza. 8. Można kupić piękne książki w wielu księgarniach**. 9. Z naszego okna widać całą ulicę. 10. Lekcja jest skończona: słychać dzieci biegające na ulicy. 11. Czasami piję herbatę z mlekiem.

---

* Zob. 1.38, str. 186.
** Forma bezosobowa, zob. 1.37, str. 180.

VII. **Wypracowanie:** Polish Afternoon Tea — polski podwieczorek.

VIII. **Fonetyka**

[*ou*] — over, bowl, coat
[*au*] — cow, cloud, down
[*auə*] — our, hour

LESSON FORTY — THE FORTIETH LESSON

Lekcja czterdziesta

> **Zdania warunkowe (if — gdyby)**
> **Pytania rozłączne (is it? have you?)**
> **Słowotwórstwo, przedrostek „un"**

Uwaga: powtórzyć zdania warunkowe z l. 32 oraz tryb warunkowy z l. 33.

A QUARREL IN THE NURSERY

Mother: Now, children stop playing and tidy up everything.

Dick: But, mummy, can't we...

Mother: No, you can't. Dick, be a good boy, and help Joan to put everything in the right place.

Mother goes out to help in the kitchen, and leaves Dick in a very bad humour. The nursery seems dull and unfriendly.

Dick: Dash it all! Why can't we play a little longer. If I was grown up...

Joan: Mrs. Green says we ought to say "if I were..."

Dick: Oh, bother! I can say what I like. I'm at home now, not at school. And, besides we've got holidays. If I was grown up I should go to bed at midnight, and I should sleep till ten.

He gathers his soldiers scattered all over the carpet. Joan puts her painting-box in the drawer.

Joan: If I were grown np, I shouldn't eat any soup or vegetables, only apple-tart.

Dick: But you aren't, are you?

Joan: If I could do what I liked, I should have a room to myself.

Dick: And I should go to school every other day...

Joan: Don't be silly. If you were grown up, you wouldn't go to school at all.

Dick takes the railway carriages lying at his feet, but he stumbles over the engine. Happily it is made of iron and very strong. The moment he comes near Joan's dolls, she cries out:

Don't touch the doll's house, you'll spoil it!

Dick: But I must find my officers. I don't want to lose any.

Joan: Look what you've done with the roof: the chimney is broken!

Dick: Oh, shut up! It was broken ages before I touched it.

Daddy's voice from the parents' bedroom which is beside theirs:

— Dick! Don't be rude!

Joan gathers her doll's cooking utensils and puts them away into a little cupboard.

Joan: There, I've finished.

She runs out of the room, Dick is still busy with his toys. After a while Joan comes back smiling:

— Dick, guess what we'll get for tea!

He looks up.

Joan: Plum cake.

Dick's face brightens up. Good humour comes back. The nursery is cheerful again.

SŁOWNICZEK

age [*ejdż*] rz. — wiek
apple tart [*'æpl'ta:t*] rz. — placek z jabłkami
axe [*æks*] rz. — topór
beside [*by'sajd*] pi. — obok
besides [*by'sajdz*] ps. — ponadto
bother! [*'boθə*] w. — do licha!
break [*brejk*] cz. — łamać; *nier.*
brighten [*'brajtən*] cz. — rozjaśnić się
carriage [*'kærydż*] rz. — wagon, powóz
centipede [*'sentypi:d*] rz. — stonoga
chimney [*'czymny*] rz. — komin
cry out [*kraj'aut*] cz. — wykrzyknąć
daddy [*'dædy*] rz. — tatuś
doll [*dol*] rz. — lalka
dull [*dal*] pm. — nudny, bezbarwny
engine [*'endżyn*] rz. — maszyna, motor, lokomotywa
everything [*'ewryθyŋ*] z. — wszystko
gather [*'gæðə*] cz. — zbierać
grown up [*groun'ap*] pm. — dorosły
guess [*ges*] cz. — zgadywać
holiday [*'holədy*] rz. — święto, wakacje
humour [*'hjumə*] rz. — humor
iron [*'ajən*] rz. — żelazo
lose [*lu:z*] cz. — gubić, tracić; *nier.*
midnight [*'mydnajt*] rz. — północ
officer [*'ofysə*] rz. — oficer
parents [*'peərnts*] rz. — rodzice
plum [*plam*] rz. — śliwka
quarrel [*'kᵘorl*] rz. — kłótnia
roof [*ru:f*] rz. — dach, roofs — dachy
rude [*ru:d*] pm. — niegrzeczny, ordynarny
scatter [*'skætə*] cz. — rozrzucić, rozsypać (się), rozproszyć (się)
silly [*'syly*] pm. — głupi
soldier [*'souldżə*] rz. — żołnierz
spoil [*'spojl*] cz. — psuć
stumble [*'stambl*] cz. — potknąć się
tidy up [*'tajdy ap*] cz. — sprzątnąć, porządkować
utensils [*ju'tenslz*] cz. — przybory
voice [*wojs*] rz. — głos, strona (w gramatyce)
while [*ᵘajl*] rz. — chwila

Idiomy

be a good boy — bądź grzecznym chłopcem
at midnight — o północy
the moment he comes — z chwilą, kiedy on przychodzi
shut up! — siedź cicho! Milcz! (poufałe, lub niegrzeczne)
ages before, ages ago — wieki temu, bardzo dawno temu
every other day — co drugi dzień
I have a room to myself — mam pokój dla siebie
dash it all — do licha z tym wszystkim
there, I've finished — no, skończyłam

OBJAŚNIENIA FONETYCZNE

Należy zwrócić uwagę na wymowę litery **a** [*o*] po literach **w, wh, qu**, np **quarrel** [*k*[u]*orl*], **was** [[u]*oz*], **what** [[u]*ot*], **want** [[u]*ont*]. Zob. „Wstęp fonetyczny", str. XXV.

GRAMATYKA

1. Zdania warunkowe (If — gdyby)

***If you were* grown up, *you wouldn't go* to school** — Gdybyś był dorosły, nie chodziłbyś do szkoły.

***If I was* grown up, *I should go* to bed at midnight** — Gdybym był dorosły, chodziłbym spać o północy.

If I had a hundred feet

***If I had* a hundred feet, *I should be* a centipede** — Gdybym miał sto nóg, byłbym stonogą.

***If you lost* your fountain-pen, *you would write* with a pencil** — Gdybyś zgubił swoje wieczne pióro, pisałbyś ołówkiem.

***I should take* this picture *if he painted* well** — Wziąłbym ten obraz, gdyby on dobrze malował (kolejność zdań jest obojętna)*.

W l. 32 poznaliśmy zdania warunkowe rozpoczynające się od **if** — „jeżeli" i dotyczące przeszłości, teraźniejszości lub przyszłości. Mowa była w nich o warunku rzeczywistym, którego spełnienie było zupełnie realne, możliwe.

---

* Używanie przecinka — zob. „Dodatek", str. 313.

Jeżeli w zdaniu warunkowym (dotyczącym teraźniejszości) mowa jest o **warunku nierzeczywistym** (możliwym lub niemożliwym do spełnienia), używamy **w zdaniu nadrzędnym czasu teraźniejszego trybu warunkowego** (Present Conditional), a **w zdaniu podrzędnym** (rozpoczynającym się od **if** — gdyby) — **czasu przeszłego zwykłego** (Simple Past Tense). Dawniej, gdy była mowa o warunku nierzeczywistym i niemożliwym do spełnienia, używano specjalnego trybu łączącego (Subjunctive Mood). Obecnie w języku potocznym jedynie słowo „to be" zachowało jeden z czasów tego trybu. Mówimy więc: **If I were** (gdybym był), **if you were, if he were, if we were, if you were, if they were,** gdy mowa jest o warunku niemożliwym do spełnienia, np. **If I were you** — gdybym był tobą. Coraz częściej jednakże używa się i w tym wypadku zwykłego czasu przeszłego **If I was** itd. Np.:

If I were grown up
lub: **If I was grown up.**

Uwaga: **Could** znaczy zarówno „mogłem" jak i „mógłbym", np.:
If I could **do what I liked — Gdybym mogła** robić, co chcę.

2. Pytania rozłączne (is it? have you?)

Dick. **But you aren't, *are you?*** — Nie jesteś (dorosła), **prawda?**
It isn't raining, is it? — Nie pada, prawda?
It wasn't his fault, was it? — To nie był jego błąd, prawda?
You haven't time, have you? — Nie masz czasu, prawda?
They can't come, can they? — Oni nie mogą przyjść...
She mustn't cry, must she? — Ona nie powinna płakać...
You don't eat meat, do you? — Ty nie jadasz mięsa...
We didn't lose, did we? — Nie straciliśmy...

W pytaniach rozłącznych, do zdania przeczącego dodaje się pytanie twierdzące. Przy użyciu czasowników pomocniczych i czasowników ułomnych w zdaniu przeczącym, powtarzamy je w końcowym pytaniu twierdzącym. Przy użyciu innych czasowników w zdaniu przeczącym, w końcowym pytaniu twierdzącym używamy czasownika posiłkowego **to do.**

3. Słowotwórstwo — przedrostek „un"

friendly	— przyjacielski, przychylny	**unfriendly**	— nieprzyjazny, niechętny
happy	— szczęśliwy	**unhappy**	— nieszczęśliwy
important	— ważny	**unimportant**	— nieważny
kind	— dobry, miły	**unkind**	— niedobry
natural	— naturalny	**unnatural**	— nienaturalny
pleasant	— przyjemny	**unpleasant**	— nieprzyjemny
real	— rzeczywisty	**unreal**	— nierzeczywisty
usual	— zwykły	**unusual**	— niezwykły
tidy	— porządny	**untidy**	— nieporządny

ĆWICZENIA

I. **Napisać we wszystkich osobach:**

I have hurt **myself** with a sharp knife.

II. **Przepisać i nauczyć się na pamięć:**

If	**Gdyby**
If all the men were one man	Gdyby wszyscy ludzie byli jednym człowiekiem
What a great man he would be.	Jak wielkim człowiekiem on byłby.
If all the trees were one tree,	Gdyby wszystkie drzewa były jednym drzewem
What a great tree it would be.	Jak wielkim byłoby ono drzewem.
If all the seas were one sea,	Gdyby wszystkie morza były jednym morzem
What a great sea that would be.	Jak wielkim byłoby ono morzem.
If all the axes were one axe	Gdyby wszystkie topory były jednym toporem
What a great axe that would be.	Jak wielki byłby to topór.

And if that great man	I gdyby ten wielki człowiek
Took that great axe	Wziął ten wielki topór
And cut that great tree	I ściął to wielkie drzewo
Down into the sea,	W morze,
What a great splash it would be.	Jaki wielki powstałby plusk.

III. **Dokończyć następujące zdania***:

1. If he had several horses... 2. If that soup were colder... 3. If my novel was not so boring... 4. If you had a larger handkerchief... 5. If they met in the park... 6. I shouldn't leave him alone if... 7. He would know what you meant if... 8. She would pour out the tea if... 9. They would not understand us if...

IV. **Wypisać czasowniki nieregularne z lekcji 38 w ich trzech głównych formach, wraz z polskim znaczeniem.**

V. **Co można robić w pokoju bawialnym?**

(np. I can write a letter, sing itp. — Mogę pisać list, śpiewać itp.).

VI. **Przetłumaczyć** (powtórzyć używanie zaimków nieokreślonych „Some, any" itp. l. 30 str. 132):

1. Widzę kogoś leżącego na słomie. 2. Jakiś ptak usiadł na drzewie akurat nad tobą. 3. On położył coś na biurku twojego brata. 4. Czy poprosiliście kogo w zeszłym tygodniu? 5. Czy ona kupiła co na naszej ulicy? 6. Czy powiedziałem co złego (wrong)? 7. Nie patrz na żadnego żołnierza. 8. Nie lubię żadnych zwierząt. 9. Dziecko nie zjadło żadnych ciastek. 10. Nikt nie rozbił żadnego talerza. 11. W tym mieście nie pójdę do żadnej kawiarni. 12. Jego sąsiad nikomu nic nie pożyczył (nie pożyczył nic nikomu). 13. Nikt nie skoczył ponad ten żywopłot. 14. Nikt nie gwiżdże w domu. 15. Nic mu się nie podobało w tym teatrze obok dworca.

VII. **Wypracowanie:** 1. Politeness (Grzeczność)
2. If I had £ 1 000 (pounds).

* Zwrócić uwagę na fakt, że nie ma ustalonego porządku zdań: zdanie z if może poprzedzać zdanie nadrzędne lub następować po nim.

VIII. **Fonetyka**

[e]	[æ]	[ej]
every	bad	lane
elder	sad	lazy
guest	lamb	maid
bed	manager	safe
spend	fashion	straight
send	sand	potato
ready	scatter	plate

LESSON FORTY-ONE — THE FORTY-FIRST LESSON

Lekcja czterdziesta pierwsza

Bezokolicznik czasu przeszłego
Przymiotniki i przysłówki o tej samej formie
Słowotwórstwo — przyrostek „y"
Rodzaj rzeczowników

Uwaga: dodatkowe słownictwo dotyczące wsi zob. Dodatek, str. 318.

ON THE WAY BACK

"Everybody ready?"

Freddie looks round and sees Mary and Stanley in the back seats of the car. Sylvia is by his side, and the luggage is there too.

"Well, we're off."

They have spent a delightful week-end at George's, and now Freddie is driving the whole party back to London.

It is rather early so they have the road to themselves. Only from time to time they pass by a farmer's waggon or a noisy motor-bike. The landscape is typically rural: not many cornfields but fine meadows with hedges round them, and quiet cows here and there. Once, in spite of the early hour, they met a group of hikers marching gaily.

"We've had a nice time, don't you think so?" says Stanley.

"Yes", answers Mary, "but I have been dropping bricks all the

time. There was something wrong I said in the nursery. What was it? Sylvia pulled at my sleeve when I was speaking to Margaret about her baby".

"Oh, yes, I know. You ought not to have said "it" when speaking of a child in front of the mother. She might feel hurt."

"But how could I know whether it was a girl or a boy? Everybody calls her "Baby"!"

"Well, you might have avoided it somehow. You might have said: "the little one", or "the darling". That's always safe with the mother".

Freddie pulls up the car: a flock of sheep bars the way. Luckily for the driver they turn into a country lane behind the hedge. The road goes winding along a large park and far away across the top of the trees, you can see the towers of an old church. The car enters a main road and runs smoothly between large vegetable gardens. There is more traffic now: huge green coaches as well as lorries of all kinds.

From time to time modern bars or old fashioned inns invite to refreshments.

"Let's have some sandwiches," Freddie suggests.

"Oh, no," Mary protests, "we haven't got time".

"Motoring with Freddie is always so slow", says Sylvia. "He stops at every tea-room or café."

"And I've never seen such a reckless driver as Sylvia", Freddie answers back. "She never knows how fast she's driving. Once a policeman stopped her saying she was doing fifty miles an hour. "But it's impossible," she said, "I haven't been driving even ten minutes!"

"You're pulling my leg, Freddie. And if I were at the wheel we should be in town in half an hour."

"I bet you ten shillings we shall be there in twenty minutes."

"Very well, you'll see."

For some time they go on without a word. Stanley likes fast driving, but he can't get over the strange feeling at seeing all the motor-cars keeping to the left. In Poland all traffic goes to the right.

Suddenly there is a stop. They have come to a railway line and must wait for a goods-train to pass. Sylvia looks at her watch and smiles. They go on faster than ever. Now Freddie drives recklessly for he is still hoping to win the bet.

Now they are quite near London. Soon they will come to the suburbs. Every now and then you can see a petrol station or a modern factory. Freddie is smiling he is so sure of winning. Too sure... Something has gone wrong with the engine: the car slows down, then she stops dead.

Freddie pushes or pulls all kinds of things excitedly but all in vain. He opens everything that can be opened, looks in everywhere, slips under the car to get out all dirty...

At last he takes something out of his pocket, grins at Sylvia and gives her a 10s. note.

SŁOWNICZEK

avoid [*'əwojd*] cz. — unikać
bar [*ba:*] cz. — zatarasować, zagrodzić
be off [*'bi: 'of*] cz. — odejść, odjechać
coach [*koucz*] rz. — autobus, powóz
corn [*ko:n*] rz. — zboże
darling [*'da:lyŋ*] rz. — kochanie
dead [*ded*] pm. — zmarły, nieżywy
delightful [*dy'lajtful*] pm. — rozkoszny, cudowny
drive [*drajw*] cz. — kierować pojazdem, jechać; *nier.*
early [*'ə:ly*] ps. — wcześnie; pm. wczesny
enter [*'entə*] cz. — wejść
ever [*'ewə*] ps. — kiedyś, kiedykolwiek (w przeczeniach: nigdy)
everywhere [*'ewry^{u}eə*] ps. — wszędzie
excited|ly [*yk'sajtyd|ly*] pm. — podniecony; ps. w podnieceniu
factory [*'fœktəry*] rz. — fabryka
far [*fa:*] pm. — daleki
fast [*fa:st*] pm. — szybki
field [*fi:ld*] rz. — pole
flock [*flok*] rz. — stado
gaily [*'gejly*] ps. — wesoło
go on cz. — kontynuować, robić coś dalej
goods [*gudz*] rz. — towary (l. m.)
goods-train [*'gudztrejn*] rz. — pociąg towarowy
group [*gru:p*] rz. — grupa
hiker [*'hajkə*] rz. — turysta pieszy
impossible [*ym'posybl*] pm. — niemożliwy
inn [*yn*] rz. — zajazd, gospoda
invite [*yn'wajt*] cz. — zaprosić
landscape [*'lœnskejp*] rz. — krajobraz
lane [*lejn*] rz. — ścieżka
lorry [*'lory*] rz. — ciężarówka
line [*'lajn*] rz. — linia
luckily [*'lakyly*] rz. — szczęście; ps. szczęściem
lucky pm. — szczęśliwy, mający szczęście
luggage [*'lagydż*] rz. — bagaż
main [*mejn*] pm. — główny
march [*ma:cz*] cz. — maszerować
meadow [*'medou*] rz. — łąka
motor [*'moutə*] cz. — jechać autem, motorówką; rz. motor
motor-bike [*'moutə'bajk*] rz. — motocykl
motor-car [*'moutə'ka:*] rz. — samochód
note [*nout*] rz. — notatka, nuta, banknot
old-fashioned [*ould 'fœsznd*] pm. — staroświecki
party [*'pa:ty*] rz. — grupa, towarzystwo
petrol [*'petrəl*] rz. — benzyna
protest [*prə'test*] cz. — protestować
pull up [*pul 'ap*] cz. — zatrzymać, zahamować
push [*pusz*] cz. — pchać
quiet [*'k^{u}ajət*] pm. — spokojny
reckless [*'reklys*] pm. — nierozważny, ryzykowny
refreshment [*ry'freszmnt*] rz. — przekąska
road [*roud*] rz. — droga
rural [*'ruərəl*] pm. — wiejski, wsiowy
shilling [*'szylyŋ*] rz. — szyling (20 część funta)*
sleeve [*'sli:w*] rz. — rękaw

* Angielski system monetarny — zob. „Dodatek", str. 314.

SŁOWNICZEK

somehow [*'samhau*] ps. — jakoś
strange|ly [*strejndż-ly*] pm. — dziwny; obcy; ps. dziwnie, obco
suburb [*'sabə:b*] rz. — przedmieście
suggest [*sə'dżest*] cz. — zaproponować, podsunąć myśl
top [*top*] rz. — szczyt, górna część
typical|ly [*'typykl|y*] pm. — typowy; ps. typowo
vain [*wejn*] pm. — próżny
waggon [*'ᵘœgən*] rz. — wóz
wheel [*ᵘi:l*] rz. — koło, kierownica
whether [*'ᵘeðə*] sp. — czy
win [*ᵘyn*] cz. — wygrać, zdobyć; *nier.*
wind [*ᵘajnd*] cz. — wić się, nakręcać; *nier.*

Idiomy

to look round — obejrzeć się
in front of — wobec
to do 50 miles an hour — jechać z szybkością 50 mil na godzinę
to pull someone's leg — żartować z kogoś („nabierać")
at the wheel — przy kierownicy
to get over (a feeling) — przezwyciężać (uczucie)
to keep to the left / **to keep to the right** — trzymać się lewej, (prawej) strony
every now and then — co jakiś czas
to go wrong — zepsuć się
to stop dead — zatrzymać się kompletnie
in vain — napróżno

GRAMATYKA

1. Bezokolicznik czasu przeszłego

to say — to have said
to avoid — to have avoided

Bezokolicznik czasu przeszłego używany jest w zdaniach z czasownikami wyrażającymi życzenie, zamiar, obowiązek itd., dla zaznaczenia, że nie zostały one spełnione, np.:

You might *have said* — Mogłeś był powiedzieć...
You might *have avoided* it — Mogłaś była uniknąć tego...
You ought not *to have said*"it" when speaking of a child — Nie powinnaś była mówić „ono" o dziecku.

2. Przymiotniki i przysłówki o tej samej formie

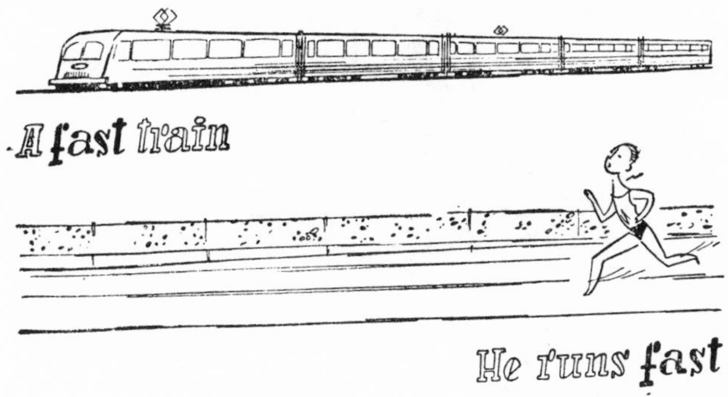

Przymiotniki

a fast train — szybki pociąg
a hard day — ciężki dzień
a better job — lepsza praca
a long night — długa noc

Przysłówki

he runs fast — on biega szybko
to work hard — pracować ciężko
she plays better — ona gra lepiej
they sleep long — oni śpią długo

Niektóre przymiotniki i przysłówki mają jednakową formę, np.: **fast, straight, high, better, best, hard, late, long, near, opposite, wrong** itp.

3. Słowotwórstwo — przyrostek „y"

Rzeczowniki		Przymiotniki	
noise	— hałas	**noisy**	— hałaśliwy
rain	— deszcz	**rainy**	— deszczowy

Sleepy

Rzeczowniki		Przymiotniki	
sleep	— sen	**sleepy**	— senny
fog	— mgła	**fo*gg*y**	— mglisty
fun	— żart	**fu*nn*y**	— śmieszny

Końcowa spółgłoska jest dublowana w niektórych wypadkach

4. Rodzaj rzeczowników

The car slows down, then *she* stops dead.

Wszystkie rzeczowniki oznaczające ludzi i stworzenia płci męskiej są rodzaju męskiego.

Wszystkie rzeczowniki oznaczające ludzi i stworzenia płci żeńskiej są rodzaju żeńskiego.

Wszystkie rzeczowniki nie oznaczające płci są rodzaju nijakiego.

Mówiąc o krajach używa się rodzaju żeńskiego. Statek, okręt, łódź, samochód, samolot, są zawsze rodzaju żeńskiego. Mówiąc o zwierzętach często używa się rodzaju nijakiego.

ĆWICZENIA

I. **Zmienić na czas przeszły** (Past Tense) (Patrz czasy w zdaniach złożonych, w lekcjach 32, 33, 34):

1. I know it will remind you of the country. 2. Harry tells the foreigner that in England ladies bow first. 3. Do you think he likes

marching? 4. The excited children think the box is full of sweets. 5. She reads in the paper that a new lending library will be opened on Thursday. 6. Ellen says she does not like to be disturbed. 7. We know that the little cupboard is often untidy. 8. Stanley notices that sash windows slide up and down instead of opening like a door. 9. I find that I shall save much time going by car and not by train. 10. You think I shall feel tired after all that trouble. 11. We look out of the window in order to see what is going on in the street.

II. **Napisać po dwa zdania zawierające następujące przysłówki:** Often, never, always, seldom, usually (np. These French ladies **often** go to the theatre — Te francuskie damy często chodzą do teatru. Your uncle is **often** ill — Twój wuj jest często chory. Zob. l. 27).

III. **Zadać 7 pytań o obrazku na stronie 204.**

IV. **Dać krótki opis następujących znaczeń:**
A tiger, a garage, clear soup, Welsh rabbit, ticket, daisy, dictionary, bookshop, lazy, lorry (np. A tiger is a big animal that lives in hot countries — Tygrys jest dużym zwierzęciem, które mieszka w gorących krajach).

V. **Sporządzić listę słów związanych z domem.**

VI. **Przetłumaczyć:**
1. Dlaczego zostawiłeś drzwi otwarte? 2. Może pan będzie łaskaw pokazać nam ten delikatny wazon. 3. Torba pękła, ponieważ włożyłeś za dużo rzeczy do środka. 4. Czy wiecie kto zbudował te wieże? 5. Oni sądzą, że zostały zbudowane około 200 lat temu. 6. Twój uczeń nic nie rozumie. 7. Najpierw kupiłem konia, potem zacząłem się uczyć (learning) jeździć. 8. Wszyscy myśleli, że młody cudzoziemiec jest bardzo odważny. 9. Czy to jest twój ulubiony obraz? 10. Ani jarzyny, ani kwiaty nie są piękne w ogrodzie waszego lekarza. 11. Dlaczego jesteś taka blada? 12. Nie wiem, może dlatego, że nie mogę spać. 13. Wszystkie moje owoce pomieszały się z twoimi, chociaż położyłem je na dwóch talerzach. 14. Zgadnij, która szuflada jest pełna biletów kolejowych. 15. Jej abażury są jednakowe, prawda? (pytanie rozłączne).

VII. **Wypracowanie:**

1. Freddie relates the drive — Freddie opowiada o przejażdżce.
2. A conversation in a railway carriage. — Rozmowa w wagonie kolejowym.

VIII. **Fonetyka**

Końcówki dźwięczne: bag, leave, played, side, save
Bezdźwięczne: back, leaf, plate, sight, safe.

LESSON FORTY-TWO — THE FORTY-SECOND LESSON

Lekcja czterdziesta druga

Użycie zaimków „each other", „one another"
Porządek wyrazów w zdaniu
Strona bierna (czasownik z przyimkiem)
Używanie spójnika „neither"
Biernik z bezokolicznikiem (bez „to")

Uwaga: powtórzyć stronę bierną czasowników, l. 36, str. 172. Dodatkowe słownictwo dotyczące wsi oraz nazwy innych zwierząt można znaleźć w „Dodatku", str. 318, 319.

A COUNTRY DOG AND A CITY DOG

In a corner of a large park in London Harry is strolling with Stanley, while his Scotch terrier Bonzo is having a run. Suddenly Bonzo stops dead: another dog appears in the meadow. It is Duke, a young setter, Bonzo's new friend. They greet each other with eyes and tails.

Duke: Well, it's fine to see you. I was feeling a bit lonely these days.

Bonzo: You see, my master was very busy and so we had to put up with short walks in the street. And where is your mistress? I don't see her at all.

Duke: She'll be here in a moment. We always come to this place.

Bonzo: I should think so — you live close to the park.
Duke: And she knows I miss the country so much.

Bonzo: Let's have some fun.

The dogs start running after one another. They pretend to fight with each other and seem to be having a thoroughly good time.

Duke's mistress, who has come out from behind some trees with a book in her hand, walks slowly, reading all the time.

Duke: I say, what a pity there is nothing to run after here, not even a cat. At the country-place I was born in I had a lot of fun.

Bonzo: Hunting?

Duke: Yes. Of course, not fox-hunting with horses and so on, but just running after rabbits. There were plenty of them.

Bonzo: I like a bit of sport myself, but I am town-bred so I don't mind living in London.

Duke: And I miss animals so much. I mean not only the rabbits but dogs, horses, domestic animals generally. I used to scare hens and geese just for fun. And would you think it possible? — I should like so much to see even a cow or a pig.

Bonzo: You can see sheep in Hyde Park, if you like.

Duke: Oh, sheep are rather silly, and, besides, I am still a stranger here, so I don't know those sheep dogs yet. The whole trouble is that my mistress's fiancé is an airman, and so now she spends more time in town than in the country.

Bonzo: Don't complain. You're lucky enough to have been in the country. Dogs are better looked after in this country than anywhere else.

Duke: How can you know? You haven't travelled much or been abroad, have you?

Bonzo: No, I haven't but I often listen to the radio with my master, so I hear a lot about everything.

Duke: Oh, I don't complain. My mistress is awfully nice. She takes me everywhere.

Bonzo: My master played cricket for his school, so he knows a dog must have plenty of exercise to keep fit. What I like best is splashing and swimming on a hot day. Well, I think it's time for me to go back.

Duke: Why, it's rather early.

Bonzo: Yes, but, you see, the butcher's boy will be coming to our home soon, and I must keep up good relations with the fellow. If I am not there in time, Pussy will start flirting with him — the greedy beast — though she has lots of mice in the cellar.

Duke: I don't like cats.

Bonzo: Neither do I. Now watch me: I'll make my master go home at once.

Bonzo is walking in front of the young men very slowly, pretending to be extremely tired.

Harry (to Stanley): I say, it's high time to go home. Look at the dog, the poor beast can hardly walk.

Bonzo, come here, you have had quite enough exercise!

The whole party is turning back.

Bonzo: See you later, Duke.

Duke: (with an admiring look): You're clever, Bonzo!

SŁOWNICZEK

abroad [*'əbro:d*] ps. — zewnątrz, za granicą
airman [*'eəmæn*] rz. — lotnik
appear [*ə'piə*] cz. — ukazać się
beast [*bi:st*] rz. — zwierzę, bydlę
breed [*bri:d*] cz. — hodować, wychować; *nier.*; town-bred — wychowany w mieście
butcher [*'buczə*] rz. — rzeźnik
cellar [*'selə*] rz. — piwnica
city [*'syty*] rz. — miasto
clever [*'klewə*] pm. — sprytny
close to [*'klous tu*] pm. — bliski, ps. blisko
complain (of) [*kəm'plejn*] cz. — skarżyć się (na)
country-place [*'kantry'plejs*] rz. — własność ziemska
cricket [*'krykyt*] rz. — krykiet (popularna gra w piłkę)
domestic [*'də'mestyk*] pm. — domowy
duke [*dju:k*] rz. — książę
each [*i:cz*] z. — każdy (z osobna)
each other z. — jeden drugiego, nawzajem
else [*els*] pm. — inny; ps. jeszcze, inaczej, indziej
exercise [*'eksəsajz*] rz. — ćwiczenie, ruch
fiancé [*fy'a:nsej*] rz. — narzeczony
fight [*fajt*] cz. — walczyć; *nier.*
fit [*fyt*] pm. — odpowiedni
flirt [*flə:t*] cz. — flirtować
fox [*foks*] rz. — lis
generally [*'dżenərəly*] ps. — ogólnie, w ogóle
goose [*gu:s*], l. mn. geese [*gi:s*] rz. — gęś, gęsi
greedy [*'gri:dy*] pm. — chciwy
greet [*gri:t*] cz. — pozdrawiać, powitać
hardly [*'ha:dly*] ps. — z trudnością, zaledwie
hen [*hen*] rz — kura
hunt [*hant*] cz. — polować
hunting [*'hantyŋ*] rz. — polowanie
keep up [*'ki:p'ap*] cz. — utrzymać (stosunki); *nier.*
lonely [*'lounly*] pm. — samotny
look after cz. — doglądać
mice [*majs*] l. mn. od mouse [*'maus*] rz. — mysz
miss [*mys*] cz. — odczuwać brak, tęsknić do
mistress [*'mystrys*] rz. — pani, zwierzchniczka
pig [*pyg*] rz. — świnia
possible [*'posəbl*] pm. — możliwy
pretend [*pry'tend*] cz — udawać
pussy [*'pusy*] rz. — kotek, „kici"
put up with — znosić cierpliwie, pogodzić się z czymś; *nier.*
radio [*'rejdjou*] rz. — radio
relation [*ry'lejszən*] rz. — stosunek, krewny
run after cz. — biec za; *nier.*
scare [*skeə*] cz. — wystraszyć
Scotch [*skocz*] pm. — szkocki
sport [*spo:t*] rz. — sport
start [*sta:t*] cz. — zaczynać
stranger [*'strejndżə*] rz. — obcy, nieznajomy
stroll [*stroul*] cz. — spacerować, iść pomału
swim [*swym*] cz. — pływać; *nier.*
thorough(ly) [*'θarə-ly*] pm. — całkowity; ps. całkowicie
travel [*træwl*] rz. — podróż; cz. podróżować

Idiomy

see you later — do widzenia (poufałe pożegnanie)
I should think so — ja myślę! Oczywiście!
and so on — i tak dalej
I mean — mam na myśli, to znaczy
anywhere else — gdziekolwiek indziej
anyone (anybody) **else** — ktokolwiek inny
he hardly does any work — on niewiele pracuje (zaledwie)
he works hard — on pracuje ciężko
to have a run — pobiegać
to have a bath — wykąpać się itp.

GRAMATYKA

1. Użycie zaimków („each other", „one another")

They greet *each other* with eyes and tails — Powitały się (nawzajem)...

Mary and John give each other books

Anne and her sister showed *each other* photos — Pokazały sobie (nawzajem)...
The dogs start running after *one another* — Psy goniły się (jeden drugiego).
They love *one another* very much — Kochają się bardzo...

Zaimków („each other" i „one another") — „nawzajem" używamy, gdy mowa jest o dwóch osobach lub grupach osób albo przedmiotów. Po polsku używamy zaimka „nawzajem" lub tylko zaimka zwrotnego „się". Należy więc uważać, żeby właściwie tłumaczyć polskie „się", zależnie od sensu zdania. Np. Oni biją się (nawzajem, tj. jeden drugiego) — **They fight with *each other*** lub **one another.** Jeżeli użyjemy angielskiego zaimka zwrotnego **myself, yourself** itp., sens zostanie zmieniony zupełnie: **They fight with themselves** znaczy „oni biją się, każdy ze sobą samym".

2. Porządek wyrazów w zdaniu

Podmiot	Orzeczenie	Dopełnienie dalsze	Dopełnienie bliższe	Okolicznik
I	don't see		her	at all
She	misses		the country	so much
The lady	gave	us	the knives	very quickly
The boy	brushes		his hair	in a hurry

3. Strona bierna (czasowniki z przyimkami)

They look after dogs there better than anywhere else — Dogs are *looked after* there better than anywhere else — Oni tam dbają o psy lepiej niż gdziekolwiek indziej.

We think of the boy very often — The boy is *thought of* very often — Myślimy o chłopcu bardzo często.

Nobody likes it when people laugh at him — Nobody likes to be *laughed at.* — Nikt nie lubi tego kiedy ludzie się z niego śmieją.

We must not think of this — This must not be *thought of* — Nie powinniśmy myśleć o tym.

She looks for her children in every room — Her children are *looked for* in every room — Ona szuka swych dzieci w każdym pokoju.

W języku angielskim (odmiennie niż w polskim) możemy stosować stronę bierną również i przy czasownikach wymagających przyimków, jak „dbać **o**" — **to look *after*** „śmiać się **z**" — **to laugh *at*.** W zdaniu w stronie biernej przyimek stawiamy po imiesłowie biernym, np. **looked after.**

4. Używanie spójnika „neither" ['najðə lub 'ni:ðə].

Neither do I — ja też nie.
I have no time — **neither have I.**
She is not pleased — **neither is her brother.**
We cannot run — **neither can she.**
They must not wait — **neither must you.**
She may not enter — **neither may he.**
I *don't* like cats — **neither *do* I.**
He didn't see me — **neither did you.**

W zdaniach przeczących „ja też nie" tłumaczymy za pomocą zwrotu z przysłówkiem **neither.** Por. l. 23, „so do I", str. 96.

5. Biernik z bezokolicznikiem (bez „to")

I shall make *my master* go home — Zmuszę mego pana do pójścia do domu.

I shall make him go home

He made *me write* a long dictation — Zmusił mnie do napisania długiego dyktanda.
She saw you enter the library — Widziała jak wszedłeś do biblioteki.
I watched them open the cupboard — Przyglądałem się jak otwierali szafę.
Did you hear the boy play the piano? — Czy słyszałeś jak chłopiec grał na pianinie?
I didn't see him take the watch — Nie widziałem żeby wziął zegarek.

Konstrukcja biernika z bezokolicznikiem bez słowa **to** występuje z czasownikami: **let, make, see, fear, feel, watch** i kilku innymi, oznaczającymi spostrzeganie. Por. l. 39.

ĆWICZENIA

I. **Wstawić: „to walk, to go, to come, to drive" lub „to take", we właściwych czasach:**

1. A friend of mine who likes ... very much has caught a cold and cannot ... out. 2. Will you ... to the pictures? 3. We must ... by underground, it is much faster. 4. Every morning I ... an hour in the park. 5. That baby is too young, he cannot ... yet. 6. Why did you ... instead of ... by bus? 7. Yesterday all the guests ... to see the new T. V.* set. 8. Did you find out who was ... in your room last night? 9. I should like to ... you to the theatre.

II. **Zmienić na liczbę mnogą** (uważać na nieregularną liczbę mnogą):

1. This knife is not sharp enough. 2. Did you find your watch? 3. That lady would like to take a tomato. 4. My photo got mixed up with yours. 5. A modern man sees a bus extremely often. 6. Where does he look for that child? 7. My secretary's friend likes to tell a funny story to any lady. 8. That church is not very high in spite of its tower. 9. Help yourself to this cake. 10. If you like, you can pay this man for the white mouse. 11. A nursery ought to have a large window. 12. My uncle's coat was a little too short. 13. I found myself in a lovely cottage. 14. He saved himself from a lot of trouble.

III. **Napisz 10 zdań wg następującego wzoru:**

The young Italian hides his horse **behind the bushes** (porządek słów).

IV. **Sporządzić listę słów związanych z ruchem,** np.: to run, to ride.

V. **Wypisać czasowniki nieregularne z lekcji 35** w ich 3 głównych formach.

---

* Television.

VI. **Przetłumaczyć:**

1. Piotr i Jan zobaczyli się (nawzajem) na (in) polu niedaleko dworca. 2. Wszyscy chłopcy gonili się (nawzajem) w ogrodzie mimo deszczu i wiatru. 3. O północy nieznajomy zebrał wszystkich ludzi na parterze. 4. Mój kot łapie myszy, ale pije również mleko, które daję mu codziennie (każdego dnia). 5. Czy oni byli kiedy za granicą? 6. Byłem tak niezmiernie zmęczony, że ledwo mogłem chodzić. 7. Nie mogę przyzwyczaić się do waszych zwierząt domowych. Ja też nie. 8. Widzę jak ogromny lis goni twoje gęsi (biernik z bezokol.) 9. Gdybyś ukazał się w odpowiednim momencie (right moment), wszystko byłoby w porządku*. 10. Możliwe jest, że gdyby moja ciotka zrobiła zdjęcia, byłbym dostał je od razu. 11. Nie znalazłem ich syna, chociaż szukałem go wszędzie. 12. Czy ty wiesz, że mój narzeczony przyjedzie w czwartek wieczorem? 13. Czy wiedziałeś, że oni będą walczyć długo?** 14. Oni nie grają w krykieta — my też nie. 15. Te biedne kury wcale nie są wystraszone.

VII. **Wypracowanie:**

A Comparison between Duke and Bonzo — Porównanie Duke'a z Bonzo.

VIII. **Fonetyka**

[f] foreign, flat, graceful
[f] enough, laughter, laugh
[f] alphabet, photo, elephant.

---

* Zdanie warunkowe, zob. 1.40, str. 198.
** Zdanie zależne od zdania zawierającego czas przeszły, zob. 1.33, następstwo czasów, str. 155.

LESSON FORTY-THREE — THE FORTY-THIRD LESSON

Lekcja czterdziesta trzecia

Użycie słów „shall", „will"
Liczebnik — ułamki
Stopniowanie przymiotników i przysłówków

Uwaga: lekcję należy podzielić na kilka części. Zwrócić uwagę na zdania wyrażające powitania i pożegnania.
Dodatkowe słownictwo, dotyczące sklepów oraz nazw miesięcy — zob. str. 317, 318.

SHOPPING

Muriel puts on her hat, takes her handbag, a little parcel, two letters, and off she goes. There is no need for a coat, her woollen frock is warm enough for a fine May afternoon. Muriel likes shopping and she will buy lots of things: first a travel book as a birthday present for her nephew who is very fond of geography, then some jam, a cake of soap, a pair of stockings for herself and some medicine at the chemist's, she must not forget to call at the post office to send a parcel to her aunt. The sun is shining. The shop windows look very attractive and the spring air makes her gay and happy. At the corner newsmen are shouting the latest sport news. Buses and motorcars are filling the street and the noise of the engines is deafening. But Muriel does not pay the least attention because she is so used to it.

A fine shop window catches her eye — what lovely flowers! A large basket with strange looking pink and purple flowers in the middle of the window, while little bunches of lilies of the valley are placed all round.

Muriel has an excellent idea: she will buy a bunch for Jane, a close friend of hers, who is lying at the hospital after an unfortunate accident. Five minutes later she comes out holding the white flowers up to her face to smell their pleasant scent.

The next shop is a chemist's and there she gets the medicine for her mother who is not quite well. Now she crosses the roadway and goes along two streets to a grocer's saying to herself that mother shall have her favourite jam. "Anything else"? asks the shop assistant packing up the jar of jam she has chosen. A grocer's counter is a great temptation. What a lot of good things: chocolate, nuts, fruit and so on. Muriel sighs, for she has given up sweets since March. "Yes, please. Give me half a pound* of those sweets". She is buying them for poor Jane but, of course, she must try one to make sure they are good.

Now for the stockings. A few yards farther on there are huge stores where you can get practically everything. Muriel goes in. The stocking department is higher up so she takes a lift. "Third counter to the left", says the lift boy when they stop at the second floor. But, unfortunately, the first two counters are particularly inviting too. There are collars of all kinds and gloves in the latest fashion. She goes up to have a look at them.

"What can I do for you, Madam?" asks a bright shop assistant.

"Well, I am just wondering whether you have a smaller pair of those gloves over there."

---

* Miary i wagi angielskie — zob. „Dodatek", str. 315.

"Certainly Madam. What size?"

"5 3/4 (five and three quarters)".

"Here they are. Very nice colour and excellent quality, and they will go beautifully with your coat and skirt."

Muriel hesitates a little: "Well, I'll take them if the price isn't too high. How much are they?"

They cost rather a lot, but Muriel is strongly tempted. "I won't buy any stockings for the present", she thinks, "so I can have the gloves".

The assistant hands her the bill and says to her: "Pay at the desk, please. Good-afternoon, Madam".

Muriel wanders for some time among the interesting things which are being sold in the other departments. Time flies. When Muriel is out in the street again, it is too late for her favourite bookseller's and the post office is closed too. It is a good thing she can post the letters, for the big red pillar-boxes are always there!

Muriel thinks of her shopping: no soap, no stockings, no travel book, and the parcel to her aunt is still to be sent. Then she looks at what she has bought, and says to herself: "Anyhow mother will have her jam and I hope Jane will be pleased with the sweets and flowers".

SŁOWNICZEK

accident [*'œksydənt*] rz. — wypadek
among [*ə'maŋ*] pi. — wśród
anyhow [*'enyhau*] ps. — bądź co bądź, jakoś
attention [*ə'tenszən*] rz. — uwaga
basket [*'ba:skyt*] rz. — kosz
bookseller's (shop) — rz. — księgarnia
bunch [*bancz*] rz. — wiązka, pęczek
chemist [*'kemyst*] rz. — aptekarz
chemist's (shop) rz. — apteka
choose [*czu:z*] cz. — wybierać; *nier.*
chosen [*'czouzn*] cz. — wybrany
collar [*'kolə*] rz. — kołnierz
cost [*kost*] cz. — kosztować; *nier.*
counter [*'kauntə*] rz. — kontuar
cross [*kro:s*] cz. — przekroczyć
crowd [*kraud*] rz. — tłum
deafen [*'defn*] cz. — ogłuszać, deaf [*def*] pm. — głuchy
department [*dy'pa:tmənt*] rz. — oddział, wydział
desk [*desk*] rz. — kasa
excellent [*'eksələnt*] pm. — znakomity

SŁOWNICZEK

fill [*fyl*] cz. — napełniać
farther ['*fa:ðə*] ps. — dalej (od far), dalszy
fly [*flaj*] cz. — lecieć, latać; *nier.*
fond [*fond*] cz. — rozmiłowany
geography [*dży'ogrəfy*] rz. — geografia
glove [*glaw*] rz. — rękawiczka
grocer ['*grousə*] rz. — kupiec kolonialny
grocer's — sklep z towarami spożywczymi
handbag ['*hœndbœg*] rz. — torebka damska
hesitate ['*hezytejt*] cz. — wahać się
hospital ['*hospytl*] rz. — szpital
interesting ['*yntrystyŋ*] pm. — interesujący
Jane [*dżejn*] rz. — Janina
jar [*dża:*] rz. — słoik
latest ['*lejtyst*] pm. — ostatni, najświeższy
least [*li:st*] ps. — najmniej, pm. najmniejszy
lift [*lyft*] rz. — winda
lily of the valley ['*lylyəwðə'wœly*] rz. — konwalia
madam ['*mœdəm*] rz. — pani
March ['*ma:cz*] rz. — marzec
medicine ['*medsyn*] rz. — lekarstwo
May [*mej*] rz. — maj
nephew ['*newju*] rz. — siostrzeniec, bratanek
news [*nju:z*] rz. — wieść, nowina
newsman — sprzedawca gazet
newspaper ['*nju:spejpə*] rz. — gazeta
nut [*nat*] rz. — orzech
pack up ['*pœk'ap*] cz. — pakować
pair [*peə*] rz. — para
parcel ['*pa:sl*] rz. — paczka
particular [*pə'tykjulə*] pm. — szczególny
pillar-box ['*pylə'bo:ks*] rz. — skrzynka do listów
post [*poust*] cz. — wysłać pocztą
pound [*paund*] rz. — funt
practically ['*prœktykly*] ps. — prawie zupełnie, faktycznie
present [*preznt*] rz. — prezent, dar
price [*prajs*] rz. — cena
purple [*pə:pl*] pm. — purpurowy
quality ['*kuolyty*] rz. — gatunek
scent [*sent*] rz. — zapach, perfumy
sell [*sel*] cz. — sprzedawać; *nier.*
send [*send*] cz. — posyłać; *nier.*
shop assistant [*ə'systənt*] rz. — subiekt, ekspedient
shopping ['*szopyŋ*] cz. — kupowanie, załatwianie sprawunków
shout [*szaut*] cz. — wykrzykiwać
sigh [*saj*] cz. — wzdychać
skirt [*skə:t*] rz. — spódnica
smell [*smel*] cz. — wąchać
sold ['*sould*] cz. — sprzedany
stocking ['*stokyŋ*] rz. — pończocha
store [*sto:*] rz. — dom towarowy, składnica
tempt [*tempt*] cz. — kusić
temptation [*temp'tejszən*] rz. — pokusa
try [*traj*] cz. — próbować
unfortunate (ly) [*an'fo:cznyt-ly*] pm. — nieszczęsny, ps. na nieszczęście, niestety
wander ['*uondə*] cz. — wędrować
woollen ['*uulyn*] pm. — wełniany
yard [*ja:d*] rz. — jard, miara dług. ok. 91 cm.

Idiomy

to pay attention to — zwracać uwagę na
to call at the post office — zajść na pocztę
to catch the eye — przyciągnąć uwagę
to go along the street / **to go down the street** / **to go up the street** — iść ulicą, po ulicy
to make sure — upewnić się
the latest fashion — ostatnia moda
what can I do for you? — czym mogę służyć
what size? — jaka wielkość, jaki numer?
how much is? —ile kosztuje...?
for the present — jak na teraz
good morning / **good afternoon** / **good evening** — używane zamiast pożegnania przy wychodzeniu ze sklepu, czy urzędu
to post a letter — wysłać list pocztą
last but not least — ostatni ale nie mniej ważny

GRAMATYKA

1. Użycie słów „shall — will"

a) Czas przyszły prosty (Simple Future):

She will buy **lots of things** — Ona kupi moc rzeczy.
I shall not do that — Nie zrobię tego, nie będę robił tego.
He will build — On będzie budował, wybuduje.
They will explain — Oni będą wyjaśniać, wyjaśnią.

b) Czas przyszły, wyrażający zdecydowanie, wolę, obietnicę:

I *won't buy*any stocking — Nie kupię (zdecydowanie) żadnych pończoch.
I will bring the ticket to-morrow — Przyniosę bilet jutro.
I will be pleased if he will come — Będę zadowolony jeśli on zechce przyjść.
He shall work more — On musi pracować więcej (zmusimy go).
I won't go to bed — Nie pójdę do łóżka.
You shall not come without him — Nie wolno ci przyjść bez niego.

Mother shall get her jam — Mama dostanie dżem (obiecuję). **Shall** w pierwszych osobach liczby poj. i mnogiej, a **will** w drugich, wyraża „czysty" czas przyszły. Słowa te użyte na odwrót, tj. **shall** z drugimi i trzecimi osobami, a **will** z pierwszymi — będą wyrażały: **will** — wolę, postanowienie, a **shall** — przymus, obietnicę. Niektórzy gramatycy nazywają to „coloured future", tj. „zabarwiony" czas przyszły.

2. Liczebniki (Numerals)

Ułamki (Fractions)

The size of Muriel's gloves is: ***five and three quarters*** — Numer rękawiczek Muriel jest: pięć i trzy czwarte.

$^1/_2$ — **one half, a half**
$^1/_3$ — **one third, a third**
$^2/_3$ — **two thirds**
$^4/_7$ — **four sevenths**
$^1/_4$ — **one quarter, a quarter, one fourth**
$^3/_4$ — **three quarters, three fourths**
$5^1/_2$ — **five and a half**

3. Stopniowanie przymiotników (patrz lekcja 12) i przysłówków

Regularne:

a) Przymiotniki:

short	**shorter**	**shortest**
happy	**happier**	**happiest**
important	**more important**	**most important**

b) Niektóre przysłówki:

fast	**faster**	**fastest**

Newsmen are shouting the *latest* news — ... najświeższe wiadomości...

She does not pay the *least* attention — Nie zwraca najmniejszej uwagi...
Five minutes *later* she comes out — Pięć minut później...
A few yards *farther* on... — Kilka jardów dalej...
The stocking department is *higher* up — Dział pończoch jest wyżej.

high	**higher**	**highest**
low	**lower**	**lowest**
hard	**harder**	**hardest**
early	**earlier**	**earliest**

(Przysłówki te są równocześnie przymiotnikami)

c) Większość przysłówków:

quietly	**more quietly**	**most quietly**

Nieregularne: (przymiotniki i przysłówki)

late	**later**	**latest** (ostatni, najświeższy)
	latter	**last** (ostatni, w ogóle)
good } **well** }	**better**	**best**
bad } **ill** }	**worse**	**worst**

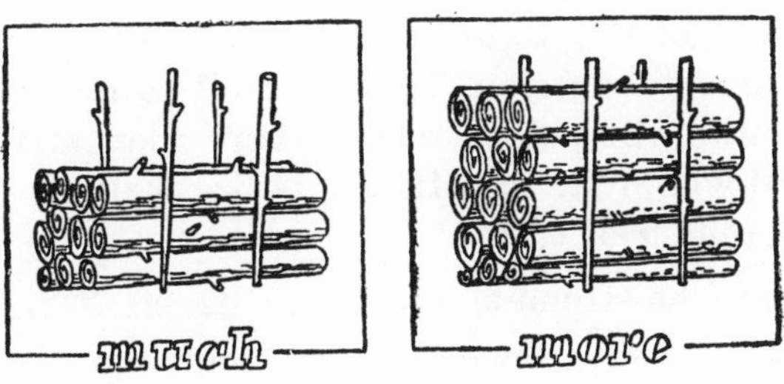

much } **many** }	**more**	**most**

little	**less**	**least***
far	**farther** **further**	**farthest** (w przestrzeni) **furthest** (z kolei)
old	**older** **elder**	**oldest** **eldest**

ĆWICZENIA

I. **Przepisać zdania, które w słowach „shall i „will" wyrażają „zabarwiony" czas przyszły:**

1. He is such a lazy boy that he will not learn grammar. 2. Will you sit beside the bookcase? 3. I will not come just because he wants me to**. 4. Porridge shall be ready for your breakfast. 5. You will get a blue apron for gardening. 6. They will admire your beans, I am sure. 7. That man shall not enter my house. 8. Shall he call for the doctor? 9. I won't strike the dog. 10. Will the stranger understand you? 11. You shall do that exercise once more. 12. Petrol will not be dearer there than in this country. 13. When will you invite the officer? 14. He shall leave the house. 15. I will **save** the poor child.

II. **Zamienić na stronę bierną** (zob. l. 42, str. 215):

1. John admires the smooth lawns and the smooth paths. 2. Everybody looked at the beautiful pictures on the wall. 3. I have

---

* Używane tylko z rzeczownikami abstrakcyjnymi.
** tj...... because he wants me to come.

taken all these photographs in the country. 4. In spring people look for primroses everywhere. 5. In winter we think much of stoves and warm clothes. 6. Why do they laugh at your brother's puppy? 7. Mother made an apple-tart for Joan's birthday. 8. He found out very gay short stories. 9. Dogs, cats, and plenty of other animals run after hares. 10. We bought the curtains three weeks ago. 11. When it rains most people wear rubbers. 12. John often scatters all his soldiers on the carpet. 13. You will tear your suit. 14. People must care much for children.

III. **Dokończyć następujące zdania, używając czasu przeszłego złożonego (Present Perfect) i słowa „since"**, np.: John is not at home, he **has been** with his aunt **since** March.

Mary is ill... The physician is tired of waiting... Your nephew is learning French... We have plenty of vegetables... I cannot wear this hat... She is unhappy... Mother is worrying...

IV. **Sporządzić listę przedmiotów, które można kupić w sklepie kolonialnym.**

V. **Napisać 15 czasowników regularnych w trzeciej osobie liczby pojedynczej**

VI. **Przetłumaczyć** (uważać na zdania czasowe):

1. Kiedy zauważyłem pocztę, zatrzymałem się od razu. 2. Kiedy usłyszysz telefon, podejdź do niego i zapytaj kto mówi. 3. Idę do piwnicy przynieść trochę ziemniaków. Ja też. 4. Oni mają wyborne śliwki. My też. 5. Jaka (what) jest różnica między kaczką a gęsią? 6. Kiedy wybieram powieść dla ciebie, nie mogę przygotować twoich kanapek. 7. Czasem lubię jechać pociągiem. Ja też. 8. Musisz posprzątać obie szuflady. 9. Nie mogę złapać (łapać) tego kota. 10. Nawet ten mądry owczarek nie może znaleźć zgubionej owcy. 11. Poszukamy lepszego lustra. Ty też. 12. Skoro tylko sprobujesz użyć tych przyrządów (utensils), zobaczysz jak ciężkie są. 13. Rozmawiałem z nim przez telefon, ale nie pamiętam kiedy. 14. Jestem bardzo zadowolony z gatunku tych płaszczy, ale niestety macie tylko cztery.

VII. **Wypracowanie**

Describe how Muriel buys the book and the stockings the next day. (Opisz jak Muriel kupuje książkę i pończochy dnia następnego.)

VIII. **Fonetyka**

[*ou*]	[*o:*]
coach	corn
grocer	broadcast
motor	broad
stroll	sport
soldier	sideboard
wardrobe	wardrobe

PAŃSTWOWE WYDAWNICTWO »WIEDZA POWSZECHNA« WARSZAWA

Irena Dobrzycka

JĘZYK ANGIELSKI DLA SAMOUKÓW

Zeszyt 8 **Lekcje 44—48**

LESSON FORTY-FOUR — THE FORTY-FOURTH LESSON

Lekcja czterdziesta czwarta

Przymiotniki odpowiadające rzeczownikom
Używanie słów „like", „as"
Czas przyszły dokonany (The Future Perfect Tense)

IN THE READING-ROOM

It is very quiet in the reading-room at the club. There is no talking inside and not much noise from outside for the windows look out on to the peaceful courtyard. The tables are covered with books, maps, notes, or dictionaries. Almost all the seats are occupied for June is the month of examinations and everyone is working hard.

Peter comes in to look at the papers. He is not excited like the others. At his technical classes the exams are over and he has passed them already successfully. Stanley who is sitting near the door, has a handbook "Principles of English Commercial Law" in front of him. Peter thinks quite a lot of Stanley who is a decent fellow, reliable and hard-working too. He will have learnt quite a lot before he goes back to Poland. Peter has not a very clear idea of Poland but he knows it is an agricultural and industrial country and that its commerce and industry are growing steadily under a workers' government. With his good knowledge of languages Stanley will be very useful there as a businessman.

Another student is drawing all kinds of circles, squares and such like. At his engineering school the first examination is mathematics, and he has got rather a lot to do.

A young man sitting by the cold fireplace is studying his notes on the history of Great Britain.

Peter turns to the shelf with the newspapers, takes out an illustrated weekly and sinks into a deep armchair. "It's a pity that smoking is not allowed!" he thinks to himself.

The front page of the paper shows a picture of the Prime Minister engaged in a friendly conversation with the French President, while government officials of both nations stand by. Having read the daily news Peter turns to some other items. There is a photo showing the destruction by fire of a parliament in a smaller European capital. Half of the building has been destroyed, one person killed and several wounded.

Another page is all about the latest film. It is an historical picture full of scenes from the Second World War, with ships of the Navy and aeroplanes of the RAF* taking part in it, and the most popular film star in the United States. There are also pictures of Soviet dancers touring in Britain. Then Peter sees that a well-known foreign orchestra is going to give a concert in London next week. Peter is interested at last for he is extremely fond of music and he never misses any good concert. But who could he ask to keep him company? Peter looks up: all his friends seem to think only of their examinations, and his closest friend has gone to the mountains for his health. Even lazy Ronald is writing, copying something — rather an uncommon sight. What is he learning so diligently? Peter comes up to the table and reads:

* Zob. objaśnienie w 1.34, str. 158.

There was a young lady called Ruth
Who was uncommonly fond of truth.
She said she would die
Before she would lie,
And she died in the prime of her youth.

So Ronald has been copying a limerick. Peter cannot help smiling but he is not surprised, he has never seen Ronald working hard!

SŁOWNICZEK

aeroplane [*'eərəplejn*] rz. — samolot
agricultural [*ægry'kalczurəl*] pm. — rolniczy
capital [*'kæpytl*] rz. — stolica
cautiously [*'ko:szjəsly*] ps. — przezornie
circle [*sə:kl*] rz. — koło
commerce [*'komə:s*] rz. — handel, **commercial** [*kəmə:szl*] pm. — handlowy
company [*'kampəny*] rz. — towarzystwo
concert [*'konsət*] rz. — koncert
copy [*'kopy*] cz. — przepisywać
courtyard [*'ko:tja:d*] rz. — podwórze
dancer [*'da:nsə*] rz. — tancerz, członek baletu
decent [*'di:snt*] pm. — porządny, przyzwoity
destroy [*dys'troy*] cz. — niszczyć
destruction [*dys'trakszən*] rz. — zniszczenie
diligent [*'dylydżənt*] pm. — pilny
draw [*dro:*] cz. — rysować, ciągnąć; *nier.*
engaged [*yn'gejdżd*] pm. — zaręczony, zajęty
engineering [*endży'niəryŋ*] rz. — inżynierka, **engineer** [*'endżyniə*] — rz. mechanik, inżynier
European [*juərə'pyən*] pm. — europejski
everyone [*'ewry^{u}an*] z. — każdy
examination [*ygzæmy'nejszən*] rz. — egzamin
foreign [*'foryn*] pm. — zagraniczny, obcy
government [*'gawnmənt*] rz. — rząd
handbook [*'hændbuk*] rz. — podręcznik
hard-working [*'ha:d'^{u}ə:kyŋ*] pm. — pracowity
health [*helθ*] rz. — zdrowie
history [*'hystəry*] rz. — historia, **historical** [*hys'torykl*] pm. — historyczny
illustrate [*'yləstrejt*] cz. — ilustrować
industry [*'yndəstry*] rz. — przemysł, pilność
interested [*'yntrystyd*] pm. — zainteresowany
item [*'ajtəm*] rz. — pozycja, punkt
June [*dżu:n*] rz. — czerwiec
knowledge [*'nolydż*] rz. — wiedza
kill [*kyl*] cz. — zabić
language [*'længuydż*] rz. — język, mowa
law [*lo:*] rz. — prawo
lie [*laj*] cz. — kłamać (czasownik reg. — cz. przeszły „lied")

SŁOWNICZEK

map [*mæp*] rz. — mapa
mathematics [*mæθy'mætyks*] rz. — matematyka
mount [*maunt*] cz. — wsiąść na (rower, konia)
mountain [*'mauntyn*] rz. — góra
music [*'mju:zyk*] rz. — muzyka, nuty
nation [*nejszn*] rz. — naród
navy [*'nejwy*] rz. — marynarka (wojenna, handlowa)
occupy [*'okjupaj*] cz. — zajmować
official [*ə'fyszəl*] rz. — urzędnik
orchestra [*'o:kystrə*] rz. — orkiestra
page [*pejdż*] rz. — strona
parliament [*'pa:ləment*] rz. — parlament
part [*pa:t*] rz. — część, udział
peaceful [*'pi:sful*] pm. — spokojny
person [*'pə:sn*] rz. — osoba
popular [*'popjulə*] pm. — popularny
president [*'prezydənt*] rz. — prezydent
prime [*'prajm*] rz. — najlepsza część, kwiat czegoś
prime minister [*'prajm 'mynystə*] rz. — premier
principle [*'prynsəpl*] rz. — zasada, podstawa
reading-room rz. — czytelnia
reliable [*ry'lajəbl*] pm. — solidny, na którym można polegać
Ruth [*ru:θ*] rz. — Rut (imię żeńskie)
scene [*si:n*] rz. — scena
ship [*szyp*] rz. — okręt
sight [*sajt*] rz. — widok
sink [*syŋk*] cz. — zanurzyć (się), zatopić; *nier.*
steady (ily) [*'stedy-ly*] pm. — równy, regularny; ps. równo, miarowo
student [*stju:dnt*] rz. — student
surprised [*sə'prajzd*] pm. — zdumiony
take part in — cz. brać udział w...
technical [*'teknykəl*] pm. — techniczny
tour [*'tuə*] cz. — objeżdżać
truth [*tru:θ*] rz. — prawda
uncommon [*an'komən*] pm. — niezwykły
United States [*ju'najtyd 'stejts*] rz. — Stany Zjednoczone
useful [*'ju:sful*] pm. — pożyteczny
weekly [*'ᵘi:kly*] pm. — tygodniowy, rz. tygodnik
wounded [*'ᵘundyd*] pm. — ranny, zraniony
world [*ᵘə:ld*] rz. — świat
youth [*ju:θ*] rz. — młodość, młodzież, młodzi

Idiomy

and such like — i tym podobne
to take part in — brać udział w
to give a concert — dać koncert
to keep somebody company — dotrzymać komuś towarzystwa
I can't help (smiling) — nie mogę powstrzymać się (od uśmiechu)
in the prime of her youth — w kwiecie młodości
to think much of — mieć wysoką opinię o

OBJAŚNIENIA FONETYCZNE

Należy zwrócić uwagę na akcentowanie długich wyrazów i na ich wymowę, zwłaszcza nieakcentowanych samogłosek, np. **government, interested, technical.** Zob. „Wstęp fonetyczny", str. XXXII i XXXVI.

GRAMATYKA

1. Przymiotniki odpowiadające rzeczownikom

Rzeczowniki		Przysłówki	
peace	— pokój	**peace*ful***	— spokojny
beauty	— piękno	**beauti*ful***	— piękny
use	— użytek	**use*ful***	— użyteczny, pożyteczny
delight	— rozkosz	**delight*ful***	— rozkoszny
wonder	— cud, dziw	**wonder*ful***	— cudowny

2. Używanie słów „like - as"

He is not excited *like* the others	— On nie jest podniecony **podobnie** jak inni.
She looks *like* an old woman	— Ona wygląda **jak (podobnie jak)** stara kobieta.
These flowers are *like* daffodils	— Te kwiaty są **podobne** do żonkili.
We shall use this box *as* a table	— Użyjemy tego pudełka **jako** (w charakterze) stołu.
I came to you *as* a friend not as a policeman	— Przyszedłem do ciebie **jako** przyjaciel, a nie jako policjant.
He will be very useful *as* a businessman	— On się b. przyda **jako** kupiec.

Przed czasownikami:

He wants to work *as* his brother *does*	— On chce tak pracować jak jego brat.
She will swim *as* you *do*	— Ona będzie pływała jak ty (pływasz).

She will swim as you do

3. Czas przyszły dokonany (The Future Perfect Tense)

Koniugacja czasownika „to finish" — kończyć

Forma twierdząca

I shall have finished— skończę (najpierw), będę miał
you will have finished skończone zanim ... itd.
he will have finished
she will have finished
it will have finished
we shall have finished
you will have finished
they will have finished

Forma pytająca

shall I have finished? — czy skończę? itd.
will you have finished?
will he have finished? itd.

Forma przecząca

I shall not have finished — nie skończę itd.
you will not have finished
he will not have finished itd.

***He will have learnt* much before he goes back to Poland** —
On nauczy się dużo zanim wróci do Polski.

At 10 o'clock *I shall have undressed* and I shall say good-night —
O godz. 10 będę rozebrany i powiem „dobranoc".

Czas przyszły dokonany używany jest dla wyrażenia akcji dokonanej w przyszłości przed następną przyszłą akcją.

W zdaniach czasowych używamy czasu przeszłego złożonego (The Present Perfect Tense) zamiast czasu przyszłego dokonanego (The Future Perfect Tense), np. **When you have written the letter you will post it.** (Kiedy będziesz miał list napisany wyślesz go pocztą). Por. używanie czasu teraźniejszego zamiast przyszłego, l. 29, str. 127.

ĆWICZENIA

I. **Nauczyć się na pamięć:**

There was a young fellow called Michael
Who cautiously mounted a cycle.
But soon it was found
When he fell to the ground
That the cycle was mounted on Michael (tłumaczenie: patrz klucz).

II. **Wstawić „while" lub „during"** („podczas gdy" lub „podczas, w ciągu"):

1. He is talking with the President ... other people stand by. 2. You must not read ... lunch. 3. You may whistle ... you work, if you like. 4. How do they like the carpet which I bought ... the war? 5. She will pay attention to the wireless ... I get dinner ready. 6. The poor man was hurt ... the match. 7. We returned by underground ... they came by car. 8. Margaret will mend her frock ... her husband packs up the suitcase 9. ... this unpleasant conversation I was waiting outside the door. 10 Pupils must not talk ... the lesson. 11. The elephant was rather excited ... the show.

III. **Dokończyć następujące zdania, np. She has no time — Neither have I.**

1. The young couple did not understand the speaker ... .2. He was not annoyed ... .3. The airman was not scared ... . 4. The Italian soldier could not speak English ... . 5. The cook did not find the kettle ... . 6. Our relations were not pleased ... . 7. His wife could not paint at all ... .

IV. **Napisać po dwa zdania z rzeczownikiem odsłownym** (patrz lekcja 35, str. 167) z użyciem następujących czasowników: to finish, to go on, to mind, to miss, to remember, to stop, to avoid, cannot help, np. She does not mind **tasting** the soup.

V. **Napisać 10 przysłówków,** np. extremely.

VI. **Przetłumaczyć:**

słyszałem	nie wiem	czy rozumiesz?
czy miałeś?	byliśmy	będziemy musieli
on by chciał	on rósł	zabrany
pomyślimy	ona poszłaby	czy zamknąłbyś?
pokryty	latali	nie będą spali
zaproszony	nie mogłem	śpiewając
nie wstałbyś	poszukałem	nie pracować
pociągnij	nie protestuj	nie wiedziałem
czy znalazłeś	nie popychał	zabierając
nie zrozumiałem	czy lubisz?	jak się pisze?
uratowany	zaproponuj	nie zauważył

VII. **Wypracowanie**

My Favourite Book — Moja ulubiona książka

VIII. **Fonetyka**

Nie akcentowane samogłoski często przechodzą w dźwięki [ə], [y], albo nie są wcale wymawiane.

[ə]- 'breakfast, 'cupboard, 'cautiously

[y]- 'foreign, 'interesting, 'painted

[-]- 'curtain, 'wooden, 'Michael

LESSON FORTY-FIVE — THE FORTY-FIFTH LESSON

Lekcja czterdziesta piąta

Używanie słów: „little" i „few"
Imiesłowy
Czas przeszły trybu warunkowego
Zdania warunkowe — c.d.

Uwaga: dodatkowe słownictwo dotyczące pogody — zob. „Dodatek", str. 318.

GEORGE'S DREAM

"Daddy, how many people are there on board that ship?"
"Daddy, why don't people build a bridge over the sea?"
"Daddy, why haven't fishes any legs?"

George, his family, and a friend of his, are enjoying a fine weekend on the seaside in the South of England. The children have been playing with sand the whole morning, so now they need a change and ask George a thousand questions. Margaret saves the situation:

"Children, keep quiet, leave Father alone, Let's go and bathe."

"I'll teach you to swim", adds Mr. Brown, who is a sailor.

Shrieks of joy are the only answer.

"George, you'll look after the things, won't you?"

They leave the rubber toys, sunglasses, Margaret's sunshade, a jar of cream and such like on the rug, and run to the sea. Baby is delighted too.

George remains half lying on the rug and watches the beach. It is pretty crowded with people of all ages in bathing-suits of every fashion shouting, laughing, and playing games. The sands are warm and soft. George feels happy and sleepy. How nice it would be to live in a hot country with a warm climate and no winter at all: There would be little cold, no storms, no snow, and no thick wollen clothes, or furs to wear. The only good use we can make of winter is skiing, and even that is not possible in England but only in Scotland, or abroad.

The sun is rather hot. George has already got sunburnt so he does not mind it.

Suddenly everything darkens — heavy clouds cover the sky, people start picking up their things excitedly and turn to the small hotel near by. Its owner comes out and shouts that the motor-boats are ready to take everyone to the station. So they are — dozens and dozens of them! Almost everybody has one to himself. They are queer boats, for having left the sea (which has become rather rough at this time), they move just as comfortably on the land. George sees four wheels under his, which he has not noticed before.

They land on the platform at the station but they come too late — the train has gone. There are few people there, and only one railway guard, who looks extremely like George's tailor. He looks sternly at Gorge, then comes up to him:

"You have stolen my spectacles, sir!"

George protests violently.

"They're mine", and reaches to his pocket to show them. But instead of his own glasses he finds three strange pairs.

"You have stolen mine, too", shouts an elderly gentleman in a huge fur coat.

"Mine too!" cries a lady in several sweaters and a red scarf. "Let's arrest him!"

"Shoot him", cry more people.

"Search the thief", suggests somebody, pulls out of George's pockets sixteen or more pairs of spectacles he had never put there and throws them down. Scared to death he rushes out into the waiting-room, the crowd following him and calling "thief, thief!". The door will not open though George pulls harder and harder. At last he gets through the door into another room. There a huge pile of trunks and suit-cases falls on him, squeezing him more and more...

"So, that's the way you're looking after the things! The wind would have carried away the sunshade if Dick hadn't seen it in time."

George wakes up. The sun is bright, the beach is crowded, the children tired and happy after their bathe. Margaret's open sunshade has fallen upon his chest.

"What a lot of spectacles you've got!" says the sailor.

George sits up terrified and then lies down again laughing when he sees his own sunglasses and the other pairs belonging to his wife and children lying in a row on the rug!

SŁOWNICZEK

alone [*ə'loun*] pm. — sam
arrest [*ə'rest*] cz. — aresztować
bathe [*'bejð*] cz. — kąpać się (w morzu, w rzece)
bathing-suit [*'bejðyŋ'sju:t*] rz. — kostium kąpielowy
beach [*bi:cz*] rz. — plaża
become [*by'kam*] cz. — stać się; *nier.*
belong [*by'loŋ*] cz. — należeć
board [*bo:d*] rz. — pokład, stołowanie się
boat [*bout*] rz. — łódź, okręt
bridge [*brydż*] rz. — most
burn [*bə:n*] cz. — palić (się); *nier.*
carry away [*'kœryə'uej*] cz. — unieść, uprowadzić
chest [*czest*] rz. — pierś
climate [*'klajmyt*] rz. — klimat
crowded [*'kraudyd*] pm. — natłoczony
cry [*kraj*] cz. — krzyczeć
daddy [*'dœdy*] rz. — tatuś
darken [*'da:kən*] cz. — ściemniać się
dream [*dri:m*] rz. — sen, marzenie
elderly [*'eldəly*] pm .— starszawy
enjoy [*yn'dżoj*] cz. — rozkoszować się, cieszyć się
few [*fju:*] z. — mało, niewielu
fur [*fə:*] rz. — futro
game [*gejm*] rz. — gra
guard [*ga:d*] rz. — strażnik, konduktor kolejowy
hotel [*hou'tel*] rz. — hotel
joy [*dżoj*] rz. — radość
land [*lœnd*] rz. — ziemia, ląd, cz. lądować
little [*lytl*] z. — mało
motor-boat [*'moutə'bout*] rz. — motorówka
owner [*'ounə*] rz. — właściciel
pick up [*pyk'ap*] cz. — podnosić z ziemi
pile [*pajl*] rz. — stos
platform [*'plœtfo:m*] rz. — peron, podwyższenie
reach [*ri:cz*] cz. — dosięgnać, dojść
remain [*ry:'mejn*] cz. — pozostawać
rough [*raf*] pm. — szorstki, wzburzony (o wodzie)
row [*rou*] rz. — szereg
rug [*rag*] rz. — dywan, pled
sailor [*'sejlə*] rz. — marynarz
scarf [*ska:f*] rz. — szalik, szarfa
sea [*si:*] rz. — morze
search [*sə:cz*] cz. — przeszukiwać, rewidować
shoot [*szu:t*] cz. — strzelać; *nier.*
situation [*sytju'ejszən*] rz. — sytuacja, położenie
ski [*szi:; ski:*] rz. — narty; cz. — jeździć na nartach
snow [*snou*] rz. — śnieg
spectacles [*'spektəklz*] rz. — okulary
steal [*sti:l*] cz. — kraść; *nier.*
stern [*stə:n*] pm. — surowy
storm [*sto:m*] rz. — burza
sunburnt [*'sanbə:nt*] pm. — opalony
sunglasses [*'sangla:syz*] rz. — okulary
sunshade [*'sanszejd*] rz. — parasolka
sweater [*'suetə*] rz. — sweter
tailor [*'tejlə*] rz. — krawiec
teach [*ti:cz*] cz. — uczyć; *nier.*
terrified [*'teryfajd*] pm. — przerażony
thief [*θi:f*] rz. — złodziej, **thieves** [*θi:wz*] — złodzieje
throw [*θrou*] cz. — rzucać; *nier.*
trunk [*trank*] rz. — kufer, korpus
violent [*'wajələnt*] pm. — gwałtowny
waiting-room [*'uejtyŋ-rum*] rz. — poczekalnia
wake up [*uejk ap*] cz. — przebudzić się; *nier.*

Idiomy

to leave alone — zostawić w spokoju
to make use of — wykorzystać, użyć
to get sunburnt — opalić się
by this time — do tego czasu
scared to death — śmiertelnie przerażony
harder and harder — coraz mocniej
longer and longer — coraz dłużej
in time — na czas
on board a ship — na pokładzie okrętu
near by — w pobliżu

GRAMATYKA

1. Używanie słów „little" i „few"

little **cold** — mało zimna
little trouble — mało kłopotu
little money — mało pieniędzy
little water — mało wody
few people — mało ludzi
few cakes — mało ciastek
few toys — mało zabawek
few spoons — mało łyżek

Słowo **little** (jak słowa **much, a little**) używane jest tylko **w liczbie pojedynczej.** Słowo **few** (jak słowa **many** i **a few**) używane jest tylko z **liczbą mnogą.** Przykłady na **używanie a little** i **a few** patrz lekcja 30.

2. Imiesłowy (Participles)

Imiesłów czasu teraźniejszego (The Present Participle)*
People of all ages *shouting, laughing* and *playing* games.

shouting — wykrzykując(jący)
laughing — czytając, czytający
reading — śmiejąc(cy) się
going — idąc, idący

* Gerund ma tę samą formę (patrz lekcja 35).
Jedną z funkcji imiesłowu czasu teraźniejszego jest tworzenie formy trwającej wszystkich czasów gramatycznych (patrz lekcja 9).

Imiesłów dokonany czasu przeszłego (The Perfect Participle)

Having left **the sea they move just as comfortably on the land.**

having left — opuściwszy
having read — przeczytawszy
having gone — poszedłszy

Przykłady:

I met him *going* along the street — Spotkałem go idącego ulicą.

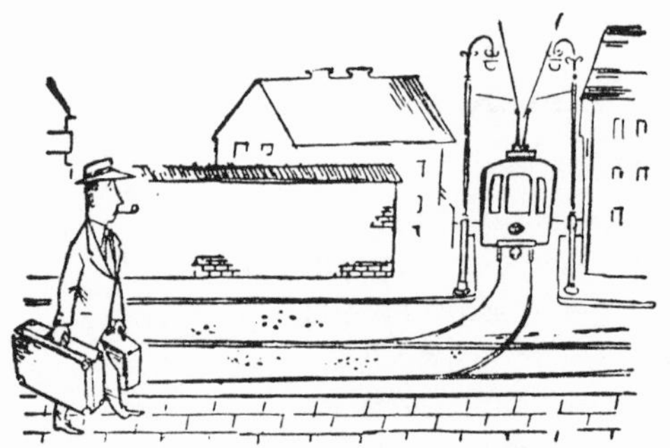

Having missed **the tram he went on foot.** Spóźniwszy się na tramwaj poszedł piechotą.

3. Czas przeszły trybu warunkowego (The Past Conditional Tense)

The wind *would have carried* away the sunshade.

Forma twierdząca

I should have written — byłbym napisał (kiedyś)
you would have written — byłbyś napisał
he would have written
we should have written
you would have written
they would have written

Forma pytająca

should I have written?
— czy byłbym napisał?
would you have written?
would he have written? itd.

Forma przecząca

I should not have written
— byłbym nie napisał
you would not have written
he would not have written itd.

4. Zdania warunkowe — c.d.

The wind *would have carried* away the sunshade *if Dick hadn't seen* it in time.

***I should have sent* him the parcel *if I had known* his name a week before** — Byłbym posłał mu paczkę, gdybym znał jego nazwisko tydzień przedtem. ***If I had known* you were in London *I should have paid* you a visit** — Gdybym był wiedział, że byłeś w Londynie, byłbym ci złożył wizytę.

W zdaniach warunkowych odnoszących się do przeszłości używamy czasu przeszłego trybu warunkowego w zdaniu nadrzędnym, a czasu zaprzeszłego (The Past Perfect Tense) w zdaniu podrzędnym.

ĆWICZENIA

I. **Zamienić na formę przeczącą** (uważać na „some" i „either"): 1. John thinks the alphabet is very important. 2. The child found some handkerchiefs. 3. I like to pack up suit-cases. So do I. 4. He brought soft boiled eggs. 5. She left the lamb cutlets somewhere 6. He must remind you of that misunderstanding. 7. Buy a coat in the latest fashion. 8. Being a kind man he always thanks everybody for everything. 9. The shop assistant showed her either a cap or a hat. 10. Either you or he suggested a change. 11. Politics are interesting for many people. 12. That Englishwoman sleeps with closed windows. 13. She has seen the accident. 14. He saw somebody enter the study. 15. He won after three hours.

II. **Wstawić „few" lub „little", „much", „many" lub „a lot":** 1. In the suburbs of London there are very ... parks. 2. A goods train usually has ... carriages. 3. Did they speak ... about the weather? 4. In England ... people understand Polish. 5. Now there are rather ... young men who can fly. 6. ... students passed their examinations in spring. 7. He says he has too ... sugar in his coffee. 8. Boys eat ... bread. 9. We can't go to the Houses of Parliament, we have too ... time. 10. In large towns you can see very ... petrol stations. 11. I am sure he paid quite ... for sending this parcel. 12. She will never buy that handbag, she always has ... money.

III. **Zbudować 7 zdań wg następującego wzoru:**

Having found this pencil, he stopped looking for his pen — Znalazłszy ten ołówek przestał szukać swego pióra.

IV. **Dać objaśnienie następujących słów:**

A beach, an airman, a sheepdog, a banana, a capital, a nephew, a weekly (zob. l. 41, ćwiczenie IV).

V. **Sporządzić listę przedmiotów, które można trzymać w hallu.**

VI. **Zadać 5 pytań z „to do" i 5 bez** (zob. l. 34, str. 161).

VII. **Przetłumaczyć:**

1. Wszyscy studenci uczą się pilnie przed egzaminami. 2. Powiesimy fotografię okrętu nad lustrem. 3. W porównaniu z waszą stolicą to miasto ma wielki przemysł. 4. Chciałbym mieszkać nad morzem (na brzegu morza), ponieważ morski klimat jest lepszy dla mnie. 5. Całe podwórze jest pokryte śniegiem, będziemy więc mieli moc pracy dziś po południu. 6. Ona nie znosi ludzi narzekających na wszystkich i wszystko. 7. Wczoraj wieczorem znaleźliśmy nieżywą mysz. 8. Kierownik biura jest zazwyczaj nudny, ale w zeszły czwartek był niezmiernie zabawny. 9. Wyruszymy natychmiast, z chwilą gdy nasz rząd pozwoli. 10. Ile kosztuje szklanka piwa? 11. Nie zwracaj żadnej uwagi na tego lekarza, idź do innego. 12. Kto nalewał herbatę wczoraj? 13. Czytałem w tygodniku, że otwarcie naszego parlamentu będzie za (in) miesiąc*. 14. Jaki jest numer (wielkość) jego kołnierzyka? 15. Moja żona była przerażona, kiedy zobaczyła, jak złodziej wszedł do bawialni przez okno. 16. Niestety oba statki zatonęły (sink) po wypadku. 17. Wszyscy byli zdumieni, kiedy usłyszeli, że ten film przedstawia codzienne życie w Anglii*.

VIII. **Wypracowanie: A Dream (sen)**

IX. **Fonetyka**

Litery nie wymawiane:

b: lamb, climb	l: walk, talk, should
d: handsome, Wednesday	t: whistle, listen, often
k: know, knock, knife	w: who, answer, wrong
h: hour	gh: daughter, light, fight

* Uwaga: zdania zależne (zob. następstwo czasów, l.33, str. 155).

LESSON FORTY-SIX — THE FORTY-SIXTH LESSON

Lekcja czterdziesta szósta

Przymiotniki nieokreślone
Zdania okolicznikowe celu
Używanie przyimków „at", „in"

Uwaga: należy zwrócić uwagę na różnice między poszczególnymi odmianami listów. Nazwy miesięcy zob. „Dodatek", str. 318.

LETTERS

It is Stanley's last Sunday in London, and he is rather sad about it. Besides, he has some letters to answer and letter writing is really, as Dick says "an awful nuisance"! This morning Stanley has gone to see some friends to say good-bye and in the afternoon he is going to the Natural Science Museum. So he has made up his mind to write them now. First he must answer a formal invitation to a dinner party.

"Mr. and Mrs. Green request the pleasure of Mr. Dąbrowski's company at dinner on Wednesday the 23rd inst. at half past seven.

12 Oxford Square, London."

Well, Stanley must be as formal as they are:

"Mr. Dąbrowski has much pleasure in accepting Mr. and Mrs. Green's kind invitation to dinner on the 23rd inst.

2 Cambridge Street, London."

The next one is not so easy: He must write a few words to a gentleman who has lent him a book.

"Dear Sir..."

No, that would suit a business letter. Anyhow he is an acquaintance, so Stanley must write "Dear Mr. Jones". What next? He cannot begin with "Thank you very much for your kind postcard", for he has not had any postcard. If it were* a business letter, he would know how to go on, and that he must finish with "yours faithfully", for he has been taught commercial correspondence the whole year!

At last the letter gets written as follows:

2 Cambridge Street,
London, W 1.**
14.7.58.

Dear Mr. Jones,

I am so sorry I cannot take leave of you personally, but my boat will have sailed before you return to town. I hope you are enjoying your stay in the country — farm life is so interesting in summer.

Farm life is so interesting

* Zob. l. 40, zdania warunkowe, str. 198.

** Londyn podzielony jest na bardzo liczne okręgi pocztowe; W 1. znaczy West 1. (podobnie EC — East Central, WC — West Central itp.).

A fortnight ago I borrowed a handbook from you; I am sending it back with my best thanks.

Please remember me to your mother.

Yours sincerely,

St. Dąbrowski.

"Thank goodness, that's written!" says Stanley, for he does not like writing formal letters. Now he lights a cigarette and begins a letter to his friend Harry.

July, 14th, 1958.

Dear Harry,

Have you heard the latest news? Freddie and Betty are engaged! I have heard about it this morning. I suppose their engagement isn't a surprise to anybody, but I am writing about it so that you may congratulate them all the same. I am very glad about it, for I like Freddie, and Betty is a charming girl.

Our boarding-house has been dull and empty since the holidays began. Do you remember the little chats we used to have after coming back from the cinema or a show?

My boat is sailing next week. I feel rather sad when I think of travelling and leaving you all. I am afraid I shall not be able to return here for quite a long time because of my job, so I propose that you should come to Poland to spend your holidays there. How is little Molly? Last week I promised to send her pictures from Poland, and I made a note of it so that I might not forget.

This year spent in England has been so pleasant for me and so useful. Now that I know the English better I like them more, especially for being reliable in everyday life, for their politeness and sense of humour. And you have been a real pal to me. I shall never forget my stay at your place!

Thank you ever so much for your kindness. Love to your little sister and kind regards to your parents and yourself.

Ever Yours,

Stanley.

SŁOWNICZEK

accept [*ək'sept*] cz. — przyjąć
acquaintance [*ə'kuejntəns*] rz. — znajomość
afraid [*ə'frejd*] pm. — przerażony
borrow ['*borou*] cz. — pożyczać od kogoś
charming ['*cza:myŋ*] pm. — czarujący
cinema ['*synymə*] rz. — kino
congratulate [*kən'grætjulejt*] cz. — winszować
easy ['*i:zy*] pm. — łatwy
engagement [*yn'gejdżmənt*] rz. — zaręczyny
faithful ['*fejθful*] pm. — wierny
formal ['*fo:məl*] pm. — oficjalny, formalny
fortnight ['*fo:tnajt*] rz. — 2 tygodnie
inst. skrót od **instant** ['*instənt*] — bieżącego miesiąca
invitation [*ynwy'tejszn*] rz. — zaproszenie
kindness ['*kajnnys*] rz. — uprzejmość, grzeczność
light [*lajt*] cz. — zapalić (papierosa), oświecać; *nier.*
mind [*majnd*] rz. — umysł
Molly ['*moly*] rz. — imię żeńskie (zdrobnienie od Mary)
museum [*mju:'ziəm*] rz. muzeum
nuisance ['*nju:sns*] — coś nudnego (piła), przykrego
personally ['*pə:snly*] ps. — osobiście
pleasure ['*pleżə*] rz. — przyjemność
pal [*pæl*] rz. — towarzysz, zażyły przyjaciel
postcard ['*poustka:d*] rz. — pocztówka
promise ['*promys*] cz. — obiecywać
propose [*prə'pouz*] cz. — proponować
regards [*ri:'ga:dz*] rz. — ukłony, pozdrowienia
regard rz. — wzgląd
sad [*sæ:d*] pm. — smutny
sail [*sejl*] cz. — żeglować, płynąć
science ['*sajəns*] rz. — nauka, wiedza, **natural science** — nauka o przyrodzie
show [*szou*] rz. — wystawa, widowisko, przedstawienie
stay [*stej*] rz. — pobyt
suppose [*sə'pouz*] cz. — przypuszczać
surprise [*sə'prajz*] rz. — niespodzianka

Idiomy

to make up one's mind — postanowić, zdecydować
the 2nd inst. — drugiego bieżącego miesiąca
love from... — serdeczności od...
to take leave of — pożegnać się z
to light a cigarette — zapalić papierosa
to be glad of (about) — cieszyć się z (czegoś)
a sense of humour — poczucie humoru
thank goodness! — odpowiada polskiemu „Bogu dzięki!"
now that... — teraz kiedy...

GRAMATYKA

1. Przymiotniki nieokreślone

a) For ***quite a*** long time — Przez dość długi okres czasu...
All the **bathing-suits are here** — Wszystkie kostiumy kąpielowe są tutaj.
Both his **younger brothers are tall** — Obaj jego młodsi bracia są wysocy.
We saw *such a* fine building! — Widzieliśmy taki piękny budynek.
They waited for *quite a* long time — Czekali długi czas.
Przedimki i zaimki przymiotne dzierżawcze stoją po nieokreślonych przymiotnikach.

b) **A grocer's counter is *too great a* temptation** — Lada kupca kolonialnego jest zbyt wielką pokusą.
We must have a good rest after *so long a* travel — Musimy mieć dobry odpoczynek po tak długiej podróży.

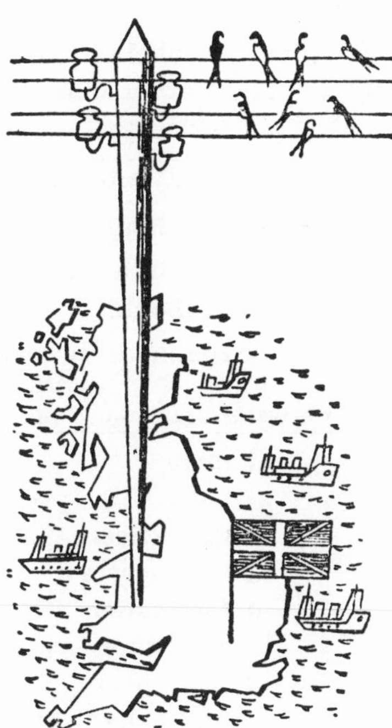

After so long a travel

Przedimek nieokreślony w zdaniu z **too** i **so** stoi bezpośrednio przed rzeczownikiem.

2. Zdania okolicznikowe celu

a) **I am writing about it *so that you may* congratulate them** — Piszę o tym, żebyś powinszował im.
He opens the door *that I may see* the carpet — On otwiera drzwi, żebym zobaczył dywan.

b) **I made a note of it *so that I might not forget*** — Zrobiłem notatkę, żebym nie zapomniał.
I brought the map in order *that you might find* all these towns — Przyniosłem mapę w tym celu, abyś mógł znaleźć wszystkie te miasta.
We locked the cupboard *that the dog should not get in* — Zamknęliśmy szafę, żeby pies nie dostał się do środka.

c) ***I propose that you should come* to Poland** — Proponuję, żebyś przyjechał...

W zdaniach okolicznikowych celu rozpoczynających się od **that, so that, in order that,** kiedy podmioty obu części zdań nie są jednakowe, używamy:

a) **may** po czasie teraźniejszym w zdaniu głównym

b) **might** lub **should** po czasie przeszłym w zdaniu głównym.

Po to suggest, to propose, to make up one's mind itp. musimy zawsze używać **should.**

(Porównaj ze zdaniem: **He comes *to* buy a tie** zob. l. 35, str. 166).

3. Używanie przyimków: at — in

at table	— przy stole
at home	— w domu
at the office	— w biurze
at the theatre	— w teatrze
at the station	— na stacji
at my father's	— u mego ojca
at the wheel	— przy kierownicy
at night (lecz: by day)	— w nocy (w dzień)

at school	— w szkole
at midnight	— w południe
at noon	— o północy
at 5 o'clock	— o godz. 5-tej
at first	— najpierw
at last	— wreszcie
in Poland	— w Polsce
in London	— w Londynie
in the sky	— na niebie
in the rain	— w deszcz
in the street	— na ulicy
in town	— w mieście
in bed	— w łóżku
in 1949	— w 1949
in May	— w maju
in the morning	— rano
in the afternoon	— po południu
in the evening	— wieczorem
in a hurry	— w pośpiechu
in winter	— w zimie

ĆWICZENIA

I. Wstawić właściwe przyimki:

1. Did you hear ... George's adventure? 2. The butcher's boy will be coming ... our home and I must keep up good relations ... the fellow. 3. He looks round and sees Mary and Stanley ... the back seats ... the car. 4. Dick takes his guest ... the hall ... his father's study. 5. The young people get ... the house ... a French window. 6. They are never ... home. 7. His wife is standing ... a little table and pouring ... tea. 8. I don't want to learn ... school so long. 9. I have to go ... school ... 8 o'clock and I remain there ... 1 p.m. 10. Joan is looking ... 3 planes which can be seen ... the sky. 11. The physician is not very pleased ... you. 12. He says you must go ... the country ... some weeks. 13. People should not eat . . the street. 14. Pay more attention ... what you say and you will

be in good relations ... everybody. 15. ... autumn it will colder and colder. 16. He took that photo ... our daughter ... the country ... 1947. 17. The train was so crowded ... soldiers that we could not get ... 18. If you like, you can let the boys run ... each other ... front ... the house.

II. **Zamienić na pytania:** (powtórzyć zaimki i przymiotniki pytające z l. 34):

1. She came in to look at the papers which came last Friday. 2. Muriel ate a cake which was for her teacher. 3. They did everything thoroughly. 4. That funny terrier is fond of running after hens. 5. The maid was looking for her handbag. 6. He went up to the manager of the hotel. 7. The picture you noticed the day before yesterday belongs to my nephew. 8. They heard the news on the radio. 9. Everybody will laugh at your hat. 10. I must keep him company. 11. The children took part in all the games. 12. We ought to ask how much sugar is. 13. The building is 3 stories high. 14. This old Frenchman came from the sea-side. 15. I shot this bird ages ago. 16. I can't help laughing when I see them. 17. The finest trees were on the left hand side. 18. Either John or Peter lost himself in that wood. 19. Another student is drawing circles. 20. The front part of the post office has been destroyed by the fire. 21. The thieves killed two persons.

III. **Dokończyć następujące zdania:** (np. George has been interested in music **since** he came to the capital. Mary was reading **for** three hours):

1. Parliament has been working since .... 2. The wounded soldier lay without speaking for ... 3. He has got unusually sunburnt since .... 4. We have had several snow storms since .... 5. The policeman will follow him for ..... 6. I have not accepted any invitation since ..... 7. I propose that you should go there for .... 8. That government official has travelled quite a lot since .... 9. Our boat has sailed extremely fast especially since .... 10. Two thirds of the hotel have been empty since ....

IV. **Napisać 10 zdań według następującego wzoru:**

a) **Everybody** likes to go to cinema (l. pojed.) — **Każdy** lubi chodzić do kina.

b) **All children like sweets** (l. mnoga) — Wszystkie dzieci lubią słodycze.

V. **Zadać 7 pytań związanych z podróżowaniem.**

VI. **Podać synonimy* następujących słów:**

1 — afraid	12 — beast	23 — building
2 — wireless	13 — furious	24 — big
3 — to pick up	14 — fine	25 — job
4 — peaceful	15 — friend	26 — to start
5 — to taste	16 — several	27 — to spoil
6 — wardrobe	17 — to wander	28 — the while
7 — glad	18 — whether	29 — above
8 — to suppose	19 — uncommon	30 — to request
9 — to suggest	20 — a lot	31 — lonely
10 — hard-working	21 — cinema	32 — town
11 — close to	22 — during	33 — fast

VII. **Wypisać czasowniki nieregularne z lekcji 46 w ich trzech formach.**

VIII. **Wypracowanie:**

a) The Climate in Poland. — Klimat w Polsce.

b) If you could save only ten things from a sinking ship what would you choose and why? — Gdybyś mógł uratować tylko 10 przedmiotów z tonącego okrętu, co byś wybrał i dlaczego?

IX. **Fonetyka**

Homofony (wyrazy o jednakowym brzmieniu, ale odmiennym znaczeniu)

by	— buy	maid	— made
one	— won	meat	— meet
hair	— hare	hour	— our

Znajdź homofony następujących słów:

1 — lain, 2 — red, 3 — rode, 4 — too, 5 — weak, 6 — would, 7 — right, 8 — bear, 9 — whether.

* Tj. wyrazy o tym samym lub bardzo podobnym znaczeniu.

LESSON FORTY-SEVEN — THE FORTY-SEVENTH LESSON

Lekcja czterdziesta siódma

Najczęściej używane przyimki

Uwaga: w lekcji tej opisany jest film trójwymiarowy, stereoskopowy, tj. taki, w którym obraz na ekranie nie wydaje się płaski, ale który wywołuje wrażenie głębi, daje złudzenie teatru. Powtórzyć używanie czasu przeszłego złożonego, l. 26.

A LESSON ABOUT SCOTLAND

The little street off Piccadilly Circus was crowded with people hurrying out of a big cinema. John was already on the pavement opposite the exit looking for his friends left behind. In a few minutes he saw them across the street.

"Gosh", said Peter when the boys had joined him, "I liked that picture".

John: Is it the first 3 D (three dimensions) film you've seen?

Peter: Yes, it is. I find it fascinating. I didn't expect the effects of space and depth to be so strong and wonderful.

Harry: I think it's the best picture about Scotland I've ever seen. It shows you the most beautiful parts of the Highlands. The lakes...

John: You should say "lochs" not lakes.

Harry: Well, the lochs, if you like, the fiords a.s.o. And the colours were excellent. The mountains were just the right shade of purple they are when heather is blossoming and the rocks had bluish shades you often see in the Highlands.

Peter: The colours showed best in the tartans, especially the kilts of the bagpipers and the dancers. Do you wear kilts when you're at home John?

John: Certainly, I do. The tartan of our clan is a fine combination of green, red, navy blue and white. Shall we walk home or take a bus?

Peter: It's rather late. We'd better go by tube.

The three friends turned into the main street in the direction of the nearest underground station.

Peter: Honestly, I'm very glad you've persuaded me to come with you. On the whole I'm not too keen on thrillers but in a cinerama the thrills are of a special type. It was quite amazing this sensation of "being in the picture". You seemed to be right in the middle of the mountains.

John: I liked best the moments when the man with the camera was going down the slope of the hill on skis or on a bobsled, or when his car entered a narrow gorge. I'm afraid I even bent to the right or the left when he was taking the corners.

Peter: I wonder how they make these films?

John: The programme says they use three cameras mounted as one, and six microphones scattered all over the scene they are filming. But the sound from all the mikes is recorded on one tape. That's how they produce those realistic effects.

Harry: Now, Peter, you've got some idea what Scotland is like. When the hero of the picture wandered about Edinburgh in search of his fellow, he let you have a good look at the town. It was like a tour with a guide. He visited the Castle, the palace of Holyrood so rich in historical associations. He walked along the narrow streets of Old Edinburgh. They're so characteristic with their very tall old stone houses and strange courts.

Peter: The Castle seemed to be very high on a big rock right in the middle of the city.

John: So it is. Edinburgh is built on several hills and that makes it so picturesque. You can have a splendid view of the modern parts from Scott's* monument in Princes Street. But you can see much farther from the Castle — if the weather is fine, i.e. if you're lucky. You can see the Highlands, the river, the Forth** Bridge and even the sea.

Peter: The Forth Bridge is the one from which you're supposed to drop a penny into the river as a kind of charm. They say that if you do that you'll come back to visit the Forth Bridge once more.

---

* Walter Scott.
** The Forth — rzeka w Szkocji.

John: That's a silly superstition.

Harry: You're too much of a Scotsman to waste even a penny. Is it true that when Scotsmen drop a penny from the bridge, first they tie the coin to a string?

John: You're pulling my leg! We Scots are economical, but not stingy.

SŁOWNICZEK

amazing [*ə'mejzyŋ*] pm. — zadziwiający
bagpiper [*'bœgpejpə*] rz. — kobziarz, gracz na kobzie
bend [*bend*] cz. — pochylać się; *nier.*
blossom [*'blosəm*] cz. — rozkwitać zakwitać
bluish [*blu(:)ysz*] pm. — niebieskawy
bobsled [*'bobsled*] rz. — saneczki
camera [*'kœmərə*] rz. — aparat fotograficzny
castle [*ka:sl*] rz. — zamek
charm [*cza:m*] rz. — czar
cinerama [*ˌsynə'ra:mə*] rz. — film trójwymiarowy
clan [*klœn*] rz. — klan, szczep, ród
coin [*kojn*] rz. — moneta
combination [*komby'nejszən*] rz. — kombinacja
depth [*depθ*] rz — głębokość
dimension [*dy'menszən*] rz. — wymiar
economical [*i:kə'nomykəl*] pm. — oszczędny, gospodarny
Edinburgh [*'edynbərə*] — Edynburg
effect [*y'fekt*] rz. — efekt, skutek
exit [*'eksyt*] rz. — wyjście
expect [*yks'pekt*] cz. — spodziewać się
fascinating [*'fœsynejtyŋ*] pm. — fascynujący

fiord [*fjo:d*] rz. — fiord
The Forth [*fo:θ*] — rzeka w Szkocji
gorge ['*go:dż*] rz. — wąwóz
gosh [*gosz*] — wykrzyknik — „na Boga!"
guide [*gajd*] rz. — przewodnik
heather ['*heðə*] rz. — wrzos
hero ['*hjərou*] rz. — bohater
highlands ['*hajlœndz*] rz. — góry
hill [*hyl*] rz. — pagórek, góra
Holyrood ['*holyru:d*] — nazwa pałacu królewskiego w Edynburgu
honest ['*onyst*] pm. — uczciwy
join [*dżojn*] cz. — dołączyć się, przystąpić do
keen [*ki:n*] pm. — ostry, gorliwy
kilt [*kylt*] rz. — spódniczka szkocka
lake [*lejk*] rz. — jezioro
loch [*loh*] rz. — jezioro (w Szkocji)
microphone ['*majkrəfoun*] rz. — mikrofon
mike [*majk*] rz. — mikrofon
monument ['*monjumənt*] rz. — pomnik
palace ['*pœlys*] rz. — pałac
pavement ['*pejwmənt*] rz. — trotuar
penny ['*peny*] rz. — miedziana moneta
persuade [*pə'sᵘejd*] cz. — przekonać, wytłumaczyć
picturesque [*pykczə'resk*] pm. — malowniczy
Princes Street ['*prynsyz stri:t*] — nazwa ulicy w Edynburgu
produce [*prə'dju:s*] cz. — wytwarzać
programme ['*prougrœm*] rz. — program
record [*ry'ko:d*] cz. — zapisać, utrwalić
river ['*rywə*] rz. — rzeka
rock [*rok*] rz. — skała
Scott Walter ['*skot'ᵘo:ltə*] — powieściopisarz i poeta szkocki (1771—1832)
sensation [*sen'sejszn*] rz. — uczucie
slope ['*sloup*] rz. — stok
sound [*saund*] rz. — dźwięk
space ['*spejs*] rz. — przestrzeń
special ['*speszl*] pm. — specjalny
stingy ['*styndży*] pm. — skąpy
stone [*stoun*] rz. — kamień
string [*stryŋ*] rz. — sznurek
superstition [*sju:pə'styszən*] rz. — przesąd
tape [*tejp*] rz. — taśma
tartan ['*ta:tən*] rz. — materiał szkocki w kratę.
thrill [*θryl*] rz. — dreszczyk
thriller ['*θrylə*] rz. — sensacyjna sztuka, książka, film
tie [*taj*] cz. — wziąć (tying)
tube [*tju:b*] rz. — kolej podziemna (w Londynie)
type [*tajp*] rz. — typ
visit ['*wyzyt*] cz. — zwiedzać
waste [*ᵘejst*] cz. — marnować, trwonić

Idiomy

the street off Piccadilly Circus — ulica w pobliżu P. C.
the colours showed best... — barwy najlepiej wyglądały...
we'd better go by tube — lepiej jedźmy kolejką
honestly — naprawdę..., mówię serio...
on the whole — ogólnie mówiąc
to take the corners — zakręcać
3 cameras mounted — 3 aparaty wmontowane razem

Idiomy

so it is — tak jest istotnie
you're supposed to drop — podobno upuszcza się
he is too much of a Scotsman to... — jest zbytnio Szkotem, żeby
you're pulling my leg — żartujesz ze mnie, nabierasz mnie
to be keen on something — interesować się czymś bardzo

OBJAŚNIENIA FONETYCZNE

Spółgłoski (p, t, k) wymawiane są w angielskim w sposób podobny do polskiego, ale z tą różnicą, że przy angielskim [*t*] końcem języka dotykamy **nie** górnych zębów, ale dziąseł nad górnymi zębami. Ponadto w zgłoskach akcentowanych po spółgłoskach [*p, t, k*] następuje jak gdyby dodatkowy wydech, mały „wybuch" powietrza uwięzionego w ustach. A więc **keen** wymawiamy prawie że [*khi:n*], **purple** [*phə:pl*]. W lekcji 47 mamy znaczną ilość wyrazów, w których (k, t, p,) są akcentowane, a zatem wymawiane z silniejszym wydechem: **corner, camera, kilt, keen, tartan, take, tall, stone, expect, purple, part, penny** i inne.

GRAMATYKA

Najczęściej używane przyimki*

across

Across — przez, poprzez

He saw them *across* the street.
Mary was walking *across* the lawn covered with daisies.

* W lekcji tej rozpoczyna się systematyczny przegląd ważniejszych przyimków w porządku alfabetycznym (c. d. — lekcje 48—51).

After — po, potem

After they had left the theatre they turned to the nearest underground station.
After you had gone I wanted to see you again.

Against — o, przeciwko

The blackboard stood ***against*** the wall.
He always spoke ***against*** wars.

Among — wśród

The cottage stood ***among*** the trees.
There was one really nice man ***among*** them, that is Stanley.

Between — pomiędzy

This is ***between*** you and me — don't tell anybody else.
The chat ***between*** Bonzo and Duke was very intelligent.

Before — przed

Stanley is standing ***before*** Muriel looking at her in surprise.
We have long winter ***before*** us.

ĆWICZENIA

I. **Odpowiedzieć na pytania:**

1. Where was the cinema? 2. What did Peter think of the picture? 3. What is the Scottish word for lake? 4. Why did the friends go home by tube? 5. Why did the hero of the film wander about Edinburgh? 6. What buildings did he visit? 7. What are Edinburgh streets like? 8. What are the houses made of? 9. Where is Edinburgh Castle? 10. What can you see from Scott's monument? 11. Why do people drop a penny from the Forth Bridge?

II. **Wybrać i wypisać właściwe znaczenie wyrazu:** np.: 1) an escalator — moving stairs.

1) an escalator: a) an animal
b) a name
c) moving stairs
2) a chemist: a) a kind of cake
b) a man who makes and sells medicine
c) a man who makes charms
3) a buttonhole: a) a kind of flower
b) a hole for the button
4) a pussy: a) girl's name
b) a drink
c) a cat
5) a wardrobe: a) a piece of furniture
b) an elderly gentleman
c) something in geography
6) wounded: a) impossible
b) hurt
c) necessary
7) an apple-tart: a) a sick tree
b) a song
c) a kind of cake

III. **Wypisać nieregularne czasowniki w trzech formach z „Lesson about Scotland" cz. I**

IV. **Zamienić na liczbę pojedynczą:**

1. They say they don't like to be disturbed. 2. We found ourselves in front of the exit. 3. The girls sleep in the other building.

4. They like music. 5. The children are playing noisily. 6. These shelves are too low. 7. Those papers must wait till tomorrow. 8. What do your brothers do in the morning? 9. Where do they keep their books? 10. When do the classes begin?

V. **Dobrać odpowiednie przymiotniki do następujących rzeczowników:** (np. a red rose, a fine rose.)

a rose	a station
heather	an association
a bridge	a castle
a friend	a coin
a hill	a fire

VI. **Przetłumaczyć:**

1. Dlaczego nie pojechałeś autobusem? 2. On już czekał (był w trakcie czekania) na nas na drugiej stronie ulicy. 3. Jak ci się podobał film? 4. W północnej części Szkocji góry są bardzo wysokie. 5. Nie wiedziałem kto tam mieszka. 6. To bardzo zabawny film. 7. Efekty ruchu są wspaniałe w tym filmie. 8. Gdyby nie było tak późno, wrócilibyśmy do domu pieszo, a nie autobusem. 9. Nie widzę nikogo na chodniku. 10. Jestem zmęczony. Ja też. 11. Wczoraj nie mogłem otworzyć drzwi do garażu. 12. Oświetlenie jest bardzo ważne w teatrze.

VII. **Wypracowanie:**

The Kind of Films I Like — rodzaj filmu, jaki lubię.

LESSON FORTY-EIGHT — THE FORTY-EIGHTH LESSON

Lekcja czterdziesta ósma

Przyimki — c.d.
Czasowniki używane zazwyczaj tylko w formie „prostej" czasu teraźniejszego
Stopniowanie przymiotników i przysłówków (opadające)

A LESSON ABOUT SCOTLAND II

A zebra crossing allowed the young men to reach safely the entrance of the underground station on the other side of the street. They ran down the steps to the booking hall. John and Peter got their tickets from the slot machines selling tickets to various places in London. John hadn't the exact fare in pennies but he put 1 shilling into the slot and got both his ticket and the change from the obliging machine. Harry wanted to change a note, so he bought his ticket at the booking office. Then the three friends stepped on the escalator going down in a tunnel. On both

sides of the moving stairs — some going up, some down — there were bright advertisements trying to persuade you to buy some goods or to see some new show.

The young men were soon on the right platform and when their train arrived they got in through the sliding door. Sitting comfortably in a non-smoking carriage they resumed their conversation in spite of the noise the train made.

Harry: I've never been far in the North, the least known part of Scotland, but I know the Lowlands, south of Edinburgh, where there were so many battles between the Scots and the English.

Peter: You have got some degree of independence, haven't you? Your legal system and your schools are quite independent and different from those in England, aren't they?

John: Yes, they are. And in some parts of the Highlands people speak a language of their own, Gaelic, quite unlike English.

Harry: I've got a brother-in-law in Glasgow. He works in the shipyards. He's promised to take me on a canoe trip along the Caledonian Canal. We'll start from Loch Ness in the East and go right across Scotland to the Atlantic Ocean.

John: If the Loch Ness Monster doesn't stop you on the way!

Harry: Do people still speak of the monster? I suppose it's good for the trade, it encourages tourists. But I think that Loch Ness is a real beauty spot, it's not less attractive than Edinburgh. Its imposing shores and the wonderful lighting effects of the water and the hills peculiar to Northern Scotland don't need any advertising tricks to attract visitors.

John: You should come to Inverness with Harry, Peter, and then to my home farther North. I'd show you what life means on a Scottish sheep farm. Good Heavens! That's my station! Cheerio, boys.

John rushed out of the train as the doors were already closing. "So long" — answered Harry. Then he turned to Peter who was opening his evening paper. "Well, you've had a most instructive evening, Peter, what with the picture and our conversation. A regular lesson about Scotland. And, I hope — he added with a smile — "you won't" shock John any more by writing on the envelope "Edinburgh, England" instead of "Edinburgh, Scotland".

SŁOWNICZEK

advertise [*'ædwətajz*] cz. — ogłaszać robić reklamę
arrive [*ə'rajw*] cz. — przybyć
Atlantic Ocean [*ə'tlæntyk 'ouszn*] rz. — Atlantyk
attract [*ə'trækt*] cz. — przyciągać, wabić
battle [*bætl*] rz. — bitwa
beauty [*'bju:ty*] rz. — piękność, beauty spot — piękna miejscowość
booking hall — hall z kasami
brother-in-law [*'braðərynlo:*] rz. — szwagier
Caledonia [*kæly'dounjə*] rz. — Szkocja
canal [*kə'næl*] rz. — kanał
canoe [*kə'nu:*] rz. — czółno, kajak
change [*czejndż*] rz. — zmiana, reszta, drobne
degree [*dy'gri*] rz. — stopień
encourage [*yn'karydż*] cz. — zachęcać, ośmielić
entrance [*'entrəns*] rz. — wejście
envelope [*'enwyloup*] rz. — koperta
escalator [*'eskəlejtə*] rz. — schody ruchome
exact [*yg'zækt*] pm. — dokładny
fare [*feə*] rz. — opłata za przejazd
gaelic [*'gejlyk*] pm. — celtycki
Glasgow [*'gla:sgou*] — miasto w zachodniej Szkocji
imposing [*ym'pouzyŋ*] pm. — imponujący, okazały
independence [*yndy'pendəns*] rz. — niezależność
instructive [*yn'straktyw*] pm. — pouczający
legal [*'li:gəl*] pm. — prawny
lowlands [*'loulandz*] rz. — niziny
monster [*'monstə*] rz. — potwór
move [*mu:w*] cz. — ruszać się
non-smoking [*non-'smoukyŋ*] — nie palący
note [*nout*] banknote rz. — banknot
oblige [*ə'blajdż*] cz. — zobowiązać
obliging pm. — uprzejmy
ocean [*ouszn*] rz. — ocean
peculiar [*py'kju:ljə*] pm. — szczególny
regular [*'regjulə*] pm. — regularny, prawdziwy
resume [*ry'zju:m*] cz. — rozpocząć na nowo

shipyard [*'szypja:d*] rz. — stocznia
shock [*szok*] cz. — gorszyć, wstrząsać
shore [*szo:*] rz. — brzeg morza, jeziora
slot machine [*slot mə'szi:n*] rz. — automat
so long — do zobaczenia
step [*step*] cz. — stąpać, zrobić krok
system [*'systym*] rz. — system, układ
trade [*trejd*] rz. — handel
trick [*tryk*] rz. — sztuczka
trip [*tryp*] rz. — wycieczka
tunnel [*tanl*] rz. — tunel
unlike [*'an'lajk*] pm. — nie podobny
various [*'weərjəs*] pm. — różny
wonderful [*'ᵘandəful*] pm. — cudowny
zebra crossing [*'zi:brə'krosyŋ*] rz. — przejście przez jezdnię, oznaczone pasami, gdzie pierwszeństwo mają piesi

Idiomy

to go right across — iść wprost na drugą stronę
I'd show you what life means... — pokazałbym ci jak wygląda życie...
a most instructive evening — bardzo pouczający wieczór (por. the most instructive — najbardziej pouczający)
what with the picture and our conversation — biorąc pod uwagę i film i naszą rozmowę
a regular lesson — istna lekcja, po prostu lekcja
you won't shock any more — już nie będziesz więcej gorszył...

GRAMATYKA

1. Najczęściej używane przyimki — przykłady używania — c.d.

Behind — za, z tyłu

We were driving *behind* Freddie's car
He was sitting *behind* her.

Below — niżej, poniżej

Freddie was standing *below* my window.
***Below* the castle there is a railway station.**

Beside — obok, przy

Mary was sitting *beside* Freddie.

***Beside* the palace of Holyrood there are the walls of a church.**

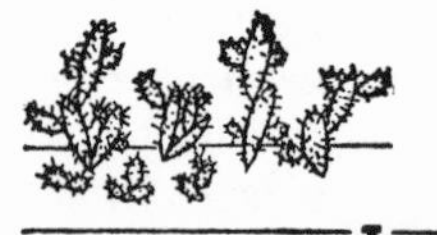

Down — w dół

Is there anybody *down* there?

He went *down* the stairs to meet her.

During — podczas

***During* his summer holidays Stanley was in England.**
***During* George's sleep somebody stole his sunglasses.**

Till, until — aż do, do

Sylvia and Peter have danced *till* midnight.
Mary refused to talk *until* John went away.

2. Czasowniki używane zazwyczaj tylko w formie „prostej" (simple) czasu teraźniejszego

Niżej podany jest wykaz niektórych czasowników zazwyczaj używanych w formie prostej (nie trwającej). Wykaz nie jest kompletny, a zawiera czasowniki często używane w mowie potocznej: **hope, have, see, hear, remember, forget, know, understand, believe, feel, think, want, love, hate, seem, suppose.**

Jedynie w przypadku gdy chcemy położyć specjalny nacisk na akcję wyrażoną przez jeden z wymienionych czasowników, może on być użyty w formie ciągłej (continuous) np.:

We are having our English lesson at present.
I will be remembering you for ever.
I am just thinking about it.

3. Stopniowanie przymiotników i przysłówków (opadające)

Stopniowania opadającego dokonujemy przy pomocy drugiego i trzeciego stopnia przysłówka **little,** tj. **less** (mniej) **least** (najmniej), np.:

attractive	**less attractive**	**least attractive**
strong	**less strong**	**least strong**
known	**less known**	**least known**
beautiful	**less beautiful**	**least beautiful**
good	**less good**	**least good**
certainly	**less certainly**	**least certainly**
badly	**less badly**	**least badly**

ĆWICZENIA

I. **Przepisać następujące przysłowia i nauczyć się ich:**

You can lead a horse to water, but you can't make him drink.
He that fights and runs away lives to fight another day.
Truth is truth though spoken by a stranger.
All doors open to politeness.

II. **Przepisać z czasownikami w odpowiednim czasie:**

18, George's St.
Edinburgh.
12th July, 1957.

Dear Sylvia,

I (to come) to Edinburgh for a fortnight but I (to think) I (to stay) here in Scotland at least three weeks. I (to see) already the most interesting sights of the town. I (to like) most Princes Street which (to be) right in the middle. On one side it (to have) beautiful gardens that (to come) up to the Castle hill. On the other there (to be) splendid shops where you can (to buy) wonderful rugs and kilts. I (to want) (to buy) myself a kilt and so I (go round) the shops tomorrow morning. Last week my uncle (to tell) me he (to take) me to the Highlands. I (to remind) him of his promise. I (to write) you all about it in my next letter.

With love and best wishes,
Yours sincerely,
Mary.

III. **Przepisać i dodać pytania rozłączne (sentence tags);** zob. lekcje 28 i 40:

(np. Holyrood palace is full of historical associations, isn't it? You like music, don't you.)

1. A zebra crossing is very useful...
2. The entrance to the cinema was open...
3. You like music...
4. Those slot machines sell tickets...
5. They also give you change...
6. There are advertisements on both sides of the escalator...
7. The English and the Scots fought together...
8. You have seen the shipyards in Glasgow...
9. It was an instructive evening...

IV. **Wypisać wyrazy dotyczące kolei podziemnej:** (np. the entrance, the ticket)

V. **Napisać 5 zdań z konstrukcją biernika z bezokolicznikiem** (zob. lekcja 39) z następującymi czasownikami:
to expect, to want, to allow, to wish, not to want (np. They wanted me to wait an hour.)

VI. Wśród następujących wyrazów **grupa literowa „ea"** wymawia się [*i:*] lub też [*e*]. Ułożyć te wyrazy w dwóch szeregach:
1) z wymową [*i:*] np. **teach** 2) z wymową [*e*] np. **already**
ready, read, teacher, sea, bread, meat, head, sweater, seat, pea, pleasant, lead, deafen, each.

PAŃSTWOWE WYDAWNICTWO ›WIEDZA POWSZECHNA‹ WARSZAWA

Irena Dobrzycka

JĘZYK ANGIELSKI DLA SAMOUKÓW

Zeszyt 9 **Lekcja 49—55**

LESSON FORTY-NINE — THE FORTY-NINTH LESSON

Lekcja czterdziesta dziewiąta

Przyimki — c.d. **Rzeczownik — rodzaje**

Uwaga: powtórzyć czas przeszły zwykły (Past Tęnse), l. 26.

A QUIZ ABOUT LONDON. I

Willy's farewell party is coming to an end.

Peter: Couldn't we have a game of bridge?

Mary: Oh, no. There isn't enough time. Let's rather have a game in which everybody can join.

Harry: Another card game perhaps, or "twenty questions?"

Sylvia: I'm fed up with "twenty questions", we've had it time and again in our hostel.

Freddie: I'd like a quiz.

Betty: That's a good idea.

Freddie: Peter could be the quizmaster. We might divide into two teams of three persons in each.

Sylwia: I second the motion. What kind of quiz shall we choose?

Willy: That's up to Peter. I'd suggest "England" as the general subject.

Mary: No, It wouldn't be fair. I haven't seen much of the country. Couldn't we do something connected with London? We've all spent a few months here.

Harry: All right. Let's test our knowledge of London.

Peter: Well, ladies and gentlemen, may I have your attention? As the quizmaster I propose that we take a walk (figuratively, that is) round London. I shall tell you which way we're going and where we are and you'll tell me all about the place, old buildings, monument, or whatever it is that we're facing.

Willy: I can't quite follow you. What are we to do?

Peter: It's quite easy — you'll see in a moment. Mary, Freddie and Harry will be in team A, Betty, Sylvia and Willy, you form team B. Now, let's begin.

Ladies and gentlemen, take your seats, please. (With the loud and monotonous voice of a professional guide). We're standing in front of a very old castle near the Thames in the south eastern part of the City... Team A...?

Mary: It's the Tower of London. An imposing structure with old grey towers, very thick walls, begun in the 12th century. Once a fortress, a prison, now it's rather a museum.

Peter: Very good, Mary. We turn our back to the castle and we see... Betty?

Betty: Well... we see the Tower Bridge. The one that opens when the ships passing underneath have high funnels. And of course, we see the Port of London.

Willy: And a fine view you can have from the Tower Bridge.

Peter: It's not your turn, Willy. From the riverside and the poorer districts we take a bus to the City. At the corner of Threadneedle Street we get off and notice a peculiar building without windows. It is... Freddie?

Freddie: A telephone box?

Peter: Nonsense. A huge building — the Bank of England. Can you say anything about it?

Freddie: Oh, yes. It's the centre of the world of finance, of business. And close to it we can find a little street with a tea-room where Mary was a waitress last summer.

Peter: You're no good as a guide. Now we're turning west. We're in a district that was bombed severely during the last war. But the central building was only slightly damaged. It is... Sylvia?

Sylvia: St. Paul's Cathedral built by Christopher Wren in the 17th century. An imposing structure in the classical style.

Peter: Good. From St. Paul's a bus is taking us out of the City along Fleet street famous for... Harry?

Harry: I haven't the slightest idea...

Willy: For its newspaper offices. That's why Fleet street is a symbol of the Press.

Peter: The bus is passing the Courts of Justice — oh, sorry, I shouldn't have said it. It was for you to say it. Never mind. Now we're turning North and coming near the most famous building in London. Its front is in Great Russell St. There is a tall gate and behind it... Team A?

Mary: A lawn with a learned cat in the middle.

Willy: Why "learned?"

Mary: Because she belongs to the British Museum and likes to sunbathe in front of it.

Peter: Leave out the cat! Is that all you can say about the British Museum?

Mary: The cat belongs to the sight, I can't leave her out. Besides she's quite typical of London. For 10 million inhabitants there are almost three million cats in London. And the British Museum? It's the most famous collection of Greek, Roman and Egyptian antiquities and one of the richest libraries in the world. Every tourist should see its well-known round reading-room.

Willy: It's there I lost my fountain-pen last spring.

SŁOWNICZEK

antiquities [*œn'tykuytyz*] rz. — zabytki starożytności
bomb [*bom*] cz. — bombardować
business [*'byznys*] rz. — interes, handel
card [*ka:d*] rz. — karta
centre [*'sentə*] rz. — centrum
century [*'senczury*] rz. — wiek
Chistopher Wren [*'krystəfə'ren*] — imię i nazwisko sławnego architekta angielskiego (1632—1723)
classical [*'klœsykəl*] pm. — klasyczny
collection [*kə'lekszn*] rz. — zbiór
court of justice [*'ko:təw'dżastys*] rz. — sąd
damage [*'dœmydż*] cz. — uszkodzić, zniszczyć
district [*'dystrykt*] rz. — dzielnica
divide [*dy'wajd*] cz. — dzielić
Egyptian [*y'dżypszn*] pm. — egipski
famous [*'fejməs*] pm. — sławny
farewell [*'feə'uel*] rz. — pożegnanie
fed up [*fed 'ap*] ps. — znudzony (od feed [*fi:d*] cz. — karmić; *nier.*)
figuratively [*'fygjurətywly*] ps. — w przenośni
finance [*'fy'nœns*] rz. — finanse
Fleet St. [*fli:t*] rz. — nazwa ulicy w Londynie, centrum dziennikarskie
fortress [*'fo:trys*] rz. — forteca
funnel [*fanl*] rz. — komin
game [*gejm*] rz. — gra
gate [*gejt*] rz. — brama
Greek [*gri:k*] pm. — grecki, rz. — Grek
hostel [*'hostəl*] rz. — gospoda schronisko, dom studencki
inhabitant [*yn'hœbytənt*] rz. — mieszkaniec
motion [*'mouszn*] rz. — wniosek
monotonous [*mə'notnəs*] pm. — monotonny
port [*po:t*] rz. — port
press [*pres*] rz. — prasa
prison [*pryzn*] rz. — więzienie
quiz [*kuyz*] rz. — zagadka, zgadywanka, „zgaduj zgadula"
Roman [*'roumən*] pm. — rzymski
second [*'sekənd*] cz. — popierać (coś)
severely [*sy'wiəly*] ps. — okrutnie, dotkliwie
slightly [*'slajtly*] ps. — lekko
St. Paul's [*'sent'po:lz*] Cathedral [*kə'θi:drəl*] rz. — Katedra św. Pawła
structure [*'strakczə*] rz. — budowla
style [*stajl*] rz. — styl
subject [*'sabdżykt*] rz. — temat, podmiot
sunbathe [*'sanbejð*] cz. — opalać się
symbol [*'symbəl*] rz. — symbol
team [*ti:m*] rz. — zespół, drużyna
test [*test*] cz. — wypróbować
Threadneedle Str. [*'θredni:dl*] — nazwa ulicy w Londynie
turn [*tə:n*] rz. — kolej (kolejność)
waitress [*'uejtrys*] rz. — kelnerka
whatever [*uot'ewə*] z. — cokolwiek

Idiomy

it is coming to an end — zbliża się do końca
Twenty Questions — gra, w której zgaduje się obrany wyraz
I'm fed up with — już mam dosyć..., mam po uszy...
I second the motion — popieram wniosek

that's up to Peter — to zależy od Piotra
may I have your attention — proszę uważać
which way we're going — w jakim kierunku idziemy
to face something — stać frontem do czegoś
shut up — przestań gadać
it's not your turn — nie na ciebie kolej
you're no good — jesteś do niczego
leave the cat — zostaw kota, nie mów o kocie.

GRAMATYKA

1. Przyimki — c.d.

About — o, około

"It's the best picture *about* Scotland I have ever seen" — said Harry.
You will tell me all *about* the place

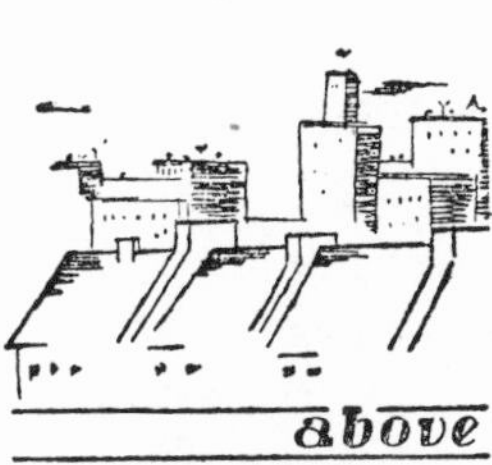

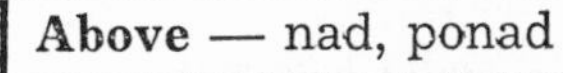

Above — nad, ponad

This huge building is high *above* the city.
An enormous advertisement can be seen round and *above* Piccadilly Circus.

At — przy, na, o

***At* the corner of Threadneedle Street we get off.**
Mary was smiling *at* Peter.
They met *at* six o'clock.

By — przez

The quiz about London was led *by* Peter.
St. Paul's Cathedral was built *by* Christopher Wren in the 17th. c.

For — dla

Fleet Street is famous *for* its newspaper offices.
It was *for* you to say it. (To ty powinieneś to powiedzieć).
Many Poles died *for* their country in the last war.

From — z, od

You can have a fine view *from* the Tower Bridge.
***From* the river we take a bus to the heart of London.**

2. Rzeczownik — rodzaje

Dla odróżnienia rodzajów zwierząt należy czasem postawić przed rzeczownikiem **he** lub **she,** np.:

he-goat (higout)	— kozioł	**she-goat**	— koza
he-cat	— kot	**she-cat**	— kotka

W języku potocznym małe stworzenia są rodzaju żeńskiego, wielkie oraz drapieżne — rodzaju męskiego. O kotach mówi się na ogół **she.**

Niektóre nazwy zwierząt są inne dla rodzaju męskiego i żeńskiego, np.:

bull	— byk	**cow**	— krowa
cock	— kogut	**hen**	— kura
tiger	— tygrys	**tigress**	— tygrysica
drake	— kaczor	**duck**	— kaczka (Por. l. 1.)

3. Powtórzenie czasu przeszłego (Past Tense) — patrz lekcja 19.

ĆWICZENIA

I. **Przepisać i nauczyć się na pamięć 4 wybranych zwrotów:**

Would you be good enough to help me...
I'm a stranger here in England.

I wonder whether you could help me...
Would you mind telling me the way to...
I'm afraid I don't understand you...
I'm not English, I'm Polish.
I understand better when people speak slowly.

II. **Przepisać następujące zdania wstawiając pełne słowa zamiast cyfr:**

1. The Tower of London was started in the 12th century.
2. St. Paul's Cathedral is 364 feet high.
3. It was begun in 1675 and finished in 1710.
4. A large part of London was burnt down in 1666.
5. In 1950 603 000 foreigners came to see England.
6. There are 500 000 dogs and 2 700 000 cats in London.
7. In 1951 there were 174 378 television sets in the town.

III. **Wstawić czasownik w odpowiednim czasie:**
„simple past" lub „present perfect"

1. There is a tea-room where Mary ... a waitress last summer (to be).
2. The district ... severely during the last war (to be bombed).
3. We ... Twenty Questions time and again at our hostel (to have).
4. We ... a few months here (to spend).
5. It's there I ... my fountain-pen last spring (to lose).
6. I ... much of the country (not to see).
7. She ... that book several times (to read).
8. The day before yesterday we ... a few friends with us (to have).
9. We ... in London from 1952 to 1954 (to live).
10. John ... French since 1955 (to learn).
11. My former teacher was Miss Brown. She ... me for one year (to teach).

IV. **Napisać w czasie przeszłym (Simple Past) zdania zaczynające się od zwrotów:**

Last week, last year, last Tuesday, in 1952, last June, the day before yesterday, the 17th of January, five years ago, two months ago.

V. **Przetłumaczyć:**

1. Mary mówi po francusku bardzo dobrze, ponieważ spędziła całe życie we Francji.
2. Kiedy widziałem twojego brata w zeszłym tygodniu, był zaziębiony.
3. Mieszkamy przy ulicy Oxford od dwóch lat.
4. W lecie roku 1948 mieszkaliśmy na wsi przez 3 tygodnie.
5. Nareszcie skończyłem zadanie.
6. O czym będziemy rozmawiali?
7. To zależy od was.
8. Nie rozumiem ciebie. Co mamy robić teraz?
9. Stoimy frontem do najsłynniejszego budynku w Londynie.
10. Nasza zabawa zbliża się do końca.
11. Kto jest najlepszym przewodnikiem, Piotr czy jego siostra?
12. Nigdy nie widziałem tak dziwnej ulicy.

VI. **Wyszukać w przeczytanym tekście wyrazy kończące się na litery: „tion"** (np. station).

LESSON FIFTY — THE FIFTIETH LESSON

Lekcja pięćdziesiąta

Przyimki — c.d.
Rzeczownik — rzadziej spotykana l. mnoga

A QUIZ ABOUT LONDON. II

Peter: Now, ladies and gentlemen, we shall walk a few streets to the north and as we look up we see a large white block or group of blocks... Betty?

Betty: Honestly, I don't know what you mean. All the very tall buildings of the skyscraper type I have seen in London are either along the Embankment or in the more industrial suburbs.

Sylvia: Shame! You should remember the University of London, a dazzling white colossus.

Peter: Now let's walk down Charing Cross Road to Leicester Square which is... Sylvia?

Sylvia: It is theatreland. It is not very large but the whole district is full of cinemas, theatres and restaurants. Look at the lights, the advertisements, at the queue of people waiting for the booking office to open.

Harry: They can't afford the high prices you pay for tickets booked in advance. I can't either.

Peter: From here it's only a few steps to Piccadilly Circus where you can see... Freddie?

Freddie: A huge luminous advertisement of Coca-Cola.

Willy: Wrong again, you greedy thing! Turn your back to Coca-Cola and you'll see the most popular statue in England, almost a symbol of London, right in the middle of the circus — the statue of Eros.

Mary: It's very graceful and full of movement. No wonder Londoners are so fond of it.

Peter: Now let's proceed down Haymarket among fashionable clubs, shops and restaurants in the direction of another famous square — very large and with a very tall column in the middle, the place of the latest big demonstration against atomic war?

Harry: I know. That's quite easy. You mean Trafalgar Square with Nelson's monument in the middle, bronze lions at his feet, quite a number of fountains, and a much larger number of pigeons and starlings.

Peter: And what about the buildings round the square?

Harry: I remember only a church in the north. I forget what it is.

Willy: Perfectly shocking. You should know. It's the National Gallery, my dear. A world-known collection of paintings by most famous artists from all nations. Entrance free, except on Wednesdays.

Mary: Isn't that enough Peter? Haven't we already seen the most famous sights of London?

Peter: Now, team B, do you agree?

Betty: Oh, no. We have left out the Houses of Parliament along the Thames. They are comparatively modern, they were built in the 19th c. But they are situated in a lovely spot. The view of the Houses with the Thames in front, the trees along the Embankment and Westminster Bridge has become representative of the Town. Then, you must not forget Westminster Abbey, a magnificent example of English Gothic style...

Willy: Let me go on. Inside you will find the tombs or monuments of many great Englishmen. Among others those of Isaac Newton, Darwin. In the Poet's Corner — a statue of Shakespeare, the grave of Dickens...

Peter: Yes, you're quite right. But it's getting late, really. Let's finish our tour. We started with the East End, crossed the City and wandered in the West End. I suppose the tourists need a rest. What do you suggest, team A?

Freddie: I think a snack would be advisable. A self-service restaurant would be the right thing.

Betty: Team B can do better. Our guide might take us to Hyde Park and so we can see a typical English park, have a rest in the open air and have tea there just as well.

Peter: Jolly good finish Betty. Now, let me see... Team A has 4 points, team B 6 points. Cheers for the winning team! You'll make good guides. When our friends come to London, you can show them round!

SŁOWNICZEK

abbey [*'œby*] rz. — opactwo
advance [*ə'dwa:ns*] rz. — posuwanie się naprzód, postęp
advisable [*əd'wajzəbl*] pm. — wskazany, polecony
afford [*ə'fo:d*] cz. — dostarczyć pozwolić sobie na...
agree [*ə'gri:*] cz. — zgadzać się
artist [*'a:tyst*] rz. — artysta
block [*blok*] rz. — blok
bronze [*bronz*] rz. — brąz, śpiż
cheers [*cziə:z*] w. — hurra!
colonnade [*kolə'nejd*] rz. — kolumnada
colossus [*kə'losəs*] rz. — kolos
column [*'koləm*] rz. — kolumna
comparatively [*kəm'pœrətywly*] ps. — stosunkowo
Darwin Charles [*'da:^{u}yn cza:lz*] — przyrodnik, filozof, podróżnik, autor dzieła o pochodzeniu gatunków (1809—1882)
dazzling [*'dœzlyŋ*] cz. — olśniewający
Dickens Charles [*'dykynz*] — największy powieściopisarz angielski XIX stulecia (1812—1870)
direction [*dy'rekszn*] rz. — kierunek
embankment [*ym'bœŋkmənt*] rz. — nabrzeże
Eros [*'eros*] — grecki bożek miłości
example [*yg'za:mpl*] rz. — przykład
exception [*yk'səpszn*] rz. — wyjątek
fountain [*fauntn*] rz. — fontanna
free [*fri:*] pm. — wolny
gallery [*'gœləry*] rz. — galeria
Gothic [*'goθyk*] pm. — gotycki
grave [*grejw*] rz. — grób
in advance — naprzód, z góry
Isaac Newton [*'ajzək 'nju:tn*] — wielki fizyk angielski (1642—1727)
jolly [*'dżoly*] ps. — bardzo, nielada
lion [*'lajən*] rz. — lew
Londoner rz. — mieszkaniec Londynu
luminous [*'lu:mynəs*] pm. — świetlny
magnificent [*mœg'nyfysnt*] pm. — wspaniały
movement [*'mu:wmənt*] rz. — ruch
number [*'nambə*] rz. — numer, liczba
pigeon [*'pydżn*] rz. — gołąb
point [*'pojnt*] rz. — punkt
proceed [*prə'si:d*] cz. — postępować, posuwać się naprzód
queue [*kju:*] rz. — ogonek, kolejka
representative [*repry'zentətyw*] pm. — reprezentacyjny
self-service [*self-'sə:wys*] rz. — samoobsługa
Shakespeare William [*'Szejkspiə '^{u}yljəm*] — największy dramaturg angielski (1564—1616)
shame [*szejm*] rz. — wstyd
situated [*'sytjuejtyd*] cz. — położony
skyscraper [*skaj'skrejpə*] rz. — wieżowiec
starling [*'sta:lyŋ*] rz. — szpak
statue [*'stœtju:*] rz. — statua, pomnik
tomb [*tu:m*] rz. — grobowiec
university [*ˌju:ny'wə:syty*] rz. — uniwersytet

Idiomy

I can't afford the ticket — nie mogę sobie pozwolić na bilet
to book in advance — zamówić naprzód
no wonder — nic dziwnego, że...

Idiomy

perfectly shocking — po prostu straszne (dosłownie: doskonale gorszące)
the right thing — dobre rozwiązanie sprawy; to co trzeba
cheers for the winning team — niech żyje drużyna zwycięska
jolly good — bardzo dobry, pyszny
you can show them round — możecie ich odprowadzić

GRAMATYKA

1. Używanie przyimków — c.d.

| In — w |

All very tall buildings of the skyscraper type I have seen *in* London are along the Embankment.
The most popular statue *in* England is the statue of Eros.

| Into — do, w |

Willy put his hands *into* his pockets.
Translate this story *into* Polish!

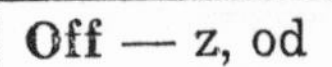

| Off — z, od |

Peter took *off* his hat because it was very hot.

Take your feet *off* the seat!

| On — na |

Stratford *on* Avon is the place where Shakespeare was born.

Put the book *on* the table, please.

Of —

The University *of* London is a dazzling white colossus.
The queue *of* people was waiting for the booking office to open.

Over — nad

From the top of St. Paul's dome one can have a good look all *over* London.
The ducks flew *over* Hyde Park.

2. Rzeczownik — rzadziej spotykana liczba mnoga

Liczba pojedyncza		Liczba mnoga
basis [*'bejsys*]	— baza	**bases** [*'bejsi:z*]
crisis [*'krajsys*]	— kryzys	**crises** [*'krajsi:z*]
sheep	— owca	**sheep**
fish	— ryba	**fish**
business	— interes	**business**
photo	— fotografia	**photos**
myself	— sam	**ourselves**
roof	— dach	**roofs**
fellow-student	— kolega student	**fellow-students**

3. Powtórzenie zasad formowania liczby mnogiej — patrz lekcja 33.

ĆWICZENIA

I. **Przepisać tekst, wstawiając przysłówki (podane na końcu zdania) w odpowiednim miejscu:**

1. I have spent a few days in London and I have not seen Tate (tejt) Gallery (**already, yet**).
2. I have been interested in painting and I want to see it (**always, tomorrow**).
3. I can't go in the morning, i.e. before 10 a.m. for then the Gallery is closed (**early, still**).
4. A friend of mine goes there during the weekends (**often**).
5. She sees there many people on Saturdays, and larger crowds on Sundays (**quite, even**).
6. You can see there the works of all English painters (**almost**).

7. From their landscapes you can learn about the English country **(easily, much)**.
8. The pictures of great Englishmen will teach you a lot about the English **(certainly, generally)**.

II. **Nauczyć się na pamięć:**

There was an Old Man who said "Hush!
I can see a young bird in this bush!"
    When they said: "Is it small?"
    He replied "Not at all.
It is four times as big as the bush!"

III. **Odmienić we wszystkich osobach:**

I have found myself in the middle of the bridge.
You ....

IV. **Dokończyć następujące zdania:**

I'm fed up with....
Mary doesn't know London well because...
The Tower of London is ...
From the Tower Bridge you can see....
Most of the skyscrapers are...
In Trafalgar Square there are ...
The Houses of Parliament were built in...
Inside Westminster Abbey we can find...
We must finish our tour because...
In Hyde Park we can have...

V. **Przetłumaczyć:**

1. Przeczytałem
2. Czy wiesz?
3. Oni nie myśleli
4. Mamy
5. Nie mamy
6. On podarł
7. Czy rzuciłeś?
8. Mogę spać
9. Będziesz rysował
10. On popłynął
11. Sprzedacie
12. Sprzedaliście
13. To znaczyło
14. Nie zgub!
15. Zgubiłem
16. Otwórz!
17. Wy jesteście
18. Nie czułem
19. Ona kraje
20. On pokrajał
21. Czy złamałeś?
22. Nie wybrałem
23. Ty nie widzisz
24. Czy oni pokazują
25. Czy on pokazuje?
26. Nie bierz!
27. Ona zamyka

VI. **Wypisać 10 wyrazów, w których litera „a" wymawia się** [æ] np. back, and.

LESSON FIFTY-ONE — THE FIFTY-FIRST LESSON

Lekcja pięćdziesiąta pierwsza

Przyimki — c.d.
Wykaz niektórych zwrotów przyimkowych

MARS AND SPORT. I

Ronald: Freddie, come and help to tidy up the club gymnasium. Gym suits and tennis rackets are all over the place.

Freddie: Sorry. I can't. I must write a sketch or a short story or something.

Ronald: A short story? What for?

Freddie: I promised my brother I'd write something for their school magazine. As a future journalist I couldn't refuse.

Ronald: Send them a report of yesterday's tennis championships.

Freddie: They want fiction, not reports. And I'm worrying about the subject.

Ronald: Oh, I suppose schoolboys like tales about interplanetary expeditions, trips to the moon, mysterious creatures and such fantastic stuff.

Freddie: I like that. I might try it.

Ronald: Well, good luck. I'm off.

The common room was warm enough while outside it was cold and rainy. Freddie lay down on a settee with a notebook in one hand and a pencil in the other. He yawned, put a cushion under his elbow, bit his pencil, and finally started writing.

"A MARTIAN ADVENTURE!"

"Ned felt on top of the world. The dream of his life was coming true. There were moments when he couldn't believe his good luck. Was it really true that he, Edward Tiller, a young unknown journalist had just spent three most exciting days in the magnificent spaceship "The Pioneer" that was about to land on the planet Mars! That he and his colleagues from the

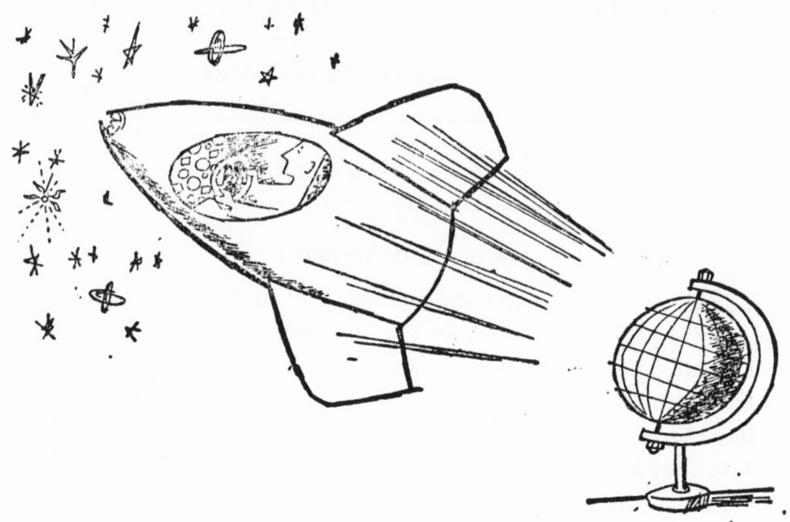

interplanetary expedition would soon solve the riddle whether there were any men on Mars!

The descent was fast enough and clouds obscured the view of Mars most of the time, but here and there you could see from the observation point something that looked — strangely enough — like the map of Northern Europe. What would the Martians look like? Like mechanical creatures with wheels, tubes, and cameras instead of eyes? And how do they communicate with each other — by means of sounds, or waves like radio?...

The door of the rocket opened smoothly and Ned stepped out eager to meet the first Martians. He stopped suddenly not believing his eyes. Not far from the spaceship there was a man in a gym suit, a man like himself watching him with curiosity.

"Hello", said the man. "You've come from the Earth, haven't you? We've been expecting you for some time".

"But, but... who are you?" stammered Ned. "What are you doing here? Where did you come from?"

The Man: I didn't come from anywhere, I live here. I am a Martian.

Ned: That's impossible, you look quite normal! How is it that you speak English?

The Martian: I speak Glenish, as a matter of fact. But it sounds just like your language. I'm also surprised that you Earthians don't look different from us. I thought you'd look like robots...

Ned: You say you speak "Glenish". And what's the name of your country?

The Martian: Glendan.

Ned: G L E N D A N ? The same letters form the name of my country E N G L A N D !

The Martian: How strange! Then, perhaps, we're similar in more ways than that. Is your country an island?

Ned: Yes, it is.

The Martian: Is it hilly? Rich in coal, iron?

Ned: It is.

The Martian: Is your climate mild and damp?

Ned: Yes, but how...

The Martian: And I suppose you English have got a sense of humour and are very fond of games...

Ned: Are you like that too?

The Martian: Exactly.

Ned: But the whole thing is incredible, there can't be two Englands, one on Earth and one on Mars! What shall I write to my newspaper about you and your planet? Nobody will believe me at home!

The Martian: Look here, let's talk it over in a café. Come this way.

SŁOWNICZEK

adventure [*əd'wenczə*] rz. — przygoda

believe [*by'li:w*] cz. — wierzyć, sądzić

bite [*bajt*] cz. — gryźć; *nier.*

championship [*'czœmpjənszyp*] rz. — mistrzostwo

common room [*'komn 'rum*] rz. — świetlica, klub

communicate [*kə'mju:nykejt*] cz. — komunikować

SŁOWNICZEK

creature [*'kri:czə*] rz. — stworzenie
curiosity [*kjuərj'osyty*] rz. — ciekawość
damp [*dæmp*] pm. — wilgotny
descent [*dy'sent*] rz. — schodzenie, lot w dół
eager [*'i:gə*] pm. — gorliwy, żarliwy
earth [*ə:θ*] rz. — ziemia
elbow [*'elbou*] rz. — łokieć
Europe [*'juərəp*] rz. — Europa
expedition [*ekspy'dyszn*] rz. — ekspedycja
fact [*fækt*] rz. — fakt
fanstastic [*fæn'tæstyk*] pm. — fantastyczny
fiction [*'fykszn*] rz. — beletrystyka
final [*'fajnl*] pm. — celowy, końcowy
finally [*'fajnəly*] ps. — ostatecznie, w końcu
gymnasium [*dżym'nejzjəm*] rz. — sala gimnastyczna (skrót „gym")
incredible [*yn'kredəbl*] pm. — niewiarogodny
interplanetary [*yntə:'plænytəry*] pm. — międzyplanetarny
island [*'ajlənd*] rz. — wyspa
journalist [*'dżə:nəlyst*] rz. — dziennikarz
Martian [*'ma:szən*] pm. — marsjański (z Marsa)
matter [*'mætə*] rz. — rzecz
mechanical [*my'kænykəl*] pm. — mechaniczny
mild [*majld*] pm. — łagodny
moon [*mu:n*] rz. — księżyc
mysterious [*mys'tiəriəs*] pm. — tajemniczy
normal [*'no:məl*] pm. — normalny
notebook [*'noutbuk*] rz. — notatnik
obscure [*əb'skjuə*] cz. — zaciemnić
observe [*əb'zə:v*] cz. — obserwować
pionier [*pajə'niə*] rz. — pionier
planet [*'plænyt*] rz. — planeta
racket [*'rækyt*] rz. — rakieta do gry w piłkę
refuse [*'ry'fju:z*] cz. — odmówić
report [*ry'po:t*] cz. — raportować
riddle [*'rydl*] rz. — zagadka
robot [*'roubət*] rz. — robot (automat naśladujący człowieka)
rocket [*'rokyt*] rz. — rakieta, pocisk kierowany
similar [*'symylə*] pm. — podobny, jednakowy
short story rz. — nowela, krótkie opowiadanie
sketch [*skecz*] rz. — skecz
solve [*solw*] cz. — rozwiązać, rozwikłać
stammer [*'stæmə*] cz. — jąkać (się)
stuff [*staf*] rz. — materiał, rzeczy
tale [*tejl*] rz. — opowiadanie
top [*top*] rz. — szczyt
wave [*'uejw*] rz. — fala
yawn [*jo:n*] cz. — ziewać

Idiomy

they are all over the place — są porozrzucane wszędzie
on top of the world — w świetnym nastroju
to come true — spełnić się, urzeczywistnić się
it was about to land — miał właśnie lądować
to look like — wyglądać
how is it that — jak to się dzieje, że...
just like — zupełnie tak jak

GRAMATYKA

1. Przyimki — c.d.

Round — dookoła

What about the building *round* the square?
The child put its hand *round* the neck of its mother.

To — do

Freddie, come *to* tidy up the club gymnasium.
I like tales about trips *to* the moon.

Up — w górę

Come *up* to me we shall read together.
The boat went *up* the Thames.

With — z, za pomocą

Freddie lay down on a settee *with* a notebook in one hand.
How do they comunicate *with* each other?

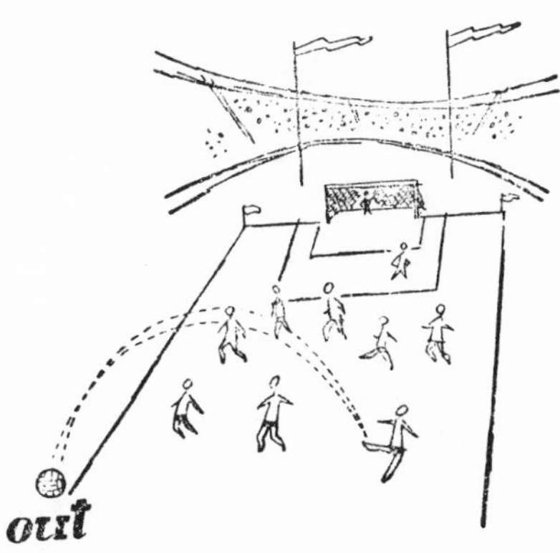

Without — bez

She is *without* money.
He went out *without* a hat on his head.

Out — z

The rocket opened smoothly and Ned stepped *out*...
He took *out* a pencil from his pocket.

2. Wykaz niektórych zwrotów przyimkowych

because of	— z powodu	**in place of**	— zamiast (w miejsce czegoś)
in spite of	— pomimo		
out of	— z	**instead of**	— zamiast
in front of	— przed	**round about**	— wokoło
at the top of	— na szczycie	**as far as**	— aż do, o ile
in the middle of	— środku	**at the back of**	— na grzbiecie, — na wierzchu
		in addition	— w dodatku

3. Powtórzenie formowania strony biernej czasowników — patrz lekcje 36 i 42.

ĆWICZENIA

I. Odpowiedzieć na pytania:

1. What is Freddie going to write? 2. What stories do schoolboys like? 3. Where did Freddie lie down? 4. Who was Ned Tiller? 5. What was "the Pioneer? 6. Are there any men on Mars? 7. Why was Ned surprised when he saw the first Martian? 8. What were the first words of the Martian? 9. How was he dressed? 10. What is the climate of England? 11. Are the English fond of sport? 12. Is England rich in coal and iron?

II. Gra. Przestawić dane litery tak, ażeby utworzyły angielski wyraz: np. E T A — a drink (odpowiedź: TEA)

1 — G L E N D A N — a country
1 — S I N E N T — a kind of sport
3 — Z A N G A M I E — a kind of newspaper
4 — P I N G I T A N — a picture
5 — R A J O L U N I S T — a man who writes in the papers

III. Przepisać wstawiając czasownik (podany na końcu zdania) w odpowiednim czasie (powtórzyć następstwo czasów l. 33):

1. She says she — a journalist (to be).
2. They think the weather — probably cold next week (to be).
3. I promised I — for the school magazine (to write).

4. The newspaper says the President — in the morning (to arrive).
5. He told me schoolboys — fantastic stories (to like)
6. I did not think he — that report today (to finish).
7. She would like to know whether Martians — two arms and two legs (to have).
8. It was true that the aeroplane — about to land (to be).
9. He wondered what the Martians — (to look like).
10. Ned thought they — English (not to understand).

IV. **Opisać w jednym zdaniu co to jest:**

a journalist, a magazine, a bridge, a railway platform, a restaurant, a booking-office, a tube.

V. **Przetłumaczyć:**

1. Nie wiem czy wy się znacie (czy spotkaliście się). 2. Mój szwagier dał ci wszystkie bilety, prawda? 3. Kto kupił te łodzie? 4. Oni nie mają żadnych pytań. 5. W filmie trójwymiarowym efekty przestrzeni są nadzwyczajne. 6. Słyszałem, że góry szkockie są czasami niebieskawe. 7. Dlaczego te rakiety leżą na twoim tapczanie? 8. Sam położyłeś je tam. 9. Czytałem w tygodniku, że otwarcie naszego parlamentu odbędzie się za (in) miesiąc. 10. Wszyscy byli zdumieni, kiedy usłyszeli, że ten film przedstawia codzienne życie w Szkocji. 11. Kiedy zauważyłem pocztę, zatrzymałem się od razu. 12. Oni mają wybornego przewodnika. My też. 13. Jakie miasto jest większe od Edynburga? 14. Dlaczego nie włożyłeś ubrania gimnastycznego? 15. Ponieważ nie mogłem go znaleźć. 16. Dlaczego powiedziałeś „dzień dobry" tylko mnie, a nie moim przyjaciołom. 17. Ponieważ już ich spotkałem dziś rano.

VI. **Wypisać 7 wyrazów, w których litera „g" wymawia się** (*g*) **jak np.: w again,** 7 wyrazów, w których „g" wymawia się [*dż*], jak np. w **George** i 4 wyrazy, w których „g" nie wymawia się w ogóle, np. w **though.**

LESSON FIFTY-TWO — THE FIFTY-SECOND LESSON

Lekcja pięćdziesiąta druga

Używanie czasowników „to do" i „to make"

MARS AND SPORT. II

The spaceship had landed in a park. The trees, shrubs, even the deck-chairs looked quite English or at least European in Ned's eyes. When both men left the park through the main entrance, the Martian streets and houses seemed to Ned very strange indeed. All the buildings were covered with paintings reminding of wall-paper or of women's summer frocks. Even motor-cars and buses were adorned with flower patterns, checks or stripes. Only people's clothes were of a sober plain grey.

Ned smiled with pleasure. "Here, at last, I've got something to write home about. Now let's see about sport. Are we similar like twins in that too? What are your Martian games?"

The Martian: Well, in summer — cricket, a complicated game...

Ned: Played by two teams with a small hard ball.

The Martian: Yes. In the North golf is very popular — it needs a lot of grassy and irregular ground. In winter we play football.

Ned: Is the ball round or egg-shaped?

The Martian: We have both types.

Ned: In my country the former is used in Association football, the latter in Rugby. Then some people go in for boxing or rowing...

The Martian: How funny — we have here exactly the same thing.

Ned: It's all incredible. Nobody will believe me, even if I bring home a film of your country. Now what's your favourite sport?

The Martian: I'm not very good at sport myself, but I often act as a referee and my speciality is athletics.

Ned: Oh good. I'm only an average football player. I'm best, as a goalkeeper. But my brother is a champion sprinter and jumper.

The Martian: That's fine. What's his record jump?

Ned: In the high jump he's reached 6 feet 6 inches.

The Martian: And you consider that good?

Ned: Well, it's not so far from the world record.

The Martian: You mean Earth record, of course. But that's ridiculous! We Martians jump much higher. A very average sportsman like myself jumps 15 feet high.

Ned: Come, come, aren't you exaggerating? Why should you Martians... Oh, yes, I see. Now everything is clear. Mars is much smaller than the Earth and its power of gravitation is lesser. A man is much lighter on Mars than he is on Earth.

The Martian: You're quite right. That explains everything. So here you too, can beat all your Earth records in jumping.

Ned: Gosh, I never thought of that! That's something for my paper. Wait a moment... I'll run to the rocket and radio home..."

"Well, well, well! Is that the way you're writing your story!"

Freddie woke up with a start. Ronald was standing in the door of the common room laughing at him.

Freddie: Well, I finished the story before I fell asleep. Look, here it is... Oh, bother, it isn't there. That means I wrote only the beginning, the rest must have been... a dream!

Ronald: Good Lord! You can write down your dream.

Freddie: Oh, no. It won't do. It's too fantastic. The boys and the editors wouldn't like it.

Now (with a sigh)... to work again. Where did I stop?

Freddie resumes his writing:

"The door of the rocket opened smoothly and Ned stepped out eager to see the first Martians. The strange creature facing him was only three feet high, all covered with something blue and metallic. It had some kind of aerial on its head and a series of tubes all along the body instead of hands..."

Yes, that will do. That's the normal type of fantastic fiction!

SŁOWNICZEK

act [*ækt*] cz. — działać
adorn [*ə'do:n*] cz. — dekorować
aerial [*'eərjəl*] rz. — antena
asleep [*əs'li:p*] ps. — śpiąc, we śnie
athletics [*æθ'letyks*] rz. — atletyka
average [*'æwərydż*] pm. — przeciętny
boxing [*'boksyŋ*] rz. — boks
check [*czek*] rz. — krata (deseń)
complicate [*'komplykejt*] cz. — komplikować
consider [*kən'sydə*] cz. — uważać, brać pod rozwagę
deck-chair [*'dekczeə*] rz. — leżak
editor [*'edytə*] rz. — wydawca, redaktor
exaggerate [*yg'zædżərejt*] cz. — przesadzać
former [*'fo:mə*] pm. — poprzedni
goalkeeper [*'goulki:pə*] rz. — bramkarz
golf [*golf*] rz. — golf
grassy [*'gra:sy*] pm. — trawiasty
gravitation [*græwy'tejszən*] rz. — przyciąganie ziemi
ground [*'graund*] rz. — ziemia, grunt
inch [*yncz*] rz. — cal (ok. 2,5 cm)
irregular [*y'regjulə*] pm. — nieregularny
jump [*dżamp*] rz. — skok; cz. — skakać
jumper [*'dżampə*] rz. — skoczek
latter [*'lætə*] pm. — późniejszy, ostatni (z dwóch) zob. l. 43, str. 225
lesser [*'lesə*] pm. — mniejszy, (używ. tylko z rzeczown. abstrakcyjnymi)
lord [*lo:d*] rz. — lord, Bóg
metallic [*my'tælyk*] pm. — metalowy, metaliczny
pattern [*'pætə:n*] rz. — wzór
power [*'pauə*] rz. — moc, siła
referee [*refə'ri:*] rz. — sędzia w sporcie
ridiculous [*ry'dykjuləs*] pm. — śmieszny
rowing [*'rou^{u}yŋ*] rz. — wioślarka
rugby [*'ragby*] rz. — gra sportowa
series [*'siəri:z*] rz. — seria
shape [*szejp*] rz. — kształt
shrubs [*szrabz*] rz. — krzaki, krzewy
sober [*'soubə*] pm. — trzeźwy, spokojny
speciality [*speszj'ælyty*] rz. — specjalność
sprinter [*'sprynta*] rz. — biegacz
stripe [*strajp*] rz. — pas (deseń)
twins [*twynz*] rz. — bliźniaki

Idiomy

to play tennis, golf — grać w ...
come, come... — no, no...
I see — rozumiem
well, well, well, — no wiecie, patrzcie państwo!
Good lord! — Mój Boże!
it won't do — to się nie nadaje, nie będzie odpowiadało (wymaganiom) życzeniom
that will do — to będzie dobre, będzie odpowiadało (wymaganiom, życzeniom)

GRAMATYKA

1. Używanie czasowników „to do" i „to make"

Zasadnicze znaczenie: **to do** — „robić" i **to make** — „wytwarzać"; np.:

Chairs are *made* of wood — Krzesła są robione z drewna.

What are you *doing* in the afternoon? — Co robisz po południu?

Często jednak są używane idiomatycznie, jak np.:

Przy przedstawianiu się, lub powitaniu: "**How do you *do?***" nie oznacza to zapytania o zdrowie i nie wymaga innej odpowiedzi, jak tylko "**How do you *do?***"

Oh, no, it won't *do!* — To nie wystarczy, (nie pójdzie).

I shall *do* my best — Zrobię co będę mógł, co będzie w mojej mocy.

Don't *make* a fool of yourself! — Nie rób z siebie wariata!

The holiday at the seaside has *done* me much good — Urlop nad morzem zrobił mi dobrze.

He *made* up his mind to drive home — Zdecydował się jechać do domu.

Everyone must do his duty

We have worked long, it will *do* for today — Pracowaliśmy długo, to wystarczy na dziś.

Everyone must *do* his duty — Każdy musi spełniać swój obowiązek.

Don't *make* such a noise! — Nie rób takiego hałasu.

2. Powtórzenie używania czasowników ułomnych — patrz lekcja 34 — **may, can, must, ought.**

ĆWICZENIA

I. **Przepisać następujące wyrażenia i nauczyć się 4 z nich na pamięć:**

Polite ways of saying "no":

I should say not!
I'm afraid not.
Dear me, no!
Yes, perhaps, but...
That may be true, but...
I don't think so.
You may be right but...
I don't suppose so.

II. **Przepisać używając pełnych wyrazów zamiast cyfr** (np. 53 = fifty-three):

1. England, Scotland, Wales and Northern Ireland cover about 120.000 square miles. 2. In 1937 the population of Great Britain was 48 millions. 3. The highest mountain in Wales, Snowdon ['*snoudn*] is 3.560 feet high. 4. In Scotland the highest mountain, Ben Nevis, is 4.406 feet high. 5. Among the rivers of Britain the Thames is the longest, it is over 200 miles long. 6. In 1950, 623 persons were killed in road accidents in London. 7. Out of 100 Londoners 47 start work by 8 a.m. 8. Out of 100 Londoners 38 finish work by 5 p. m.

III. **Uzupełnić następujące zdania za pomocą wyrazów podanych na końcu:**

1. The person who teaches me is my . . .
2. A sportsman who sprints is a . . .
3. The man who reports news is a . . .

4. A person who helps me is my ...
5. The person who is best in a quiz is a
6. The person who writes novels is ...
7. A man who lives in London is a ...
8. A woman who works in a restaurant is a ...
9. Anybody who learns is a ...
10. Any one who lives in a boarding-house is ...

(Londoner, winner, sprinter, teacher, boarder, helper, reporter, learner, waitress, novelist).

IV. **Zamienić następujące pytania niezależne na pytania zależne (zob. l. 30):**

Np. Why did Mary go to Edinburgh? (I want to know...)
I want to know why Mary went to Edinburgh.

1. When did she enter the gymnasium? (Tell me, please...)
2. Why did you buy that stick? (I must know...)
3. Was the car out of order? (They asked me if...)
4. What time did Sylvia come home? (He didn't tell me...)
5. Is Freddie sure about the size of Britain? (The teacher asked if...)
6. Who broke the glass in the lift? (Nobody will tell me...)
7. Is it three o'clock? (I am not quite sure whether...)
8. When did the trip begin? (They told me...)

V. **Napisać co jest przeciwieństwem następujących wyrazów i co one znaczą:**

1 — untidy
2 — unnecessary
3 — unusual
4 — unspoiled
5 — unfriendly
6 — unhappy
7 — unreliable
8 — impossible
9 — impolite
10 — impersonal
11 — imperfectly

VI. **Przetłumaczyć:**

1. W lecie gramy w krykieta za pomocą małej, twardej piłki. 2. Czy rugby jest popularną grą w waszym kraju? 3. W naszym domu studenckim znajduje się sala gimnastyczna. 4. W sali gimnastycznej uczymy się boksu. 5. Mój wuj uczy się grać w golfa. 6. Jak

się nazywa gra, grana owalną piłką? 7. Nie wiedziałem, czy do golfa potrzeba (potrzebujemy) dużo przestrzeni (ground). 8. To jest niewiarygodne. 9. W lecie kobiety często noszą suknie o deseniach kwiatowych (z deseniami). 10. Zapytaj ich, czy Piotr jest dobrym bramkarzem? 11. Twój szwagier jest tylko przeciętnym futbolistą. 12. Staliśmy przed (in front of) głównym wejściem. 13. Jaki jest rekord światowy w skoku wzwyż? 14. Czy to w taki sposób piszesz swoje opowiadanie?

VII. **Napisać o czym piszą czasopisma dla młodzieży:**
A School Magazine.

LESSON FIFTY-THREE — THE FIFTY-THIRD LESSON

Lekcja pięćdziesiąta trzecia

Używanie czasownika „to mind"

GREYHOUND RACING

Mary: Would you mind looking up the Radio programme what's on T.V. just now?

Willy: Just a moment. Now it's five to eight. Let me see... eight o'clock... sport, Greyhound racing.

Mary: Good.

He switches on the television set and turns a few knobs.

Mary: I've never been to the Dogs. We haven't got them in my country.

Willy: I have been. It's quite interesting. The races are very popular. Usually there are crowds and crowds of people.

Mary: Mostly men of course?

Willy: Not necessarily. Many women are keen on dogs too. You can see quite a lot of housewives, some teen-agers, both boys and girls.

Mary: Did you do any betting?

Willy: I backed a dog once but I wasn't lucky. I lost some money.

The picture on the T.V. screen comes to life. The attractive lady announcer says a few words and vanishes from the picture. A huge stadium appears instead.

Willy: Look. You can see the covered stands and the track is floodlit so that you can see everything beautifully.

Mary: Where are the "competitors"? the dogs?

Willy: Look. They're going round the stadium, quite slowly, led by the attendants. You can't see the colours on the screen but each dog has a coat of a different shade.

Mary: But I can see the numbers on the coats, they're quite large.

Willy: Now the dogs are ready at the start. Look out for the hare. It will come like a flash from the other side of the stadium.

Mary: A hare? How cruel!

Willy: Don't be silly. A mechanical hare... Oh, here it is, gliding very fast on its rail.

Mary: The dogs are off. Do they think it's a real hare?

Willy: I don't know. Ask them. Anyway they follow the hare like hell and never catch it, poor things.

Mary: They're lovely greyhounds. They must be in excellent condition.

Willy: The vet examines them before each race. That's the rule. See, how people shout, they're all standing so excited...

Mary: The first race is over. But you can't say who's won — two dogs came together, No. 3 and No. 1. What will the judge do?

Willy: Don't you know there are special cameras at the finish of all races? The photo-finish camera will show you the slightest difference between the runners. Even if it's half a nose only... you see? They are showing the photo.

Mary: Yes, I see. After all No. 3 has won. And now the winner's name is announced over the loudspeakers.

Willy: Shall we watch the next races?

Mary: Oh, yes. Let us. It's quite a new thing for me and I find I like it.

Both Mary and Willy settle down comfortably in a settee in front of the T.V. set to watch the rest of the programme.

SŁOWNICZEK

announce [*ə'nauns*] cz. — ogłosić
anouncer — spiker radiowy
anyway [*'enyᵘej*] ps. — w każdym razie
attendant [*ə'tendənt*] rz. — dozorujący, obsługujący
back [*bæk*] cz. — popierać
betting rz. — postawienie pieniędzy na coś, zaryzykowanie pieniędzy na...
competitor [*kəm'petytə*] rz. — zawodnik
condition [*kən'dyszən*] rz. — warunek
cruel [*'kruəl*] pm — okrutny
examin [*yg'zæmyn*] cz. — badać
flash [*flæsz*] rz. — błysk
floodlit [*'fladlyt*] pm. — zalany światłem, oświetlony
glide [*glajd*] cz. — sunąć
greyhound [*'grejhaund*] rz. — chart
hell [*hel*] rz. — piekło
housewife [*'hausᵘajf*] rz. — pani domu, gospodyni
judge [*dżadż*] rz. — sędzia
knob [*nob*] rz. — gałka
loudspeaker [*'laud͵spi:kə*] rz. — głośnik
race [*'rejs*] rz. — bieg, wyścigi, cz. ścigać się
rail [*rejl*] rz. — szyna
rule [*ru:l*] rz. — zasada, prawidło
runner [*'ranə*] rz. — biegacz
screen [*skri:n*] rz. — ekran
settle [*setl*] cz. — umieścić się, usiąść
stadium [*'stejdjəm*] rz. — stadion
stands [*'stændz*] rz. — trybuny
switch [*sᵘycz*] cz. — włączyć **(on)**, wyłączyć **(off)**
teen-ager [*'ti:n-ejdżə*] rz. — młodzieniec, panna (wiek 11—19)
track [*træk*] rz. — tor
vanish [*'wænysz*] cz. — niknąć
vet [*wet*] rz. — weterynarz (skrót od: veterinary)
winner [*'ᵘynə*] rz. — zwycięzca

Idiomy

would you mind looking up — bądź tak uprzejmy i poszukaj (sprawdź)
the picture comes to life — obraz nabiera życia, zjawia się
look out for... — uważaj na... , zwróć uwagę na...
a mechanical hare — sztuczny zając, poruszający się mechanicznie
the dogs are off — psy wystartowały
they follow the hare like hell — pędzą za zającem jak szalone (dosłownie: jak piekło)

GRAMATYKA

1. Używanie czasownika „to mind"

Zasadnicze znaczenia: uważać (na coś), mieć pretensję.

Would you *mind* looking up the Radio programme? — Czy nie spojrzałbyś na...

Do you *mind* my smoking? — Czy nie będzie ci przeszkadzać moje palenie?

***Mind* the step!** — Uważaj na schodek.

Do you *mind* if I sit here? — Czy nie przeszkodzi ci, jeśli tu usiądę?

No, I don't mind if you sit here — Nie przeszkodzi mi jeśli... itd.

2. Powtórzenie trybu rozkazującego (Imperative mood) — patrz lekcja 33.

ĆWICZENIA

I. Odpowiedzieć na pytania:

1. What is a greyhound? 2. Have you ever seen a greyhound race? 3. Have you got a television set? 4. Who is interested in racing? 5. What time was the sport programme on the T. V.? 6. Do women go to The Dogs? 7. What is a stadium? 8. Can you see the track well? 9. Can you see any difference between the dogs? 10. How? 11. What do the dogs run after in a race? 12. Do the dogs ever catch the hare? 13. What does the vet do before each race? 14. What does the photo-finish camera do? 15. How do the people show that they are excited? 16. Which dog has won? 17. Will Mary see the next races? 18. Would you like to see greyhound races?

II. **Ułożyć zdania z następującymi przysłówkami:**
necessarily
luckily
beautifully
usually
easily
slowly
comfortably

III. **Ułożyć 7 zdań, przestrzegając ściśle porządku:** podmiot, orzeczenie, dopełnienie, określenie (czasu, miejsca, sposobu), np.:

you	can see	everything	beautifully
I	lost	some money	on the Dogs

IV. **Ułożyć spis wyrazów związanych ze sportem.**

V. **Uzupełnić następujące zdania czasownikami** (podanymi na końcu zdań) **w czasie teraźniejszym zwykłym lub ciągłym** (np. I take, lub I am taking):

1. The telephone ... now (to ring).
2. The telephone ... often during the morning (to ring).
3. Mary ... the radio programme (to look up).
4. It ... quite often in November (to rain).
5. We seldom ... to the races (to go).
6. Mary ... at my desk today (to sit).
7. The attendants ... the dogs to everybody (to show).
8. The hare ... very fast on its rail in every race (to glide).
9. Mary generally ... at this desk (to sit).
10. She ... the piano very well now, much better than yesterday (to play).

VI. **Wypisać i przeczytać głośno krótkie zwroty, w których końcowe „r" jest wymawiane.**

(np. her‿own book [*həroun*], the other‿eye)
Powtórzyć fonetykę dotyczącą „r", str. 16.

LESSON FIFTY-FOUR — THE FIFTY-FOURTH LESSON

Lekcja pięćdziesiąta czwarta

Najczęściej używane spójniki

A VISIT TO THE DOCKS. I

Muriel, Ronald and Freddie are coming near the Tower Pier.

Ronald: Look, Muriel, the sky is clearing. After all we'll have fine weather for our cruise on the Thames.

Freddie: Hurry up, both of you. This way to our boat.

He goes with them to the gangway leading to a small pleasure boat.

Muriel: As a matter of fact — what are we going to see this afternoon?

Freddie: The London Docks, i.e. a part of the Port of London.

All three find an unoccupied bench on the upper deck of the boat and sit down among a group of American boyscouts. The boat leaves off the Tower Pier and passes under the Tower Bridge.

Muriel: What a pity our boat is not big enough and the bridge does not open for us. Look, what a tremendous number of cranes. I love watching them. They're like living creatures when they move this way and that way loading and unloading ships.

On either side of the river there were wharves, gas works, grain warehouses, factories, and canals forming entrances to docks. A loudspeaker on board the boat commented on places of special interest, pointing out a particular ship "loading sugar from a sugar refinery" a power-station, or calling out the names of the docks e.g. "West India Docks", "Greenland Dock" etc.

Five miles away from London Bridge, at the second turning of the river Freddie noticed a particularly imposing group of buildings.

Ronald: One of those houses it's the famous Greenwich Observatory. Now the actual observatory has been moved out of town because the lights and the glow in the sky interfered with the astronomers' observations.

Freddie: And those twin buildings with columns and towers, what are they?

Ronald: That's the Royal Naval College. You know Freddie, this wind has made me thirsty. I'll go to the buffet and have a lemon squash or something.

Down in the cabin Ronald found a group of children enjoying ice-creams and a couple of elderly ladies at their tea. He sat at the bar and sipped his drink slowly. Having bought also a packet of cigarettes he returned to his seat on the deck and there he found Muriel and Freddie engaged in conversation with a stranger.

The stranger: Hello, Ronald, don't you remember me? We met last winter at the chess tournament in Sheffield.

Ronald: Oh, yes. I remember you Robert. What a surprise to see you here.

Muriel: Robert has just saved my hat from being blown overboard into the Thames.

Freddie: Do you know anything about ships? Look over there. What does that peculiar flag mean on that cargo-ship?

Robert: It shows there is a doctor on board.

Ronald: Do you think they're going to take us inside a dock?

Freddie: Certainly. See, we're coming near a lock.

SŁOWNICZEK

actual [*'œkczuəl*] pm. — faktyczny, istniejący
astronomer [*ə'stronəmə*] rz. — astronom
bench [*bencz*] rz. — ławka
blow [*blou*] cz. — dąć, dmuchać; *nier.*
boyscout [*'bojskaut*] rz. — skaut, harcerz (chłopiec)
buffet [*'bufej*] rz. — bufet
building [*'byldyŋ*] rz. — budynek
cabin [*'kœbyn*] rz. — kajuta
cargo [*'ka:gou*] rz. — ładunek okrętu
chess [*czes*] rz. — szachy
clear [*'kliə*] cz. — przejaśniać się
college [*'kolydż*] rz. — kolegium, wydział, szkoła
comment [*'komənt*] cz. — komentować
couple [*kapl*] l. — para (dwa)
crane [*'krejn*] rz. — żóraw, dźwig
cruise [*kru:z*] rz. — przejażdżka po morzu, rzece
deck [*dek*] rz. — pokład (okrętu, statku)
dock [*dok*] rz. — dok
either [*'ajðə 'i:ðə*] z. — każdy (z dwóch)
flag [*flœg*] rz. — flaga
gangway [*'gœŋ^{u}ej*] rz. — pomost
gas works [*'gœs^{u}ə:ks*] rz. — gazownia
grain [*grejn*] rz. — ziarno, zboże
glow [*glou*] rz. — poświata, jasność
i.e. [*'aj'i:*] — to jest
ice-creams [*'ajskri:mz*] rz. — lody (używa się również w l. p.)
interest [*'yntryst*] cz. — interesować
interfere [*yntə'fiə*] cz. — wtrącać się, przeszkadzać
lemon [*'lemən*] rz. — cytryna

SŁOWNICZEK

load [*loud*] cz. — ładować
naval ['*nejwəl*] pm. — marynarski
overboard ['*ouwəbo:d*] ps. — za burtą
packet ['*pækyt*] rz. — paczka
pier ['*piə*] rz. — molo
refinery [*ry'fajnəry*] rz. — rafineria
royal ['*rojəl*] pm. — królewski
sip [*syp*] cz. — pić małymi łykami
squash [*skuosz*] rz. — napój odświeżający, orzeźwiający (z owoców)
thirsty ['*θə:sty*] pm. — spragniony
to point out cz. — wykazać
tournament ['*tuənəmənt*] rz. — turniej
tremendous [*try'mendəs*] pm. — ogromny
turning ['*tə:nyŋ*] rz. — zakręt
unload ['*an'loud*] cz. — rozładować
unoccupied ['*an'okjupajd*] cz. — nie zajęte
upper ['*apə*] pm. — górny
wharves ['*uo:wz*] rz. — przystanie (l. m. od **wharf** [*uo:f*])
warehouse ['*ueəhaus*] rz. — magazyn, skład

Idiomy

the sky is clearing — niebo się rozjaśnia
as a matter of fact — w gruncie rzeczy
what a pity — jaka szkoda że...
~~**on either side** — po każdej stronie (po obu stronach)~~

GRAMATYKA

1. Najczęściej używane spójniki (conjunctions).

And — i, a [*ænd, ənd, ən*]

Muriel, Ronald *and* Freddie are coming to the Tower.
The boat leaves off the Tower Pier *and* then passes under the Tower Bridge.
I had bread *and* butter ['*bred n'batə*] for my breakfast.

But [*bat, bət*] — lecz, ale

I like tea very much *but* I don't like coffee.

Because [*by'koz*] — ponieważ

Ronald went down to the buffet *because* he was thirsty.

For [*fo:*] — ponieważ

Our friends made a trip to the docks *for* they wanted to see London Port.

Or [o:] — albo

If you want to go to Piccadilly Circus walk across Green Park *or* take bus 55 or 54.

That [ðæt] — że

Muriel told me that she had seen London docks.

2. Powtórzenie czasu przyszłego (Future Tense) — patrz lekcja 22 i 43.

ĆWICZENIA

I. **Przepisać zamieniając na czas przeszły:**

1. The pleasure boat is usually full of people. 2. It makes off Tower Pier at 3 p.m. 3. People stand on the decks and watch the views. 4. On either side of the port cranes move this way and that way. 5. Many interesting buildings stand close to the river, there are factories, power stations, gas works, some ships. 6. The sun and the wind make people thirsty. 7. The children buy ice-creams and they eat them slowly.

II. **Dokończyć następujące zdania** (np. Having bought a packet of cigarettes ... he returned to his seat):

Having found a seat on the upper deck, Muriel ...
Having noticed a particularly fine building, Ronald ...
Having finished their ice-creams, the children ...
Having saved Muriel's hat, the stranger ...
Having seen a peculiar flag on a liner, Muriel ...
Having loaded a ship with sugar, the crane ...

III. **Przepisać i podkreślić „gerund" wraz z czasownikiem lub przyimkiem, od którego zależy** (zob. l. 28):

1. I enjoy studying English. 2. Do you mind waiting a quarter of an hour? 3. They have finished moving the observatory. 4. She was tired of watching the bridges. 5. It is a question of finding the main entrance. 6. Why did you stop learning Spanish? 7. They spoke about building a new grain warehouse.

IV. **Przepisać następujące zwroty i nauczyć się trzech spośród nich:**

Some ways of thanking people:
Thanks very much.
Oh, thank you.
I'm very much obliged to you.
It's very kind of you.
Thanks very much indeed.
Much obliged.
Oh, thanks!

V. **Wybrać właściwe wyjaśnienie wyrazu spośród trzech podanych:**

1 — rugby	a) a kind of rug
	b) the name of a writer
	c) football
2 — a daffodil	a) a machine
	b) a flower
	c) something with music
3 — to wander	a) to be surprised
	b) to walk or travel about
	c) to build walls
4 — a bench is made of	a) paper
	b) sugar
	c) wood
5 — a guide	a) a drink
	b) a coin
	c) a man who shows the sights of a place
6 — a loch	a) a Scottish word for "lake"
	b) a hole
	c) an animal

VI. **Opisać widok z mostu na Tamizie:**
What can you see from the Tower Bridge.

VII. **Wyszukać 10 wyrazów, w których końcowe „s" wymawia się** (*z*), np.: dogs, papers.

LESSON FIFTY-FIVE — THE FIFTY-FIFTH LESSON

Lekcja pięćdziesiąta piąta

Używanie słów „should" i „would"

A VISIT TO THE DOCKS. II

The boat entered the lock and ranged alongside other ships. The gates closed. The loudspeaker informed the passengers that the level of the water inside the lock had to be raised 20 feet. The water flowed in steadily and at last the entrance into the dock opened and the boats sailed in one after the other.

Muriel: How lovely! I've never seen so many ships together. What graceful lines they have! Look, an Australian flag there.

Ronald: She's probably loaded with meat or wool.

Freddie: There's a bigger ship on the left. What a lot of work it must require to keep her so beautifully clean, white and shining with paint.

The obliging loudspeaker told them she was "a typical modern cargo-liner of over 30 000 tons with ample passenger accommodation."

They passed close to quite a number of ships ranged along the dock. Robert pointed at one liner particularly attractive.

Robert: Look at her new type of life-boats. They've got propellers.

Ronald: And these small things moving up and down the river and round the dock, are they tugs?

Robert: I suppose so. See, what a lot of barges round this boat.

Freddie: They help to load and unload ships. I wonder what it is they export mostly from this port.

Ronald: Probably the main produce of the country — iron and steel goods, heavy industry, woollens, cottons or chemicals...

The loudspeaker seemed to join in the conversation:... "the biggest export of London port — the three C's — cement, cars and coal."

Muriel: (laughing) That's the answer to Freddie's question. Now I should like to ask a question. Which of these are warships?

Robert: I don't think there are any here. This is not a military naval station. You should go to Plymouth for instance. There you'd see all kinds of warships of the Royal Navy — destroyers, submarines or perhaps even an aircraft-carrier.

Muriel: So all these boats belong, so to speak, to the Merchant Navy?

Freddie: ...or to passenger lines. And if you want to find trawlers or other fishing-boats, you must go and see some typical fishing-harbour.

Muriel: Isn't this one a fishing-boat? This lovely sailing-vessel over there?

Robert: She's a beauty. I must say. But I know her, she's a training ship. You know, boys are trained there, they learn to be sailors.

Freddie: You're quite an expert in naval matters.

Robert: Of course not. You see, my father and grandfather were dockers in this port so, naturally, I'm very interested in these things.

Muriel: But you haven't followed the family tradition. I thought you were a steel worker in Sheffield.

Robert: So I am. My father was killed in an accident when I was a kid, and I was brought up by my uncle in the North. But there are sailors and fishermen in the family. Look, that fine boat is leaving.

Freddie: Those old masts and sails remind me of Stevenson's tales of the South Seas.

Ronald: They make me think rather of Conrad's novels, of storms, high winds, shipwrecks and exotic countries.

Muriel: I say, we're going back to the lock.

The trip round the dock was over. Soon the boat was winding her way up the river, back to the point of departure. The view from the deck was magnificent. A few barges and boats filled the front of the picture, where the reflection of the sun showed in the water. Along both banks the cranes formed a delicate border, standing still or moving — like strange birds — their slim long necks. Farther in the background the Tower Bridge stood dark against the sky, the roofs and spires of various buildings with the dome of St. Paul's towering above them created a picturesque sky-line.

Most of the passengers of the pleasure boat were looking on in silence.

Muriel: That's a view for a painter. I won't forget it so easily... Well, we're back again. Thanks very much, Ronald. That was a wonderful idea this visit to the Docks. I'll recommend it to all my friends. I'm sure they'll enjoy it as much as I have.

SŁOWNICZEK

accommodation [*əkomə dejszn*] rz. — pomieszczenie

aircraft-carrier [*'eəkra:ft'kœriə*] rz. — awiomatka, lotniskowiec

alongside — obok, przy

ample [*'œmpl*] pm. — obszerny, liczny

Australian [*o:st'rejljən*] pm. — australijski

barge [*ba:dż*] rz. — barka

cement [*sy'ment*] rz. — cement

create [*kri':ejt*] cz. — tworzyć

departure [*dy'pa:czə*] rz. — odjazd

destroyer [*dys'trojə*] rz. — torpedowiec

dome [*doum*] rz. — kopuła

exotic [*eg'zotyk*] pm. — egzotyczny

expert [*'ekspə:t*] rz. — ekspert

flow [*flou*] cz. — płynąć

harbour [*'ha:bə*] rz. — port, przystań

kid [*kyd*] rz. — dzieciak

level [*'lewl*] rz. — poziom

lock [*lok*] rz. — śluza kanału

Merchant Navy [*'mə:czənt'nejwy*] rz. — flota handlowa

passenger [*'pœsyndżə*] rz. — pasażer

raise [*rejz*] cz. — podnieść

range [*rejndż*] cz. — uszeregować

recommend [*rekə'mend*] cz. — zalecić

reflection [*ry'flekszən*] rz. — odbicie, odblask

require [*ry'kuajə*] cz. — wymagać

shipwreck [*'szyprek*] rz. — rozbity okręt, rozbicie na morzu

silence [*'sajləns*] rz. — cisza

spire [*'spajə*] rz. — wieża

submarine [*'sabməri:n*] rz. — łódź podwodna

lifeboat — łódź ratunkowa

tower [*tauə*] cz. — górować nad

train [*'trejn*] cz. — trenować, ćwiczyć

trawler [*tro:lə*] rz. — trauler (statek rybacki)

tug [*tag*] rz. — holownik

vessel [*'wesl*] rz. — statek

warship [*'uo:szyp*] rz. — okręt wojenny

Idiomy

to range alongside — ustawić się wzdłuż

...her new type of lifeboats — samoloty, okręty, statki, samochody, na ogół maszyny (czasem i pociągi) są rodzaju żeńskiego

I suppose so — tak sądzę, tak mi się zdaje

the 3 C's — trzy C. Od pierwszych liter wyrazów: cement, cars, coal.

the boat was winding up her way... — statek płynął wijąc się...

the reflection showed in the water — widać było odbicie w wodzie.

GRAMATYKA

Używanie słów „should", „would" — przykłady

Słów tych używamy:

a) do formowania czasów trybu warunkowego (patrz l. 33.)

b) dla wyrażenia obowiązku, zobowiązania np.:
You *should* go to Plymouth — Powinieneś pojechać do Plymouth.

c) dla wyrażenia życzenia np.:
I *should* like to ask a question — Chciałbym zadać pytanie.

d) w zwrotach grzecznościowych np.:
***Would* you mind doing that for me?** — Czy nie zrobiłbyś tego dla mnie?
***Would* you tell me the way to the station?** — Czy wskażesz mi drogę do stacji?

e) dla wyrażenia zwyczaju w przeszłości.
He *would* sit for hours looking across the fields — On zwykł siedzieć godzinami i patrzeć przez (na) pola...

ĆWICZENIA

I. **Odpowiedzieć na pytania:**

1. Was the level of the water raised much inside the lock? 2. What was the Australian ship loaded with? 3. What type of life-boats did Robert notice? 4. What are barges for? 5. What are the biggest exports of the Port of London? 6. Who answered Freddie's question? 7. Where can you see a military port? 8. What is a submarine? 9. What is an aircraftcarrier? 10. What did Stevenson write about?

II. **Wypisać z obu ostatnich lekcji „A Visit to the Docks" wszystkie wyrazy złożone** (np.: the loudspeaker, a warship).

III. **Ułożyć jak najwięcej wyrazów za pomocą liter zawartych w słowie:**

INTERPLANETARY

(np. plane, plate, train itp.)

IV. **Wstawić: somebody, anybody, nobody — zależnie od potrzeby:**

1. Did you meet ... on board the boat? 2. There was ... in the shop, but it was not a shop assistant. 3. If I had seen ... in your classroom, I should have talked to him. 4. ... opened the door, probably the wind did it. 5. I don't know ... in this club.

V. **Opisać obrazek na str. 307.**

VI. **Przepisać i przetłumaczyć na język polski:**

Well, I have come to the end of my book at last. As I am a hard-working pupil, I have looked up every new word, I have written all the exercises in a special exercise-book, although sometimes I was tempted to write some of the easier ones in my book. On the whole I like the stories in this book, I like the pictures which make it more attractive, I even like the exercises. I also like my teacher. And who has been my teacher? I myself, of course. Well, as a teacher I must tell my pupil not to forget what he (or she) has learnt. My pupil must go on reading English books and start reading newspapers. So long, cheerio!

 PAŃSTWOWE WYDAWNICTWO ›WIEDZA POWSZECHNA‹ WARSZAWA

Irena Dobrzycka

JĘZYK ANGIELSKI DLA SAMOUKÓW

Zeszyt 10

DODATEK

ZNAKI PRZESTANKOWE

Przecinek (Comma) (,) [*'komə*]

Przecinkiem oddzielamy:

1. Przysłówki, określenia przysłówkowe poprzedzające podmiot zdania, zdania przysłówkowe poprzedzające zdania główne, np.: Finally, the lady locked the drawer herself.
   Having found the way, the pupils went on.
   When they came to the station, they stopped for a moment.
2. Zdanie względne, które może być opuszczone, np.:
   I must ask my brother, who has come just now, what he knows of them.
3. Początek listu, np.:
   Dear George, Dear Professor Brown,
4. Przydawkę, np.:
   John, my brother's son, couldn't understand you.
5. Wyliczane przedmioty, np.:
   She saw in the shop: books, exercise-books, pens, pencils, and ink.

Nie używa się przecinka:

1. Przed zdaniem względnym, które nie może być opuszczone, np.:
   He who fights and runs away lives to fight another day.
   I saw the man who took your flowers.
2. Przed przysłówkami, określeniami przysłówkowymi i zdaniami przysłówkowymi, np:
   She locked the door at last.
   They stopped for a moment when they came to the station.
3. Przed dopełnieniem, np.:
   I know that he is ill.
   She said she was pleased.
   Ask who was there yesterday.

4. W porównaniach, np.:
The buttonhole is as large as the button.
My desk is larger than yours.

A oto **pozostałe znaki przestankowe:**

the semi-colon [*'semy'koulən*] — średnik
the colon [*'koulən*] — dwukropek
the full-stop [*'ful'stop*] — kropka
the dash [*dœsz*] — myślnik
the hyphen [*'hajfən*] — łącznik
the bracket [*'brœkyt*] — nawias
the mark of interrogation [*ma:k əw yntero'gejszən*] — znak zapytania
the mark of exclamation [*ekskla'mejszən*] — wykrzyknik
the inverted comma [*yn'wə:tyd'komə*] — cudzysłów
the apostrophe [*ə'postrəfy*] — apostrof

Są one używane tak jak w języku polskim.

DUŻE LITERY są używane:

1. Na początku zdania, np.:
The woman said, "You are right".
2. Przy imionach własnych (kraje, miasta, osoby, nazwy dni, tygodni, miesięcy), np.:
France, Cambridge, Leicester Square, John, Wednesday, June, Christmas.
3. Przy przymiotnikach pochodzących od nazw geograficznych, np.: French.
4. Przy tytułach osób, tytułach np. lekcji, adresach na kopertach, formułach końcowych w listach itp., np.:
Doctor Smith, Lesson Two, Yours sincerely.
5. Przy słowach o szczególnym znaczeniu, np.:
When we have the Conditional in the Subordinate Clause, we use...

PIENIĄDZE

£1 — 1 pound (sterling — funt szterling) = 20 s.
1s — 1 shilling [*'szylyn*] — szyling = = 12 d.
1d — 1 penny [*'peny*] — pens = = 4 farthings
1/4d — 1 farthing [*'fa:ðyŋ*] — 1/4 pensa

two pennies [*'penyz*] — 2 pensy (2 sztuki)
twopence [*'tapəns*] — 2 pensy (wartość)
six pennies — 6 pensów (6 sztuk)
sixpence [*'sykspəns*] — sześciopensówka

SŁOWNICTWO UZUPEŁNIAJĄCE

Wagi i miary

1 oz. — 1 ounce [*auns*] — uncja 28 g
1 lb. — 1 pound [*paund*] — funt — 16 ozs — 409 g
1 stone [*stoun*] — 14 lbs
1 in. — 1 inch [*yncz*] — cal 2,5 cm
1 ft. — 1 foot [*fut*] — stopa — 12 in. 30,4 cm
1 yd. — 1 yard [*ja:d*] — yard — 3ft. 91cm
1 m. — 1 mile [*majl*] — mila 1,6 km
1 p. — 1 pint [*pajnt*] — 1/2 kwarty 0,57 litra
1 qt. — 1 quart [*kuo:t*] — kwarta — 2ps. — 1,14 litra
1 gal. — 1 gallon [*'gœlən*] — galon — 4 qts. — 4,56 litra

Życie rodzinne

the grandfather [*'grœnd,fa:ðə*] — dziadek
the grandmother — babka
the grandparents — dziadkowie
the grandson — wnuk
the granddaughter — wnuczka
the niece [*ni:s*] — siostrzenica
the father-in-law [*lo:*] — teść
the mother-in-law — teściowa
the son-in-law — zięć
the daughter-in-law — synowa
the step-father [*'step,fa:ðə*] — ojczym
the step-mother — macocha
the cousin [*kazn*] — kuzyn(ka)

Zawody

the artist [*'a:tyst*] — artysta
the lawyer [*'lo:jə*] — prawnik
the sailor [*'sejlə*] — marynarz
the typist [*'tajpyst*] — stenotypistka
the hair-dresser [*'heə,dresə*] — fryzjer
the porter [*'po:tə*] — portier, bagażowy
the musician [*mju'zyszən*] — muzyk
the journalist [*'dżə:nəlyst*] — dziennikarz
the clerk [*kla:k*] — urzędnik, pisarz
the dancer [*'da:nsə*] — tancerz
the joiner [*'dżojnə*] — stolarz
the dressmaker [*'dresmejkə*] — krawcowa
the shopkeeper [*'szopki:pə*] — kupiec, właściciel sklepu
the postman — listonosz
the clergyman [*'klə:dżymən*] — duchowny
the priest [*pri:st*] — ksiądz (do księdza kat.: Father)
the schoolmaster [*'sku:l'ma:stə*] — nauczyciel w szkole
the worker [*'uə:kə*] — robotnik
the shoemaker [*'szu:mejkə*] — szewc

Ciało ludzkie

the trunk [*trank*] — kadłub
the lungs [*lanz*] — płuca
the stomach [*'stamək*] — żołądek
the kidney [*'kydny*] — nerka
the liver [*lywə*] — wątroba
the skin [*skyn*] — skóra
(the) blood [*blad*] — krew
the complexion [*kəm'plekszən*] — cera
kempleksżyn
the arm [*a:m*] — ramię, ręka
the shoulder [*'szouldə*] — ramię
the elbow [*'elbou*] — łokieć
the thumb [*θam*] — kciuk
the heel [*hi:l*] — pięta
the toe [*tou*] — palec u nogi
the forehead [*'foryd*] — czoło

Sprawy publiczne

the state [*stejt*] — państwo, stan
The Foreign Office — Ministerstwo Spraw Zagranicznych
The Home Office — Ministerstwo Spraw Wewnętrznych
the republic [*ry'pablyk*] — rzeczpospolita, republika
the kingdom [*'kyŋdəm*] — królestwo
monarchy [*'monəky*] — monarchia
democracy [*dy'mokrəsy*] — demokracja
the citizen [*'sytyzn*] — obywatel
the minister [*'mynystə*] — minister, poseł (przedstawiciel rządu), duchowny (protest.)
the queen [*kʷi:n*] — królowa
the army [*'a:my*] — wojsko, armia
the court of justice [*'dżastys*] — sąd
education [*edju'kejszən*] — oświata, wychowanie
transport [*'trœnspo:t*] — komunikacja
agriculture [*'œgrykalczə*]—rolnictwo
the election [*y'lekszən*] — wybory

Nauka

the primary school [*'prajməry*] — szkoła powszechna
the secondary school [*'sekəndəry*] — szkoła średnia
the college [*'kolydż*] — szkoła średnia
the university [*'juny'wə:syty*] — uniwersytet
the university college — część składowa uniwersytetu
arithmetic [*ə'ryθmətyk*] — arytmetyka
literature [*'lytryczə*] — literatura
architecture [*'a:kytekczə*] — architektura
gymnastics [*dżym'nœstyks*] — gimnastyka

Na ulicy

the pavement [*'pejwmənt*] — chodnik
the picture gallery [*'gœləry*] — galeria obrazów
the lamp-post — latarnia
the bus-stop — przystanek
the Tube [*tju:b*] — londyńska kolejka podziemna
the teashop — herbaciarnia
the cathedral [*kə'θi:drəl*] — katedra
the exchange [*yks'czejndż*] — giełda
the monument [*'monjumənt*] — pomnik

Sklepy

the butcher's [*'buczəz*] — rzeźnictwo
the baker's [*'bejkəz*] — piekarnia
the greengrocer's — sklep z warzywami
the tobacconist's [*tə'bœkenysts*] — sklep z tytoniem
the watchmaker's — sklep zegarmistrza
the jeweller's [*'dżuyləz*] — sklep jubilerski
the fishmonger's [*'fyszmaŋgəz*] — sklep z rybami
the milliner's [*'mylynəz*] — sklep z kapeluszami damskimi
the hatter's [*'hœtəz*] — sklep z kapeluszami męskimi
the ironmonger's [*'ajənmaŋgəz*] — sklep z żelazem
the confectioner's [*kən'fekszənəz*] — sklep cukierniczy
the draper's [*'drejpəz*] — materiały sukienne
the stationer's [*'stejszənəz*] — materiały piśmienne
the hairdresser's [*'heədresəz*] — zakład fryzjerski
the florist's [*'florysts*] — kwiaciarnia
dyers & cleaners' [*'dajəz ənd 'kli:nəz*] — pralnia chemiczna — (farbiarze i czyściciele)
the shoe shop — sklep z obuwiem
the dairy [*'dejry*] — mleczarnia
the laundry [*'lo:ndry*] — pralnia

Materiały

gold [*gould*] — złoto
silver [*'sylwə*] — srebro
steel [*sti:l*] — stal
copper [*'kopə*] — miedź
silk [*sylk*] — jedwab
petroleum [*py'trouljəm*] — nafta, ropa naftowa
coal [*koul*] — węgiel
concrete [*'konkri:t*] — beton
oil [*ojl*] — nafta, olej, oliwa
petrol [*'petrəl*] — benzyna
wax candle [*'ᵘœks'kœndl*] — woskowa świeca

Na wsi

the village [*'wylydż*] — wioska
the pond [*pond*] — staw
the lake [*lejk*] — jezioro
the forest [*'foryst*] — las, bór
the stream [*'stri:m*] — strumień
the hill [*hyl*] — wzgórze, góra
the stable [*stejbl*] — stajnia
the barn [*ba:n*] — stodoła
the cattle [*kœtl*] — bydło
wheat [*ᵘi:t*] — pszenica
rye [*raj*] — żyto
oats [*outs*] — owies
barley [*'ba:ly*] — jęczmień

Kwiaty i drzewa

the carnation [*ka:'nejszən*] — goździk
the lavender [*'lœwyndə*] — lawenda
the lilac [*'lajlək*] — bez
the poppy [*'popy*] — mak
the forget-me-not — niezapominajka
the oak [*ouk*] — dąb
the beech [*bi:cz*] — buk
the birch [*bə:cz*] — brzoza
the willow [*'ᵘylou*] — wierzba
the chestnut [*'czesnat*] — kasztan
the walnut [*ᵘ'o:lnət*] — orzech włoski
the lime-tree [*lajm*] — lipa
the fir [*fə:*] — świerk
the pine [*pajn*] — sosna

Pogoda

the shower [*szauə*] — ulewa
the thunderstorm [*'θandəsto:m*] — burza
the lightning [*'lajtnyŋ*] — błyskawica
the heat-wave [*'hi:tᵘejw*] — fala upałów
the mist [*myst*] — mgła
(the) hail [*hejl*] — grad
(the) frost [*frost*] — mróz
the rainbow [*'rejnbou*] — tęcza
sultry weather [*'saltry*] — duszne powietrze

Nazwy miesięcy

January [*'dżœnjuəry*] — styczeń
February [*'februəry*] — luty
March [*ma:cz*] — marzec
April [*'ejprəl*] — kwiecień
May [*mej*] — maj
June [*dżu:n*] — czerwiec
July [*dżu'laj*] — lipiec
August [*'o:gəst*] — sierpień
September [*səp'tembə*] — wrzesień
October [*ok'toubə*] — październik
November [*no'wembə*] — listopad
December [*dy'sembə*] — grudzień

Nazwy dni

Sunday [*'sandy*] — niedziela
Monday [*'mandy*] — poniedziałek
Tuesday [*'tjuzdy*] — wtorek
Wednesday [*'ᵘenzdy*] — środa
Thursday [*'θə:zdy*] — czwartek
Friday [*'frajdy*] — piątek
Saturday [*'sœtədy*] — sobota

Pożywienie

flour [*'flauə*] — mąka
groats [*grouts*] — kasza
the course [*ko:s*] — danie
cocoa [*'koukou*] — kakao
rice [*rajs*] — ryż
mutton [*'matn*] — baranina
veal [*wi:l*] — cielęcina
pork [*po:k*] — wieprzowina
salt [*so:lt*] — sól
pepper [*'pepə*] — pieprz
ham [*hœm*] — szynka
game [*gejm*] — zwierzyna
ice-cream [*ajs'kri:m*] — lody
the cabbage [*'kœbydż*] — kapusta
the beetroot [*'bi:tru:t*] — burak
the turnip [*'tə:nyp*] — brukiew
the lettuce [*'letys*] — sałata
the spinach [*'spynydż*] — szpinak
the carrot [*'kœrət*] — marchew
the cauliflower [*'kolyflauə*] — kalafior
the cucumber [*'kju:kəmbə*] — ogórek
the radish [*'rœdysz*] — rzodkiewka
the pear [*peə*] — gruszka
the prune [*pru:n*] — śliwka (suszona)
the currant [*'karənt*] — porzeczka (rodzynek)
the apricot [*'ejprykot*] — morela
the grapes [*grejps*] — winogrona
the lemon [*'lemən*] — cytryna
the berry [*'bery*] — jagoda
the strawberry [*'stro:bəry*] — truskawka
the raspberry [*'ra:zbəry*] — malina
the gooseberry [*'guzbəry*] — agrest
the peach [*pi:cz*] — brzoskwinia
the grapefruit [*'grejpfru:t*] — grejpfrut
the raisins [*'rejznz*] — rodzynki

Zwierzęta

the tigress [*'tajgrys*] — tygrysica
the tiger [*'tajgə*] — tygrys
the goat [*gout*] — koza
the colf [*ka:f*] — cielę
the bull [*bul*] — byk
the cow [*kau*] — krowa
the ass [*œs*] — osioł
the donkey [*'doŋky*] — osioł
the lion [*lajən*] — lew
the wolf [*ᵘulf*] — wilk
the fox [*foks*] — lis
the monkey [*'maŋky*] — małpa
the camel [*'kœməl*] — wielbłąd
the turkey [*'tə:ky*] — indyk
the chicken [*'czykyn*] — kurczę
the cock [*kok*] — kogut
the hen [*hen*] — kura
the hippopotamus [*hypə'potəməs*] — hipopotam
the rhinoceros [*raj'nosərəs*] — nosorożec
the deer [*diə*] — jeleń, sarna
the boar [*bo:*] — dzik
the sparrow [*'spœrou*] — wróbel
the swallow [*'sᵘolou*] — jaskółka
the eagle [*i:gl*] — orzeł
the nightingale [*'najtyŋgejl*] — słowik
the drake [*'drejk*] — kaczor
the duck [*dak*] — kaczka
the cat [*kœt*] — kot

Ubiór

the jacket [*'dżœkyt*] — żakiet, kurtka
the waistcoat [*'ueskət*] — kamizelka
the braces [*'brejsyz*] — szelki
the boots [*bu:ts*] — wysokie buty
the pullover [*'pulouwə*] — pulower
the chemise [*szy'mi:z*] — koszula dzienna (damska)
the gown [*gaun*] — suknia
the tea-gown — suknia wizytowa
the nightgown — koszula nocna
the cape [*kejp*] — peleryna
the slipper [*'slypə*] — pantofel

W kieszeni mężczyzny lub torebce kobiety

the note case — portfel
the comb [*koum*] — grzebień
the purse [*pə:s*] — portmonetka
the notebook — notes
the key [*ki:*] — klucz
the penknife [*'pennajf*] — scyzoryk
the change [*czejndż*] — drobne pieniądze
the cigarette-case — papierośnica
the cigarette-holder — fajeczka (ustnik) do papierosa
the cigarette-lighter — zapalniczka
the matches [*'mœczyz*] — zapałki
the stamp [*stœmp*] — znaczek pocztowy

Rzeczy nieprzyjemne

the disease [*dy'zi:z*] — choroba
the headache [*'hedejk*] — ból głowy
the toothache [*'tu:θejk*] — ból zębów
'flu (influenza) [*flu:*] — grypa
danger [*'dejndżə*] — niebezpieczeństwo
the prison [*'pryzn*] — więzienie
the battle [*bœtl*] — bitwa
the air-raid [*'eə'rejd*] — nalot
the bomb [*bom*] — bomba

Kraje, narody i kontynenty

Albania [*œl'bejnjə*] — Albania
an Albanian [*œlb'ejnjən*] — Albańczyk
Albanian — albański
Austria [*'o:striə*] — Austria
an Austrian [*'o:strjən*] — Austriak
Austrian — austriacki
Belgium [*'beldżəm*] — Belgia
a Belgian [*'beldżən*] — Belg
Belgian — belgijski
Bulgaria [*bal'geəriə*] — Bułgaria
a Bulgarian [*bal'geərien*] — Bułgar
Bulgarian — bułgarski

China [*'czajnə*] — Chiny
a Chinese [*czaj'ni:z*] — Chińczyk
Chinese [*czajni:z*] — chiński
Byelorussian — białoruski
Crimea [*kraj'miə*] — Krym
Czechoslovakia [*'czekouslou'wa:kiə*] — Czechosłowacja
a Czechoslovak [*'czekou'slouwœk*] — Czechosłowak
Czechoslovak — czechosłowacki
Denmark [*'denma:k*] — Dania
a Dane [*dejn*] — Duńczyk
Danish [*'dejnysz*] — duński
England [*'yŋglənd*] — Anglia
an Englishman [*'yŋglyszmən*] — Anglik
English — angielski
Esthonia [*es'θounjə*] — Estonia
an Esthonian [*es'θounjən*] — Estończyk
Esthonian — estoński
Finland [*'fynlənd*] — Finlandia
a Finn [*fyn*] — Fin
Finnish [*'fynysz*] — fiński
France [*fra:ns*] — Francja
a Frenchman [*'frenczmən*] — Francuz
French — francuski
Germany [*'dzə:məny*] — Niemcy
a German [*'dżə:mən*] — Niemiec
German — niemiecki
Great Britain [*grejt'brytən*] — Wielka Brytania
a Briton [*'brytən*] — Brytyjczyk
British [*'brytysz*] — brytyjski
Greece [*gri:s*] — Grecja
a Greek [*gri:k*] — Grek
Greek — grecki
Holland [*'holənd*] — Holandia
a Dutchman [*'daczmən*] — Holender
Dutch [*dacz*] — holenderski
Hungary [*'haŋgəry*] — Węgry
a Hungarian [*haŋ'geərjən*] — Węgier
Hungarian — węgierski
Ireland [*'ajələnd*] — Irlandia
an Irishman [*'ajəryszmən*] — Irlandczyk
Irish — irlandzki
Italy [*'ytəly*] — Włochy, Italia
an Italian [*y'tœljən*] — Włoch
Italian — włoski
The Netherlands [*'neðələndz*] — Niderlandy
Norway [*'no:uej*] — Norwegia
a Norwegian [*no:'ui:dżən*] — Norweg
Norwegian — norweski
Poland [*'poulənd*] — Polska
a Pole [*poul*] — Polak
Polish [*'poulysz*] — polski
Portugal [*'po:tjugəl*] — Portugalia
a Portuguese [*po:tju'gi:z*] — Portugalczyk
Portuguese — portugalski
Rumunia [*ru'mejnjə*] — Rumunia
a Rumanian [*ru'mejnjən*] — Rumun
Rumanian — rumuński
Russia [*'raszə*] — Rosja
The Soviet Union [*'sowiət'ju:njən*] — U.S.S.R. (The Union of Socialist Soviet Republics)
a Russian [*'raszən*] — Rosjanin
Russian — rosyjski
Spain [*spejn*] — Hiszpania
a Spaniard [*'spœnjəd*] — Hiszpan
Spanish [*'spœnysz*] — hiszpański
Scotland [*'skotlənd*] — Szkocja
a Scot [*skot*] — Szkot
a Scotsman — Szkot
Scottish [*'skotysz*] — szkocki

Sweden [*'s^{u}i:dn*] — Szwecja
a Swede [*s^{u}id*] — Szwed
Swedish [*'s^{u}i:dysz*] — szwedzki
Switzerland [*'s^{u}ytsələnd*] — Szwajcaria
a Swiss [*s^{u}ys*] — Szwajcar
Swiss — szwajcarski
Turkey [*'tə:ky*] — Turcja
a Turk [*tə:k*] — Turek
Turkish [*'tə:kysz*] — turecki
Ukraine [*ju:'krejn*] — Ukraina
a Ukrainian [*ju'krejniən*] — Ukrainiec
Ukrainian — ukraiński
Wales [*^{u}ejlz*] — Walia
a Welshman [*'^{u}elszmən*] — Walijczyk
Welsh — walijski
Yugoslavia [*'ju:gou'sla:wjə*] — Jugosławia
a Yugoslav [*'ju:gou'sla:w*] — Jugosłowianin
Yugoslav — jugosłowiański

Africa [*'æfrykə*] — Afryka
an African [*'æfrykən*] — Afrykańczyk
African — afrykański
America [*ə'merykə*] — Ameryka
an American [*'ə'merykən*] — Amerykanin
American — amerykański
The United States of North America [*ju'najtydstejts*] — Stany Zjednoczone A.P.
Asia [*'ejszə*] — Azja
an Asiatic [*ejszy'ætyk*] — Azjata
Asiatic — azjatycki
Australia [*o:s'trejljə*] — Australia
an Austrialian [*o:s'trejljən*] — Australijczyk
Australian — australijski
Europe [*'juərəp*] — Europa
an European [*juərə'pi:ən*] — Europejczyk
European — europejski

NAJCZĘŚCIEJ UŻYWANE CZASOWNIKI NIEREGULARNE

BEZOKOLICZNIK	CZAS PRZESZŁY	IMIESŁÓW CZASU PRZESZŁEGO	
to be	**was** **were**	**been**	— być
to begin	**began**	**begun**	— zaczynać
to bet	**bet, betted**	**bet, betted**	— zakładać się
to break	**broke**	**broken**	— łamać, tłuc
to bring	**brought**	**brought**	— przynieść
to broadcast	**broadcast**	**broadcast**	— nadawać przez radio
to build	**built**	**built**	— budować
to burn	**burnt**	**burnt**	— palić
to burst	**burst**	**burst**	— wybuchać, pękać
to buy	**bought**	**bought**	— kupować

can	**could**	**—**	— mogę
to catch	**caught**	**caught**	— chwytać
to choose	**chose**	**chosen**	— wybierać
to come	**came**	**come**	— przyjść
to cut	**cut**	**cut**	— ciąć
to do	**did**	**done**	— robić
to draw	**drew**	**drawn**	— ciągnąć, rysować
to drink	**drank**	**drunk**	— pić
to drive	**drove**	**driven**	— jechać
to eat	**ate**	**eaten**	— jeść
to fall	**fell**	**fallen**	— upaść
to feel	**felt**	**felt**	— czuć
to fight	**fought**	**fought**	— walczyć
to find	**found**	**found**	— znaleźć
to fly	**flew**	**flown**	— latać
to forget	**forgot**	**forgotten**	— zapomnieć
to get	**got**	**got**	— dostać (się)
to give	**gave**	**given**	— dawać
to go	**went**	**gone**	— iść
to grow	**grew**	**grown**	— rosnąć
to hang	**hung**	**hung**	— wisieć, wieszać
to have	**had**	**had**	— mieć
to hear	**heard**	**heard**	— słyszeć
to hide	**hid**	**hidden**	— chować
to hit	**hit**	**hit**	— trafić, uderzyć
to hold	**held**	**held**	— trzymać
to hurt	**hurt**	**hurt**	— ranić
to keep	**kept**	**kept**	— utrzymać
to know	**knew**	**known**	— znać, wiedzieć
to lead	**led**	**led**	— prowadzić
to learn	**learnt (learned)**	**learnt (learned)**	— uczyć się
to leave	**left**	**left**	— zostawić, opuścić
to lend	**lent**	**lent**	— pożyczyć
to let	**let**	**let**	— pozwolić
to lie	**lay**	**lain**	— leżeć
to light	**lighted, lit**	**lighted, lit**	— zapalać
to lose	**lost**	**lost**	— gubić
to make	**made**	**made**	— robić, fabrykować
may	**might**	**—**	— mogę, wolno mi

BEZOKOLICZNIK	CZAS PRZESZŁY	IMIESŁÓW CZASU PRZESZŁEGO	
to mean	**meant**	**meant**	— znaczyć
to meet	**met**	**met**	— spotkać
to pay	**paid**	**paid**	— płacić
to put	**put**	**put**	— kłaść
to read	**read**	**read**	— czytać
to ride	**rode**	**ridden**	— jechać
to ring	**rang**	**rung**	— dzwonić
to run	**ran**	**run**	— biec
to say	**said**	**said**	— powiedzieć
to see	**saw**	**seen**	— widzieć
to sell	**sold**	**sold**	— sprzedawać
to send	**sent**	**sent**	— posyłać
to shine	**shone**	**shone**	— świecić
to shoot	**shot**	**shot**	— strzelać
to show	**showed**	**shown**	— pokazać
to shut	**shut**	**shut**	— zamykać
to sing	**sang**	**sung**	— śpiewać
to sink	**sank**	**sunk**	— tonąć
to sit	**sat**	**sat**	— siedzieć
to sleep	**slept**	**slept**	— spać
to slide	**slid**	**slid**	— zsunąć się
to smell	**smelt**	**smelt**	— pachnąć
to speak	**spoke**	**spoken**	— mówić
to spend	**spent**	**spent**	— spędzać
to spit	**spat**	**spat**	— pluć
to stand	**stood**	**stood**	— stać
to steal	**stole**	**stolen**	— kraść
to strike	**struck**	**struck**	— uderzyć
to swim	**swam**	**swum**	— płynąć
to take	**took**	**taken**	— brać
to teach	**taught**	**taught**	— uczyć
to tear	**tore**	**torn**	— drzeć
to tell	**told**	**told**	— mówić, opowiadać
to think	**thought**	**thought**	— myśleć
to throw	**threw**	**thrown**	— rzucać
to understand	**understood**	**understood**	— rozumieć
to wake	**woke**	**waked**	— obudzić
to wear	**wore**	**worn**	— nosić na sobie
to win	**won**	**won**	— wygrać
to wind	**wound**	**wound**	— wić się
to write	**wrote**	**written**	— pisać

KONIUGACJA
(Conjugation)

TRYB OZNAJMUJĄCY
(Indicative Mood)

CZAS TERAŹNIEJSZY
(Present Tense)

Czasownik „to take"

Strona czynna
(Active Voice)

FORMA ZWYKŁA (Simple Form)

Forma twierdząca

I take
you take
he, she, it } takes
we take
you take
they take

Forma pytająca

do I take?
do you take?
does he take?
does she take?
does it take?
do we take?
do you take?
do they take?

Forma przecząca

I do not take
you do not take
he, she, it } does not take
we do not take
you do not take
they do not take

Forma pytająco-przecząca

do I not take?
do you not take?
does he not take? itd.

FORMA TRWAJĄCA (Continuous Form)

Forma twierdząca

I am taking
you are taking
he, she, it } is taking
we are taking
you are taking
they are taking

Forma pytająca

am I taking?
are you taking?
is he taking?
is she taking?
is it taking?
are we taking?
are you taking?
are they taking?

Forma przecząca

I am not taking
you are not taking
he, she, it } is not taking
we are not taking
you are not taking
they are not taking

Forma pytająco-przecząca

am I not taking?
are you not taking?
is he not taking? itd.

Strona bierna
(Passive Voice)

FORMA ZWYKŁA (Simple Form)	FORMA TRWAJĄCA (Continuous Form)
Forma twierdząca	**Forma twierdząca**
I am taken	I am being taken
you are taken	you are being taken
he / she / it is taken	he / she / it is being taken
we are taken	we are being taken
you are taken	you are being taken
they are taken	they are being taken
Forma pytająca	**Forma pytająca**
am I taken?	am I being taken?
are you taken?	are you being taken?
is he / is she / is it taken?	is he / is she / is it being taken?
are we taken?	are we being taken?
are you taken?	are you being taken?
are they taken?	are they being taken?
Forma przecząca	**Forma przecząca**
I am not taken	I am not being taken
you are not taken	you are not being taken
he / she / it is not taken	he / she / it is not being taken
we are not taken	we are not being taken
you are not taken	you are not being taken
they are not taken	they are not being taken
Forma pytająco-przecząca	**Forma pytająco-przecząca**
am I not taken?	am I not being taken?
are you not taken?	are you not being taken?
is he not taken?	is he not being taken?
itd.	itd.

CZAS PRZESZŁY
(Past Tense)

FORMA ZWYKŁA (Simple Form)

Strona czynna
(Active Voice)

Forma twierdząca

I took
you took
he / she / it } took
we took
you took
they took

Forma pytająca

did I take?
did you take?
did he take?
did she take?
did it take?
did we take?
did you take?
did they take?

Forma przecząca

I did not take
you did not take
he / she / it } did not take
we did not take
you did not take
they did not take

Forma pytająco-przecząca

did I not take?
did you not take?
did he not take?
itd.

FORMA TRWAJĄCA (Continuous Form)

Forma twierdząca

I was taking
you were taking
he / she / it } was taking
we were taking
you were taking
they were taking

Forma pytająca

was I taking?
were you taking?
was he taking?
was she taking
was it taking?
were we taking?
were you taking?
were they taking?

Forma przecząca

I was not taking
you were not taking
he / she / it } was not taking
we were not taking
you were not taking
they were not taking

Forma pytająco-przecząca

was I not taking?
were you not taking?
was he not taking?
itd.

FORMA ZWYKŁA (Simple Form)	FORMA TRWAJĄCA (Continuous Form)

Strona bierna
(Passive Voice)

Forma twierdząca	**Forma twierdząca**
I was taken	I was being taken
you were taken	you were being taken
he, she, it } was taken	she, he, it } was being taken
we were taken	we were being taken
you were taken	you were being taken
they were taken	they were being taken
Forma pytająca	**Forma pytająca**
was I taken?	was I being taken?
were you taken?	were you being taken?
was he taken?	was he, was she, was it } being taken?
was she taken?	
was it taken?	
were we taken?	were we being taken?
were you taken?	were you being taken?
were they taken?	were they being taken?
Forma przecząca	**Forma przecząca**
I was not taken	I was not being taken
you were not taken	you were not being taken
he, she, it } was not taken	he, she, it } was not being taken
we were not taken	we were not being taken
you were not taken	you were not being taken
they were not taken	they were not being taken
Forma pytająco-przecząca	**Forma pytająco-przecząca**
was I not taken?	was I not being taken?
were you not taken?	were you not being taken?
was he not taken?	was he not being taken?
itd.	itd.

CZAS PRZESZŁY ZŁOŻONY
(Present Perfect)

Strona czynna
(Active Voice)

FORMA ZWYKŁA (Simple Form)

Forma twierdząca

I have taken
you have taken
he
she } has taken
it
we have taken
you have taken
they have taken

Forma pytająca

have I taken?
have you taken?
has he
has she } taken?
has it
have we taken?
have you taken?
have they taken?

Forma przecząca

I have not taken
you have not taken
he
she } has not taken
it
we have not taken
you have not taken
they have not taken

Forma pytająco-przecząca

have I not taken?
have you not taken?
has he not taken?
itd.

FORMA TRWAJĄCA (Continuous Form)

Forma twierdząca

I have been taking
you have been taking
he
she } has been taking
it
we have been taking
you have been taking
they have been taking

Forma pytająca

have I been taking?
have you been taking?
has he
has she } been taking?
has it
have we been taking?
have you been taking?
have they been taking?

Forma przecząca

I have not been taking
you have not been taking
he
she } has not been taking
it
we have not been taking
you have not been taking
they have not been taking

Forma pytająco-przecząca

have I not been taking?
have you not been taking?
has he not been taking?
itd.

FORMA ZWYKŁA (Simple Form)	FORMA TRWAJĄCA (Continuous Form)

Strona bierna
(Passive Voice)

Forma twierdząca

I have been taken
you have been taken
he, she, it } has been taken
we have been taken
you have been taken
they have been taken

Forma pytająca

have I been taken?
have you been taken?
has he, has she, has it } been taken?
have we been taken?
have you been taken?
have they been taken?

Forma przecząca

I have not been taken
you have not been taken
he, she, it } has not been taken
we have not been taken
you have not been taken
they have not been taken

Forma pytająco-przecząca

have I not been taken?
have you not been taken?
has he not been taken?
itd.

FORMA TRWAJĄCA: Nie ma

CZAS PRZYSZŁY
(Future Tense)

Strona czynna
(Active Voice)

FORMA ZWYKŁA (Simple Form)

Forma twierdząca

I shall take
you will take
he / she / it will take
we shall take
you will take
they will take

Forma pytająca

shall I take?
will you take?
will he take?
will she take?
will it take?
shall we take?
will you take?
will they take?

Forma przecząca

I shall not take
you will not take
he / she / it will not take
we shall not take
you will not take
they will not take

Forma pytająco-przecząca

shall I not take?
will you not take?
will he not take?
itd.

FORMA TRWAJĄCA (Continuous Form)

Forma twierdząca

I shall be taking
you will be taking
he / she / it will be taking
we shall be taking
you will be taking
they will be taking

Forma pytająca

shall I be taking?
will you be taking?
will he / will she / will it be taking?
shall we be taking?
will you be taking?
will they be taking?

Forma przecząca

I shall not be taking
you will not be taking
he / she / it will not be taking
we shall not be taking
you will not be taking
they will not be taking

Forma pytająco-przecząca

shall I not be taking?
will you not be taking?
will he not be taking?
itd.

FORMA ZWYKŁA (Simple Form)	FORMA TRWAJĄCA (Continuous Form)

Strona bierna
(Passive Voice)

Forma twierdząca

Nie ma

I shall be taken
you will be taken
he / she / it } will be taken
we shall be taken
you will be taken
they will be taken

Forma pytająca

shall I be taken?
will you be taken?
will he / will she / will it } be taken?
shall we be taken?
will you be taken?
will they be taken?

Forma przecząca

I shall not be taken
you will not be taken
he / she / it } will not be taken
we shall not be taken
you will not be taken
they will not be taken

Forma pytająco-przecząca

shall I not be taken?
will you not be taken?
will he not be taken?
itd.

CZAS ZAPRZESZŁY
(Past Perfect)

Strona czynna
(Active Voice)

FORMA ZWYKŁA (Simple Form)

Forma twierdząca

I had taken
you had taken
he
she } had taker
it
we had taken
you had taken
they had taken

Forma pytająca

had I taken?
had you taken?
had he
had she } taken?
had it
had we taken?
had you taken?
had they taken?

Forma przecząca

I had not taken
you had not taken
he
she } had not taken
it
we had not taken
you had not taken
they had not taken

Forma pytająco-przecząca

had I not taken?
had you not taken?
had he not taken?
itd.

FORMA TRWAJĄCA (Continuous Form)

Forma twierdząca

I had been taking
you had been taking
he
she } had been taking
it
we had been taking
you had been taking
they had been taking

Forma pytająca

had I been taking?
had you been taking?
had he
had she } been taking?
had it
had we been taking?
had you been taking?
had they been taking?

Forma przecząca

I had not been taking
you had not been taking
he
she } had not been taking
it
we had not been taking
you had not been taking
they had not been taking

Forma pytająco-przecząca

had I not been taking?
had you not been taking?
had they not been taking?
itd.

FORMA ZWYKŁA (Simple Form) FORMA TRWAJĄCA (Continuous Form)

Strona bierna
(Passive Voice)

Forma twierdząca

Nie ma

I had been taken
you had been taken
he } had been taken
she } had been taken
it } had been taken
we had been taken
you had been taken
they had been taken

Forma pytająca

had I been taken?
had you been taken?
had he } been taken?
had she } been taken?
had it } been taken?
had we been taken?
had you been taken?
had they been taken?

Forma przecząca

I had not been taken
you had not been taken
he } had not been taken
she } had not been taken
it } had not been taken
we had not been taken
you had not been taken
they had not been taken

Forma pytająco-przecząca

had I not been taken?
had you not been taken?
had he not been taken?
itd.

UWAGA: wszelkie dalsze formy pytająco-przeczące innych czasów gramatycznych i trybów budowane są w podobny sposób jak przytoczone dotychczas.

CZAS PRZYSZŁY DOKONANY
(Future Perfect)

FORMA ZWYKŁA (Simple Form)	FORMA TRWAJĄCA (Continuous Form)
	Strona czynna (Active Voice)
Forma twierdząca	**Forma twierdząca**
I shall have taken	I shall have been taking
you will have taken	you will have been taking
he / she / it } will have taken	he / she / it } will have been taking
we shall have taken	we shall have been taking
you will have taken	you will have been taking
they will have taken	they will have been taking
Forma pytająca	**Forma pytająca**
shall I have taken?	shall I have been taking?
will you have taken?	will you have been taking?
will he / will she / will it } have taken?	will he / will she / will it } have been taking?
shall we have taken?	shall we have been taking?
will you have taken?	will you have been taking?
will they have taken?	will they have been taking?
Forma przecząca	**Forma przecząca**
I shall not have taken	I shall not have been taking
you will not have taken	you will not have been taking
he / she / it } will not have taken	he / she / it } will not have been taking
we shall not have taken	we shall not have been taking
you will not have taken	you will not have been taking
they will not have taken	they will not have been taking

FORMA ZWYKŁA (Simple Form) **FORMA TRWAJĄCA** (Continuous Form)

Strona bierna
(Passive Voice)

Forma twierdząca

I shall have been taken
you will have been taken
he / she / it } will have been taken
we shall have been taken
you will have been taken
they will have been taken

Forma pytająca

shall I have been taken?
will you have been taken?
will he / will she / will it } have been taken?
shall we have been taken?
will you have been taken?
will they have been taken?

Forma przecząca

I shall not have been taken
you will not have been taken
he / she / it } will not have been taken
we shall not have been taken
you will not have been taken
they will not have been taken

Nie ma

TRYB WARUNKOWY
(Conditional Mood)

CZAS TERAŹNIEJSZY
(Present Conditional)

FORMA ZWYKŁA (Simple Form)	FORMA TRWAJĄCA (Continuous Form)
Strona czynna (Active Voice)	
Forma twierdząca	**Forma twierdząca**
I should take	I should be taking
you would take	you would be taking
he / she / it } would take	he / she / it } would be taking
we should take	we should be taking
you would take	you would be taking
they would take	they would be taking
Forma pytająca	**Forma pytająca**
should I take?	should I be taking?
would you take?	would you be taking?
would he / would she / would it } take?	would he / would she / would it } be taking?
should we take?	should we be taking?
would you take?	would you be taking?
would they take?	would they be taking?
Forma przecząca	**Forma przecząca**
I should not take	I should not be taking
you would not take	you would not be taking
he / she / it } would not take	he / she / it } would not be taking
we should not take	we should not be taking
you would not take	you would not be taking
they would not take	they would not be taking

FORMA ZWYKŁA (Simple Form)	FORMA TRWAJĄCA (Continuous Form)

Strona bierna
(Passive Voice)

Forma twierdząca

Nie ma

I should be taken
you would be taken
he, she, it } would be taken
we should be taken
you would be taken
they would be taken

Forma pytająca

should I be taken?
would you be taken?
would he, would she, would it } be taken?
should we be taken?
would you be taken?
would they be taken?

Forma przecząca

I should not be taken
you would not be taken
he, she, it } would not be taken
we should not be taken
you would not be taken
they would not be taken

CZAS PRZESZŁY
(Past Conditional)

FORMA ZWYKŁA (Simple Form)

Strona czynna
(Active Voice)

Forma twierdząca

I should have taken
you would have taken
he / she / it } would have taken
we should have taken
you would have taken
they would have taken

Forma pytająca

should I have taken?
would you have taken?
would he / would she / would it } have taken?
should we have taken?
would you have taken?
would they have taken?

Forma przecząca

I should not have taken
you would not have taken
he / she / it } would not have taken
we should not have taken
you would not have taken
they would not have taken

FORMA TRWAJĄCA (Continuous Form)

Forma twierdząca

I should have been taking
you would have been taking
he / she / it } would have been taking
we should have been taking
you would have been taking
they would have been taking

Forma pytająca

should I have been taking?
would you have been taking?
would he / would she / would it } have been taking?
should we have been taking?
would you have been taking?
would they have been taking?

Forma przecząca

I should not have been taking
you would not have been taking
he / she / it } would not have been taki
we would not have been taking
you would not have been taking
they would not have been taking

FORMA ZWYKŁA (Simple Form) **FORMA TRWAJĄCA (Continuous Form)**

Strona bierna
(Passive Voice)

Forma twierdząca

I should have been taken
you would have been taken
he } would have been taken
she }
it }
we should have been taken
you would have been taken
they would have been taken

Forma pytająca

should I have been taken?
would you have been taken?
would he } have been taken?
would she }
would it }
should we have been taken?
would you have been taken?
would they have been taken?

Forma przecząca

I should not have been taken
you would not have been taken
he } would not have been taken
she }
it }
we should not have been taken
you would not have been taken
they would not have been taken

Nie ma

TRYB BEZOKOLICZNY
(Infinitive Mood)

CZAS TERAŹNIEJSZY
(Present Infinitive)

FORMA ZWYKŁA (Simple Form)	FORMA TRWAJĄCA (Continuous Form)

Strona czynna

to take	to be taking

Strona bierna

to be taken

CZAS PRZESZŁY
(Perfect Infinitive)

Strona czynna

FORMA ZWYKŁA (Simple Form)	FORMA TRWAJĄCA (Continuous Form)
to have taken	to have been taking

Strona bierna

to have been taken

IMIESŁOWY
(Participles)

IMIESŁÓW CZASU TERAŹNIEJSZEGO
(Present Participle)

Strona czynna

taking

Strona bierna

being taken

IMIESŁÓW CZASU PRZESZŁEGO
(Past Participle)

taken

PERFECT PARTICIPLE

Strona czynna

having taken

Strona bierna

having been taken

KONIUGACJA
(Conjugation)

TRYB OZNAJMUJĄCY
(Indicative Mood)

CZAS TERAŹNIEJSZY
(Present Tense)

Czasownik posiłkowy „to be"

FORMA ZWYKŁA (Simple Form) — FORMA TRWAJĄCA (Continuous Form)

Strona czynna
(Active Voice)

FORMA ZWYKŁA (Simple Form)	FORMA TRWAJĄCA (Continuous Form)
Forma twierdząca	**Forma twierdząca**
I am	I am being
you are	you are being
he } is	he } is being
she } is	she } is being
it } is	it } is being
we are	we are being
you are	you are being
they are	they are being
Forma pytająca	**Forma pytająca**
am I?	am I being?
are you?	are you being?
is he?	is he being?
is she?	is she being?
is it?	is it being?
are we?	are we being?
are you?	are you being?
are they?	are they being?
Forma przecząca	**Forma przecząca**
I am not	I am not being
you are not	you are not being
he } is not	he } is not being
she } is not	she } is not being
it } is not	it } is not being
we are not	we are not being
you are not	you are not being
they are not	they are not being

CZAS PRZESZŁY
(Past Tense)

FORMA ZWYKŁA (Simple Form)

Forma twierdząca

I was
you were
he / she / it } was
we were
you were
they were

Forma pytająca

was I?
were you?
was he?
was she?
was it?
were we?
were you?
were they?

Forma przecząca

I was not
you were not
he / she / it } was not
we were not
you were not
they were not

FORMA TRWAJĄCA (Continuous Form)

Forma twierdząca

I was being
you were being
he / she / it } was being
we were being
you were being
they were being

Forma pytająca

was I being?
were you being?
was he being?
was she being?
was it being?
were we being?
were you being?
were they being?

Forma przecząca

I was not being
you were not being
he / she / it } was not being
we were not being
you were not being
they were not being

CZAS PRZESZŁY ZŁOŻONY
(Present Perfect)

FORMA ZWYKŁA (Simple Form)	FORMA TRWAJĄCA (Continuous Form)
Forma twierdząca	Nie ma
I have been	
you have been	
he has been	
she has been	
it has been	
we have been	
you have been	
they have been	
Forma pytająca	
have I been?	
have you been?	
has he been?	
has she been?	
has it been?	
have we been?	
have you been?	
have they been?	
Forma przecząca	
I have not been	
you have not been	
he } has not been	
she } has not been	
it } has not been	
we have not been	
you have not been	
they have not been	

CZAS PRZYSZŁY
(Future Tense)

FORMA ZWYKŁA (Simple Form)	FORMA TRWAJĄCA (Continuous Form)
Forma twierdząca	Nie ma

I shall be
you will be
he }
she } will be
it }
we shall be
you will be
they will be

Forma pytająca

shall I be?
will you be?
will he be?
will she be?
will it be?
shall we be?
will you be?
will they be?

Forma przecząca

I shall not be
you will not be
he }
she } will not be
it }
we shall not be
you will not be
they will not be

CZAS ZAPRZESZŁY
(Past Perfect)

FORMA ZWYKŁA (Simple Form)	FORMA TRWAJĄCA (Continuous Form)
Forma twierdząca	Nie ma
I had been	
you had been	
he } had been	
she } had been	
it } had been	
we had been	
you had been	
they had been	
Forma pytająca	
had I been?	
had you been?	
had he been?	
had she been?	
had it been?	
had we been?	
had you been?	
had they been?	
Forma przecząca	
I had not been	
you had not been	
he } had not been	
she } had not been	
it } had not been	
we had not been	
you had not been	
they had not been	

CZAS PRZYSZŁY DOKONANY
(Future Perfect)

FORMA ZWYKŁA (Simple Form)

Forma twierdząca

I shall have been
you will have been
he, she, it will have been
we shall have been
you will have been
they will have been

Forma pytająca

shall I have been?
will you have been?
will he have been?
will she have been?
will it have been?
shall we have been?
will you have been?
will they have been?

Forma przecząca

I shall not have been
you will not have been
he, she, it will not have been
we shall not have been
you will not have been
they will not have been

FORMA TRWAJĄCA (Continuous Form)

Nie ma

TRYB WARUNKOWY
(Conditional Mood)

CZAS TERAŹNIEJSZY
(Present Conditional)

FORMA ZWYKŁA (Simple Form)

Forma twierdząca

I should be
you would be
he / she / it } would be
we should be
you would be
they would be

Forma pytająca

should I be?
would you be?
would he be?
would she be?
would it be?
should we be?
would you be?
would they be?

Forma przecząca

I should not be
you would not be
he / she / it } would not be
we should not be
you would not be
they would not be

FORMA TRWAJĄCA (Continuous Form)

Nie ma

CZAS PRZESZŁY
(Past Conditional)

FORMA ZWYKŁA (Simple Form)

Forma twierdząca

I should have been
you would have been
he }
she } would have been
it }
we should have been
you would have been
they would have been

Forma pytająca

should I have been?
would you have been?
would he have been?
would she have been?
would it have been?
should we have been?
would you have been?
would they have been?

Forma przecząca

I should not have been
you would not have been
he }
she } would not have been
it }
we should not have been
you would not have been
they would not have been

FORMA TRWAJĄCA (Continuous Form)

Nie ma

TRYB BEZOKOLICZNY
(Infinitive Mood)

CZAS TERAŹNIEJSZY
(Present Infinitive)

to be

CZAS PRZESZŁY
(Present Infinitive)

to have been

IMIESŁOWY
(Participles)

IMIESŁÓW CZASU TERAŹNIEJSZEGO
(Present Participle)

being

IMIESŁÓW CZASU PRZESZŁEGO
(Past Participle)

been

PERFECT PARTICIPLE

having been

TRYB OZNAJMUJĄCY
(Indicative Mood)

CZAS TERAŹNIEJSZY
(Present Tense)

Czasownik posiłkowy „to have"

FORMA ZWYKŁA (Simple Form)	FORMA TRWAJĄCA (Continuous Form)
Strona czynna (Active Voice)	
Forma twierdząca	**Forma twierdząca**
I have	I am having
you have	you are having
he } has	he } is having
she } has	she } is having
it } has	it } is having
we have	we are having
you have	you are having
they have	they are having
Forma pytająca	**Forma pytająca**
have I?	am I having?
have you?	are you having?
has he?	is he having?
has she?	is she having?
has it?	is it having?
have we?	are we having?
have you?	are you having?
have they?	are they having?
Forma przecząca	**Forma przecząca**
I have not	I am not having
you have not	you are not having
he has not	he is not having
she has not	she is not having
it has not	it is not having
we have not	we are not having
you have not	you are not having
they have not	they are not having

CZAS PRZESZŁY
(Past Tense)

FORMA ZWYKŁA (Simple Form)

Forma twierdząca

I had
you had
he, she, it } had
we had
you had
they had

Forma pytająca

had I?
had you?
had he?
had she?
had it?
had we?
had you?
had they?

Forma przecząca

I had not
you had not
he, she, it } had not
we had not
you had not
they had not

FORMA TRWAJĄCA (Continuous Form)

Forma twierdząca

I was having
you were having
he, she, it } was having
we were having
you were having
they were having

Forma pytająca

was I having?
were you having?
was he having?
was she having?
was it having?
were we having?
were you having?
were they having?

Forma przecząca

I was not having
you were not having
he, she, it } was not having
we were not having
you were not having
they were not having

CZAS PRZESZŁY ZŁOŻONY
(Present Perfect)

FORMA ZWYKŁA (Simple Form)

Forma twierdząca

I have had
you have had
he } she } has had
it }
we have had
you have had
they have had

Forma pytająca

have I had?
have you had?
has he had?
has she had?
has it had?
have we had?
have you had?
have they had?

Forma przecząca

I have not had
you have not had
he } she } has not had
it }
we have not had
you have not had
they have not had

FORMA TRWAJĄCA (Continuous Form)

Forma twierdząca

I have been having
you have been having
he } she } has been having
it }
we have been having
you have been having
they have been having

Forma pytająca

have I been having?
have you been having?
has he been having?
has she been having?
has it been having?
have we been having?
have you been having?
have they been having?

Forma przecząca

I have not been having
you have not been having
he } she } has not been having
it }
we have not been having
you have not been having
they have not been having

CZAS PRZYSZŁY
(Future Tense)

FORMA ZWYKŁA (Simple Form)

Forma twierdząca

I shall have
you will have
he } will have
she } will have
it } will have
we shall have
you will have
they will have

Forma pytająca

shall I have?
will you have?
will he have?
will she have?
will it have?
shall we have?
will you have?
will they have?

Forma przecząca

I shall not have
you will not have
he } will not have
she } will not have
it } will not have
we shall not have
you will not have
they will not have

FORMA TRWAJĄCA (Continuous Form)

Forma twierdząca

I shall be having
you will be having
he } will be having
she } will be having
it } will be having
we shall be having
you will be having
they will be having

Forma pytająca

shall I be having?
will you be having?
will he be having?
will she be having?
will it be having?
shall we be having?
will you be having?
will they be having?

Forma przecząca

I shall not be having
you will not be having
he } will not be having
she } will not be having
it } will not be having
we shall not be having
you will not be having
they will not be having

CZAS ZAPRZESZŁY
(Past Perfect)

FORMA ZWYKŁA (Simple Form)

Forma twierdząca

I had had
you had had
he / she / it } had had
we had had
you had had
they had had

Forma pytająca

had I had?
had you had?
had he had?
had she had?
had it had?
had we had?
had you had?
had they had?

Forma przecząca

I had not had
you had not had
he / she / it } had not had
we had not had
you had not had
they had not had

FORMA TRWAJĄCA (Continuous Form)

Forma twierdząca

I had been having
you had been having
he / she / it } had been having
we had been having
you had been having
they had been having

Forma pytająca

had I been having?
had you been having?
had he been having?
had she been having?
had it been having?
had we been having?
had you been having?
had they been having?

Forma przecząca

I had not been having
you had not been having
he / she / it } had not been having
we had not been having
you had not been having
they had not been having

CZAS PRZYSZŁY DOKONANY
(Future Perfect)

FORMA ZWYKŁA (Simple Form)

Forma twierdząca

I shall have had
you will have had
he / she / it } will have had
we shall have had
you will have had
they will have had

Forma pytająca

shall I have had?
will you have had?
will he have had?
will she have had?
will it have had?
shall we have had?
will you have had?
will they have had?

Forma przecząca

I shall not have had
you will not have had
he / she / it } will not have had
we shall not have had
you will not have had
they will not have had

FORMA TRWAJĄCA (Continuous Form)

Forma twierdząca

I shall have been having
you will have been having
he / she / it } will have been having
we shall have been having
you will have been having
they will have been having

Forma pytająca

shall I have been having?
will you have been having?
will he have been having?
will she have been having?
will it have been having?
shall we have been having?
will you have been having?
will they have been having?

Forma przecząca

I shall not have been having
you will not have been having
he / she / it } will not have been having
we shall not have been having
you will not have been having
they will not have been having

TRYB WARUNKOWY
(Conditional Mood)

CZAS TERAŹNIEJSZY
(Present Conditional)

FORMA ZWYKŁA (Simple Form)

Forma twierdząca

I should have
you would have
he / she / it } would have
we should have
you would have
they would have

Forma pytająca

should I have?
would you have?
would he have?
would she have?
would it have?
itd.

Forma przecząca

I should not have
you would not have
he / she / it } would not have
we should not have
you would not have
they would not have

FORMA TRWAJĄCA (Continuous Form)

Forma twierdząca

I should have been having
you would have been having
he / she / it } would have been having
we should have been having
you would have been having
they would have been having

Forma pytająca

should I have been having?
would you have been having?
would he have been having?
would she have been having?
would it have been having?
itd.

Forma przecząca

I should not have been having
you would not have been having
he / she / it } would not have been having
we should not have been having
you would not have been having
they would not have been having

CZAS PRZESZŁY
(Past Conditional)

FORMA ZWYKŁA (Simple Form)

Forma twierdząca

I should have had
you would have had
he } would have had
she } would have had
it } would have had
we should have had
you would have had
they would have had

Forma pytająca

should I have had?
would you have had?
would he have had?
would she have had?
would it have had?
should we have had?
would you have had?
would they have had?

Forma przecząca

I should not have had
you would not have had
he } would not have had
she } would not have had
it } would not have had
we should not have had
you would not have had
they would not have had

FORMA TRWAJĄCA (Continuous Form)

Nie ma

TRYB BEZOKOLICZNY
(Infinitive Mood)

CZAS TERAŹNIEJSZY
(Present Infinitive)

to have

CZAS PRZESZŁY
(Perfect Tense)

to have had

IMIESŁOWY
(Participles)

IMIESŁÓW CZASU TERAŹNIEJSZEGO
(Present Participle)

having

IMIESŁÓW CZASU PRZESZŁEGO
(Past Participle)

had

PERFECT PARTICIPLE
having had

 PAŃSTWOWE WYDAWNICTWO »WIEDZA POWSZECHNA« WARSZAWA

Irena Dobrzycka

JĘZYK ANGIELSKI DLA SAMOUKÓW

Zeszyt 11

KLUCZ

DO TEKSTÓW I ĆWICZEŃ*

LEKCJA PIERWSZA

Tekst. Moje pióro jest czerwone. Ono jest na moim stole. Moje pióro jest na moim stole. Moja książka jest niebieska. Ona nie jest czerwona. Ona nie jest na moim stole. Moje pióro nie jest niebieskie. Ono jest czerwone. Moje czerwone pióro jest na moim stole, ono nie jest na mojej książce.
Ćwiczenie I. 1. — is. 2. — red. 3. — pen. 4. — red. 5. — on. 6. not.
Ćwiczenie III. 1. My book is blue. 2. It is on my table. 3. My table is red. 4. My pen is red. 5. It is not on my table.

LEKCJA DRUGA

Tekst. Mój stół jest duży. Czy mój stół jest niebieski? Tak, on jest niebieski. Twoje pióro jest zielone. Czy ono jest na stole? Tak, (ono**) jest. Czy moje pióro jest na twojej książce? Nie, (ono) nie jest. Mój ołówek jest zielony, on nie jest niebieski. Gdzie jest twój ołówek? On jest na mojej książce. Gdzie jest twoja czerwona książka? Moja czerwona książka jest na stole.
Ćwiczenie II. 1. Yes, my table is large. 2. My book is on my table. 3. My pencil is on my book. 4. No, my pen is not green, it is blue. 5. Yes, my book is on a table.
Ćwiczenie III. Large, blue, your, green.

LEKCJA TRZECIA

Tekst. Ja mam duży pokój. Czy moja książka jest duża? Nie, (ona) nie jest. Twój ołówek jest krótki. Moja zielona książka jest na stole. Mój stół jest

* Tłumaczenie tekstów jest prawie dosłowne i nie pretenduje do miana tłumaczenia literackiego.

** W przypadkach gdy dosłowne tłumaczenie brzmiało zbyt niezręcznie po polsku — niektóre wyrazy ujęto w nawiasy.

w moim pokoju. Mam niebieską książkę. Czy mam duży pokój? Tak mam. Lekcja pierwsza jest krótka. To jest moja pierwsza lekcja. Gdzie jest twoje pióro? Ono jest w twoim stole.

Ćwiczenie I. 1. Is my room large? 2. Have I a book? 3. Is my first lesson short? 4. Is your pen in your table? 5. Is your green table in my room? 6. Have I one red pencil?

Ćwiczenie II. 1. My book is on a table. 2. Your table is in a room. 3. It is in my room. 4. Where is your short pencil? 5. I have a large room. 6. Your room is not large.

LEKCJA CZWARTA

Tekst. Mam czerwoną książkę. Książka jest na stole. Masz zielone pióro. Zielone pióro jest w moim pokoju. Stół jest na podłodze. Gdzie jest twoje niebieskie pióro? Ono jest na małym stole. Gdzie jest zielony stół? On jest w moim pokoju. Ty masz mały obraz (obrazek). Obrazek jest w twojej książce. On jest w pierwszej lekcji.

Ćwiczenie I. 1. The book is not on the table. 2. It is not a red book. 3. My table is not green. 4. Your pencil is not on the floor. 5. Your room is not small. 6. The first lesson is not short. 7. The picture is not in the book.

LEKCJA PIĄTA

Tekst. Czy masz stół? Tak, mam. Pokaż stół! Mam pióro. Moje pióro jest grube. Czy masz czerwone pióro? Nie, nie mam, moje pióro jest niebieskie. Czy to jest książka? Nie, nie jest, to jest zeszyt. Czy on jest duży? Tak, (on) jest. Masz długi ołówek. Pokaż długie pióro. Moje pióro nie jest długie, ono jest krótkie. Co to jest? To jest moja ręka. Mój ołówek jest na mojej książce. Czy moja ręka jest na książce? Nie, nie jest. Co jest na stole? Moje pióro jest na stole.

Ćwiczenie I. 1. Yes, I have a red pencil. 2. Yes, I have a large room. 3. Yes, I have a thick pencil. 4. No, I haven't, my table is large. 5. Yes, my hand is large. 6. Yes, my exercise-book is green. 7. Yes, my hand is on the table. 8. Yes, my picture is small. 9. Yes, I have an exercise-book. 10. No, I haven't a long pen, I have a short pen. 11. Yes, my pen is on the table. 12. My pen is red.

LEKCJA SZÓSTA

Tekst. To jest książka. To jest czerwona książka. (To) pióro jest krótkie. Ono jest na krześle. Tamto jest okno. (To) Okno jest duże. Gdzie jest niebieski ołówek? On jest tu, na krześle. Gdzie jest krzesło? Krzesło jest na podłodze. To jest pokój. Twój zeszyt jest pod moją ręką. Co jest pod krzesłem?

Gdzie jest obraz? On jest na ścianie. Czy ściana jest czerwona? Nie, nie jest. Co masz tu na (twoim) swoim stole? Mam zeszyt.

Ćwiczenie II. 1. I have a large room. 2. Is this my pen? 3. What is this? 4. Your picture is not large, it is small. 5. Here is my exercise-book. 6. This pencil is long. 7. That pencil is short. 8. This book is here on the table. 9 That wall is thick. 10. What is under the exercise-book?

LEKCJA SIÓDMA

Tekst. Mam jedną książkę. Mam dwie ręce. Mój ołówek jest w moim ręku. Twoje ołówki są na twoim stole. Proszę, pokaż dwa obrazy. Tu są trzy ściany — raz, dwa, trzy. Czy masz trzy ręce? Nie, nie mam, mam dwie ręce. Tu są trzy palce. Pokaż dwa palce. Czy twoje zeszyty są cienkie? Proszę, pokaż lekcję drugą. Tu jest lekcja druga. Czy lekcja pierwsza jest długa? Tak, (ona) jest. Pokaż drzwi. To są drzwi.

Ćwiczenie I. 1. Pens are on chairs. 2. Our hands are on books. 3. The windows are here. 4. Long pencils are on our tables. 5. The doors are small. 6. Our fingers are short. 7. Exercise-books are under your books. 8. Where are our rooms? 9. Here are the blue pens. 10. Are our tables long?

Ćwiczenie II. 1. Show two pictures. 2. Your pencils are on the table. 3. I have two hands. 4. My books are large. 5. Are your exercise-books small? 6. Here are three windows. 7. This is a floor. 8. That chair is in your room.

LEKCJA ÓSMA

Tekst. Czy ściany są zielone? Nie, ściany są białe. Tu są cztery ściany. Czy masz cztery pióra? Nie, nie mam, mam jedno pióro. Pokaż pięć palców. Czytaj lekcję pierwszą. Czy pierwsze ćwiczenie jest krótkie? Mam dwa białe krzesła. Gdzie są krzesła? Krzesła są na podłodze. Ile masz książek? Ile masz okien? Mam trzy okna. Co jest tamto? Tamto jest cienki zeszyt. Proszę, sylabizuj „zeszyt".

Ćwiczenie I. 1. A wall is thick. 2. Here is a large chair. 3. Have you a small room? 4. Is the picture on the wall? 5. A book is under my chair.
6. One pen is blue. 7. Where is the door? 8. Your thick pencil is here. 9. One window is white. 10. Have you one picture?

Ćwiczenie II. 1. Show three chairs. 2. Are your fingers red? 3. Are the exercise-books white? 4. Are the books green? 5. I have two windows on one wall. 6. What is under the table? 7. The floor is not white, it is blue. 8. You have four rooms.

LEKCJA DZIEWIĄTA

Tekst. 1. Kto jest w moim pokoju? Ja jestem w twoim pokoju. Mój nauczyciel jest w moim pokoju. Czy on jest Polakiem? Tak, (on) jest. Czy (ty) jesteś nauczycielem? Nie, ja nie jestem nauczycielem, ja jestem uczniem. Gdzie

jesteś? Jestem tu, w moim pokoju. Mój uczeń spóźnia się. On nie jest dobrym uczniem. My jesteśmy szczęśliwi. Moje zeszyty są na stole. One są nowe. Ile masz pokojów? Mam jeden pokój. Czy my jesteśmy Anglikami? Nie, my nie jesteśmy Anglikami, jesteśmy Polakami. Gdzie ona jest? Ona jest tu.
2. Proszę, pokaż drzwi. Otwieram (moją) książkę. Teraz zamykam książkę. Gdzie jest krzesło? (Ono) jest tu. Ono stoi na podłodze. Gdzie ty stoisz? Stoję tu. Pokaż nowy obraz. Co pokazujesz? Ile masz ołówków? Mam dwa ołówki. Gdzie one są? One leżą na stole. Co leży na twoim krześle? Tam leży małe pióro. Co robisz? Zamykam angielską książkę. Co ona teraz czyta? Ona czyta ćwiczenie czwarte. Czy to jest dobre ćwiczenie? Tak, (ono) jest. Czy czerwona książka jest dla mnie? Tak, (ona) jest. Gdzie jest twój nowy obraz? On jest tu, przede mną.
3. Teraz uczę się angielskiego (lepiej późno niż nigdy). Siedzę na krześle w moim pokoju. Przede mną jest książka. To jest angielska książka. W mojej książce jest wiele obrazków. Na stole są dwa zeszyty. Jeden jest do ćwiczeń, a jeden do angielskich słów. Teraz one leżą przede mną. Czytam lekcję czwartą. Ona nie jest długa, lecz jest w niej dużo nowych słów. Teraz uczę się nowych słów.

Lepiej późno niż nigdy

Ćwiczenie I. I am not a teacher. You are not a teacher. He is not a teacher. She is not a teacher. It is not a teacher. We are not teachers. You are not teachers. They are not teachers.

I am happy. You are happy. He is happy. She is happy. It is happy. We are happy. You are happy. They are happy.

Ćwiczenie II. 1. We are late. 2. Are they happy? 3. Your new pens are long. 4. Pictures are lying on the table. 5. Where are the teachers standing? 6. The pupils are shutting small doors. 7. What are they doing? 8. Thin exercise-books are under your books.

Ćwiczenie III. 1. I am here. 2. He (she, it) is not happy. 3. One pupil is reading now. 4. You are shutting the window in my room. 5. He (she, it) is showing one finger. 6. My chair is not good. 7. Am I late? 8. I am standing in front of the table.

Ćwiczenie V. 1. Your pupil is reading an English book. 2. Who is standing in front of you? 3. What are you doing? 4. What is she doing? 5. My teacher is not good. 6. The chair is lying on the floor. 7. My pencils are lying on the window. 8. Read lesson four! 9. Is your table blue? 10. Are books thick? 11. There is a small picture on the table. 12. There are many books on the window. 13. There are five white chairs in my room.

LEKCJA DZIESIĄTA

Tekst. 1. W mojej angielskiej książce jest obrazek. Na obrazku (dosł. w obrazku) jest troje dzieci. Dziecko jest szczęśliwe. Ono ma białą filiżankę. Mam jabłko. Jabłko jest czerwone. Pokazuję jabłko i jajko. Jajko nie jest czerwone, ono jest białe i żółte. Dzieci mają trzy filiżanki. Mamy dużo żółtych jabłek. Czy twoja uczennica* ma żółte pióro? Tak, ma. Mój stół jest czarny. Czy czarny ołówek jest na twoim stole? Tak, jest. Lekcje druga i trzecia są długie, one mają dużo ćwiczeń.

2. Dzieci na obrazku mają trzy filiżanki mleka. Jedno dziecko ma jedną filiżankę mleka i także jeden kawałek chleba. Chleb jest dobry. Mleko jest białe. Jajko jest także białe, lecz kawa nie jest biała, ona jest czarna. Na stole są dwa kawałki chleba, one są dla ciebie. Mam** kawę z mlekiem na śniadanie. Dzieci mają mleko na śniadanie. W Anglii mają dobrą herbatę. My również mamy dobrą herbatę. Co czytacie? Czytamy lekcję czwartą. Ile obrazków jest w lekcji czwartej? Jest jeden obrazek. Czy uczysz się nowej lekcji? Tak, uczę się. Gdzie są twoje jabłka? One leżą na stole w moim pokoju.

3. Mój uczeń nie jest dzieckiem, on jest mężczyzną. Ten mężczyzna jest Anglikiem. To dziecko nie jest Anglikiem, ono jest Polakiem. Twoim nauczycielem jest kobieta, ona jest również Polką. Jabłko jest dobre. Pomarańcza jest bardzo dobra. Ten mężczyzna ma (pije) herbatę na śniadanie. Mam dwa kawałki cukru w mej herbacie. Czy ty także masz cukier w swojej kawie? Nie, nie mam cukru w mojej kawie. Te pomarańcze są lepsze niż jabłka. Nie mam tu pomarańcz. Mam pięć jabłek w domu. One są bardzo dobre. Kto uczy się? Te kobiety uczą się angielskiego. Co teraz robisz? Czytam lekcję czwartą.

Ćwiczenie II. Na przykład: tables, pencils, pictures, hands, chairs, windows, rooms, walls.

Ćwiczenie III. 1. — red, 2. — short, 3. — blue, 4. — long, 5. — good, 6. — yellow, 7. — white — black, 8. — small, 9. — large, 10. — thin.

Ćwiczenie IV. 1. Yes, I have many, lub — No, I haven't. 2. One hand has four fingers and one thumb. 3. No, it's white. 4. No, they haven't. 5. I have (np.) four. 6. There are (np.) three. 7. Yes, it has, lub — No, it hasn't. 8. I have four windows at home. 9. Yes, they are (large), lub — No, they aren't (large). 10. The pupils are reading books now. 11. Yes, it has, lub — No, it hasn't.

LEKCJA JEDENASTA

Moja sypialnia. Moja sypialnia jest bardzo ładna. Ona ma niebieskie ściany, duże okna, dwa brązowe krzesła i jeden fotel. Mała szafa stoi blisko drzwi — mam tam moje ubrania. Łóżko jest długie i wygodne. Blisko łóżka jest stół. Mam tam małą lampkę i książkę. Kiedy jestem w łóżku często czytam. Czy ty czytasz w łóżku?

Na ścianie przed łóżkiem jest obraz mego przyjaciela i jego syna. Syn mego przyjaciela jest dobrym chłopcem i dobrym uczniem. Czy on dużo czyta?

* Tak samo brzmi: twój uczeń.
** I have — mam, jadam, piję.

O tak, ale on nie czyta polskich książek. On czyta dużo angielskich książek. On i jego ojciec nie mieszkają w Polsce. Oni mieszkają w Anglii, oni są Anglikami.

Są tam także obok szafy dwa ładne obrazy. Jeden, obraz kobiety — to moja matka. Ten duży obraz pokazuje ci dom. Jest on mały, lecz bardzo wygodny. Mój pokój jest również bardzo wygodny. Często chodzę spać (do łóżka) późno, lecz sypiam długo i dobrze. Czy długo sypiasz? Czy idziesz spać teraz? A więc, dobranoc! Śpij dobrze i nie czytaj długo.

Ćwiczenie I. 1. Yes, it is comfortable. 2. Yes, I read in my bedroom. 3. My lamp stands on the table. 4. Yes, I keep my clothes in the cupboard. 5. Yes, they are (comfortable), lub No, they aren't (comfortable). 6. Yes, it stands on a table. 7. I learn English. 8. Pupils sit in the room. 9. Yes, they shut the window. 10. When I have a lesson I read.

LEKCJA DWUNASTA

Tekst. 1. Niebieski ołówek jest ładny (miły), dobry obrazek jest ładniejszy (milszy), a najładniejsza jest ładna dziewczyna. Lekcja piąta jest krótka, lekcja druga jest krótsza, lekcja pierwsza jest najkrótsza. Siostra mego przyjaciela jest ładna, Maria jest ładniejsza, lecz twoja córka jest najładniejszą dziewczyną. Niektórzy uczniowie są zadowoleni, kiedy lekcja jest krótka. Niektórzy uczniowie są bardziej zadowoleni, kiedy nauczyciel się spóźnia. Niektórzy uczniowie są najszczęśliwsi, kiedy lekcji nie ma.

2. Co pokazujesz? Pokazuję obraz. Otwórz książkę! Czy masz jaką grubą książkę? Otwieram najgrubszą książkę w pokoju. Czego uczy się twoja siostra? Ona czyta lekcję szóstą. Czy ona jest trudna? Nie, nie jest, lecz niektóre słowa są trudne. „Zeszyt" jest trudnym słowem. Czy „szafa" jest trudniejsze? Tak jest, a „wygodny" jest najtrudniejsze.

3. Czy często siedzisz tutaj? Nie, nie często, to krzesło jest twarde. Moje krzesło jest miększe. Co jest tak białe jak mleko? Ściany są tak białe jak mleko. Czy masz jaką lampę na dużym stole? Nie, moja lampa stoi na mniejszym stole, w pobliżu łóżka.

Syn jest młodszy od ojca. Twoja matka jest starsza niż moja córka. Czy którzy z tych chłopców są starsi aniżeli ty? Tak, są. Ci nauczyciele nie są tak starzy jak twój ojciec. Moje pióro nie jest dobre, ono jest bardzo twarde. Twoje pióro jest lepsze, ono jest miększe. Maria ma bardzo wysokiego brata, lecz ona jest niska. Jak się pisze (sylabizuje) „szafa"? On nie czyta (jakiejkolwiek) żadnej angielskiej książki.

Ćwiczenie I. 1. We are reading difficult words. 2. They sleep well. 3. These beds are as hard as tables. 4. Your daughters do not learn English. 5. Do we read well? 6. These men are happier than we are. 7. They have pretty children. 8. These girls show nice pictures. 9. Do they show the prettiest pictures? 10. Have these women any daughters? 11. They go to bed late. 12. We do not go there.

Ćwiczenie II (przypuszczalne odpowiedzi).
1. That bed is as long as this table. 2. Yes, I am, lub — No, I am not. 3. Yes, I do, lub — No, I don't. 4. I learn in my room. 5. The father is younger than the mother. 6. Yes, I sleep in a very nice room. 7. Yes, he does, lub — No, he doesn't. 8. No, it isn't. 9. An armchair is more comfortable. 10. Yes, I have, lub — No, I haven't. 11. The pupils are happiest when there is no lesson. 12. Yes, he does, lub — No, he doesn't.
Ćwiczenie IV. 1. — small, 2. — thin, 3. — short, 4. — young, 5. — hard, 6. — yes, 7. — shut.

LEKCJA TRZYNASTA

Obrazek (ilustracja). Maria ma angielską książkę. Jak ona wygląda? Jest duża i gruba. Jakiego jest koloru? Jej książka jest niebieska i biała. Ja też mam angielską książkę, ale ona (ono) nie jest niebieska. Czy są jakie ilustracje (obrazki) w tych książkach? Tak, w naszych książkach jest dużo miłych ilustracji. Jakiego są koloru? Ich kolor jest czarny i biały. Czy jest jaka ilustracja w tej lekcji? Tak, jest jedna. To obrazek chłopca. On ma zająca w rękach. Jak wygląda zając? Jest stary i duży i nie jest szczęśliwy.

Chłopiec puścił go (pozwolił mu pójść).

Wierszyk: Raz, dwa, trzy, cztery, pięć
Złapałem żywego zająca.
Sześć, siedem, osiem, dziewięć, dziesięć
Wypuściłem go znowu.

Ćwiczenie I. 1. To jest mały pokój. 2. Na stole jest kilka ołówków i lampa. 3. Jego przyjaciel nie jest szczęśliwy. 4. Ta kobieta czyta moje ćwiczenie. 5. Te kobiety nie leżą w łóżku. 6. Na krześle jest filiżanka herbaty. 7. Te nowe jaja są bardzo duże. 8. Co ty robisz? 9. Kto tu siedzi? 10. Ci mężczyźni często się uczą w domu. 11. Przeczytaj kilka trudnych słów w swoim zeszycie. 12. Jakie jest twoje pióro?
Ćwiczenie II. a) 1. Do you go to your room? 2. Do you open a small door? 3. Do I stand very near the window? 4. Does this boy read his father's book? 5. Does she live in a big house? 6. Do these children sit in the best armchairs? 7. Do we show the most comfortable bedrooms?

b) 1. Is our cupboard here? 2. Have I any sugar? 3. Is her mother at home? 4. Are there nice pictures in this book? 5. Are there any cups of tea on the table? 6. Has their brother any apples for me? 7. Is lesson seven difficult?
Ćwiczenie III. 1. His daughter is not so pretty as this girl. 2. These men are standing here. 3. This woman sleeps in my mother's room. 4. Have they better lamps? 5. Are there any beds in this house? 6. Show me, please, some cups. 7. Some pupils are in the smaller room. 8. Is she at home? 9. These exercise-books are not larger than books. 10. This is the prettiest picture. 11. What colour are the walls of your room? 12. Where is her chair? 13. This is their table.

LEKCJA CZTERNASTA

John: Serwus, Stanley!

Stanley: Serwus, John!

John: Co robisz?

Stanley: Czytam moje ćwiczenie. Bardzo dużo się teraz uczę.

John: Czy mogę zapalić?

Stanley: Oczywiście. Masz papierosa!

John: Nie, dziękuję. Nie palę papierosów. A więc to jest twój nowy pokój! Miły. Czy sypiasz tutaj?

Stanley: Nie, nie sypiam. To nie moja sypialnia. Teraz mam dwa pokoje.

John: Czy możesz mi dać jaką nową książkę?

Stanley: Z pewnością, mam ładną książkę tam, na stole. Mam ją od mojej siostry. Możesz ją teraz wziąć (mieć).

John: Bardzo dobrze (bierze książkę). Dziękuję bardzo. Do widzenia.

Stanley: Do zobaczenia stary!

Gabinet Stanleya. Stanley pokazuje Janowi swoje pokoje, jeden jest jego sypialnią a drugi (jeden) gabinetem. W tym pokoju on może uczyć się, czytać i palić. On ma dwie półki na książki i biurko, na którym są ołówki, zeszyty, fajka i trochę papierosów. (Tamte) te papierosy są dla jego przyjaciół. Długi tapczan, który jest blisko półki, jest brązowy; może on na nim leżeć kiedy ma czas. Kiedy Stanley ma kilku przyjaciół w domu, mogą oni siedzieć w (jego) wygodnych fotelach, które są również brązowe, i mogą dostać (mieć) filiżankę herbaty. Teraz jednak Stanley nie ma czasu, idzie do swego nauczyciela.

Zdrowy (dobry) śmiech jest promykiem słońca w domu.

Ćwiczenie I. (przypuszczalne odpowiedzi). 1. John learns much. 2. Stanley smokes cigarettes. 3. Yes, he does. 4. Yes, he is, lub, No, he is not. 5. Yes, you may, lub No, you may not. 6. Yes, he does. 7. Yes, I have, lub, No, I haven't. 8. Yes, I can, lub, No, I cannot. 9. The new book stands on the shelf near the couch. 10. John can read it when he has time.

Ćwiczenie II.

a) Do I read a new lesson?
Do you read a new lesson?
Does he read a new lesson?
Does she read a new lesson?
Does it read a new lesson?
Do we read a new lesson?
Do you read a new lesson?
Do they read a new lesson?

b) I do not read those exercises
You do not read those exercises
He does not read those exercises
She does not read those exercises
It does not read those exercises
We do not read those exercises
You do not read those exercises
They do not read those exercises

Ćwiczenie III. 1. Do you smoke? 2. They can go to my mother. 3. I am giving you a new book. 4. The shelf which is standing in front of you is for my sister. 5. That desk has a small cupboard in which there are many apples. 6. May I sleep on your couch? 7. Yes, you may. 8. They often take apples. 9. From that room we can come to you. 10. Shut those cupboards! 11. May I smoke? 12. Certainly, you may, have a cigarette! 13. Where is your friend? 14. She is sitting in the armchair near the window. 15. Is she reading any English book?

LEKCJA PIĘTNASTA

Harry i Stanley

Harry: Jak się masz Stanley! Jeszcze nie jesteś gotów!

Stanley: Serwus, Harry! Tak, jestem spóźniony. Muszę jeszcze zjeść śniadanie.

Harry: Oto ono, musi być zimne teraz.

(Stanley siada do stołu)

Stanley: Jabłko może być zimne, lecz nie chcę zimnej owsianki.

Harry: Czy bekon i jaja jadasz z grzanką czy z chlebem?

Stanley: Z chlebem.

Harry: A więc mogę podgrzać ci grzankę. (Stanley chce mówić) Nie mów! Jedz dalej i śpiesz się!

Harry grzeje (przypieka) grzankę przy kominku.

Harry: Gotowa. Jadasz z masłem czy z marmoladą?

Stanley: Z masłem proszę. Ale ty musisz zjeść grzankę lub herbatę!

Harry: Nie, dziękuję. Nie mamy czasu. Teraz (tu jest) oto twoja filiżanka. Czy lubisz herbatę z mlekiem? Cukru?

Stanley: Tak, proszę. Mleko i cukier. Dziękuję bardzo. Jesteś bardzo dobrą niańką (Stanley je i pije bardzo szybko).

Stanley: Teraz jestem gotów do wyjścia. Rzeczywiście jest późno, musimy się śpieszyć.

Przyjaciel w potrzebie jest prawdziwym przyjacielem

Jest późno. Stanley jeszcze nie jest gotów. Jego śniadanie stoi na stole, a zimna owsianka nie jest dobra. Lecz ma on dobrego przyjaciela. Kiedy Stanley je bekon i jaja, Harry podgrzewa kawałek grzanki i daje mu filiżankę herbaty z mlekiem i cukrem. Stanley zjada i pije szybko — on nie ma czasu na (zjedzenie) więcej chleba z masłem i marmoladą. Harry nie chce (wziąć) pić herbaty. Młody człowiek śpieszy się na lekcję.

Ćwiczenie I. 1. Do you want to sleep? 2. Do they learn English? 3. Do I smoke a cigarette? 4. Does he sit at the fireplace? 5. Does the boy sit in the armchair? 6. Does she take a cup of tea? 7. Do we open a new book? 8. Do my exercise-books lie on the table? 9. Does my pen lie on my table? 10. Does Mary want to eat toast? 11. Are your daughters very young? 12. Do you give your money? 13. Does he show his pretty cups? 14. Does Stanley speak English? 15. Do I stand in front of the lamp? 16. Do you take her pen?

Ćwiczenie II. 1 She does not take six oranges and one apple. 2. The long pencil does not lie on that chair. 3. My younger brother does not speak English. 4. I cannot sleep here. 5. That wall is not white. 6. The pupils do not take the books from the shelf. 7. They do not drink milk. 8. They may not go to you. 9. We do not spell the most difficult words. 10. This Englishman does not smoke a pipe. 11. These old women do not sit on the floor. 12. She cannot hurry up. 13. This finger is not so long as my pen.

Ćwiczenie III. He does, he is, he must, he takes, he sits, he may, he wants, he eats, he can, he warms, he speaks, he hurries up, he has, he thanks, he likes, he drinks, he goes, he stands, he gives.

LEKCJA SZESNASTA

Śniadanie. Harry i Stanley jedzą śniadanie. Anglik zaczyna zwykle od owoców. Potem je owsiankę z mlekiem i cukrem. Lubi bardzo bekon i dlatego po owsiance często je bekon i jaja. Nie jada dużo chleba, lecz dużo (wiele **kawałków**) grzanek z masłem i pomarańczową marmoladą. Można nie jeść (możesz nie mieć) bekonu ani owsianki, ale kiedy nie ma marmolady, to to nie jest dobre angielskie śniadanie. Niektórzy Anglicy piją kawę, niektórzy herbatę.

My w Polsce nie lubimy owsianki. Zwykle jemy chleb biały lub (brązowy) razowy, lub bułki z masłem. Niektórzy lubią ser lub gotowane jaj na miękko lub twardo. Zwykle pijamy kawę. Ja pijam swoją z mlekiem. Anglicy piją herbatę albo kawę z filiżanek; w Polsce wielu ludzi pije herbatę ze szklanek. Herbata ich jest bardzo mocna i ciemnobrązowa kiedy jest indyjska, lub jasnozielona kiedy jest chińska; nasza jest lekko brązowa. Oni piją ją z dużą ilością (mnóstwem) mleka i cukru.

Jedno jabłko dziennie trzyma doktora z daleka,
jedna cebula dziennie trzyma wszystkich z daleka.

Ćwiczenie II. 1. — much, 2. — many, 3. — many, 4. — much, 5. — many, 6. — much, 7. — much, 8. — plenty of, 9. — many, 10. — much, 11. — much, 12. — many.

Ćwiczenie III. 1. Their boy smokes very much. 2. Do you want to go to bed? 3. Englishmen begin their day with a cup of tea. 4. I do not want to sit near the fireplace. 5. She does not like her teacher. 6. His brother learns Polish. 7. Has she more time now? 8. Is her nurse going to the doctor? 9. Your lamp is as good as mine. 10. Stanley is going as quickly as his friend. 11. Your bedroom is light, its walls are white. 12. I do not like boiled eggs.

LEKCJA SIEDEMNASTA

Napisy pod obrazkami (z lewej do prawej). Jest szósta rano (przed południem). Dziesięć po siódmej. Kwadrans po siódmej. Wpół do ósmej. Za pięć ósma. Dwadzieścia po ósmej. Od dziewiątej rano (przed południem) do piątej po południu. Dziesięć po piątej. Za kwadrans siódma. Dwadzieścia pięć po ósmej. Jest dziesiąta wieczorem (po południu).

Tekst. Pan Brown. O szóstej rano p. Brown leży w swoim łóżku, śpi. Dziesięć po siódmej wstaje. Kwadrans po siódmej myje się. O wpół do ósmej ubiera się. Za pięć ósma je śniadanie. Dwadzieścia po ósmej jest gotów do wyjścia (iść) do biura. Pracuje w biurze od dziewiątej rano (przed południem) do piątej po południu. Idzie do domu dziesięć po piątej po południu. Za kwadrans siódma siada do stołu i zaczyna obiad. Dwadzieścia pięć po ósmej on siedzi w wygodnym fotelu, czyta i pali. O dziesiątej wieczorem (po południu) jest znowu w łóżku.

Ćwiczenie I. 1. It is... 2. There are twenty-four hours. 3. At eight in the morning I go to my office. 4. At four a.m. I am in my bed. 5. Half an hour before breakfast I wash myself. 6. My clock is brown. 7. Yes, I am, lub No, I am not. 8. There are fifteen minutes. 9. I take dinner at two p.m. 10. I sleep eight hours. 11. Mr Brown does. 12. No, he doesn't. 13. No, he doesn't. 14. Yes, I have.

Ćwiczenie II. A quarter past two. Twenty-eight minutes to five, half past four, ten (minutes) to nine, half past nine, five (minutes) past ten, thirteen to eight, a quarter to eleven, twenty-five (minutes) past eleven, twelve o'clock, twenty-five to one.

LEKCJA OSIEMNASTA

Człowiek zajęty. Stanley: Serwus, Ronald! Jestem tak zadowolony, że cię widzę. Gdy chcę rozmawiać z mymi przyjaciółmi, idę do biblioteki klubowej i zwykle oni są tam rano, lecz ciebie nigdy tam nie ma.

Ronald: Nie mogę, jestem zbyt zajęty.

Stanley: Nie masz czasu? Nic nie robisz!

Ronald: Robię!

Stanley: Czy tak? O której godzinie (o jakim czasie) wstajesz?

Ronald: O ósmej, lub wpół do dziewiątej.

Stanley: Zatem jesteś gotów o wpół do dziesiątej.

Ronald. Nie, nie jestem. Muszę się wykąpać i ubrać.

Stanley: To pół godziny.

Ronald: Nie. Więcej! To zajmuje godzinę. Potem śniadanie — pół godziny, a więc jestem gotów za kwadrans dziesiąta lub o dziesiątej. Moje ćwiczenia rozpoczynają się o wpół do jedenastej, a w dwie godziny później idę do domu na „lunch".

Stanley: Potem nie masz nic do roboty aż do godziny trzeciej.

Ronald: Tak, lecz muszę trochę odpocząć, wypalić fajkę, zadzwonić do paru przyjaciół.

Stanley: A co robisz kiedy ćwiczenia popołudniowe się skończą?

Ronald: Idę do (jakiejś) kawiarni wypić filiżankę herbaty, potem idę do klubu zobaczyć czy nie ma jakich listów dla mnie, przeczytać gazety, porozmawiać z przyjaciółmi. I — mój Boże! Jest za kwadrans siódma. Muszę biec do domu i przebrać się na obiad. Do zobaczenia!

Stanley: Stój! Przyjdź do mnie po obiedzie.

Ronald: Nie mogę. Jestem zajęty. Idziemy do kina z Marią i Harrym. Do widzenia!

Ćwiczenie I.

a) I take my paper from the shelf
You take your paper from the shelf
He takes his paper from the shelf
She takes her paper from the shelf
(It takes its paper from the shelf)
We take our paper from the shelf
You take your paper from the shelf
They take their paper from the shelf.

b) I don't eat plenty of fruit
You don't eat plenty of fruit
He doesn't eat plenty of fruit
She doesn't eat plenty of fruit
It doesn't eat plenty of fruit
We don't eat plenty of fruit
You don't eat plenty of fruit
They don't eat plenty of fruit

Ćwiczenie II.

a) Before noon: At eight a.m. Ronald gets up, then takes his bath, and dresses. Then he has his breakfast. At half past ten he has his classes.

b) After noon: At half past twelve Ronald goes home to lunch. After his lunch he rests a little, smokes a pipe, and rings up some of his friends. Then he has his afternoon classes. After his classes he has a cup of tea in a café, and goes to his club to read papers and speak with his friends. Then he goes home, dresses for dinner. After dinner he goes to the pictures with Mary and Harry.

Ćwiczenie III. 1. When do you begin classes? 2. When is his brother busy? 3. What time do you get up? 4. When does Ronald get up? 5. How many fingers has one hand? 6. Where do you see a roll? 7. Do people smoke much in England? 8. Where is the paper lying? 9. What does she do after dinner? 10. Is it reading an exercise? 11. Do people like to work? 12. What is she beginning now? 13. When do they read the paper? 14. Who is walking in my room? 15. What do we drink for breakfast. 16. Is this your watch?

LEKCJA DZIEWIĘTNASTA

Gdzie było wieczne pióro? Harry nie może znaleźć swego wiecznego pióra. To jest nowe wieczne pióro, bardzo dobre. Nie ma go na stole, nie ma go w jego kieszeniach. Harry zagląda do szuflady biurka — on zwykle tam kładzie pióro kiedy nie pracuje — ale nie ma nic w środku. Zagląda za zdjęcie (obraz) swojej dziewczyny, potem pod biurko, za łóżko. Zdejmuje książki z półki wysoko nad kominkiem, żeby zobaczyć czy pióro nie leży tam (dosłownie: czy leży).

Nie może go znaleźć. Jest za kwadrans ósma, a Harry chce zacząć swoje angielskie ćwiczenie. Musi pośpieszyć się. Gdzie może być to pióro?

Wczoraj w południe było na pewno w szufladzie, a wieczorem miał je na lekcjach (kursach, ćwiczeniach). Czy było (ono) w jego biurku rano przed śniadaniem? Było w kieszeni, kiedy szedł na (swoje) ćwiczenia. Miał je w (swoim) ręku, kiedy pokazywał je kilku przyjaciołom w klubie, a oni podziwiali je. Miał je w swojej kieszeni, kiedy jadł lancz w domu, a więc (nie było) nie ma go w klubie.

Robi się (staje się) późno; jest trzynaście po ósmej. Harry zasiada do (swego) biurka i wyjmuje ołówek. Otwiera (swój) zeszyt i tam widzi... swoje wieczne pióro! Ono leży tam w jego angielskim zeszycie.

Ćwiczenie I. 1. his 2. behind 3. above 4. drawer 5. had 6. into, inside 7. if 8. puts 9. pocket.

Ćwiczenie II.

1. I was at home
You were at home
He was at home
She was at home
It was at home
We were at home
You were at home
They were at home

2. Was I in front of the fireplace?
Were you in front of the fireplace?
Was he in front of the fireplace?
Was she in front of the fireplace?
Was it in front of the fireplace?
Were we in front of the fireplace?
Were you in front of the fireplace?
Were they in front of the fireplace?

Ćwiczenie III. 1. My fountain pen was there. 2. Your coffee was cold. 3. For breakfast I had two pieces of toast. 4. He had no time for more bread and butter. 5. His friends were admiring his new study. 6. We were spelling the most difficult word. 7. At half past seven he was lying in bed. 8. She was not in bed. 9. They were not at the office

Ćwiczenie IV. 1. Was he ready to go to the office? 2. Were you sitting in a comfortable armchair? 3. Were those eggs boiled? 4. Was she a good friend? 5. Had he two watches in his desk? 6. Had they any good pictures in their room? 7. Were her toasts too hard? 8. Had she a small lamp above her bed?

LEKCJA DWUDZIESTA

Tygrys i panna. Był sobie pewien tygrys, który mieszkał w Rydze blisko domu pewnej młodej panny. Lubił rozmawiać z nią. Była ładna i uśmiechała się bardzo często. Nie pracowała (zbyt) dużo. Nie odrabiała (swoich) lekcji, nie lubiła chodzić ani biegać i tak (dlatego) była o wiele za gruba. Tygrys był stary i chudy.

Pewnego dnia młoda panna chciała przejechać się na tygrysie. Tygrys był bardzo zadowolony. Ale przejażdżka nie trwała (nie była) bardzo długo. Kiedy oni wrócili z przejażdżki? Wrócili po lanczu (obiedzie) tygrysa, który (tj. lancz) był bardzo dobry. Kiedy wrócili, tygrys uśmiechał się i był bardzo szczęśliwy. Czy młoda panna uśmiechała się? O nie! Ona nie uśmiechała się, ona była wewnątrz tygrysa.

Była młoda dama z Rygi,
 która uśmiechała się, gdy jechała na tygrysie.
(Oni) Powrócili z jazdy
z damą w środku
i uśmiechem na pysku (twarzy) tygrysa.

Ćwiczenie I

a) 1. Ronald was at the club. 2. No, he wasn't. 3. Yes, they were, lub — No, they were not. 4. No, it was not. 5. Yes, they were. 6. I had exercise-books (in my desk). 7. The teacher had our paper.

b) 8. No, Ronald did not bath quickly. 9. He smoked his pipe after lunch. 10. After lunch he rested till three o'clock. 11. He dressed for dinner about seven o'clock. 12. Yes, I did, lub — No, I didn't. 13. Yes, I did, lub — No, I didn't. 14. Yes, you did, lub — No, you didn't.

Ćwiczenie II. 1. My daughter hurried home. 2. I didn't see your clock. 3. He walked with his lady friend. 4. Mary liked marmalade. 5. The girl was running from your home to mine. 6. The young man returned home at seven o'clock. 7. Our apples were as good as theirs. 8. His son rested half an hour. 9. My mother did not lie on her couch. 10. Did you drink tea with milk? 11. That word was very difficult. 12. What did you do at eight?

LEKCJA DWUDZIESTA PIERWSZA

Ulica londyńska. Ojciec: Widzisz chłopcze to jest plac „Piccadilly"*.

Mały chłopiec: Tak tatusiu, ale gdzie są zwierzęta?

1. Mały chłopiec nie wiedział, że plac „Piccadilly" jest miejscem spotkania (skrzyżowania) pięciu ulic w sercu Londynu i że nie można tam zobaczyć żadnych zwierząt (być może z wyjątkiem psów). Zamiast nich jest (ty masz) wiele samochodów, duże czerwone autobusy, rowery i moc ludzi idących tu i tam. Zielone, żółte i czerwone światła pomagają policjantowi (the Bobby) we wskazywaniu drogi. Z placu „Piccadilly" możemy iść na ulicę „Piccadilly", która ma kilka najlepszych sklepów i restauracji w Londynie.

2. Lecz kiedy chcesz się dobrze zabawić, musisz iść na plac „Leicester", gdzie co drugi dom jest kinem, teatrem lub kawiarnią. Tam również zobaczysz jedną z najgłębszych stacji kolei podziemnej. W dzień plac „Leicester" jest piękną, ruchliwą ulicą Londynu, lecz w nocy jest jeszcze bardziej atrakcyjny z reklamami, światłami i tłumem ludzi spacerujących w jedną i drugą stronę ulicy.

Pewien Irlandczyk z Tipperary dobrze się zabawił w Londynie, lecz Tipperary była bliższa jego sercu, więc był rad (gdy mógł) powiedzieć „żegnaj Piccadilly, żegnaj placu Leicester".

Tipperary

Daleka droga do Tipperary
Daleka droga tam iść
Daleka droga do Tipperary

---

* Po angielsku wyraz „circus" znaczy zarówno „plac okrągły" jak i „cyrk". Chłopiec myślał, że ojciec mówi „cyrk Piccadilly".

Do (najsłodszej) najmilszej dziewczyny jaką znam.
Żegnaj Piccadilly, żegnaj placu Leicester!
Daleka, daleka droga do Tipperary,
Lecz moje serce jest właśnie tam.

Ćwiczenie I. 1. — it, 2. — her, 3. — him, 4. — it, 5. — us, 6. — her, 7. — you, 8. — me, 9. — them, 10. — it.

Ćwiczenie II. 1. Was not that hare alive? 2. Did she return from Piccadilly? 3. Did the bus stop before the railway station. 4. Do English people like animals? 5. Does the little boy keep away from the fireplace? 6. Did the old gentleman ride with his sons? 7. Did your mother give us splendid cigarettes? 8. Does everybody sleep at night? 9. Did he smoke twenty cigarettes a day? 10. Was my friend sleeping in his clothes? 11. Has every day twenty-four hours? 12. Did Harry know London very well? 13. Did she speak with the policeman?

LEKCJA DWUDZIESTA DRUGA

Stanley jest chory. Ulica Cambridge Nr 2, Londyn, październik 1-szy 1957. Drogi Willy. Przykro mi, że nie mogę przyjść do ciebie jutro wieczorem, lecz zaziębiłem się w ubiegły poniedziałek i jeszcze leżę w łóżku. Myślę, że będę zdrów w niedzielę, ale teraz muszę być w domu. Myślę, że to raczej jest nudne, chociaż mam piękne radio przy łóżku i dużo książek. Ale widzisz, nie mogę czytać lub słuchać radia cały dzień, a nic więcej nie mogę robić, wobec czego dzień ma dla mnie trzydzieści albo czterdzieści godzin.

Czy będziesz tak dobry przyjść i zobaczyć się ze mną jutro? I proszę, przynieś czasopismo, które pokazałeś mi zeszłej niedzieli, to (jedno) z pięknymi ogłoszeniami.

Będę bardzo rad zobaczyć cię

Twój szczerze (oddany)

Stanley

P.S. Jeśli nie będziesz mógł przyjść, proszę napisz.

Ćwiczenie I (przypuszczalne odpowiedzi). 1. Stanley caught cold last Monday. 2. No, he will not. 3. Stanley will be all right on Sunday. 4. He is reading and listening to the wireless. 5. His friend will give him a magazine. 6. Stanley wrote the letter on October lst. 7. On Monday I work. 8. On Sunday I get up at nine o'clock. 9. To-morrow I shall go to the theatre.

Ćwiczenie IV. 1. The policeman stopped the car. 2. I shall come late to-morrow. 3. He returned with you. 4. I don't know him. 5. Are you ill now? 6. He listened to the wireless at half past four. 7. I am busy now but I think I shall have time to-morrow. 8. Her sister is reading the paper which was in your desk. 9. He thinks lesson seven is rather boring. 10. When did you begin to learn English? 11. Are you usually at home at half past nine? 12. Your daughter does not want to go with us.

LEKCJA DWUDZIESTA TRZECIA

Kto to jest Stanley?

Piotr: Czy znasz Stanleya?

Alfred: Tak, znam. On jest angielskim chłopcem lub raczej młodym człowiekiem, którego rodzina mieszka w Londynie. Ma on siostrę i myślę, że coś studiuje.

Piotr: Nie masz racji. On nie jest Anglikiem, on jest Polakiem. A jego rodzina nie mieszka w Anglii, oni są u siebie (w domu), w swym własnym kraju. Lecz masz rację co do siostry i gdy mówisz, że studiuje w Londynie.

Alfred: Lecz słuchaj-no, „Stanley" to angielskie imię, nie można przetłumaczyć go na polski. I on mówi po angielsku bardzo dobrze i pali fajkę...

Piotr: Masz rację. W Anglii prawie każdy młodzieniec pali fajkę i Stanley również: „W Rzymie czyń jak Rzym czyni".

Alfred: Widzisz, myślałem, że on jest Anglikiem, ponieważ nazywa się Stanley. Dlaczego jego matka dała mu angielskie imię?

Piotr: Ona nie uczyniła tego. Jego prawdziwe imię jest Stanisław, lecz jego angielscy przyjaciele uważali, że jest ono za trudne do wymówienia i dlatego nazwali go Stanley.

Alfred: Teraz rozumiem. Ja go nie znałem. Co on robi w Londynie?

Piotr: Doskonali swój angielski i uczy się korespondencji handlowej. Jest miłym chłopcem. Podoba mi się i mam nadzieję, że go będę widział więcej (częściej).

Alfred: Ja również.

W Rzymie czyń jak Rzym czyni.

Ćwiczenie II.

I was very glad the watch was for me
You were very glad the watch was for you
He was very glad the watch was for him
She was very glad the watch was for her
It was very glad the watch was for it
We were very glad the watch was for us
You were very glad the watch was for you
They were very glad the watch was for them

Ćwiczenie III. 1. Ronald was a busy man. 2. She hoped to see you. 3 What did you take instead of tea? 4. He did not go to the library. 5. The young lady of Riga smiled when she rode on a tiger. 6. I did not see any animals in that street. 7. Did the policeman know you? 8. She got up late. 9. They drank too much. 10. The doctor said "how do you do" to everybody. 11. Harry wrote a fine letter. 12. I could see you better from that window. 13. People were happiest at home. 14. He could show me the way to the station. 15. A railway station was very attractive for little John.

Ćwiczenie IV. 1. You are glad, and so am I. 2. I have time, so has Mary. 3. The couch is brown, so is the wardrobe. 4. They have much milk, so have we. 5. I can give you a new magazine, so can you. 6. Dogs are strong animals, so are tigers. 7. Peter has a wireless, so has Stanley. 8. Everybody works at the office, so does my sister.

Ćwiczenie V.

[ɑ:]	[a]
a:ftə	*bas*
ba:θ	*'kabəd*
kla:s	*'batə*
ka:nt	*'kamftəbl*
da:k	*klab*
	'kantry

LEKCJA DWUDZIESTA CZWARTA

U Harry'ego. Harry na pół siedzi, na pół leży z Bonzo, pięknym terrierem u boku. Freddie umieścił się na krześle naprzeciwko, z dużym papierem (kawałkiem papieru) w jednej ręce i pędzlem w drugiej. Stanley i Ronald wchodzą do pokoju.

Stanley: Serwus, chłopcy!

Harry: Jak się masz Stanley?

Stanley: Dziękuję, czuję się dobrze (jestem w porządku), przeziębienie skończone (minęło).

Ronald: Dzień dobry wszystkim. O, widzę, że malowanie jest nową ulubioną zabawką Freddiego!

Freddie: Mam zamiar zostać malarzem.

Ronald: W poniedziałek mówiłeś, że chcesz być wielkim pisarzem.

Freddie: Pewnie! Mogę być obydwoma (mogę robić obydwie rzeczy).

Stanley: Jaki dziwny obraz malujesz.

Freddie: Jeszcze nie jest skończony; jak ci się podoba?

Stanley: Hm..., myślę, że włosy jego są nieco za długie.

Ronald: I nie są zbyt gładkie.

Freddie: To wina (błąd) Harry'ego, dlaczego nie uczesał ich lepiej?

Harry: Myślę, że tak jest bardziej naturalnie.

Ronald: Ale jego oczy nie są brązowe, one są raczej zielone.

Stanley: A dlaczego nos jest taki długi? Musisz po prostu zrobić go trochę krótszym.

Freddie: Wy, chłopcy, widzicie błąd we wszystkim (znajdujecie). Teraz powiecie, że pysk (usta) jest za duży lub że uszy są w złym miejscu!

Stanley: Bo są!

Ronald: Mniejsza o malowanie, przyszliśmy poprosić was obu, abyście poszli z nami zobaczyć wielki mecz futbolowy. Będzie wielu kolegów z naszych klas.

Harry: Idę! Nie wiem czy Freddie...
Ronald: Betty i Muriel idą z nami. Obie panny mówią...
Harry: Betty? A Zatem Freddie idzie również!
Stanley, który jeszcze ciągle patrzy na obraz: O Boże! A to co?
Freddie: Nie widzisz? To ogon!
Ronald: Czyj ogon? Harry'ego?
Freddie: O wariaty! Maluję Bonza, a nie Harry'ego.

Ćwiczenie II.
I warm myself at the fireplace
you warm yourself at the fireplace
he warms himself at the fireplace
she warms herself at the fireplace
it warms itself at the fireplace
we warm ourselves at the fireplace
you warm yourselves at the fireplace
they warm themselves at the fireplace

Ćwiczenie III. 1. Peter says she is an attractive girl. 2. What is the time when she comes home? 3. I'm sorry he doesn't know your name. 4. His car cannot stop here. 5. Where does Betty's friend live? 6. I do not drink coffee. 7. There are four men at the office. 8. He has cheese for breakfast. 9. How many advertisements are you reading in that paper? 10. She calls her daughter Muriel. 12. That Englishwoman says good-bye in Polish. 13. I place myself opposite the fireplace.

LEKCJA DWUDZIESTA PIĄTA

Była pewna młoda pani z Lynn,
Która była tak niezmiernie cienka,
Że kiedy próbowała
Pić lemoniadę,
Prześliznęła się przez słomkę i wpadła do środka.

Była pewna młoda pani z Hyde,
Która zjadła dużo jabłek i umarła.
Jabłka sfermentowały
Wewnątrz opłakiwanej
I zrobiły jabłecznik wewnątrz jej wnętrzności.

Ćwiczenie I. 1. I had a nice terrier. 2. He was a very good dog. 3. Every morning he took breakfast with me, but he did not drink tea; he drank milk and ate bread. 4. Then we usually went out. 5. He did not like to walk in busy streets, so he was very glad when we came to some large places where there were no houses or traffic. 6. At home he was happy when he could lie in front of the fireplace. 7. I often had pieces of old bread in the cupboard, or my desk, and he knew they were for him. 8. So, one day he opened the cupboard and got into it, but then he could not get out. 9. That was a splendid picture.

Ćwiczenie II. 1) some, 2) before noon, 3) p.m., 4) before, 5) not so... as..., 6) a lot, 7) to finish, 8) why, 9) warm, 10) under, 11) to go away, 12) the night, 13) the son, 14) no, 15) light, 16) nothing, 17) to sit down, 18) little, 19) out, 20) reader, 21) right.

Ćwiczenie III. — three, thirteen, thirty, eighty-four, twelve, fourteen, fifty-five, seventy-eight, forty-one, nineteen, eleven, four, seven, forty.

LEKCJA DWUDZIESTA SZÓSTA

W łazience. Stanley stoi (na zewnątrz) przed łazienką w szlafroku, z ręcznikiem w ręku. On czeka, podczas gdy Harry myje się i gwiżdże.

Stanley: Słuchaj Harry, co tam robisz tak długo? Wszedłeś pół godziny temu i jeszcze nie jesteś gotów.

Harry: Kąpię się. Umyłem twarz, szyję, uszy, ramiona, całe ciało, teraz zaczynam myć moją lewą nogę.

Stanley: Do licha z twoją lewą nogą! Nie mogę czekać tak długo. Mam lekcję.

Harry: Mniejsza o twoją lekcję. Siadaj w hallu i czytaj niedzielne gazety. Teraz myję moją prawą nogę. Mój Boże! Mydło wyśliznęło się pod wannę. Nie mogę go wydostać...

Stanley: Wychodź z brudną nogą, nie będziemy patrzeć.

Harry: Jest (jeszcze) inny kawałek mydła na umywalni. Druga noga będzie również czysta. Teraz biorę ręcznik, który wisi poza mną.

Stanley: Czy nigdy nie wyjdziesz?

Harry: Chwileczkę! Wycieram się. (Gwiżdże wesoło). Jestem prawie gotów. Zakładam szlafrok. Otwieram drzwi. Bywaj Stanley! Przyjemnej kąpieli!

Stanley wchodzi do łazienki i zamyka ją na klucz. Ale Harry wraca i stuka do drzwi.

Harry: Słuchaj stary, zapomniałem zegarek, leży na półce.

Stanley: Mniejsza o twój zegarek. Siadaj na kanapce w hallu i czytaj niedzielne gazety. Teraz odkręcam gorącą wodę, zdejmuję szlafrok i...

Uśmiechaj się!

Ćwiczenie III. 1. John is not at home, we must ring up another friend. 2. He is exceedingly boring. 3. Why have you caught a cold? 4. I could not write this exercise, I shall do it another day. 5. Everybody is busy on Monday. 6. Don't open this window, open the other. 7. Give us, please, other rolls instead of these. 8. Some people were waiting in front of the station, the others went to the policeman. 9. Have they gone to another restaurant? 10. Have you dried yourself with your towel?

LEKCJA DWUDZIESTA SIÓDMA

Dżentelmen jest zawsze uprzejmy

Betty: Podoba mi się twój kolega (przyjaciel) Piotr, jest taki grzeczny.

Freddie: O tak. On wciąż mówi „przepraszam".

Muriel: Jest moim sąsiadem. Często widuję go w ogrodzie albo na ulicy w drodze powrotnej do domu. Zawsze kłania się i uśmiecha, a nigdy nie zapomina zapytać mnie jak się czuję.

Ronald: Kiedy widzi (znajduje) swego psa (leżącego) w (swoim) najlepszym fotelu, zwykle mówi z przyjacielskim uśmiechem: „przepraszam, mój drogi..." i czeka na psa, żeby zszedł.

Freddie: Pewnego dnia nie mógł przerwać rozmowy (przestać rozmawiać) z jednym starszym panem w autobusie.

Usiadł na kapeluszu starszego pana. Ten pan rzekł: Przepraszam pana, **mój kapelusz!**

Piotr rzekł: O, **bardzo** przepraszam!
Ten pan: Przepraszam pana...
Piotr: **Ja** przepraszam pana...
Ten pan: Przepraszam...
Piotr: Przepraszam...
Ten pan: ...praszam... (mówi już niewyraźnie)
Piotr: ...praszam...
Ten pan: ...szm...
Piotr: ...szm...
Betty: O, Freddie. To nieprawda!

Freddie (uśmiechając się) No, nie. To (tak nie jest) nieprawda. Ale to wygląda na Piotra (to podobne do Piotra).

Ćwiczenie I. 1. My teacher's study has seven chairs. 2. (bez zmiany). 3. I shall not take my sister's towel. 4. Mary's bath is ready. 5. (bez zmiany) 6. I won't speak to your nurse's friend. 7. Don't whistle, the girl's mother is ill. 8. Some gentlemen stopped before the doctor's house. 9. (bez zmiany).

Ćwiczenie II. (przypuszczalne odpowiedzi). 1. I read my English book in the evening. 2. Yes, he did. 3. No, he did not. 4. Yes, it does, lub, No, it doesn't. 5. Yes, I have, lub, No, I haven't. 6. No, I haven't. 7. Yes, he is, lub, No, he isn,t. 8. The lady of Hyde. 9. I like tea better.

Ćwiczenie III. Is, always, says, bows, smiles, finds, his, excuse, man's.

Fonetyka

	[o:]		[aj]
short	[*szo:t*]	write	[*rajt*]
always	['*o:l*^{u}*əz*]	side	[*sajd*]
call	[*ko:l*]	right	[*rajt*]

	[ej]		[o]
basin	[bejsn]	to-morrow	[tə'morou]
late	[lejt]	sorry	['sory]
neighbour	['nejbə]	office	['ofys]
eight	[ejt]	shop	[szop]

LEKCJA DWUDZIESTA ÓSMA

Przed wykładem

Betty: Czy widziałaś nową suknię Sylvii?

Muriel: Nie, nie widziałam.

Stanley: Kto to jest Sylvia? Nie znam jej? Jak ona wygląda?

Betty: O znasz ją! Wysoka blondynka i ma przepiękne szare oczy.

Muriel: A jak wygląda suknia?

Betty: Jest wprost piękna! Ten rodzaj różowego pasuje do niej doskonale. I podoba mi się palto, które kupiła w ubiegłym tygodniu.

Piotr: Czy wy kobiety zawsze musicie mówić o sukniach? Kiedy dwie panny spotykają się, zawsze rozpoczynają albo kończą rozmowę o strojach.

Stanley: Tak, to tak jest. A kiedy spotykają się dwaj Anglicy, to zawsze mówią o pogodzie.

Piotr: O nie! (Nie mówią!)

Stanley: Założę się z tobą o dobry obiad, że każdy prawdziwy Anglik, który wejdzie, powie coś o pogodzie.

Piotr: W porządku! A ja się założę, że nie powie. Oto Jan.

Jan: Serwus koledzy! Stanleyu, czy nie widziałeś mego wiecznego pióra u siebie? Gdzieś je zostawiłem.

Piotr: Widzisz Stanleyu, mam rację.

Stanley: Nie, nie masz. Janie, czy jesteś prawdziwym Anglikiem?

Jan: Na pewno nie. Jestem Szkotem. Droga Betty, pożycz mi proszę swego ołówka, nie mogę znaleźć mojego.

Wchodzi Willy.

Willy: Jak się macie! Okropna pogoda, nieprawda?

Wszyscy się śmieją.

Willy: Czego się śmiejecie? Nie ma nic w tym śmiesznego. Zanosi się na deszcz, a ja nie mam swego płaszcza nieprzemakalnego.

Muriel: Gdzieżeś go tym razem zostawił?

Willy: Spędziłem koniec tygodnia na wsi i zapomniałem tam wszystkie swoje (moje) rzeczy.

Wchodzi Sylvia, wyglądająca bardzo ładnie w zielonym, nieprzemakalnym płaszczu.

Sylvia: Dzień dobry wszystkim (dobre popołudnie). Jaki straszny wiatr, nie mogłam otworzyć parasolki.

Wszyscy się śmieją.

Sylvia: Nie mam nic przeciwko chmurom i deszczowi, lecz nienawidzę wiatru.

Jan: Ja nie mam nic przeciwko wiatrowi. Czego nie znoszę, to wychodzenia w czasie mglistej pogody.

Stanley: Ja również. Najwięcej ze wszystkich — londyńskich mgieł. Ona nie jest tak zła gdy jest biała, lecz kiedy jest żółto-brązowa i wchodzi do domów, to jest po prostu okropna.

Freddie, wbiegając: Leje jak z cebra!

Wszyscy się śmieją.

Freddie: Nie śmiejcie się. Pada bardzo mocno, a ty Willy przemokniesz, twój nieprzemakalny płaszcz jest u mego brata na wsi.

Betty: Nic nie szkodzi, Sylvia pożyczy mu swoją parasolkę.

Stanley: (do Piotra) Słuchaj stary. To razem jest trzy obiady, czy nie tak? Wszyscy (oni) mówili o pogodzie.

P. Green, profesor, wchodzi: Dzień dobry panie i panowie. Dość zimno dzisiaj, nieprawdaż?

Wszyscy się uśmiechają.

Ćwiczenie I. 1. your, mine. 2. — mine, yours. 3. — his. 4. — our. 5. — my. 6. — my. 7. our, yours. 8. — his. 9. my. 10. — your, mine. 11. — their, my.

Ćwiczenie III. 1. I am. 2. he does not. 3. you cannot. 4. they are. 5. he is. 6. she will not. 7. I shall. 8. it is. 9. we do not. 10. she was not.

LEKCJA DWUDZIESTA DZIEWIĄTA

Rozmowa telefoniczna. Telefon dzwoni. Willy podchodzi do telefonu.

Willy: Mówi William Jones —

Jerzy: (brat Freddie'go) Halo, Willy.

Willy: Halo, Jerzy, właśnie miałem zamiar zapytać ciebie o tę walizkę, którą zostawiłem u ciebie.

Jerzy: Właśnie dlatego dzwonię do ciebie. Zobaczyliśmy ją w holu tego samego dnia, kiedy wyjechałeś.

Willy: Kiedy przyjedziesz do miasta (wybierasz się)?

Jerzy: To jest pytanie. Jadę we środę, a ty możesz potrzebować coś ze swoich rzeczy. Co masz w niej w środku?

Willy: Garnitur, spodnie tenisowe, buciki i kilka chusteczek. Tak bardzo nie potrzebuję ich, tylko, że jest tam najlepszy mój krawat i płaszcz nieprzemakalny.

Jerzy: I wszystkie twoje przybory do mycia są jeszcze w łazience.

Willy: Wiem, musiałem kupić nową szczoteczkę do zębów. Słuchaj, Freddie mógłby przywieźć walizkę. Nie jest ani duża, ani ciężka.

Jerzy: Jestem pewien, że on to zrobi, jak tylko będzie mógł. Co to jest jutro?

Willy: Wtorek.

Jerzy: A zatem on jutro tu przyjeżdża.

Willy: Doskonale. Gdy spotkam go przy obiedzie, poproszę, aby przywiózł te rzeczy.

Jerzy: Wspaniale. A następnym razem jak tu przyjedziesz nie zapomnij swojej głowy.

Willy: Kiedy widzisz, myśmy się tak śpieszyli...

Jerzy: I prawie spóźniliście się na pociąg.

Willy: Aleśmy się nie spóźnili. A więc, dziękuję bardzo. Pozdrowienia dla żony. Bądź zdrów!

Jerzy: Żegnaj!

Nikt nie jest głupcem stale, ale każdy (jest nim) czasem.

Ćwiczenie II. That hare is not alive. 2. She returns from Piccadilly. 3. The bus stops before the railway station. 4. English people like animals. 5. The little boy keeps away from the fireplace. 6. The old gentleman rides with his sons. 7. Your mother gives us spendid cigarettes. 8. Everybody sleeps at night. 9. He smokes twenty cigarettes a day. 10. My friend is sleeping in his clothes. 11. Every day has twenty-four hours. 12. Harry knows London very well. 13. She does not speak with the policeman.

Ćwiczenie III. 1. — one thousand nine hundred and forty-six. 2. — one thousand eight hundred and fifty-two. 3. — one thousand and sixty-six. 4. — one thousand two hundred and sixteen. 5. — one thousand nine hundred and fifty-one.

Ćwiczenie IV. 1. I don't like to look at football matches. 2. Show us some young dogs. 3 I saw him in the garden to-day. 4. Why did you write only one exercise? 5. They usually wash themselves in warm water. 6. I am very hungry. So am I. 7. To-day I want to paint the next picture though the light in not good. 8. Both the handkerchiefs were dirty. 9. Where were you in the country? 10. I am sure our neighbour will be friendly. 11. How many mistakes did you find in your exercise? 12. I did not forget any names. 13. Almost all the pupils bowed as soon the teacher came in.

LEKCJA TRZYDZIESTA

W parku. Freddie i Betty idą do domu przez Hyde Park. Kiedy deszcz pada lub kiedy się śpieszą, jadą autobusem lub kolejką podziemną, lecz dziś słońce świeci, więc mogą iść pieszo. Park jest raczej pusty. Jest tylko kilka osób, ponieważ jest zupełnie zimno. Trochę dzieci biega i bawi się, podczas gdy matki ich przyglądają się im.

Dwa miesiące temu było zupełnie inaczej. Ludzie wypoczywali na zielonej trawie, na krzesłach, w słońcu lub w cieniu wspaniałych, starych drzew i żywopłotów. Małe niemowlęta pokazywały tłuste nogi i ramiona, starsze dzieci często przyglądały się białym i czarnym owcom, a ptaki śpiewały wesoło. Teraz lato się skończyło i zaczęła się jesień. Trawę pokryły (jest pokryta) żółte, czerwone i brązowe liście, a drzewa wyglądają czarno na tle nieba.

Lecz Freddie nie widzi nic ani nikogo, widzi tylko Betty. Myśli, że ona jest najlepszą i najpiękniejszą dziewczyną. Betty ma lat dziewiętnaście, ciemnobrązowe włosy i śmiejące się oczy. Usta jej są nieco za duże, ale ma bardzo piękne zęby i miły uśmiech. W ogóle jest raczej przystojna i ma bardzo dobre serce, więc wszyscy ją lubią, a Freddie kocha się w niej.

Młodzi ludzie idą powoli bez słowa. Dziewczyna myśli o kimś kto przybywa do Londynu na tydzień odwiedzić ją, podczas gdy Freddie zadaje sobie pytanie czy ma trochę czasu aby pójść do kina z Betty.

Pocałować pannę jest strasznie proste;
stracić okazję do pocałunku jest po prostu straszne.

Ćwiczenie I. 1. Have I seen any new advertisements? 2. Did anybody take twelve handkerchiefs? 3. Were there any Englishmen at the office? 4. Could she sleep anywhere in the park? 5. Did anybody catch a cold last Tuesday? 6. Does my neighbour see anything on his tie? 7. Did I lend my friend any money? 8. Shall I eat anything this time? 9. Did he leave his mackintosh anywhere in the station? 10. Are there any words difficult to write? 11. Did anybody remember to take an umbrella? 12. Did anything heavy fall on Peter's leg?

Ćwiczenie III. 1) awfully, 2) beautifully, 3) coldly, 4) comfortably, 5) kindly, 6) dearly, 7) deeply, 8) dirtily, 9) funnily, 10) gladly, 11) heavily, 12) prettily, 13) strongly, 14) sweetly.

Ćwiczenie IV. 1. I bought a pen last week. 2. I have often bought in this shop. 3. I bought a new kind of cheese on Tuesday. 4. His pupil was painting this house but he did not finish the picture. 5. The child was running here and there. 6. The sheep ran up to us. 7. They were opening the wardrobe when I came into the bedroom. 8. We were just washing ourselves when somebody opened the smallest window. 9. I did not see their brother though he was standing quite near. 10. We were walking all the morning.

LEKCJA TRZYDZIESTA PIERWSZA

Rozmowa

Stanley: Muriel mówi, że kiedy weszła do twojego pokoju wczoraj wieczorem, pisałaś coś zabawnego. Co to było, kochanie? Czy mogłabyś pokazać mi to?

Maria: O tak. Oto tu jest. Miałam znaleźć kilka przykładów na imiesłów czasu przeszłego czasowników regularnych na (moją) następną lekcję.

Stanley: Ależ ty piszesz (jakiś) poemat, nie czasowniki regularne... A ja właśnie miałem poprosić cię o jakąś książkę z angielskimi wierszami.

Maria: No, to nie jest właściwie poemat, to po prostu wierszyk. Usłyszałam go od Jana; (on) jest (wzięty) z książki dla dzieci. Ale jest w nim dużo czasowników, więc uczę się go na pamięć.

Stanley: Masz zupełną rację. To są bardzo dobre przykłady. Myślę, że ja też będę się go uczył za chwilę. Pomoże mi zapamiętać nazwy dni tygodnia.

Solomon Grundy

Solomon Grundy,
Urodzony w poniedziałek
Ochrzczony we wtorek,
Ożeniony we środę,
Bardzo chory we czwartek,
Bardziej chory w piątek
Zmarł w sobotę,
Pochowany w niedzielę,
Takie było życie,
Solomona Grundy.

Ćwiczenie I. 1. They brought. 2. He bought. 3. Do you begin? 4. She does not beg. 5. Did you sleep? 6. What does he do? 7. We drank. 8. Who began? 9. Did they catch? 10. Did he die? 11. He will climb. 12. I dried. 13. They ate. 14. Does she fall? 15. You forgot.

Ćwiczenie II. nose, noon, nice, near, nine, ear, eat, car, soon, coat, rain, rest, son, can, on, no, to, at, ran, or, cat, not, nor, one, sit itd. (słowa zawarte w dotychczasowym słownictwie)

Ćwiczenie III. 1) I do not begin. 2) she hears. 3) is he going? 4) I took. 5) they are not writing. 6) we showed. 7) it was shining. 8) do you know? 9. I can sleep. 10) look! 11) are you thinking? 12) they are sitting. 13) he is smiling. 14) are you sleeping? 15) did you bring? 16) I haven't. 17) did you take? 18) did you think? 19) shut. 20) I translated. 21) don't laugh!

Ćwiczenie IV. 1) I look, 2) I am looking, 3) I bought, 4) I have just written. 5) I was writing. 6) they will read. 7) we have rested. 8. she has washed herself, 9) she was washing herself, 10) we have played, 11) we were playing, 12) he was putting, 13) he has put, 14) were you running? 15) I was painting, 16) we were ringing, 17) I have not rung.

LEKCJA TRZYDZIESTA DRUGA

Plotki. Anna dostała miesięczny urlop i ma zamiar spędzić go nad morzem, ale po drodze zatrzymała się na tydzień u swojej siostry w Londynie. Betty uważa, że to jest wspaniała myśl i że posiadanie gościa jest przyjemną odmianą w jej codziennej pracy na kursach handlowych.

Pokój Betty jest pełen ich gwaru i śmiechu, podczas gdy przygotowują się do snu (iść do łóżka). Anna, siedząc w piżamie na łóżku przegląda fotografie. Jej młodsza siostra układa włosy przed lustrem.

Anna: Słuchaj Betty, kto to jest ten chłopiec?

Podnosi fotografię kilku młodych osób siedzących na stopniach dużego domu.

Betty: To jest Willy. Pamiętasz, ten co zawsze coś zapomina.

Anna: A to jest Jerzy, brat Freddie, prawda? Oni są bardzo do siebie podobni.

Betty: Tak, chociaż między nimi jest dziesięć lat różnicy. Jerzy jest żonaty, wiesz. Ta fotografia była robiona u niego na wsi.

Anna: Czy ten młody człowiek jest także z waszego kursu?

Betty: Tak, to jest Jan. On pochodzi ze Szkocji. Ale nie jest zadowolony z korespondencji handlowej. Jego wuj jest handlowcem i chce zrobić go swoim sekretarzem. Ale myślę, że on z tego zrezygnuje. Postanowił zostać lekarzem.

Anna: Widzę tu Muriel. Jest tak samo pulchna jak wtedy kiedy była w szkole.

Betty: Ona się tym martwi. Ona wyrzekła się czekolady i słodyczy, wzięła się do tenisa i do jazdy na rowerze. Robi co może aby mieć linię (wyszczupleć).

Anna: Nie widzę tu nigdzie Ronalda.

Betty: Muszą tam być fotografie wszystkich. Ja zdejmowałam ich wszystkich sama. Jeżeli otworzysz tę małą szafkę w moim biurku, znajdziesz więcej.

Anna: Czy on jeszcze ma nadzieję zostać kiedyś dyrektorem dużego banku?

Betty: Tak, ale nie myślę żeby on nim kiedy został, jest taki leniwy.

Anna: Czy to jest Maria, ta Szwedka?

Betty: Tak, a tu jest jeden młody Polak. Nazywamy go Stanleyem, ponieważ jego prawdziwe imię jest za trudne do wymówienia. On pięknie gra na fortepianie.

Anna: Czy nie ma tu więcej cudzoziemców?

Betty: Jest ich pełno, ale nie na moim kursie. Jest kilku Francuzów, dwie siostry Włoszki, jedna Holenderka, która właśnie przybyła z Holandii, i jeden Hiszpan, bardzo przystojny.

Anna: A kto jest ta młoda dama w stroju do konnej jazdy? Wygląda jak gwiazda filmowa.

Betty: Czy ty jej nie znasz? To Sylvia. Muszę powiedzieć, że ona jest niezwykle przystojna.

Anna: O jakie śmieszne zdjęcie Freddie i jego ciotki!

Betty: (rumieni się, ponieważ Freddie jest jej sympatią) śmieszne? Może jego ciotka, ale nie Freddie!

(Zegar na sąsiedniej wieży kościelnej wybija jedenastą)

Anna: No, czas iść spać. Jeżeli się dobrze nie wyśpisz będziesz się jutro czuła zmęczona. Dobranoc! Śpij dobrze!

Betty: Dobranoc!

Ćwiczenie II. 1. Betty is **a** young lady studying commercial correspondence in London. 2. We often take coffee for breakfast. 3. **The** sun in shining beautifully and **the** whole park is full of people. 4. Did you put any sugar into your tea? 5. **The** uncle of **the** little boy is at home now. 6. **The** physician said that my daughter had **a** bad cold. 7. What is **the** secretary like? 8. Look over all these shelves, you may find **the** fountain-pen behind **the** books. 9. On Sunday we usually have more time for playing tennis. 10. Don't go on foot! 11. **The** clouds are quite dark, it looks like rain, and you have got no mackintosh.

Ćwiczenie III. 1. Are all your washing things still in the bathroom? 2. Do the English always talk about the weather? 3. Does that kind of frock suit her perfectly? 4. Could I open my umbrella? 5. Will the young people go by bus? 6. Have they bought any new umbrellas? 7. Did his wife shut both the doors? 8. Shall I bring another bicycle? 9. Did your friend's daughter hang her dressing-gown in the wrong place? 10. Did we find twelve photos under the settee? 11. Has anybody taken my soap? 12. Do yellow leaves lie under that old tree? 13. Cannot we forget this moment?

Ćwiczenie VI. 1. Are your hands clean? 2. I cannot wait so long. 3. Will you kindly show us the way to the station?. 4. Knock at the door when you finish your washing. 5. I don't like this advertisement, give me another one. 6. Do you speak English? 7. Yes, a little. 8. We always go by bus when we come back from the park. 9. Must you dry your hair in the sun? 10. This little boy washed himself very well except for the ears which are still dirty. 11. The watch which you have in your hand was found under the settee. 12. They will go on Tuesday, and we shall come on Wednesday. 13. Has she got enough chocolate? 14. She is very pleased with the change. 15. When the lecture is over some people go for a cup of coffee. 16. What is the difference between a restaurant and a café?

LEKCJA TRZYDZIESTA TRZECIA

Obiad poza domem. Stanley i Piotr spotkali się przy drzwiach znanej restauracji aby zjeść dobry obiad (zob. lekcja 28).

„Chodźmy na jednego“ rzekł Piotr i najpierw poszli do baru w głębi sali. Było to bardzo przyjemne miejsce, pełne ludzi. Potem młodzi ludzie znaleźli stół na dwóch i Piotr zamówił dobry obiad. Najpierw kelner przyniósł zupę pomidorową dla jednego z nich i rosół dla drugiego. Przypomniało to Piotrowi pewien kawał. Pewien mężczyzna przyszedł do restauracji.

„Kelner!"

„Tak panie?"

„Co to jest?"

„To jest zupa fasolowa, panie"

„Mniejsza z tym co to było (gra słów, gdyż: w mowie „it's bean soup" czyli „it is bean soup" — zupa fasolowa, wymawia się tak samo jak „it's been", czyli „it has been" — to była) ale co to jest teraz?“ „Ale wiesz“, powiedział Stanley, „ że kiedy po raz pierwszy przyjechałem do Anglii, często w restauracjach trudno mi było wyrażać się zrozumiale. Pewnego razu powiedziałem kelnerowi, aby mi przyniósł jaja na miękko a wszystko co otrzymałem była... woda sodowa! Musiałem ją wypić i iść do innej restauracji na lepszy obiad."

Kelner przyniósł rybę, a potem rozbef z jarzynami dla Piotra i pieczeń z jagnięcia z kartoflami i zielonym groszkiem dla Stanley'a. Zupa zbytnio Stanley'owi nie smakowała (ale tego nie powiedział) lecz zarówno ryba jak i jagnię były bardzo dobre.

„Mięso jest pierworzędne w tej restauracji" — powiedział on. „Tak", odrzekł Piotr, „masz rację, co będziesz pił?"

„Proszę o jabłecznik".

„Ja będę pił piwo".

„A skąd wiedziałeś, że ja nie lubię sosu miętowego. Wy, Anglicy, zawsze używacie go do jagnięcia."

„Byłem pewny, że go nie użyjesz. Żaden cudzoziemiec nie lubi go. Śmieszne, prawda? Maria powiedziała mi, że przyzwyczajenie się do angielskiej kuchni zajęło jej pół roku. Myślała, że „Welsh rabbit" (Walijski królik), to rzeczywiście królik".

„Ja również! Jaką minę zrobiłem, kiedy kelner przyniósł gorący ser na grzance!"

Po mięsie nastąpiła sałatka owocowa ze śmietaną. Zakończyli obiad kawą, bułeczkami i serem. Przez pewien czas słuchali orkiestry, która cały czas grała, po czym Piotr zapłacił rachunek i obaj przyjaciele wyszli.

„Dziękuję ci bardzo", rzekł Stanley, „obiad był znakomity!"

Ćwiczenie I. Stanley and Peter **meet** at the door of... "Let us have a drink", **says** Peter and they **go** to the... It **is** a very nice place... Then the young men **find** a table for two, and Peter **orders** a good dinner. First the waiter **brings...** It **reminds** Peter...

Ćwiczenie II. 1. a few 2. a few 3. a little 4. a little 5. a few 6. a few 7. a little.

Ćwiczenie VI. 1. He thinks that she goes by bus. 2. He thought that we were going by train. 3. The physician says that he will come at five o'clock. 4. The physician said that he would come in tennis clothes. 5. I don't know if these potatoes are boiled. 6. I didn't know if we had enough tea. 7. Her aunt is worrying that she cannot go on a bicycle. 8. His uncle was worrying that he could not play football. 9. She is quite sure that nobody will see the difference in the bill. 10. He was almost sure that nobody would see him in the photo.

LEKCJA TRZYDZIESTA CZWARTA

Spelling (pisownia, sylabizowanie)

Maria: Czy kto wie gdzie mogę nabyć dobre angielskie powieści lub nowele?

Stanley: Na ulicy Berkeley jest bardzo dobra księgarnia.

Maria (biorąc wieczne pióro): Muszę sobie zapisać. Jak się pisze „Berkeley"?

Stanley: B... A... (wymawia: [bi:,ej])

Harry i Jan: E. (wym.: [i:])

Stanley: B... E... er...

Harry i Jan: R. (wym.: [a:])

Stanley: Tak, B — E — R — ... O Boże! Dobrze potrafię napisać nazwę, lecz nigdy nie mogę zapamiętać angielskiego alfabetu.

Maria: Te litery E i A i I zawsze się mieszają. A już nigdy nie wiem jak wymówić Y.

Stanley: Myślę, że alfabet w rzeczywistości nie jest tak ważny. To jest jeden z koników angielskich nauczycieli.

Jan: Być może, że tak jest, lecz powinno go się znać. Może to zaoszczędzić ci wiele kłopotów. (Spogląda na Harry'ego z błyskiem w oku).

Harry (uśmiechając się): Stanley'u, czy pójdziesz na G.P.O. teraz?

Stanley: Co proszę? (przepraszam?)

Harry: Myślę, po drodze do Y.M.C.A.

Jan: Ja sam idę tamtędy. Czy wiecie kogo wczoraj spotkałem u Freddie? Michała Brown'a. Czy pamiętacie, że miał on T.B. w szkole?

Harry: Tak, a jednak chodzi teraz na P.T. To był A. 1. chłop!

Jan: Jego ojciec jest grubą rybą w T.V. A czy pamiętacie jego brata, który był w R.A.F. w czasie wojny?

Harry: Myślę, że był on A.D.C. i dostał V.C.. Teraz jest M.P.

Jan: Tak, słyszałem go w B.B.C.

Stanley: O kim mówicie? Co to wszystko znaczy?

Harry: Po prostu mówimy po angielsku.

Jan: Widzisz Stanley'u, jeśli nie wiesz, że G.P.O. to trzy litery, nigdy nie znajdziesz tego słowa w słowniku.

Maria się śmieje, jak również i Stanley.

Stanley: Masz rację!

Nigdy nie jest za późno coś naprawić.

Ćwiczenie II. 1. Who do you like best? 2. What did she think of? 3. Who do you play tennis with? 4. What does Mary write about? 5. What is that little door for? 6. What restaurant do you go to? 7. Who is the lady waiting for? 8. Who did he meet in Piccadilly with? 9. Who did you give the tie to? 10. What house do you live in?

Ćwiczenie III. 1. Yesterday I returned home as soon as it began raining. 2. Now, when I see my mistakes I want to learn more. 3. If you find that funny picture, ring me up, please. 4. To-morrow, that good-looking fellow will come to us as soon as he has time. 5. When they buy all those novels, the bookshop will be empty. 6. The child will eat all your cheese before you sit at table. 7. On Tuesday we shall get some new handkerchiefs if she brings us money. 8. The mother was putting her things into the suit-case while the baby was sleeping. 9. We were listening to the wireless when you came in.

Ćwiczenie V. 1. What will you do when you see a lot of sheep? 2. Have you shut the dog in the study? 3. I don't know what you have taken instead of your handkerchief. 4. You must write a longer letter than this. 5. Is his desk quite empty? 6. Her suit-case was heavier than mine. 7. I am sure these stories will be rather strange. 8. Where did you put these straws? 9. I am going to buy some fat cheese on Tuesday. 10. The children were playing cheerfully while the teacher was sitting in the shade.

LEKCJA TRZYDZIESTA PIĄTA

Grzeczność. „Proszę dwa zwykłe (nie: powrotne), trzeciej do Benham". Stanley kupuje bilety, podczas gdy Maria przygląda się mu i uśmiecha się.

Stanley: Z czego się śmiejesz?

Maria: To co powiedziałeś przypomniało mi nieporozumienie, jakie miałam pół roku temu.

Wchodzą do pociągu i zajmują przeciwległe miejsca przy oknie. Zostali zaproszeni do Jerzego na koniec tygodnia.

Stanley: Co to było?

Maria: Kilka razy, kiedy kupowałam bilety autobusowe lub tramwajowe dostawałam dwa zamiast jednego.

Stanley: Dlaczego?

Maria: Ponieważ zawsze mówiłam „to" („do" lub „dwa" — ta sama wymowa) stacji Wiktoria albo „to" placu Piccadilly.*

Stanley: (śmieje się) Często miewałem kłopoty, zanim nie nauczyłem się trochę lepiej języka angielskiego. Pewnego razu miałem śmieszne nieporozumienie z pewną panienką z mego pensjonatu. Chciałem poprosić ją o powieść, o której wiedziałem, że ma i zamiast powiedzieć „czy będzie pani tak dobra..." powiedziałem „please", podobam się, sprawiam przyjemność pani. („Please" znaczy „proszę", ale „I please" znaczy „podobam się"). Spojrzała na mnie zimno i odpowiedziała: „O, czy tak? Czy jest pan tego pewien?" Lecz Hary wybuchnął śmiechem i powiedział jej co miałem na myśli.

Maria: Tak trudno być grzecznym w obcym kraju. Nawet jeśli się mówi zupełnie dobrze, w wielu wypadkach nie wiadomo co powiedzieć, co wypada a co nie. Na przykład wczoraj. Jedna moja przyjaciółka zwróciła mi parasolkę, którą jej pożyczyłem, mówiąc: „Tak bardzo ci dziękuję", a ja nie wiedziałam co odpowiedzieć.

Stanley: Hm, mogłaś powiedzieć „bardzo proszę".

Maria: Razu pewnego, kiedy po raz pierwszy byłam w Anglii, spotkałam brata Betty w kawiarni. Spojrzał się na mnie i byłam pewna, że mnie po-

* Konduktor myślał, że ona chciała „dwa (bilety), stacja Wiktoria" albo „dwa plac Piccadilly".

znał, ale się nie ukłonił. Tak się zakłopotałam i rozgniewałam, że zaczerwieniłam się i odwróciłam, aby go nie widzieć. Następnego ranka Harry powiedział mi, że w Anglii kobiety kłaniają się pierwsze, a mężczyźni muszą czekać na ukłon lub uśmiech.

Stanley: A wiesz, że kiedy mężczyzna idzie z kobietą, musi trzymać się jej prawej strony, a jeśli to jest ulica, to od strony jezdni.

Maria: O, patrz! Myślę, że to nasza stacja.

Stanley: Tak jest. Oto twoja czapeczka. Mam twoją walizkę i inne rzeczy. Chodźmy!

Wychodzą z pociągu. Jazda skończona.

Ćwiczenie I. 1 — isn't it? 2 — isn't it? 3 — doesn't she? 4 — can't we? 5 — don't I? 6 — don't you? 7 — wasn't it? 8 — mustn't we? 9 — hasn't he? 10 — didn't it?

Ćwiczenie III. a) 1. Don't open the door! 2. Don't let him see you! 3. Don't sleep now! 4. Don't stop playing! 5. Don't let us meet in the morning! 6. Don't let me wait for you!

b). 1. Sit on the next seat! 2. Let him bring the trousers! 3. Let me work now! 4. Kiss the baby! 5. Let them call you Betty! 6. Forget everything!

Ćwiczenie V. 1. I know that this dog is alive. 2. I knew that those dogs were white. 3. He says that this umbrella suits my mackintosh. 4. She said that somebody knocked at the door. 5. I was sure I had seen him in 1946. 6. I am sure I have my dressing-gown in the wardrobe. 7. Does he think it's a tiger? 8. An Irishman thought that everyone sang in the street of London. 9. George is reading in the paper that the largest park will be closed. 10. Yesterday we read that that writer was 48.

LEKCJA TRZYDZIESTA SZÓSTA

Dom p. Johnsona. P. Johnson (tj. Jerzy, brat Freddie'go ma wyjątkowo piękny dom, cały pokryty bluszczem i różami. Nazywa go on domkiem chociaż jest piętrowy i ma kilka pokoi. Najstarszy syn Jerzego, Dick, pokazuje dom Janowi, który przyjechał rannym pociągiem. Najpierw muszą iść dokoła ogrodu i podziwiać gładki trawnik, czyste ścieżki, wdzięczne żonkile, pierwiosnki i inne wiosenne kwiaty kryjące sią pod krzakami, które zaczynają się zielenić. W jednym rogu, w pobliżu garażu, można zobaczyć piasek. To jest miejsce gdzie dzieci najlepiej lubią się bawić. Ogród jest trochę za mały, lecz jest dostatecznie duży dla Dicka, Joanny i Dzidzi — dzieci Jerzego. A kiedy nadejdą ciepłe dni, będą spędzać prawie cały czas na dworze.

Dick i jego gość wchodzą do domu przez francuskie okno prowadzące do pokoju bawialnego, który jest dostatecznie jasny i słoneczny (gdy jest słońce) w dzień, a ciepły i przytulny wieczorem, z kominkiem, firankami o ciepłych kolorach i wygodnymi meblami. Na podłodze leży (jest) gruby dywan i stoją fotele, a na sofie barwne poduszki. W jednym rogu piękny fortepian zajmuje dużo miejsca.

Obok jest stołowy. Teraz jest dość zimny, ponieważ piecyk elektryczny od obiadu nie pali się. Kredens, stół i krzesła są z jasnego drzewa. Wazon, pełen żonkil, stojący na środku stołu, pasuje bardzo dobrze do żółtego abażuru lampy i kremowych kretonowych firanek. „Teraz pokażę ci gabinet", mówi Dick i (bierze) prowadzi Jana przez hol do ulubionego pokoju ojca, który wygląda jak biblioteka, ponieważ wzdłuż wszystkich ścian znajdują się szafki z książkami i półki z setkami książek i czasopism.

„Na biurku jest okropny nieporządek, lecz nikomu (nawet mamusi) nie wolno nic tam ruszać".

Z gabinetu jest ładny widok na ogród i można wyjść z niego przez francuskie okno (drzwi oszklone).

Chłopiec i młody człowiek znowu wychodzą do holu. „Nie pójdziemy do kuchni" — mówi Dick, „Ellen (zdrobniałe od Eleonora) nie lubi gdy się jej przeszkadza, a teraz zmywa po obiedzie."

Pomiędzy gabinetem a kuchnią jest umywalnia (toaleta), a ostatnie pomieszczenie blisko drzwi frontowych to spiżarnia. „Jeśli chcesz, możesz wejść" — rzecze Dick, „bo mnie nie wolno, odkąd zjadłem pół urodzinowego tortu Joanny". Jan uważa za bezpieczniejsze nieotwieranie spiżarni. „Pokazałeś mi parter, chodźmy teraz na górę".

Wobec tego pobiegli drewnianymi schodami prowadzącymi na pierwsze piętro.

Na Wschodzie czy Zachodzie w domu jest najlepiej.

Ćwiczenie III.

be	— was	— been
buy	— bought	— bought
have	— had	— had
say	— said	— said
get	— got	— got
take	— took	— taken
learn	— learned learnt	— learned learnt
speak	— spoke	— spoken
know	— knew	— known
do	— did	— done
burst	— burst	— burst
tell	— told	— told
mean	— meant	— meant
may	— might	—
meet	— met	— met
grow	— grew	— grown

see	— saw	— seen
go	— went	— gone
must	—	—
keep	— kept	— kept
think	— thought	— thought
let	— let	— let
ride	— rode	— ridden
read	— read	— read
write	— wrote	— written
sleep	— slept	— slept
give	— gave	— given
lend	— lent	— lent
understand	— understood	— understood
begin	— began	— begun

Ćwiczenie IV

1 — to ask	9 — little	17 — without
2 — before	10 — glad	18 — bad
3 — never	11 — thin	19 — always
4 — clean	12 — remember	20 — to take off
5 — white	13 — dark	21 — often
6 — thin	14 — young	22 — quickly
7 — to stop	15 — short	23 — better
8 — somebody	16 — light	24 — full

Ćwiczenie V. (przypuszczalne odpowiedzi). 1. There are several rooms on the ground-floor. 2. In the garden we can see graceful daffodils, primroses and other flowers. 3. It is a large window through which one can come in or go out of the house. 4. There is a desk, book-cases, and shelves with hundreds of books and magazines. 5. In George's dining-room the furniture is of light wood. 6. Between the kitchen and the study there is a lavatory. 7. Dick cannot go into the pantry because he is not allowed. 8. A sitting-room is made cosy by its fireplace, warm-coloured curtains and comfortable furniture. 9. In a pantry we can find a birthday cake.

Ćwiczenie VI. eighteen twenty; ten hundred and sixty-six; fourteen ninety-two; sixteen hundred and sixteen; thirteen hundred and fifty; nineteen hundred and nine; nineteen forty-eight; nineteen fifty. Two five, seven one; double four, one three; double seven, six eight; four five, five oh; nine three three four.

Ćwiczenie fonetyczne

1) *θru:* 2) *ðou* 3) *θo:t* 4) *kould* 5) *ko:ld* 6) *bed* 7) *bæd* 8) *bet* 9) *bat* 10) *byt* 11) *kap* 12) *kæp* 13) *bouθ* 14) *ba:θ*

LEKCJA TRZYDZIESTA SIÓDMA

Limeryki

Był raz młody człowiek z Ealing
Pozbawiony wszelkich delikatnych uczuć
Gdy przeczytał na drzwiach:
„Proszę nie pluć na podłogę"
Natychmiast napluł na sufit.

Była raz młoda kobieta z Norwegii
Która często siadywała we drzwiach.
Kiedy ją zgnieciono na płasko,
Wykrzyknęła: „Oh, co to?"
Ta odważna kobieta z Norwegii.

Ćwiczenie I. The Hall. 1. a, 2. a, 3. the, —, the, a, 4. the, a, —, —, —. 5. a, a, a, —, 6. the, the, 7. the, the, 8. a, the, the, the, 9. the, the, 10. the, a, 11. —, —, a, 12. the, a, a, an, the, 13. an.

Ćwiczenie IV

have	— had	— had
be	— was	— been
show	— showed	— shown — showed
come	— came	— come
must	—	—
hide	— hid	— hidden
begin	— began	— begun
can	— could	—
see	— saw	— seen
spend	— spent	— spent
get	— got	— got
lead	— led	— led
take	— took	— taken
stand	— stood	— stood
go	— went	— gone
do	— did	— done
may	— might	—
eat	— ate	— eaten
think	— thought	— thought
let	— let	— let
run	— ran	— run
lead	— led	— led

Ćwiczenie VI. 1 — this woman, 2 — these women, 3 — three leaves, 4 — eight Englishmen, 5 — five sheep, 6 — seven teeth, 7 — eleven children, 8 — one tooth, 9 — that child, 10 — five men, 11 — nine Poles, 12 — these gentlemen, 13 — two pantries, 14 — twelve shelves, 15 — four ladies, 16 — four dictionaries, 17 — all wives, 18 — rather long, 19 — these stories, 20 — both policemen, 21 — such a wife.

LEKCJA TRZYDZIESTA ÓSMA

Dom p. Johnsona. Pierwsze piętro. Dick i jego gość wchodzą na górę po schodach i pierwszą rzeczą, którą napotykają, jest gumowa piłka. „Joanna bawiła się i oczywiście musiała pozostawić piłkę tutaj" — wyjaśnia Dick.

Najpierw idą do (nie zajętego) gościnnego pokoju, którego okna wychodzą na zachód i północ. Jan uważa, że jest on miły i wygodny z jasnymi firankami, nowoczesnymi meblami i przytulnymi klubowymi fotelami. Kiedy Stanley był tu po raz pierwszy, zauważył duży kominek, okna, które się podnoszą w górę lub opuszczają w dół, zamiast otwierać się jak drzwi.

Obok jest pokój sypialny, ale nie ma drzwi łączących obydwa pokoje. Można tam zobaczyć zwykłe meble: łóżka, duże szafy (jedna wbudowana), toaletka z wieloma buteleczkami i pudełkami pełnymi rzeczy potrzebnych kobietom do „zrobienia twarzy". Podłoga jest pokryta gładkim (jednolitym w kolorze) dywanem, którego kolor odpowiada doskonale kolorowi jasnozielonych firanek. Francuskie okno prowadzi na balkon, z którego można wejść do pokoju dziecinnego.

Okna wychodzące na południe i wschód, dużo światła, meble jasnego koloru, czynią go idealnym pokojem dla dzieci. Ściany są jasnoniebieskie, bez żadnych obrazów, ale dookoła pokoju idzie (jest) szeroki szlak, który jest cały wymalowany jaskrawymi, zabawnie wyglądającymi zwierzętami, takimi jak króliki, psy, niedźwiedzie, koty, słonie itd. Wzdłuż jednej ściany można widzieć niską półkę. Najwyższa półka jest na książki szkolne starszych dzieci. Nie byłoby bardzo bezpiecznie pozwolić Dziecku dostać je, a jej własne książki z obrazkami zrobione są z mocnego płótna tak aby nie mogła ich podrzeć. Ulubione jej zabawki — przyjacielski misio, drewniana ferma z krowami, końmi i owcami są na najniższej półce. W jednym kącie Jan spostrzega małe biurko a na nim kilka plam atramentowych — to (jest) tam gdzie Dick i Joanna odrabiają lekcję. Uderza Jana to, że pokój dziecinny jest nad gabinetem. „Nie dałbym tego pokoju dla dzieci", — mówi do siebie, „muszą robić dużo hałasu, szczególnie w zimie, kiedy nie mogą tak dużo bawić się w ogrodzie."

Nagle głośne piski dochodzą z sąsiedniej łazienki. „Dzidzia bierze kąpiel" — wyjaśnia Dick. Wobec tego wchodzą aby zobaczyć uciechę. Dzidziuś siedzi w wannie i uderza w wodę gumową kaczką i piszczy z rozkoszy, kiedy woda pryska na całą łazienkę. Nawet wysoka półka, na której ojciec trzyma przybory do golenia, jest cała mokra. Matka zdaje się nie zwraca na to uwagi. Założyła gumowy fartuch i rozciera plecy dziecka raczej energicznie.

„A zatem myślę, że to wszystko“, mówi Jan, który nie chce być ochlapany i śpiesznie wychodzi z łazienki.

„Nie, jeszcze jest pokój Ellen do obejrzenia”, odpowiada Dick.

„Mniejsza o pokój Ellen — o, ktoś idzie”.

Tak jest. Dzwonek przy drzwiach frontowych dzwoni i Binkie (piękny seter) biega po schodach naszczekując wściekle. Dick i jego gość biegną na dół. Zwiedzanie skończone.

Ćwiczenie I. 1. What does she laugh at? 2. What do they think about? 3. What does Freddie work at? 4. What did the cat look at? 5. What do they begin with? 6. What shall we listen to? 7. What is she thinking of now? 8. Who must they send for? 9. Who did she smile at? 10. What will he look at?

Ćwiczenie II. 1. — see, 2. — entered, 3. — are cooking, 4. — lose, 5. — comes, 6. — sells, 7. — is, 8. — was, 9. — had, 10. — said, 11. — knew, 12. — has been read.

Ćwiczenie V. As, so, at, son, on, no, to, it, cat, sat, is, itd.

Ćwiczenie VI. 1. I should like to answer his letter but I have no time.. 2. I should look for the looking-glass in that room. 3. Look at this magazine, it is extremely funny. 4. Would you bring more cheese? 5. When it is cold, an electric fire is lighted. 6. I heard they were buying a wireless at your place. 7. Don't come into the bedroom so energetically, the baby is still ill. 8. Does she play the piano? 9. His younger brother is a teacher. 10. Almost everybody laughs at his daughter. 11. Everyone came into the room next to the nursery. 12. I shall look after the children if you want, while you go to the office. 13. This café whose door is closed now has only old waiters. 14 — This Irishman is a very nice fellow.

Ćwiczenia fonetyczne

1 — *θyŋk*, 2 — *θyŋ*, 3 — *θyn*, 4 — *kout*, 5 — *ko:t*, 6 — *kud*, 7 *kœt*, 8 — *bau*, 9 — *boj*, 10 — *baj*, 11 — *i:t*, 12 — *yt*, 13 — *et*, 14 — *œt*, *ət*, 15 — *ejt*, 16 — *ðœn*, *ðən*, 17 — *ðen*.

LEKCJA TRZYDZIESTA DZIEWIĄTA

Podwieczorek w bawialni. Jest wpół do piątej — czas podwieczorku. W bawialni p. Johnson możemy zobaczyć Jerzego, jego żonę Małgorzatę i ich gości rozmawiających w przyjemnej atmosferze. Siedzą w niskich fotelach z filiżankami w rękach i zgodnie z angielską modą każdy ma talerzyk na kolanach.

Pani Johnson stoi przy małym stoliku, na którym jest elektryczny imbryk i nalewa herbatę z dużego czajnika. Jej mąż i Sylvia roznoszą filiżanki wokoło.

Małgorzata: Freddie, podaj Marii cukier i wręcz jej trochę chleba z masłem.

Maria: Często dziwię się jak możesz krajać chleb tak cienko i nie zaciąć się.

Jerzy: To jest moja praca. Ale trzeba mieć bardzo ostry nóż.

Freddie (do Stanleya): Poczęstuj się tymi ciastkami. Są niezłe.

Maria: Twoja herbata jest wprost pyszna, Małgorzato. Chciałabym byś mi powiedziała, jak ją przyrządzać. Ile bierzesz herbaty?

Małgorzata: To bardzo proste. Wsypuje się jedną pełną łyżeczkę na każdego i jedną na czajnik i zalewa się gotującą wodą. Potem trzyma się w ciepłym miejscu od pięciu do ośmiu minut i jest gotowa.

Sylvia: A jeżeli angielska herbata jest za mocna (dla ciebie), to można dolać trochę wody. Lecz ja nie dolewam.

Freddie: Nie zapomnij, że najpierw trzeba wsypać cukru do filiżanki, potem mleko, a zakończyć nalaniem herbaty.

Jerzy: Nonsens, to nie robi żadnej różnicy.

Freddie: Robi. Smakuje zupełnie inaczej!

Stanley: O, mniejsza z tym. Popołudniowa herbata jest wspaniałą rzeczą. Lancz, wiecie, jest często lekkim posiłkiem, i pomimo deseru (jeśli jest jaki!), herbata i chleb z masłem i dżemem jest mile widziana po trzech lub więcej godzinach.

Freddie: W naszym internacie zwykle jadłem dużo chleba z serem po tym jak skończyliśmy deser.

Sylvia: Niewiele kłopoczę się lanczem. Czasami jem tylko kilka kanapek, filiżankę herbaty lub kawy, trochę czekolady i owoce (wczoraj jadłam banana!). To jest dobre i oszczędza się wiele czasu.

Małgorzata: Nałóż sobie więcej dżemu. Weź go do nasmarowanej masłem bułeczki z rodzynkami.

Sylvia: Wezmę. Jest pyszny. Czy on jest robiony w domu?

Małgorzata: Tak jest, a owoce są z naszego ogrodu. Jaka szkoda, że jest za zimno na herbatę na trawniku! Myślę, że to o wiele przyjemniej.

Maria (wyglądając przez okno): Wasz trawnik jest tak ładny, cały pokryty stokrotkami!

Sylvia pociąga Marię za sukienkę. Jerzy patrzy na Małgorzatę i natychmiast wszyscy wybuchają śmiechem.

Maria: Oh, co powiedziałam!? Musiałam palnąć jakieś głupstwo!

Sylvia: Tak, palnęłaś! Dobrze utrzymany angielski trawnik nie może mieć w ogóle żadnych stokrotek. Więc to co powiedziałaś nie jest komplementem dla ogrodnictwa Jerzego.

Maria: Myślę, że nigdy nie będę mogła nauczyć się dobrze angielskiego.

Jerzy: Ale mówisz doskonale. Większość obcokrajowców używa książkowych słów, a ty mówisz dobrym codziennym angielskim.

Freddie: A wiecie jakie jest najdłuższe słowo w angielskim?

Stanley: Nie.

Małgorzata: Więc?

Freddie: „Smiles" (uśmiechy) bo ma milę pomiędzy pierwszą a ostatnią literą (s — mile — s).

Ćwiczenie I. 1. Mary asks Margaret how she makes coffee. 2. He asked where the best garage was. 3. She asks in the letter if George has any work now. 4. I should like to know if your cotton wears as well as ours. 5. They asked me if I kept my hats in that wardrobe. 6. Explain, please why he had built such a queer cottage. 7. I want to know if the man had noticed us. 8. Tell me please if these shoes suit her. 9. The nurse asked if that street led to the school.

Ćwiczenie II. The second, the third, the fifth, the eighth, the ninth, the tenth, the thirteenth, the fifteenth, the twentieth.

Ćwiczenie IV. 1. — a few, 2. — a little, 3. — a little, 4. — a few, 5. — a little, 6. — a little, 7. — a few, 8. — a little, 9. — a little, 10. — a few.

Ćwiczenie VI. 1. Excuse me, but I must come into that room. 2. The paper you are looking at is very old. 3. I should ask: What time is it? 4. This reminds me of a picture which I saw three years ago. 5. Would you tell him you want money badly? 6. The fellow whose brother was talking on the radio yesterday lives in our street. 7. The picture whose colour you admired so much was painted by a well-known painter. 8. You (we, one) can buy beautiful books in many bookshops. 9. The whole street can be seen from our window. 10. The lesson is over: the children are heard running in the street. 11. Sometimes I drink tea with milk.

LEKCJA CZTERDZIESTA

Kłótnia w pokoju dziecinnym.

Matka: Teraz dzieci przestańcie się bawić i uporządkujcie wszystko.

Dick: Ależ mamo, czy nie możemy...

Matka: Nie, nie możecie. Bądź grzeczny Dicku i pomóż Joannie położyć wszystko na właściwe miejsce.

Matka wychodzi, aby pomóc w kuchni i pozostawia Dicka w złym humorze. Pokój dziecinny wydaje się bezbarwny i nieprzyjazny.

Dick: Do licha wszystko! Dlaczego nie możemy pobawić się trochę dłużej. Gdybym był dorosły... (If I was grown up)

Joanna: Pani Green mówi, że powinniśmy mówić „If I were"...

Dick: A niech tam! Mogę mówić co mi się podoba. Jestem w domu teraz, nie w szkole! A oprócz tego mamy wakacje. Gdybym był dorosłym, chodziłbym spać o północy i sypiałbym do godziny 10.

Zbiera swych żołnierzy, rozrzuconych po całym dywanie. Joanna kładzie pudełko z farbami do szuflady.

Joanna: Gdybym była dorosła, nie jadałabym żadnych zup ani jarzyn, tylko placek z jabłkami.

Dick: Ale nie jesteś! Co!?

Joanna: Gdybym mogła robić co mi się podoba, miałabym pokój dla siebie.

Dick: A ja chodziłbym do szkoły co drugi dzień.

Joanna: Nie bądź głupi! Gdybyś był dorosły nie chodziłbyś wcale do szkoły.

Dick zabiera wagoniki kolejowe leżące u jego stóp, ale potyka się o parowóz. Na szczęście jest on zrobiony z żelaza i jest bardzo mocny. W chwili kiedy Dick podchodzi do lalek Joanny, ona woła: „Nie dotykaj domu lalek, zepsujesz go!"

Dick: Ale ja muszę znaleźć moich oficerów. Nie chcę stracić żadnego.

Joanna: Patrz co zrobiłeś z dachem. Komin jest złamany.

Dick: Zamknij buzię! Był złamany wieki przed tym nim go dotknąłem.

Głos tatusia z sypialni rodziców, która jest obok ich pokoju: „Dick! Nie bądź niegrzeczny!"

Joanna zbiera przybory swej lalki do gotowania i wkłada je do małej szafki.

Joanna: Oto skończyłam!

Wybiega z pokoju. Dick jest jeszcze zajęty zabawkami. Za chwilę Joanna wraca uśmiechnięta:

„Zgadnij, Dicku, co będziemy mieć na podwieczorek!"

Dick podnosi głowę.

Joanna: Placek ze śliwkami!

Twarz Dicka rozjaśnia się. Wraca dobry humor. Pokój dziecinny jest znów wesoły.

Ćwiczenie I.

I have hurt myself with a sharp knife
you have hurt yourself with a sharp knife
he has hurt himself with a sharp knife
she has hurt herself with a sharp knife
it has hurt itself with a sharp knife
we have hurt ourselves with a sharp knife
you have hurt yourselves with a sharp knife
they have hurt themselves with a sharp knife.

Ćwiczenie III (przypuszczalne zdania). 1. If **he** had several horses, **he would be** pleased. 2. If that soup were colder, **I should eat it**. 3. If my novel was not so boring, **the students would read** it. 4. If you had a larger handkerchief, **we should make** a dress of it. 5. If they met in the park, **they would sit** there for hours. 6. I shouldn't leave him alone **if I was not** so busy. 7. He would know what you meant **if you explained** everything more clearly. 8. She would pour out tea **if somebody helped** her. 9. They wouldn't understand us **if we spoke** in English.

Ćwiczenie IV (w kolejności czytania).

Infinitive	Past Tense	Past Participle
can	could	—
be	was, were	been
put	put	put
go	went	gone
leave	left	left
grow	grew	grown
ought	—	—
have	had	had
get	got	got
sleep	slept	slept
eat	ate	eaten
do	did	done
take	took	taken
lie	lay	lain
make	made	made
come	came	come
must	—	—
find	found	found
lose	lost	lost
break	broke	broken
shut	shut	shut
run	ran	run

Ćwiczenie VI. I see somebody lying on the straw. 2. Some bird has sat on the tree right above you. 3. He has put something on the desk of your brother. 4. Did you ask anybody last week? 5. Did she buy anything in our street? 6. Have I said anything wrong? 7. Don't look at any soldier. 8. I don't like any animals. 9. The child has not eaten any cake. 10. Nobody has broken any plate. 11. I will not go to any café in this town. 12. His neighbour has not lent anything to anybody. 13. Nobody has jumped over this hedge, 14. Nobody whistles at home. 15. He did not like anything in the theatre near the station (lub: Nothing pleased him...).

LEKCJA CZTERDZIESTA PIERWSZA

W drodze powrotnej

„Wszyscy gotowi?"

Freddie ogląda się i widzi Marię i Stanley'a na tylnych siedzeniach samochodu. Sylvia jest obok niego, a bagaż jest tam (w samochodzie) również.

„A zatem odjeżdżamy."

Spędzili u Jerzego przyjemny „week-end" i teraz Freddie wiezie całe towarzystwo z powrotem do Londynu.

Jest raczej wcześnie i dlatego też drogę mają dla siebie. Tylko od czasu do czasu mijają jakiś wóz rolnika albo hałaśliwy motocykl. Krajobraz jest typowo wiejski: niewiele pól ze zbożami, lecz dużo łąk z żywopłotami dookoła, tu i tam spokojne krowy. Raz, pomimo wczesnej godziny, spotkali grupę wycieczkowiczów maszerujących wesoło. „Czy nie myślisz, że świetnie się bawiliśmy?" mówi Stanley. „Tak", odpowiada Maria, „lecz ciągle paliłam głupstwa. Coś źle powiedziałam w dziecinnym pokoju. Co to było? Sylvia pociągnęła mnie za rękaw, gdy mówiłam coś do Małgorzaty o jej dziecku."

„O tak, wiem. Nie powinna byłaś powiedzieć „ono" przy matce, kiedy mówiłaś o jej dziecku. Mogła się czuć dotknięta."

„A skąd mogłam wiedzieć, czy to była dziewczynka czy chłopiec. Wszyscy nazywają je „Dzidziuś"."

„Hm, mogłaś tego jakoś uniknąć. Mogłaś powiedzieć „maleństwo" lub „kochanie", to jest zawsze pewne (bezpieczniej) z matką".

Freddie hamuje samochód: stado owiec zagradza drogę. Szczęśliwie dla kierowcy skręcają one w wiejską drogę za żywopłotem. Droga idzie wijąc się wzdłuż dużego parku i z dala, poprzez wierzchołki drzew, można zobaczyć wieże starego kościoła. Samochód wjeżdża na główną drogę i biegnie gładko pomiędzy dużymi ogrodami warzywnymi. Ruch jest teraz większy: duże zielone autobusy jak również ciężarówki różnych rodzajów.

Od czasu do czasu nowoczesne bary lub staromodne karczmy zapraszają na przekąskę.

„Zjedzmy trochę kanapek", proponuje Freddie.

„O, nie!", protestuje Maria, „Nie mamy czasu".

„Jazda motorem z Freddie jest zawsze tak powolna", mówi Sylvia. „On zatrzymuje się przy każdej herbaciarni lub kawiarni".

„A ja nigdy nie widziałem tak nierozważnego kierowcy jak Sylvia", odpowiada Freddie. „Ona nigdy nie wie jak szybko jedzie. Kiedyś policjant zatrzymał ją mówiąc, że jedzie 50 mil na godzinę. „Ależ to niemożliwe", odpowiedziała, „nie jechałam nawet dziesięciu minut."

„Nabierasz mnie (żartujesz ze mnie) Freddie, a gdybym ja siedziała przy kierownicy, bylibyśmy w mieście w pół godziny".

„Założę się z tobą o 10 szylingów, że będziemy tam za 20 minut".

„Bardzo dobrze, zobaczycie".

Przez jakiś czas jadą dalej bez słowa. Stanley lubi szybką jazdę, lecz nie może opanować dziwnego uczucia, widząc że wszystkie samochody trzymają się lewej strony. W Polsce cały ruch idzie stroną prawą.

Nagle zatrzymanie (stop). Podjechali do linii kolejowej i muszą czekać aż przejdzie pociąg towarowy. Sylvia patrzy na zegarek i uśmiecha się. Jadą szybciej niż kiedykolwiek. Teraz Freddie jedzie ryzykownie, ponieważ jeszcze ma nadzieję wygrać zakład.

Teraz są zupełnie blisko Londynu. Wkrótce podjadą do przedmieść.

Co jakiś czas można zobaczyć stację benzynową albo nowoczesną fabrykę. Freddie uśmiecha się, jest pewny wygranej. Zbyt pewny... coś jest nie w porządku z motorem. Samochód zwalnia, potem zatrzymuje się całkowicie.

Freddie naciska i wyciąga w podnieceniu różne rzeczy, ale wszystko napróżno. Otwiera wszystko co można otworzyć, zagląda wszędzie, wślizguje się pod samochód i wychodzi cały brudny...

W końcu wyjmuje coś z kieszeni, uśmiecha się do Sylvii i daje jej 10 szylingowy banknot.

Ćwiczenie I. 1. I knew it would remind you of the country. 2. Harry told the foreigner that in England ladies bowed first. 3. Did you think he liked marching? 4. The excited children thought the box was full of sweets. 5. She read in the paper that a new lending library would be opened on Thursday. 6. Ellen said she did not like to be disturbed. 7. We knew that the little cupboard was often untidy. 8. Stanley noticed that sash windows slid up and down instead of opening like a door. 9. I found that I should save much time going by car and not by train. 10. You thought I should feel tired after all that trouble. 11. We looked out of the window in order to see what was going on in the street.

Ćwiczenie VI. 1. Why have you left the door opened. 2. Would you be so kind to show us that delicate bowl. 3. The bag burst because you had put too many things into it. 4. Do you know who built these towers? 5. They think they were built about two hundred years ago. 6. Your pupil does not understand anything. 7. First I had bought a horse then I started learning to ride. 8. Everybody thought that the young foreigner was very brave. 9. Is this your favourite picture? 10. Neither vegetables nor flowers are beautiful in the garden of your physician. 11. Why are you so pale? 12. I don't know, perhaps because I cannot sleep. 13. All my fruit got mixed with yours though I put them on two plates. 14. Guess which drawer is full of railway tickets. 15. Her lamp-shades are similar, aren't they?

LEKCJA CZTERDZIESTA DRUGA

Pies ze wsi i pies z miasta. W jednym końcu (kącie) dużego parku w Londynie Harry przechadza się ze Stanleyem, podczas gdy jego szkocki terrier Bonzo biega. Nagle Bonzo zatrzymuje się jak wryty: drugi pies zjawia się na łące. To Duke, młody seter, nowy przyjaciel Bonza. Witają się oczami i ogonami.

Duke: Jak miło widzieć cię. Czułem się trochę samotny w tych dniach.

Bonzo: Widzisz, mój pan był bardzo zajęty i dlatego musieliśmy zadowolić się krótkimi spacerami po ulicy. A gdzie twoja pani? Wcale jej nie widzę?

Duke: Będzie tu za chwilę. Zawsze przychodzimy w to miejsce.

Bonzo: Oczywiście! Mieszkacie blisko parku.

Duke: A ona wie, że tak bardzo brak mi wsi.

Bonzo: Podokazujmy trochę.

Psy zaczynają biegać jeden za drugim. Udają, że walczą ze sobą i widać że zupełnie dobrze (wesoło) spędzają czas.

Pani Duke'a, która właśnie wyszła zza drzew z książką w ręku, idzie powoli, cały czas czytając.

Duke: Słuchaj, jaka szkoda, że nie ma tu nic, za czym można by pobiegać, nawet kota. Na wsi, w miejscu gdzie się urodziłem, miałem mnóstwo rozrywek.

Bonzo: Polowanie?

Duke: Tak. Oczywiście nie polowanie na lisa konno itd., lecz tylko uganianie się za królikami. Było ich tam pełno.

Bonzo: Ja sam trochę lubię sport, ale ponieważ jestem urodzony w mieście, nie mam nic przeciwko mieszkaniu w Londynie.

Duke: A mnie tak bardzo brak zwierząt. Mam na myśli nie tylko króliki, lecz psy, konie, w ogóle domowe zwierzęta. Zwykłem straszyć kury i gęsi, tak tylko dla żartu, i — czy myślałbyś, że to możliwe? — tak bardzo chciałbym zobaczyć choćby nawet krowę czy świnię.

Bonzo: Możesz zobaczyć owce w Hyde Parku, jeżeli zechcesz.

Duke: O, owce są raczej głupie, a prócz tego jestem tu jeszcze obcy i nie znam tych owczarków. Cały kłopot w tym, że narzeczony mojej pani jest lotnikiem i dlatego ona teraz spędza więcej czasu w mieście niż na wsi.

Bonzo: Nie narzekaj. Jesteś (dość) szczęśliwy, że urodziłeś się na wsi. Więcej się dba o psy w tym kraju, aniżeli gdzie indziej.

Duke: Skąd możesz wiedzieć? Nie podróżowałeś wiele, ani nie byłeś za granicą, prawda?

Bonzo: Nie, nie byłem, lecz często słucham radia z moim panem, więc słyszę wiele o wszystkim.

Duke: O, ja nie narzekam. Moja pani jest strasznie miła. Zabiera mnie wszędzie.

Bonzo: Mój pan grał w krykieta w szkole, więc wie, że pies musi mieć dużo ruchu, aby utrzymać się w kondycji. Najbardziej lubię pluskać się i pływać w gorący dzień. Myślę, że już czas mi wracać.

Duke: Dlaczego? Jest dość wcześnie.

Bonzo: Tak, lecz widzisz, wkrótce przyjdzie do naszego domu chłopiec od rzeźnika, a ja muszę utrzymywać z nim (z tym człowiekiem) dobre stosunki. Jeśli nie będę tam na czas, kotka zacznie z nim flirtować — chciwe zwierzę — chociaż ma mnóstwo myszy w piwnicy.

Duke: Nie lubię kotów.

Bonzo: Ani ja. Teraz patrz na mnie: spowoduję, że mój pan pójdzie natychmiast do domu.

Bonzo idzie bardzo wolno przed młodzieńcami, udając że jest niezmiernie zmęczony.

Harry (do Stanley'a). Słuchaj, najwyższy czas bym poszedł do domu. Patrz na psa, biedne zwierzę z trudnością idzie. Bonzo, chodź tu, masz już dość ruchu.

Całe towarzystwo zawraca.

Bonzo: Do zobaczenia później, Duke.

Duke (ze spojrzeniem uwielbienia): Sprytny jesteś Bonzo!

Ćwiczenie I. 1 — to drive, go; 2 — go; 3 — go; 4 — walk; 5 — walk; 6 — walk; going; 7 — came; 8 — walking; 9 — take.

Ćwiczenie II. 1. These knives are not sharp enough. 2. Did you find your watches? 3. Those ladies would like to take tomatoes. 4. Our photos got mixed with yours. 5. Modern men see buses extremely often. 6. Where do they look for those children? 7. Our secretary's friends like to tell funny stories to any ladies. 8. Those churches are not very high in spite of their towers. 9. Help yourselves to these cakes. 10. If you like, you can pay these men for the white mice. 11. Nurseries ought to have large windows. 12. My uncle's coats were a little too short. 13. We found ourselves in a lovely cottage. 14. They saved themselves from a lot of troubles.

Ćwiczenie V.

Infinitive	Past Tense	Past Participle
be	was	been
have	had	had
see	saw	seen
feel	felt	felt
put	put	put
do	did	done
come	came	come
think	thought	thought
know	knew	known
run	ran	run
fight	fought	fought
read	read	read
bear	bore	borne, born
mean	meant	meant
can	could	—
spend	spent	spent
hear	heard	heard
take	took	taken
must	—	—
keep	kept	kept
go	went	gone
make	made	made

Ćwiczenie VI. 1. Peter and John saw each other in the field not far from the station. 2. All the boys were running after each other in spite of rain and wind. 3. At midnight the stranger gathered all the people on the ground floor. 4. My cat catches mice but it also drinks milk which I give it every day. 5. Have they ever been abroad? 6. I was so extremely tired I could hardly walk. 7. I cannot get used to your domestic animals. Neither can I. 8. I see a big fox run after your geese. 9. If you had appeared at the right moment, everything would have been all right. 10. It's possible that if my aunt had taken these photos, I should have got them at once. 11. I did not find their son though I had looked for him everywhere. 12. Do you know that my fiancé will come on Thursday night? 13. Did you know that they would fight long? 14. They do not play cricket — neither do we. 15. These poor hens are not scared at all.

LEKCJA CZTERDZIESTA TRZECIA

Zakupy. Muriel nakłada kapelusz, bierze torebkę, małą paczkę, dwa listy i wychodzi. Nie ma potrzeby brać palta, jej wełniana sukienka jest dostatecznie ciepła na piękne majowe popołudnie. Muriel lubi zakupy i będzie kupować wiele rzeczy: najpierw książkę podróżniczą jako prezent urodzinowy dla swego siostrzeńca, który bardzo lubi geografię, potem trochę dżemu, kawałek mydła, parę pończoch dla siebie i trochę lekarstw w aptece; nie powinna zapomnieć wstąpić na pocztę, aby wysłać paczkę do ciotki. Słońce świeci, okna wystawowe wyglądają bardzo atrakcyjnie, a powietrze wiosenne sprawia, że jest wesoła i szczęśliwa. Na rogach gazeciarze wykrzykują ostatnie wiadomości sportowe. Autobusy i samochody wypełniają ulice, a hałas motorów jest ogłuszający. Lecz Muriel nie zwraca najmniejszej uwagi, ponieważ jest do tego przyzwyczajona.

Piękna wystawa sklepowa przyciąga jej oczy — co za śliczne kwiaty! W środku wystawy duży kosz z dziwnie wyglądającymi różowymi i purpurowymi kwiatami, a (podczas gdy) małe wiązanki konwalii umieszczone są dookoła.

Muriel ma wspaniałą myśl: kupi wiązankę dla Janki, swej bliskiej przyjaciółki, która leży w szpitalu po nieszczęśliwym wypadku. W pięć minut później wychodzi, trzymając białe kwiaty przy twarzy, aby wdychać (wąchać) ich przyjemny zapach.

Następny sklep to apteka i tam otrzymuje lekarstwa dla matki, która nie czuje się zupełnie zdrowa. Teraz przechodzi jezdnię i idzie (wzdłuż) dwiema ulicami do sklepu kolonialnego, mówiąc do siebie, że matka będzie miała swój ulubiony dżem. — „Czy coś jeszcze?" zapytuje ekspedient, pakując słoik dżemu, który wybrała. Lada sklepu kolonialnego jest wielką pokusą. Jakie mnóstwo dobrych rzeczy: czekolada, orzechy, owoce itp. Muriel wzdycha, ponieważ od marca zrezygnowała ze słodyczy. — „Tak, proszę mi dać pół funta tych cukierków." Kupuje je dla biednej Janki, lecz oczywiście musi spróbować jednego, aby się upewnić, czy są dobre.

Teraz po pończochy. Kilka jardów dalej znajdują się ogromne magazyny, gdzie naprawdę można dostać wszystko. Muriel wchodzi. Oddział pończoszniczy jest wyżej, wobec czego bierze windę. — „Trzecia lada na lewo" — mówi windziarz, kiedy zatrzymują się na drugim piętrze. Lecz na nieszczęście dwie pierwsze lady są także (szczególnie) bardzo nęcące. Są tam różnego rodzaju kołnierzyki i rękawiczki ostatniej mody. Podchodzi, aby się im przypatrzyć.

„Czym można pani służyć?" zapytuje uśmiechnięty ekspedient. — „Hm, właśnie myślę, czy ma pan mniejszą parę takich rękawiczek jak tamte."

„Na pewno, proszę pani. Jaki numer?"

„$5^3/_4$ (pięć i trzy czwarte)".

„Oto one. Bardzo ładny kolor i wspaniały gatunek, będą pięknie pasować do pani kostiumu."

Muriel nieco się waha. — „Hm, wezmę je, jeśli cena nie jest za wysoka. Ile kosztują?"

Kosztują raczej dużo, lecz Muriel ma silną pokusę. — „Nie kupię teraz pończoch" myśli, „więc mogę mieć rękawiczki."

Subiekt wręcza jej rachunek i mówi do niej: „Proszę zapłacić w kasie. Do widzenia pani."

Muriel chodzi przez jakiś czas wśród interesujących ją przedmiotów, które są sprzedawane w innych oddziałach. Czas leci. Kiedy Muriel jest znowu na ulicy, jest za późno na jej ulubioną księgarnię i urząd pocztowy jest również zamknięty. Dobrze że może wrzucić listy, bo duże czerwone skrzynki są tam zawsze.

Muriel myśli o zakupach: nie ma mydła, nie ma pończoch, książki podróżniczej i paczka do ciotki ciągle jest jeszcze do wysłania. Potem patrzy na to, co kupiła i mówi do siebie: — „W każdym razie matka będzie miała dżem i mam nadzieję, że Janka będzie zadowolona ze słodyczy i kwiatów."

Ćwiczenie I. Zdania nr 3, 4, 7, 8, 9, 11, 14, 15.

Ćwiczenie II.

1. The smooth lawns and the smooth paths are admired by John.
2. The beautiful pictures on the wall were looked at by everybody.
3. All these photographs have been taken by me in the country.
4. Primroses are looked for (by people) everywhere in spring.
5. Stoves and warm clothes are thought much of (by us) in winter.
6. Why is your brother's puppy laughed at?
7. An apple-tart for Joan's birthday was made by mother.
8. Very gay short stories were found out by him.
9. Hares are run after by dogs, cats and plenty of other animals.
10. The curtains were bought by us three weeks ago.
11. Rubbers are worn by most people when it rains.
12. All John's soldiers are often scattered (by him) on the carpet.

13. Your suit will be torn by you.
14. Children must be cared much for (by people).

Ćwiczenie VI. 1. When I saw the post office I stopped at once. 2. When you hear the telephone, come up to it and ask who speaks. 3. I am going to the cellar to bring some potatoes. So am I. 4. They have delicious plums. So have we. 5. What is the difference between a duck and a goose? 6. When I am choosing a novel for you, I cannot prepare your sandwiches. 7. Sometimes I like to go by train. So do I. 8. You must tidy up both drawers. 9. I cannot catch that cat. 10. Even this clever sheep-dog cannot find the lost sheep. 11. We shall look for a better looking-glass. So will you. 12. As soon as you try to use these utensils, you will see how heavy they are. 13. I have spoken with him on the telephone but I don't remember when. 14. I am very pleased with the quality of these coats but unfortunately you have only four.

LEKCJA CZTERDZIESTA CZWARTA

W czytelni. W czytelni klubowej jest bardzo cicho. Nie ma rozmów wewnątrz i niewiele hałasu dochodzi z zewnątrz, ponieważ okna wychodzą na spokojne podwórko. Stoły są pokryte książkami, mapami, notatkami i słownikami. Prawie wszystkie miejsca są zajęte, ponieważ czerwiec jest miesiącem egzaminów i wszyscy ciężko pracują.

Piotr wchodzi, aby przejrzeć gazety. Nie jest on podniecony, jak inni. Na kursie technicznym egzaminy są skończone, zdał je już pomyślnie. Stanley, który siedzi w pobliżu drzwi, ma przed sobą książkę (p.t.) „Zasady Angielskiego Prawa Handlowego". Piotr bardzo ceni Stanley'a, który jest przyzwoitym, solidnym, a także pracowitym chłopcem. On nauczy się bardzo wiele, zanim powróci do Polski. Piotr nie ma bardzo jasnego pojęcia o Polsce, lecz wie, że jest to kraj rolniczo-przemysłowy i że pod robotniczym rządem jej handel i przemysł stale się rozwijają (wzrastają). Z dobrą znajomością języków Stanley będzie tam bardzo pożyteczny jako handlowiec (człowiek interesu).

Inny student rysuje różnego rodzaju koła, kwadraty itp. W szkole mechaników pierwszym egzaminem jest matematyka i ma on raczej dużo do roboty.

Młody człowiek siedzący przy zimnym kominku studiuje notatki z historii Wielkiej Brytanii.

Piotr kieruje się do półki z gazetami, bierze tygodnik ilustrowany i zagłębia się w fotelu (zatapia się w głęboki fotel). „Szkoda, że palenie wzbronione", myśli sobie.

Czołowa strona gazety ukazuje fotografię Premiera, zajętego przyjazną rozmową z prezydentem Francji, podczas gdy przedstawiciele rządów obu narodów stoją obok. Przeczytawszy codzienne wiadomości, Piotr przechodzi do innych pozycji. Oto fotografia, ukazująca zniszczony przez pożar parlament jednej ze stolic mniejszego państwa europejskiego. Połowa budynku została zniszczona, jedna osoba zabita i kilka rannych.

Cała następna (inna) strona jest o najnowszym filmie. Jest to film historyczny pełen scen z II wojny światowej, w której biorą udział okręty marynarki wojennej i lotnictwa (RAF'u), z najpopularniejszą gwiazdą filmową Stanów Zjednoczonych. Są tam również fotografie tancerzy radzieckich w objeździe po Wielkiej Brytanii. Potem Piotr czyta (widzi), że w następnym tygodniu dobrze znana cudzoziemska orkiestra da w Londynie koncert. Nareszcie Piotr jest zainteresowany, ponieważ niezwykle lubi muzykę i nigdy nie opuszcza żadnego dobrego koncertu. Lecz kogo mógłby poprosić o dotrzymanie mu towarzystwa. Piotr podnosi głowę (patrzy w górę), wszyscy jego przyjaciele wydają się myśleć tylko o swych egzaminach, a najbliższy przyjaciel wyjechał w góry dla zdrowia. Nawet leniwy Ronald pisze, coś przepisując, jest to (raczej) niezwykły widok. Czego on się tak pilnie uczy? Piotr podchodzi do stołu i czyta:

Była raz młoda dama imieniem Ruth,
która niezwykle lubiła prawdę.
Powiedziała, że umarłaby
Zanim by skłamała
I zmarła w kwiecie młodości.

A więc Ronald przepisywał limeryk. Piotr nie może powstrzymać uśmiechu, lecz nie jest zdziwiony, nigdy nie widział, aby Ronald ciężko pracował.

Ćwiczenie I.

Był młody człowiek zwany Michał,
który ostrożnie wsiadł na rower.
Lecz wkrótce (znaleziono) stwierdzono,
kiedy upadł na ziemię,
że rower siedział na Michale.

Ćwiczenie II. 1. while; 2. — during; 3. — while, 4. — during; 5. — while; 6. — during; 7. — while; 8. — while; 9. — during; 10. — during; 11 — during;

Ćwiczenie III. 1. — neither did I; 2. — neither was I; 3. — neither was I; 4. — neither could I; 5. — neither did I; 6. — neither was I; 7. — neither could I.

Ćwiczenie VI.

I have heard	I don't know	Do you understand?
Have you had?	We have been	We shall have to
He would like...	He was growing	taken
We shall think	She would go	Would you shut...
covered	they were flying	They will not sleep
invited	I could not	singing
You would not get up	I have looked for	not to work
Pull!	Don't protest	I didn't know
Have you found?	He has not pushed	taking
I have not understood	Do you like?	How do you write?
saved	suggest	He has not noticed

LEKCJA CZTERDZIESTA PIĄTA

Sen Jerzego. „Tatusiu! Ile ludzi znajduje się na pokładzie tego okrętu?” „Tatusiu! Dlaczego ludzie nie wybudują mostu przez morze?” — „Tatusiu! Dlaczego ryby nie mają nóg?”

Jerzy, jego rodzina i jego przyjaciel rozkoszują się pięknym weekendem nad morzem, na południu Anglii. Dzieci bawiły się w piasku cały ranek. a teraz, potrzebując odmiany, zadają Jerzemu tysiące pytań. Małgorzata ratuje sytuację.

„Bądźcie cicho dzieci, zostawcie ojca w spokoju. Chodźmy się kąpać”.

„Nauczę was pływać” dodaje p. Brown, który jest marynarzem. Okrzyki radości są jedyną odpowiedzią.

„Dopilnujesz rzeczy, Jerzy, prawda?”

Zostawiają gumowe zabawki, okulary przeciwsłoneczne, parasolkę Małgorzaty, słoik kremu itp. na pledzie i biegną do morza. Dzidziuś jest także zachwycony.

Jerzy pozostaje na pół leżąc na pledzie i obserwuje plażę. Jest ona (dość) przepełniona ludźmi różnego wieku, w kostiumach kąpielowych różnego rodzaju, którzy krzyczą, śmieją się i bawią się w gry. Piasek jest ciepły i miękki. Jerzy czuje się szczęśliwy i senny. Jakby to było przyjemnie mieszkać w gorącym kraju o ciepłym klimacie zupełnie bez zimy, gdzie nie byłoby chłodu, burz, śniegu, nie trzeba byłoby nosić grubych, wełnianych ubrań, ani futer. Jedyny dobry pożytek z zimy to narciarstwo, lecz nawet to nie jest możliwe w Anglii, ale tylko w Szkocji lub za granicą.

Słońce jest dość (raczej) gorące. Jerzy już się opalił i dlatego ono go nie obchodzi. Nagle wszystko się robi ciemne — ciężkie chmury pokrywają niebo, ludzie w podnieceniu zaczynają zbierać swoje rzeczy i kierują się do małego hotelu obok. Właściciel jego wychodzi i woła, że motorówki są gotowe, aby zabierać wszystkich na stację. Tak, rzeczywiście. Jest ich dziesiątki (tuziny) i dziesiątki. Prawie każdy ma jedną dla siebie. Są to dziwne łodzie, gdyż opuściwszy morze (które stało się raczej niespokojne w tym czasie), poruszają się tak samo swobodnie (wygodnie) po lądzie. Jerzy widzi cztery koła pod swoją, których przedtem nie zauważył.

Lądują na peronie stacyjnym, lecz przychodzą za późno, pociąg odszedł. Jest tam mało ludzi i tylko jeden konduktor kolejowy, który bardzo przypomina krawca Jerzego. Spogląda on surowo na Jerzego, po czym podchodzi do niego (i mówi). „Pan ukradł moje okulary proszę pana!” Jerzy gwałtownie protestuje. „One są moje”, sięga do kieszeni, aby je pokazać. Lecz zamiast swoich okularów znajduje trzy pary obce.

„Pan ukradł również i moje”, woła starszy pan w ogromnym futrze. „Moje również”, woła pani w kilku swetrach i czerwonym szaliku. „Zaaresztujmy go”. „Zastrzelcie go”, krzyczy więcej ludzi. „Obszukać złodzieja”, podsuwa ktoś, wyciąga szesnaście lub więcej okularów z kieszeni Jerzego, których on tam nigdy nie wkładał, i wyrzuca je. Śmiertelnie przestraszony wybiega do poczekalni, tłum podąża za nim, wołając: „Złodziej, złodziej!" Drzwi nie chcą się otworzyć, chociaż Jerzy ciągnie coraz mocniej. Wreszcie przedostaje się przez drzwi do innego pokoju. Tam ogromny stos waliz i walizeczek pada na niego, gniotąc go coraz bardziej.

„Aha! To w ten sposób pilnujesz rzeczy! Wiatr porwałby parasolkę, gdyby Dick na czas nie spostrzegł jej."

Jerzy budzi się. Słońce jest jasne, plaża przepełniona, dzieci zmęczone, lecz szczęśliwe po kąpieli. Otwarta parasolka Małgorzaty upadła mu na piersi.

„Jak dużo pan ma okularów," mówi marynarz. Jerzy siada przerażony, a potem znowu kładzie się śmiejąc, widząc swoje własne okulary i inne pary, należące do jego żony i dzieci, ułożone rzędem na pledzie.

Ćwiczenie I. 1. John does not think the alphabet is very important. 2. The child did not find any handkerchiefs. 3. I do not like to pack up suit-cases. Neither do I. 4. He did not bring soft boiled eggs. 5. She did not leave the lamb cutlets anywhere. 6. He must not remind you of that misunderstanding. 7. Don't buy a coat in the latest fashion. 8. Not being a kind man he never thanks anybody for anything. 9. The shop-assistant showed her neither a cap nor a hat. 10. Neither you nor he suggested a change. 11. Politics are not interesting for many people. 12. That Englishwoman does not sleep with closed windows. 13. She has not seen the accident. 14. He did not see anybody enter the study. 15. He did not win after three hours.

Ćwiczenie II. 1. — many, 2. — many, 3. — a lot, 4. — few, 5. — few, 6. — many, 7. — much, 8. — much, 9. — little, 10. — many, 11. — a lot, 12. — little.

Ćwiczenie VII. 1. All students learn hard before examinations. 2. We shall hang the photo of the ship above the looking-glass. 3. In comparison with your capital this town has a big industry. 4. I should like to live at the seaside for the sea climate is better for me. 5. The whole courtyard is covered with snow, so we shall have a lot of work this afternoon. 6. She hates people complaining of everybody and everything. 7. Last night we found a dead mouse. 8. The head of the office is usually boring but last Thursday he was extremely funny. 9. We shall start at once the moment our government allows it. 10. How much is a glass of beer? 11. Don't pay any attention to this physician, go to another. 12. Who was pouring out tea yesterday? 13. I have read in a magazine that our Parliament will be opened in a month. 14. What is the size of his collar? 15. My wife was terrified when she saw the thief come into the sitting room through the window. 16. Unfortunately both ships sank in the accident. 17. All were surprised when they heard that the picture was showing everyday life in England.

LEKCJA CZTERDZIESTA SZÓSTA

Listy. Jest to ostatnia niedziela Stanleya w Londynie i dlatego jest mu dosyć smutno. Oprócz tego musi odpowiedzieć na kilka listów, a pisanie ich jest w istocie, jak mówi Dick, strasznym utrapieniem. Dziś rano Stanley poszedł zobaczyć się z kilkoma przyjaciółmi i pożegnać się, a po południu idzie do muzeum przyrodniczego. Więc zdecydował, aby je teraz napisać. Najpierw musi odpowiedzieć na oficjalne zaproszenie na obiad.

„Pan i Pani Green uprzejmie zapraszają pana Dąbrowskiego (proszą o przyjemność towarzystwa pana Dąbrowskiego) na obiad we środę dnia 23 bm. o godzinie wpół do ósmej. Plac Oxfordzki, nr 12, Londyn."

Stanley musi być tak oficjalny, jak oni. „Pan Dąbrowski z przyjemnością przyjmuje uprzejme zaproszenie pana i pani Green na obiad w dniu 23 bm. ul. Cambridge nr 2, Londyn."

Następny nie jest taki łatwy, musi napisać kilka słów do pana, który mu pożyczył książkę. „Szanowny Panie..." Nie, to pasowałoby do listu handlowego. On jednak jest znajomym, wobec czego Stanley musi napisać: „Szanowny Panie Jones!" Co dalej? Nie może rozpocząć od „Dziękuję Panu bardzo za pańską uprzejmą pocztówkę", ponieważ nie dostał żadnej pocztówki. Gdyby to był list handlowy, wiedziałby jak dalej pisać i że musiałby zakończyć słowami (z) „Szczerze oddany", ponieważ uczył się korespondencji handlowej przez cały rok! Wreszcie list zostaje napisany następująco:

Ul. Cambridge, Londyn, W. 1
14.7.58.

Szanowny Panie Jones.

Przykro mi, że nie mogę się z panem pożegnać osobiście, lecz statek mój wyruszy, zanim pan powróci do miasta. Mam nadzieję, że jest pan zadowolony z pobytu na wsi, życie na fermie jest tak ciekawe w lecie. Dwa tygodnie temu pożyczyłem od pana książkę, odsyłam ją wraz z serdecznymi (najlepszymi) podziękowaniami. Proszę o przekazanie ukłonów Pańskiej matce. Szczerze oddany St. Dąbrowski.

„Dzięki Bogu, napisany" mówi Stanley, bo nie lubi pisać oficjalnych listów. Teraz zapala papierosa i zaczyna list do Harry'ego, swego przyjaciela.

Drogi Harry 14 lipiec 1958 r.

Czy słyszałeś ostatnią wiadomość? Freddie i Betty są zaręczeni! Dowiedziałem się (usłyszałem to) o tym dziś rano. Przypuszczam, że ich zaręczyny nie są niespodzianką dla nikogo, ale piszę o tym, żebyś im i tak powinszował. Bardzo jestem z tego zadowolony, bo lubię Freddie, a Betty jest czarującą dziewczyną.

Odkąd rozpoczęły się wakacje, nasz pensjonat jest nudny i pusty. Czy pamiętasz nasze rozmówki, które zwykliśmy prowadzić (mieć) po powrocie z kina lub przedstawienia?

Statek mój wyrusza na przyszły tydzień. Czuję się dość smutno na myśl o podróży i opuszczeniu Was wszystkich. Obawiam się, że nie będę w stanie powrócić tu przez długi czas, z powodu pracy, wobec czego proponuję, abyś przyjechał do Polski i spędził tam wakacje. Jak się ma mała Molly? W ubiegłym tygodniu obiecałem jej, że przyślę fotografię z Polski. Zanotowałem to sobie, aby nie zapomnieć.

Ten rok spędzony w Anglii był tak przyjemny dla mnie i tak pożyteczny. Teraz, kiedy poznałem Anglików lepiej, więcej mi się podobają, szczególnie za swoją solidność w życiu codziennym, grzeczność i poczucie humoru. A ty byłeś mi prawdziwym przyjacielem. Nigdy nie zapomnę mego pobytu u ciebie. Bardzo ci dziękuję za twoją uprzejmość. Przesyłam serdeczności dla twojej małej siostrzyczki i uprzejme ukłony dla rodziców i ciebie samego.

Twój zawsze

Stanley

Ćwiczenie I. 1. — of, 2. — to, with, 3. — on, of, 4. — across, to, 5. — into, through, 6. — at, 7. — at, out, 8. — at, 9. — to, at, till, 10. — at, in, 11. — with, 12. — to, for, 13. — in, 14. — to, with, 15. — in, 16. — of, in, in, 17. — with, out, 18. — after, in, of.

Ćwiczenie II. 1. Did she come in...? 2. Did Muriel eat...? 3. Did they do everything thoroughly? 4. Is that funny terrier fond of...? 5. Was the maid looking for...? 6. Did he go up to...? 7. Does the picture you noticed the day before yesterday belong to my nephew? 8. Did they hear the news on the radio? 9. Will everybody laugh at your hat? 10. Must I keep him company? 11. Did the children take part...? 12. Ought we to ask...? 13. Is the building 3 stories high? 14. Did this old Frenchman come...? 15. Did I shoot this bird...? 16. Can I help laughing when...? 17. Were the finest trees on the left hand side? 18. Did either John or Peter lose himself in that wood? 19. Is another student drawing circles? 20. Has the front part of the post office been destroyed by the fire? 21. Did the thieves kill two persons?

Ćwiczenie VI. 1 — scared, 2 — radio, 3 — to gather, 4 — quiet, 5 — to try, 6 — cupboard, 7 — happy, 8 — to believe, 9 — to propose, 10 — diligent, 11 — near to, 12 — animal, 13 — angry, 14 — nice, 15 — pal, 16 — some, 17 — to walk, 18 — if, 19 — unusual, 20 — much, 21 — picture house, 22 — while, 23 — house, 24 — huge, 25 — work, 26 — to begin, 27 — to destroy, 28 — the moment, 29 — over, 30 — to ask, 31 — alone, 32 — city, 33 — quick.

Ćwiczenie VII

Bezokolicznik	Czas przeszły	Imiesłów czasu przeszłego
be	was	been
have	had	had
write	wrote	written
go	went	gone
see	saw	seen
make	made	made
must	—	—
lend	lent	lent
can	could	—
begin	began	begun
know	knew	known
teach	taught	taught

get	got	got
send	sent	sent
do	did	done
light	lighted, lit	lighted, lit
hear	heard	heard
come	came	come
feel	felt	felt
think	thought	thought
leave	left	left
spend	spent	spent
may	might	—
forget	forgot	forgotten

Ćwiczenie fonetyczne: homofony

1 lane, 2 — read, 3 — road, 4 — two, 5 — week, 6 — wood, 7 — write, 8 — bare, 9 — weather.

LEKCJA CZTERDZIESTA SIÓDMA

Lekcja o Szkocji. I. Mała uliczka, niedaleko placu Piccadilly, była przepełniona ludźmi śpiesznie wychodzącymi z dużego kina. Jan stał (był) już na chodniku, naprzeciwko wyjścia, szukając swoich przyjaciół, których zostawił za sobą. W kilka minut zobaczył ich po drugiej stronie ulicy.

„Na Boga," powiedział Piotr, kiedy chłopcy złączyli się z nim „podobał mi się ten obraz."

Jan: Czy to pierwszy 3 D (trójwymiarowy, stereoskopowy) film, jaki widziałeś?

Piotr: Tak, uważam go za czarujący. Nie spodziewałem się, aby efekty przestrzeni i głębokości były tak mocne i wspaniałe.

Harry: Myślę, że to najlepszy obraz o Szkocji, jaki kiedykolwiek widziałem. Pokazuje on najpiękniejsze okolice górskie. Jeziora...

Jan: Powinieneś mówić „lochy", nie jeziora.

Harry: Dobrze, „lochy", jeśli tak chcesz, fiordy itd. Kolory były doskonałe. Góry miały zupełnie właściwy odcień purpury wtedy, kiedy wrzosy kwitną i skały miały niebieskawe zabarwienie, jakie często widać w górach.

Piotr: Kolory były najlepiej uwidocznione w „tartanach," szczególnie w spódniczkach szkockich (kilts) kobziarzy i tancerzy. Czy nosisz spódniczkę, gdy jesteś w domu, Janie? (tzn. w Szkocji)

Jan: Pewnie, że noszę! Tartan naszego klanu stanowi (jest) piękną kombinacją zielonego, czerwonego, granatowego i białego. Czy idziemy piechotą do domu, czy jedziemy autobusem?

Piotr: Jest dość późno. Lepiej jedźmy koleją podziemną.

Trzej przyjaciele skręcili w główną ulicę i w kierunku najbliższej stacji kolei podziemnej.

Piotr: Szczerze mówiąc, jestem bardzo zadowolony z tego, że namówiliście mnie, abym poszedł z wami. Na ogół nie lubię sensacyjnych rzeczy, lecz w kinie stereoskopowym sensacje są specjalnego rodzaju (typ). Zdumiewające było wrażenie „znajdowania się (bycia) w obrazie." Wydawało się, że człowiek był w samym środku gór.

Jan: Najbardziej podobały mi się momenty, kiedy człowiek z aparatem filmowym zjeżdżał po stoku pagórka na nartach lub saneczkach, lub kiedy jego samochód wjeżdżał do wąskiego wąwozu. Obawiam się, że sam nawet pochylałem się w prawo lub w lewo, kiedy brał zakręty.

Piotr: Ciekaw jestem, jak oni robią te filmy?

Jan: Program mówi, że używają trzech aparatów fotograficznych zmontowanych jako jeden i sześć mikrofonów, rozstawionych po całej scenie, którą filmują. Lecz głosy wszystkich mikrofonów są utrwalane (notowane) na jednej taśmie. To jest sposób, w jaki produkują te realistyczne efekty.

Harry: Teraz Piotrze nabrałeś pojęcia, jak wygląda Szkocja. Kiedy bohater filmu chodził po Edynburgu w poszukiwaniu swego przyjaciela, dał ci możność dobrego obejrzenia miasta. Była to jakby wycieczka z przewodnikiem. Odwiedził on zamek, pałac Holyrood, tak bogaty w historyczne skojarzenia. Chodził po wąskich ulicach starego Edynburga. Są one tak charakterystyczne z powodu bardzo wysokich starych domów kamiennych i osobliwych podwórzy.

Piotr: Zamek wydawał się bardzo wysoki, na ogromnej skale w samym środku miasta.

Jan: Bo tak jest. Edynburg jest zbudowany na kilku wzgórzach, co czyni go tak malowniczym. Możesz zobaczyć wspaniały widok nowoczesnej części miasta z pomnika Scotta na ulicy Princes. Lecz dalej widać z Zamku, jeśli jest ładna pogoda, tj. jeśli masz szczęście. Widać góry, rzekę, most na rzece Forth, a nawet morze.

Piotr: Most na rzece Forth jest to ten, z którego należy rzucić jednego pensa do rzeki, jako rodzaj czarów. Mówią, że ten, co to uczyni, jeszcze raz powróci odwiedzić ten most.

Jan: To niemądry przesąd.

Harry: Ty jesteś zbyt prawdziwym Szkotem, aby marnować nawet pensa. Czy to prawda, że gdy Szkoci mają rzucić z mostu pensa, to najpierw przywiązują do monety sznurek?

Jan: Nabierasz mnie! My Szkoci jesteśmy oszczędni, ale nie skąpi.

Ćwiczenie II. 1. — moving stairs 2. — a man who makes and sells medicine, 3. — a hole for the button, 4. — a cat, 5. — a piece of furniture, 6. — hurt, 7. — a kind of cake.

Ćwiczenie III.

Bezokolicznik	Czas przeszły	Imiesłów czasu przeszłego
be	was	been
leave	left	left
see	saw	seen
have	had	had
find	found	found
do	did	done
think	thought	thought
show	showed	showed, shown
wear	wore	worn
take	took	taken
go	went	gone
come	came	come
bend	bent	bent
make	made	made
get	got	got
let	let	let
build	built	built
can	could	—

Ćwiczenie IV. 1. He (she) says he (she) doesn't like itd. 2. I found myself in itd. 3. The girl sleeps in itd. 4. He (she) likes music. 5. The child is playing noisily. 6. This shelf is too low. 7. That paper must... itd. 8. What does your brother do... itd. 9. Where does he (she) keep his (her) books? 10. When does the class begin?

Ćwiczenie V (przypuszczalnie).

a purple rose	a large station
white heather	a historical association
a long bridge	an old castle
a good friend	a small coin
a high hill	a bright fire

Ćwiczenie VI. 1. Why did not you go by bus? 2. He has been waiting for us on the other side of the street. 3. How did you like the film? 4. In the North of Scotland the hills are very high. 5. I did not know who lived there. 6. It is a very funny film. 7. The effects of movement are splendid in this picture. 8. If it had not been so late we should have come back home on foot, and not by bus, 9. I see nobody on the pavement. 10. I am tired. So am I. 11. Yesterday I could not open the door of the garage. 12. The lighting is very important in the theatre.

LEKCJA CZTERDZIESTA ÓSMA

Lekcja o Szkocji. II. Przejście dla pieszych zwane „zebra“ pozwoliło młodzieży dojść bezpiecznie do wejścia do stacji kolei podziemnej na drugiej stronie ulicy. Zbiegli po schodach do hallu biletowego. Jan i Piotr wzięli bilety z automatów sprzedających bilety do różnych miejsc w Londynie. Jan nie miał dokładnej sumy pensów, lecz wrzucił jednego szylinga w otwór automatu i otrzymał zarówno bilet, jak i resztę z usłużnej maszyny. Harry chciał rozmienić banknot, wobec tego kupił bilet w kasie. Potem trzej przyjaciele weszli na ruchome schody, posuwające się w dół tunelu. Po obu stronach ruchomych schodów, idących w górę i w dół, znajdowały się kolorowe reklamy usiłujące namówić na kupno pewnych towarów lub obejrzenie jakiegoś nowego przedstawienia.

Wkrótce młodzieńcy znaleźli się (byli) na odpowiednim peronie i kiedy nadszedł ich pociąg, weszli do niego przez rozsuwane drzwi. Siedząc wygodnie w wagonie dla niepalących, podjęli na nowo rozmowę, pomimo hałasu, jaki robił pociąg.

Harry: Nigdy nie byłem na północy najmniej znanej części Szkocji, ale znam niziny na południe od Edynburga, gdzie miało miejsce tyle bitew pomiędzy Szkotami a Anglikami.

Piotr: Macie do pewnego stopnia niezależność, prawda? Wasz system prawny i wasze szkoły są zupełnie niezależne i odmienne od angielskich, prawda?

Jan: Tak jest. A w niektórych częściach gór ludzie mówią swoim własnym językiem, gaelickim, zupełnie niepodobnym do angielskiego.

Harry: Mam szwagra w Glasgow. Pracuje w dokach. Obiecał zabrać mnie kajakiem na wycieczkę wzdłuż Kanału Kaledońskiego. Wyruszymy z Loch Ness na Wschodzie i popłyniemy wprost przez Szkocję do Oceanu Atlantyckiego.

Jan: O ile potwór z Loch Ness nie zatrzyma was w drodze!

Harry: Czy ludzie jeszcze mówią o tym potworze? Przypuszczam, że to dobre jest dla interesu (handlu), zachęca turystów. Myślę, że Loch Ness jest rzeczywiście pięknym miejscem, nie mniej pociągającym niż Edynburg. Jego imponujące brzegi i cudowne efekty świetlne na wodzie i wzgórzach, specyficzne dla północnej Szkocji, nie potrzebują żadnych sztuczek reklamy, aby ściągnąć gości.

Jan: Powinniście przyjechać do Inverness, Harry i Piotrze, a potem do mnie, dalej na północ. Pokazałbym wam, jak wygląda życie na szkockiej owczej fermie. O nieba! To moja stacja! Trzymajcie się chłopcy!

Jan wysiadł z pociągu, kiedy już drzwi się zamykały.

„Do zobaczenia“ odpowiedział Harry. Potem zwrócił się do Piotra, który rozkładał wieczorną gazetę. „Słuchaj, Piotr, spędziłeś bardzo pouczający wieczór na filmie i naszej rozmowie. Prawdziwa (regularna) lekcja o Szkocji, a mam nadzieję — dodał z uśmiechem — że nie zgorszysz Jana już więcej pisaniem na kopercie — Edynburgh, Anglia — zamiast Edynburg, Szkocja”

Ćwiczenie II. I have come to Edinburgh for a fortnight but I think I shall stay here in Scotland at least three weeks. I have seen already the most interesting sights of the town. I like most Princes Street which is right in the middle. On one side it has beautiful gardens that come up to the Castle hill. On the other there are splendid shops where you can buy wonderful rugs and kilts. I want to buy myself a kilt and so I shall go round the shops tomorrow morning. Last week my uncle told me he would take me to the Highlands. I shall remind him of his promise. I will write you all about it in my next letter.

Ćwiczenie III. 1. — isn't it? 2. — wasn't it? 3. — don't you. 4. — don't they. 5. — don't they? 6. — aren't there? 7. — didn't they? 8. — haven't you? 9. — wasn't it?

Ćwiczenie VI.

[*i:*]	[*e*]
read	ready
teacher	bread
sea	head
meat	sweater
seat	pleasant
pea	deafen
lead	
each	

LEKCJA CZTERDZIESTA DZIEWIĄTA

Zgadywanka o Londynie. I. Pożegnalne zebranie towarzyskie u Willy'ego zbliża się do końca.

Piotr: Czy nie moglibyśmy zagrać w bridge'a?

Maria: Och, nie. Nie ma czasu. Zabawmy się raczej w jaką grę, do której wszyscy mogą się przyłączyć.

Harry: Może jakaś inna gra w karty lub „dwadzieścia pytań"?

Sylvia: Dosyć mam „dwudziestu pytań", mieliśmy je dość często w naszym internacie.

Freddie: Ja bym zaproponował zgadywankę („zgaduj zgadulę").

Betty: To dobra myśl.

Freddie: Piotr będzie prowadzącym zgadywankę. Możemy podzielić się na dwa zespoły po trzy osoby każdy.

Sylvia: Popieram wniosek. Jaką zgadywankę wybierzemy?

Willy: To należy do Piotra. Ja bym zaproponował Anglię jako temat ogólny.

Maria: Nie, to nie byłoby słuszne, Niewiele kraju widziałam. Czy nie moglibyśmy zrobić czegoś związanego z Londynem? Wszyscy spędziliśmy tu kilka miesięcy.

Harry: Zgoda! Sprawdźmy naszą znajomość Londynu.

Piotr: A więc, panie i panowie, mogę poprosić o uwagę? Jako prowadzący zgadywankę proponuję, abyśmy przespacerowali się (oczywiście w przenośni) dookoła Londynu. Powiem wam którą drogą idziemy i gdzie jesteśmy, a wy opowiecie mi wszystko o tym miejscu, o starych budynkach, pomnikach lub o tym, co jest przed nami.

Willy: Niezupełnie cię rozumiem. Co my mamy robić?

Piotr: To zupełnie łatwe — zobaczysz za chwilę. Maria, Freddie i Harry są w zespole A, Betty, Sylvia i Willy formujecie zespół B. Teraz zaczynamy. Panie i panowie, proszę zająć miejsca! (głosem monotonnym i donośnym zawodowego przewodnika). Stoimy przed bardzo starym zamkiem w pobliżu Tamizy, w południowo-wschodniej części miasta... Zespół A...?

Maria: To jest „Tower" (wieża) Londynu. Okazała budowla ze starymi, szarymi wieżami, bardzo grubymi murami, zaczęta w XII w. Niegdyś forteca, więzienie, teraz jest to raczej muzeum.

Piotr: Świetnie Mario. Odwracamy się plecami do zamku i widzimy... Betty?

Betty: Hm... widzimy most „Tower Bridge", ten co otwiera się, kiedy okręty przechodzące pod nim mają wysokie kominy. I oczywiście widzimy port londyński.

Willy: Jaki ładny widok można obejrzeć (mieć) z „Tower Bridge"!

Piotr: Nie twoja kolej, Willy. Znad brzegu rzeki, z okolicy dzielnicy ubogich, bierzemy autobus do „city" (jego części handlowej). Na rogu ulicy Threadneedle wysiadamy i zauważamy dziwny budynek bez okien, to jest... Freddie?

Freddie: Budka telefoniczna?

Piotr: Nonsens. Ogromny budynek — Bank Angielski. Czy możesz coś o nim powiedzieć?

Freddie: O tak! Jest to centrum wielkiego kapitału, interesów. A obok niego można znaleźć małą uliczkę z herbaciarnią, w której Maria była kelnerką ubiegłego lata.

Piotr: Zupełnie jesteś do niczego, jako przewodnik. Teraz zwracamy się na zachód. Jesteśmy w okolicy, która była bardzo zbombardowana podczas ostatniej wojny. Lecz budynek centralny był tylko lekko uszkodzony. To jest... Sylvia?

Sylvia: Katedra Św. Pawła, zbudowana przez Krzysztofa Wren'a w XVII wieku. Imponująca budowla w stylu klasycznym.

Piotr: Dobrze. Spod Św. Pawła autobus zabiera nas z „city" wzdłuż ulicy Fleet, sławnej z powodu... Harry?

Harry: Nie mam najmniejszego pojęcia...

Willy: Z powodu redakcji gazet. Dlatego ulica Fleet jest symbolem prasy.

Piotr: Autobus mija Sąd (Izby Sprawiedliwości) — ach, przepraszam, nie powinienem był tego mówić. To wy powinniście to powiedzieć. Mniejsza o to. Teraz kierujemy się na północ i zbliżamy się do najsławniejszego budynku w Londynie. Jego front jest w ulicy Great Russell. Jest tam wysoka brama i poza nią... Zespół A?

Maria: Trawnik z uczoną kotką w środku.

Willy: Dlaczego uczoną?

Maria: Dlatego, że należy (ona) do Brytyjskiego Muzeum i lubi leżeć na słońcu (opalać się) przed nim.

Piotr: Dajmy pokój kotu. Czy to wszystko, co możecie powiedzieć o Brytyjskim Muzeum?

Maria: Kotka należy do rzeczy, które są oglądane, nie mogę jej pominąć. Poza tym jest ona typowa dla Londynu. Na dziesięć milionów mieszkańców w Londynie jest prawie trzy miliony kotów. A Brytyjskie Muzeum? Jest najsławniejszą kolekcją starożytności greckich, rzymskich i egipskich i jedną z najbogatszych bibliotek świata. Każdy turysta powinien zobaczyć jej dobrze znaną okrągłą czytelnię.

Willy: To tam zgubiłem moje wieczne pióro zeszłej wiosny.

Ćwiczenie II. 1. — twelfth, 2. — three hundred and sixty-four, 3. — sixteen seventy-five, seventeen ten, 4. — sixteen sixty-six, 5. — nineteen fifty, six hundred and three thousand, 6. — five hundred thousand, two million seven hundred thousand, 7. — nineteen fifty-one, one hundred seventy-four thousand and three hundred seventy-eight.

Ćwiczenie III. 1. — was, 2. — was bombed, 3. — have had, 4. — have spent, 5. — lost, 6. — have not seen, 7. — has read, 8. — had, 9. — were living, 10. — has learned, 11. — taught.

Ćwiczenie V. 1. Mary speaks French very well because she has spent all her life in France. 2. Last week when I saw your brother he had a cold. 3. We have been living in Oxford Street for two years. 4. In the summer of 1948 we were living in the country for 3 weeks. 5. At last I have finished my work. 6. What are we going to talk about? 7. It depends upon you. 8. I don't understand you — what are we to do now? 9. We are facing the most famous building in London. 10. Our game is coming to an end. 11. Who is the best guide, Peter or his sister? 12. I have never seen such a strange street.

LEKCJA PIĘĆDZIESIĄTA

Zgadywanka o Londynie. II.

Piotr: Teraz, Panie i Panowie, przejdziemy kilka ulic ku północy i kiedy spojrzymy w górę, zobaczymy wielki biały blok, lub grupę bloków... Betty?

Betty: Szczerze mówiąc, nie wiem co masz na myśli. Wszystkie bardzo wysokie budynki typu drapacza chmur, jakie widziałam w Londynie, znajdują się albo wzdłuż wybrzeża, albo na bardziej przemysłowych przedmieściach.

Sylvia: Wstyd! Powinnaś pamiętać Londyński Uniwersytet, olśniewająco biały kolos.

Piotr: Teraz chodźmy ulicą Charing Cross na plac Leicester, który jest... Sylvia?

Sylvia: Światem teatrów. Nie jest on bardzo duży, lecz cała dzielnica jest pełna kin, teatrów i restauracji. Patrzcie na światła, reklamy, na kolejki ludzi, oczekujących otwarcia kas.

Harry: Ich nie stać na wysokie ceny, jakie się płaci za bilety, nabywane w przedsprzedaży. Mnie też.

Piotr: Stąd jest tylko parę kroków na plac Piccadilly, gdzie możesz zobaczyć... Freddie?

Freddie: Ogromną świetlną reklamę Coca-Cola.

Willy: Znowu źle, łakomczuchu! Odwróć się plecami do Coca-Cola, a zobaczysz najpopularniejszą statuę w Anglii, prawie symbol Londynu, akurat w samym środku placu — statua Erosa.

Maria: Jest ona wdzięczna i pełna ruchu. Nic dziwnego, że Londyńczycy tak ją bardzo lubią.

Piotr: Teraz udajemy się ulicą Haymarket pomiędzy modne kluby, sklepy i restauracje, w kierunku innego sławnego placu — bardzo dużego, z bardzo wysoką kolumną w środku, miejsca ostatniej wielkiej manifestacji przeciw wojnie atomowej?

Harry: Wiem, to zupełnie łatwe. Masz na myśli plac Trafalgar z pomnikiem Nelsona pośrodku, brązowymi lwami u jego stóp, dużą ilością fontann i jeszcze większą ilością gołębi i szpaków.

Piotr: A co (można powiedzieć) o budynkach dookoła placu?

Harry: Pamiętam tylko jakiś kościół od strony północnej. Zapomniałem, co to jest.

Willy: Po prostu straszne. Powinieneś wiedzieć. To jest Galeria Narodowa, mój drogi. Znana w całym świecie kolekcja obrazów najsławniejszych artystów wszystkich narodów. Wstęp wolny, z wyjątkiem śród.

Maria: Czy to nie dosyć, Piotrze? Czy nie obejrzeliśmy już najsławniejszych osobliwości Londynu?

Piotr: Teraz zespół B, zgadzacie się?

Betty: O nie! Opuściliśmy budynki Parlamentu, wzdłuż Tamizy. Są one stosunkowo nowoczesne, zostały wybudowane w XIX wieku, lecz położone są w ślicznym miejscu. Widok budynków z Tamizą przed nimi, z drzewami wzdłuż wybrzeża i z mostem Westminsterskim, stał się reprezentacyjnym widokiem miasta. Potem nie powinniście zapominać o Opactwie Westminsterskim, wspaniałym przykładzie angielskiego stylu gotyckiego.

Willy: Pozwólcie mi kontynuować. Wewnątrz znajdziecie grobowce lub pomniki wielu sławnych (wielkich) Anglików. Między innymi Izaaka Newtona, Darwina, a w kąciku poetów — posąg Szekspira i grób Dickensa.

Piotr: Tak, masz zupełną rację. Ale rzeczywiście robi się późno, kończmy naszą podróż. Rozpoczęliśmy od East End'u, przeszliśmy miasto i wędrowaliśmy po West Endzie. Przypuszczam, że turyści potrzebują odpoczynku. Co proponujecie, zespół A?

Freddie: Myślę, że wskazana byłaby przekąska. Samoobsługowa restauracja byłaby dobrym rozwiązaniem sprawy (właściwą rzeczą).

Betty: Zespół B może doradzić (zrobić) lepiej. Nasz przewodnik mógłby nas zabrać do Hyde Parku i w ten sposób moglibyśmy zobaczyć typowy, angielski park, odpocząć na otwartym powietrzu i wypić również herbatę.

Piotr: Bardzo dobry finisz, Betty. Teraz niech no zobaczę... zespół A wygrał cztery punkty, zespół B sześć punktów. Niech żyje zwycięska drużyna. Będą z was dobrzy przewodnicy. Kiedy nasi przyjaciele przyjadą do Londynu, będziecie mogli ich oprowadzać.

Ćwiczenie I. 1. I have spent a few days in London and I have not **yet** seen Tate Gallery. 2. I have **always** been interested in painting and I want to see it **to-morrow.** 3. I can't go **early** in the morning, i.e. before 10 a.m. for then the gallery is **still** closed. 4. A friend of mine **often** goes there during the weekends. 5. She says there are **quite** many people on Saturdays, and **even** larger crowds on Sundays. 6. You can see there the works of **almost** all English painters. 7. From their landscapes you can **easily** learn **much** about the English country. 8. The pictures of great Englishmen will **certainly** teach you a lot about the English **generally.**

Ćwiczenie III.

I have found **myself** in the middle of the bridge.
You have found **yourself** in the middle of the bridge.
He has found **himself** in the middle of the bridge.
She has found **herself** in the middle of the bridge.
It has found **itself** in the middle of the bridge.
We have found **ourselves** in the middle of the bridge.
You have found **yourselves** in the middle of the bridge.
They have found **themselves** in the middle of the bridge.

Ćwiczenie V.

1. I have read
2. Do you know?
3. They have not thought
4. We have
5. We have not
6. He has torn
7. Have you thrown?
8. I can sleep
9. You will draw
10. He has swum
11. You will sell
12. You have sold
13. This has meant
14. Don't lose!
15. I have lost
16. Open!
17. You are
18. I have not felt
19. She is cutting
20. He has cut
21. Have you broken?
22. I have not chosen
23. You do not see
24. Are they showing?
25. Is he showing?
26. Don't take!
27. She is shutting

LEKCJA PIĘĆDZIESIĄTA PIERWSZA

Mars i sport. I.

Ronald: Freddie, chodź, pomóż sprzątnąć klubową salę gimnastyczną, wszędzie (po całym miejscu) są porozrzucane kostiumy gimnastyczne i rakiety tenisowe.

Freddie: Żałuję, ale nie mogę. Muszę napisać jakiś skecz, nowelkę, albo cokolwiek.

Ronald: Nowelkę? Po co?

Freddie: Obiecałem mojemu bratu, że napiszę coś do ich szkolnego czasopisma. Jako przyszły dziennikarz, nie mogłem odmówić.

Ronald: Poślij im sprawozdanie z wczorajszych mistrzostw tenisowych.

Freddie: Chcą beletrystyki, nie sprawozdania. I męczę się nad tematem.

Ronald: Oh, przypuszczam, że uczniowie lubią opowiadania o wyprawach międzyplanetarnych, o podróżach na księżyc, tajemniczych stworzeniach i innych tego rodzaju fantastycznych rzeczach.

Freddie: To mi się podoba. Mógłbym spróbować.

Ronald: No, życzę szczęścia. Uciekam.

W świetlicy było dosyć ciepło, podczas gdy na dworze było zimno i dżdżysto. Freddie położył się na kanapie z notatnikiem w jednej ręce i ołówkiem w drugiej. Ziewnął, podłożył poduszkę pod łokieć, ugryzł ołówek, a w końcu zaczął pisać.

Przygoda na Marsie. Ned był (czuł się) w świetnym nastroju (na szczycie świata). Spełniło się marzenie jego życia. Były chwile, kiedy nie mógł uwierzyć w swoje szczęście. Czy to było rzeczywiście prawdą, że on, Edward Tiller, młody nieznany dziennikarz, spędził właśnie trzy najbardziej podniecające dni na wspaniałym okręcie powietrznym „Pionier", który miał teraz lądować na Marsie! Że on i jego koledzy z ekspedycji międzyplanetarnej wkrótce rozwiążą zagadkę, czy są jacyś ludzie na Marsie!

Schodzenie było dosyć szybkie i chmury przeważnie (przez większość czasu) zaciemniały widok Marsa, ale tu i ówdzie można było widzieć z punktu obserwacyjnego coś, co wyglądało — to było dosyć dziwne — jak mapa Europy północnej. Jak mogli wyglądać Marsjanie? Czy jak mechaniczne istoty z kołami, rurami i aparatami fotograficznymi zamiast oczu? I jak oni porozumiewają się ze sobą — za pośrednictwem dźwięków czy też fal, jak radio?

Drzwi rakiety otworzyły się gładko i Ned wysiadł, gorąco pragnąc spotkać pierwszych Marsjan. Nagle zatrzymał się, nie wierząc własnym oczom. Niedaleko od powietrznego okrętu znajdował się człowiek w gimnastycznym ubraniu, człowiek taki, jak on sam, przyglądający mu się z ciekawością.

„Hallo! powiedział człowiek. „Przybyliście z Ziemi, nieprawdaż? Spodziewaliśmy się was od pewnego czasu".

„Ale, ale... kto ty jesteś?" wyjąkał Ned. „Co ty tu robisz? Skąd przybyłeś?"

Człowiek: Znikąd nie przybyłem, ja tu mieszkam. Jestem Marsjaninem.

Ned: To niemożliwe, wyglądasz zupełnie normalnie. Jak to się dzieje, że mówisz po angielsku?

Marsjanin: Ja mówię po glenijsku* właściwie. Ale to brzmi zupełnie jak twój język. Ja również jestem zdumiony, że wy mieszkańcy Ziemi nie wyglądacie inaczej od nas. Myślałem, że będziecie wyglądać jak „roboty".

Ned: Powiedziałeś, że mówisz po glenijsku, a jak się nazywa twój kraj?

Marsjanin: Glania.

Ned: Glania? Te same litery** tworzą nazwę mojego kraju, Anglia.

Marsjanin: Jakie to dziwne. Więc, być może, mamy więcej podobieństw, aniżeli to. Czy twój kraj jest wyspą?

Ned: Tak jest.

Marsjanin: Czy on jest pagórkowaty? Bogaty w węgiel i żelazo?

Ned: Tak jest.

Marsjanin: Czy wasz klimat jest łagodny i wilgotny?

Ned: Tak, ale jak...

Marsjanin: I przypuszczam, że wy, Anglicy, posiadacie poczucie humoru i bardzo lubicie gry sportowe?

Ned: Czy wy jesteście także w tym podobni?

Marsjanin: Zupełnie tak samo.

Ned: Ale wszystko to jest niewiarygodne (cała rzecz), nie może być dwóch Anglii, jednej na Ziemi, a drugiej na Marsie. Co ja napiszę do mojej gazety o tobie i twojej planecie? Nikt mi w kraju nie uwierzy.

Marsjanin: Słuchaj, porozmawiajmy o tym w kawiarni. Chodź tędy.

Ćwiczenie I (przypuszczalne odpowiedzi). 1. Freddie is going to write a fantastic story. 2. School-boys like tales about interplanetary expeditions, trips to the moon, mysterious creatures and such fantastic stuff. 3. Freddie lay down on a settee in the common room. 4. Ned Tiller was a young, unknown journalist. 5. „The Pioneer" was a spaceship. 6. From Ned's story we may think that there are men on Mars. 7. Ned was surprised because the Martian looked like a man. 8. The first words of the Martian were: „Hallo, you've come from the Earth, haven't you? 9. He was dressed in a gym suit. 10. The climate of England is mild and damp. 11. Yes, they are. 12. Yes, she is.

Ćwiczenie II. 1 — England, 2 — Tennis, 3 — Magazine, 4 — Painting, 5 — Journalist.

Ćwiczenie III. 1. She says she is a journalist. 2. They think the weather will be probably cold next week. 3. I promised I'd write for the school magazine. 4. The newspaper says the president arrives in the morning. 5. He told me schoolboys liked fantastic stories. 6. I did not think he would finish that report. 7. She would like to know whether Martians had two arms and two

* Wyraz zmyślony.
** Te same litery, tylko przestawione.

legs. 8. It was true that the aeroplane was about to land. 9. He wondered what the Martians looked like. 10. Ned thought they did not understand English.

Ćwiczenie V. 1. I don't know if you have met. 2. My brother-in-law gave you all the tickets, didn't he? 3. Who has bought these boats? 4. They have no questions. 5. In the 3 D film the space effects are wonderful. 6. I heard the Scottish Highlands were bluish sometimes. 7. Why are these rackets lying on your couch? 8. You have put them there yourself. 9. I have read in a weekly that our parliament will be opened in a month's time. 10. All were surprised when they heard that film showed everyday life in Scotland. 11. When I saw the post office I stopped at once. 12. They have an excellent guide. So have we. 13. Which town is larger than Edinburgh? 14. Why haven't you put on the gym suit? 15. Because I couldn't find it. 16. Why did you say „good morning" to me only and not to my friends? 17. Because I have met them already this morning.

LEKCJA PIĘĆDZIESIĄTA DRUGA

Mars i sport. II. Okręt powietrzny wylądował w parku. Drzewa, krzaki, nawet leżaki wyglądały w oczach Neda zupełnie jak angielskie, lub co najmniej europejskie. Kiedy obaj mężczyźni wyszli z parku przez główne wejście, ulice i domy marsjańskie wydały się Nedowi istotnie bardzo dziwne. Wszystkie budynki były pokryte malowidłami, przypominającymi tapety, albo damskie letnie sukienki. Nawet samochody i autobusy były ozdobione wzorami w kwiaty, kratę lub pasy. Tylko ubrania ludzi były proste, gładkie, szare.

Ned uśmiechnął się z przyjemnością: „Tutaj nareszcie mam o czym pisać do kraju. Teraz przyjrzyjmy się sportom. Czy my jesteśmy w tym także podobni, jak bliźniaki? Jakie są wasze gry marsjańskie?"

Marsjanin: A więc, w lecie — krykiet, skomplikowana gra...

Ned: Grany przez dwie drużyny małą twardą piłką.

Marsjanin: Tak. Na północy bardzo popularny jest golf. Potrzeba do niego dużo gruntu trawiastego i nierównego. W zimie gramy w futbol.

Ned: Czy używacie piłki okrągłej, czy owalnej (jajowatej)?

Marsjanin: Mamy obydwa typy.

Ned: W moim kraju ta pierwsza używana jest w grze w pikę nożną, druga — w rugby. Poza tym niektórzy uprawiają boks albo wiosłowanie.

Marsjanin: Jakie to śmieszne. My mamy tu zupełnie to samo.

Ned: To wszystko jest niewiarygodne. Nikt mi nie będzie wierzył, nawet jeżeli przywiozę do kraju film z twojej ojczyzny. A teraz, jaki jest twój ulubiony sport?

Marsjanin: Ja sam nie jestem bardzo dobrym sportowcem, ale często jestem sędzią, a moją specjalnością jest atletyka.

Ned: Świetnie. Ja jestem tylko przeciętnym futbolistą, najlepszy jestem, jako bramkarz. Ale mój brat jest mistrzem w biegach i skokach.

Marsjanin: To pięknie! Jaki jest jego rekord w skoku?

Ned: W skoku wzwyż osiągnął 6 stóp, 6 cali.

Marsjanin: A ty uważasz, że to dobrze?

Ned: Hm. To nie jest zbyt dalekie od rekordu świata.

Marsjanin: Oczywiście masz na myśli rekordy na Ziemi. Ale to jest śmieszne. My Marsjanie skaczemy o wiele wyżej. Bardzo przeciętny sportowiec, jak ja, skacze 15 stóp wysoko.

Ned: No, no, czy ty nie przesadzasz? Dlaczego wy byście Marsjanie... Ach tak, już wiem (widzę). Teraz wszystko jest jasne. Mars jest o wiele mniejszy niż Ziemia i jego siła przyciągania jest także mniejsza. Człowiek jest o wiele lżejszy na Marsie niż na Ziemi.

Marsjanin: Masz zupełną rację. To wszystko tłumaczy. Więc ty tu możesz także pobić wszystkie wasze ziemskie rekordy w skoku.

Ned: Na Boga! Nigdy o tym nie pomyślałem. To jest coś dla mojej gazety. Zaczekaj chwilę. (Ja) pobiegnę do rakiety i nadam przez radio do kraju...

„No, no, no! To tak piszesz swoją nowelkę."

Freddie obudził się spłoszony. Ronald stał w drzwiach świetlicy śmiejąc się z niego.

Freddie: Ale ja skończyłem nowelkę, zanim zasnąłem. Patrz, oto ona... O, do licha, nie ma jej. Widocznie napisałem tylko początek, reszta musiała być... snem.

Ronald: Mój Boże! Możesz opisać swój sen.

Freddie: O nie, tego nie zrobię. To jest zbyt fantastyczne. Chłopcom i wydawcom to by się nie podobało. Teraz (z westchnieniem) znowu do pracy! Gdzie ja się zatrzymałem...

Freddie podejmuje pisanie na nowo:

„Drzwi rakiety otworzyły się gładko i Ned wysiadł, pragnąc gorąco spotkać pierwszych Marsjan. Dziwne stworzenie, stojące naprzeciw niego, było zaledwie trzech stóp wysokości, całe pokryte czymś niebieskim i metalicznym. Miało ono pewien rodzaj anteny na głowie i szereg (serię) rur wzdłuż całego ciała, zamiast rąk..."

„Tak, to wystarczy. To jest normalny typ powieści fantastycznej."

Ćwiczenie II. 1 — One hundred and twenty thousand... 2 — nineteen thirty-seven... forty-eight... 3 — three thousand five hundred and sixty... 4 — four thousand four hundred and six... 5 — two hundred... 6 — nineteen fifty, six hundred and twenty-three... 7 — one hundred... forty-seven... eight, 8 — one hundred... thirty-eight... five.

Ćwiczenie III. 1 — teacher, 2 — sprinter, 3 — reporter, 4 — helper, 5 — winner, 6 — novelist, 7 — Londoner, 8 — waitress, 9 — learner, 10 — boarder.

Ćwiczenie IV. 1. Tell me please when she entered the gymnasium. 2. I must know why you bought that stick. 3. They asked me if the car was out of order. 4. He didn't tell me what time Sylvia had come home. 5. The teacher asked if Freddie was sure about the size of Britain. 6. Nobody will tell me who broke the glass in the lift. 7. I'm not quite sure whether it is three o'clock. 8. — They told me when the trip had begun.

Ćwiczenie V.

1 — untidy — nieporządny	tidy — porządny
2 — unnecessary — niepotrzebny	necessary — potrzebny
3 — unusual — niezwykły	usual — zwykły
4 — unspoiled — nie zepsuty	spoiled — zepsuty
5 — unfriendly — nieprzyjazny	friendly — przyjazny
6 — unhappy — nieszczęśliwy	happy — szczęśliwy
7 — unreliable — niesolidny	reliable — solidny, na którym można polegać
8 — impossible — niemożliwy	possible — możliwy
9 — impolite — niegrzeczny	polite — grzeczny
10 — impersonal — bezosobowy	personal — osobisty
11 — imperfectly — niedobrze	perfectly — doskonale

Ćwiczenie VI. 1. In summer we play cricket with a small hard ball. 2. Is Rugby a popular game in your country? 3. There is a gymnasium in our students' hostel. 4. We learn boxing in the gymnasium. 5. My uncle learns to play golf. 6. How do we call a game played with an egg shaped ball? 7. I did not know if we needed much ground to play golf. 8. This is incredible. 9. In summer women often wear frocks with flower patterns. 10. Ask them if Peter is a good goalkeeper. 11. Your brother-in-law is only an average football player. 12. We have been standing in front of the main entrance. 13. What is the world record in the high jump? 14. Is that the way you are writing your story?

LEKCJA PIĘĆDZIESIĄTA TRZECIA

Wyścigi chartów.

Maria: Bądź tak uprzejmy i poszukaj w programie telewizyjnym, co w tej chwili idzie.

Willy: Chwileczkę. Jest za pięć ósma. Niech no popatrzę... godzina ósma... sport, wyścigi chartów.

Maria: Dobrze.

Nastawia odbiornik telewizyjny i obraca kilka gałek.

Maria: Nigdy nie byłam na wyścigach psów. My nie mamy ich w naszym kraju.

Willy: Ja byłem. To bardzo (zupełnie) interesujące. Wyścigi są bardzo popularne. Zwykle znajdują się tam tłumy, a tłumy ludzi.

Maria: Oczywiście głównie mężczyźni?

Willy: Niekoniecznie. Wiele kobiet również interesuje się psami. Można widzieć wiele pań domu, trochę wyrostków, zarówno chłopców, jak i dziewczęta.

Maria: Czy robiłeś jaki zakład?

Willy: Postawiłem raz na jednego psa, lecz nie miałem szczęścia. Przegrałem trochę pieniędzy.

Na ekranie telewizyjnym ukazuje się obraz. Przystojna spikerka mówi kilka słów i znika z obrazu. Zamiast niej pojawia się obszerny stadion.

Willy: Patrz. Widać kryte trybuny i tor, który jest oświetlony tak, że można wszystko pięknie zobaczyć.

Maria: Gdzie są zawodnicy? Psy?

Willy: Patrz. Idą dookoła stadionu zupełnie wolno, prowadzone przez dozorców. Nie widać kolorów na ekranie, lecz każdy pies ma „wdzianko" innego koloru.

Maria: Ale widzę numery na „wdziankach", są zupełnie duże.

Willy: Teraz psy są gotowe do startu. Uważaj na zająca. Przyjdzie jak błyskawica z jednej strony stadionu.

Maria: Zając? O jakie to okrutne!

Willy: Nie bądź niemądra. Zając mechaniczny... O, oto on, sunie bardzo szybko po szynie.

Maria: Psy wyruszyły. Czy one myślą, że to prawdziwy zając?

Willy: Nie wiem. Zapytaj je. W każdym bądź razie idą za nim piorunem (jak piekło), a nigdy go nie złapią, biedne stworzenia!

Maria: To są śliczne charty. Muszą być w doskonałej formie.

Willy: Weterynarz bada je przed każdym wyścigiem. Taki jest przepis. Patrz, jak ludzie krzyczą, wszyscy stoją, tacy podnieceni...

Maria: Pierwszy wyścig się skończył. Ale nie można jeszcze powiedzieć, który zwyciężył — dwa psy przyszły razem Nr 3 i Nr 1. Co zrobi sędzia?

Willy: Czy nie wiesz, że przy finiszu wszystkich wyścigów znajdują się specjalne aparaty fotograficzne (foto-komórki)? Taki aparat finiszowy pokaże najmniejszą różnicę pomiędzy biegnącymi. Nawet jeśli ona jest tylko o pół nosa. Widzisz? Pokazują zdjęcie.

Maria: Tak, widzę. Ostatecznie Nr 3 zwyciężył. Teraz imię zwycięzcy jest podawane przez głośniki (ogłaszane).

Willy: Czy będziemy obserwować następne biegi (wyścigi)?

Maria: O tak! Obserwujmy: To dla mnie zupełnie nowa rzecz, i znajduję, że to mi się podoba.

Maria i Willy oboje usadawiają się wygodnie na kanapce przed telewizorem, aby przyglądać się reszcie programu.

Ćwiczenie I (przypuszczalne odpowiedzi). A greyhound is a dog. 2. Yes, I have albo — No, I haven't. 3. Yes, I have, lub — No, I haven't. 4. Men, women and teen-agers are interested in races. 5. The sport programme on T.V. was at 8 o'clock. 6. Yes, they do. 7. A stadium is a place where races take place. 8. Yes, I can. 9. Yes, I can. 10. The dogs have different coats with numbers and the coats are of different shade. 11. The dogs in a race run after a mechanical hare. 12. No, the dogs never catch the hare. 13. The vet

examines the dogs before the race. 14. The photo-finish camera shows which dog came first. 15. The people show they are excited by standing up and shouting. 16. Dog Nr 3 has. 17. Yes, she will. 18. Certainly, I should.
Ćwiczenie V. 1 — is ringing, 2 — rings, 3 — is looking up, 4 — rains. 5 — go, 6 — is sitting, 7 — show, 8 — glides, 9 — sits, 10 — is playing.

LEKCJA PIĘĆDZIESIĄTA CZWARTA

Wizyta w dokach. I. Muriel, Ronald i Freddie zbliżają się do „Tower Pier" (mola „Tower").

Ronald: Patrz, Muriel, niebo się przejaśnia. Ostatecznie będziemy mieli piękną pogodę na naszą wycieczkę po Tamizie.

Freddie: Spieszcie się oboje. Tędy do naszego statku.

Idzie z nimi na pomost, prowadzący do małego stateczku wycieczkowego (przyjemnościowy).

Muriel: Właściwie co mamy zamiar oglądać dziś po południu?

Freddie: Londyńskie doki, tj. część portu londyńskiego.

Wszyscy troje znajdują nie zajętą ławkę na górnym pokładzie statku i siadają wśród grupy amerykańskich skautów. Statek odbija od mola „Tower" i przechodzi pod mostem „Tower".

Muriel: Jaka szkoda, że nasz statek nie jest dość duży i nie otworzy się dla nas most. Patrz, jaka ogromna ilość dźwigów. Bardzo lubię im się przyglądać. Są one jak żywe stworzenia, gdy poruszają się w tę i tamtą stronę, ładując i rozładowując okręty.

Po obydwu stronach rzeki znajdują się przystanie, gazownie, składy ze zbożem, fabryki i kanały, tworzące wejścia do doków. Głośnik na pokładzie statku podawał uwagi o miejscach specjalnie interesujących, wskazując jakiś szczególny okręt, ładujący cukier z cukrowni, elektrownię albo wywołując nazwy doków, np. „Doki Zachodnio-Indyjskie", „Doki Grenlandzkie" itd.

Pięć mil od mostu Londyńskiego, na drugim zakręcie rzeki, Freddie zauważył szczególnie imponującą grupę budynków.

Ronald: Jeden z tych domów to sławne Obserwatorium w Greenwich. Obecnie samo obserwatorium zostało przeniesione za miasto, ponieważ światła i blask na niebie przeszkadzały obserwacjom astronomów.

Freddie: A te bliźniacze budynki z kolumnami i wieżami, co to jest?

Ronald: To jest Królewskie Kolegium Marynarki. — Wiesz co, Freddie, ten wiatr spowodował, że mi się pić chce. Pójdę do bufetu i napiję się lemoniady lub czegoś w tym rodzaju.

Na dole w kabinie Ronald zastał grupę dzieci, zajadających ze smakiem (rozkoszujących się) lody oraz dwie starsze panie przy herbacie. Usiadł przy barze i pomału popijał napój. Kupiwszy też paczkę papierosów, powrócił na swoje miejsce, na pokład i znalazł tam Muriel i Freddie, zajętych rozmową z kimś obcym.

Obcy: Serwus, Ronaldzie! Nie pamiętasz mnie? Spotkaliśmy się ubiegłej zimy na turnieju szachowym w Sheffield.

Ronald: O tak. Przypominam sobie ciebie, Robercie. Co za niespodzianka zobaczyć cię tu.

Muriel: Robert dopiero co uratował mój kapelusz od zwiania go przez burtę do Tamizy.

Freddie: Czy wiesz coś o okrętach? Patrz ot tam — co może oznaczać ta dziwna flaga na tamtym statku towarowym?

Robert: Ona pokazuje, że doktor jest na pokładzie.

Ronald: Czy myślisz, że wejdziemy (wezmą nas) do doku?

Freddie: Z pewnością, patrzcie, zbliżamy się do śluzy.

Ćwiczenie I. 1. The pleasure boat was usually full of people. 2. It made off Tower Pier at 3 p.m. 3. People stood on the decks and watched the views. 4. On either side of the port cranes moved this way and that way. 5. Many interesting buildings stood close to the river, they were: factories, power stations, gas works, some ships. 6. The sun and the wind made people thirsty. 7. The children bought ice-creams and then ate them slowly.

Ćwiczenie III. 1. — **enjoy studying.** 2. — **mind waiting.** 3. — **have finished moving.** 4. — **of watching.** 5. — **of finding.** 6. — **stop learning.** 7. — **about building.**

Ćwiczenie V. 1 — c, 2 — b, 3 — b, 4 — c, 5 — c, 6 — a.

LEKCJA PIĘĆDZIESIĄTA PIĄTA

Wizyta w dokach. II. Statek wszedł do śluzy i ustawił się wzdłuż innych okrętów. Stawidło (brama) zostało zamknięte. Głośnik poinformował pasażerów, że poziom wody w śluzie musi być podniesiony o 20 stóp. Woda wpływała miarowo i wreszcie wejście do doku otwarto i statki weszły do niego jeden po drugim.

Muriel: Jak pięknie! Nigdy nie widziałam tak wiele okrętów razem. Jakie mają wdzięczne linie. Patrz, tam australijska flaga.

Ronald: Prawdopodobnie statek załadowany jest mięsem i wełną.

Freddie: Po lewej stronie znajduje się większy okręt. Jak dużo pracy musi wymagać utrzymanie go w tak pięknej czystości, bieli i połysku (od farby).

Uprzejmy głośnik powiedział im, że był to typowy nowoczesny statek pasażersko-towarowy ponad 30000 ton, z obszernym pomieszczeniem dla pasażerów.

Przeszli blisko obok pokaźnej liczby okrętów, ustawionych wzdłuż doku. Robert wskazał na jeden szczególnie piękny statek pasażerski.

Robert: Popatrzcie na nowy typ jego łodzi ratowniczych. Mają one śruby.

Ronald: A te małe łodzie (rzeczy), poruszające się w górę i w dół rzeki i dookoła doku czy to są holowniki?

Robert: Przypuszczam, że tak. Jakie mnóstwo barek dookoła tej łodzi!

Freddie; One pomagają ładować i rozładowywać okręty. Ciekaw jestem, co się głównie eksportuje z tego portu.

Ronald: Prawdopodobnie główne wyroby kraju — żelazo, wyroby ze stali, ciężkiego przemysłu, wyroby wełniane, bawełniane lub chemikalia... Głośnik jak gdyby włączył się do rozmowy:

...największy eksport portu londyńskiego — to trzy „C", cement, samochody, węgiel (3 C — cement, cars, coal).

Muriel (śmiejąc się): Oto odpowiedź na pytanie Freddie'go. Teraz ja chciałabym zadać pytanie. Które z tych okrętów są okrętami wojennymi?

Robert: Przypuszczam, że tu nie ma żadnego. To nie jest miejsce dla marynarki wojennej. Powinniście pojechać na przykład do Plymouth. Tam zobaczylibyście wszelkie rodzaje okrętów wojennych Królewskiej Marynarki — torpedowce, łodzie podwodne lub być może nawet i lotniskowiec.

Muriel: A zatem, czy wszystkie te statki należą, że tak powiem, do marynarki handlowej?

Freddie: ...lub do linii pasażerskich. A jeśli chcesz znaleźć trawlery lub inne łodzie rybackie, musisz pójść i zobaczyć kilka typowych portów rybackich.

Muriel: A czy to nie jest statek rybacki? Ten ładny żaglowiec, tam?

Robert: Muszę powiedzieć, że (on) jest nadzwyczaj piękny. Ja go znam, to jest okręt ćwiczebny. Wiecie, szkoleni są na nim (tam) chłopcy, uczą się na marynarzy.

Freddie: Ty jesteś dobrym ekspertem w sprawach marynarskich.

Robert: Bynajmniej! (oczywiście, że nie) Widzisz, mój ojciec i dziadek byli dokerami w tym porcie, wobec czego zupełnie naturalnie i ja bardzo interesuję się tymi sprawami (rzeczami).

Muriel: Ale nie poszedłeś za tradycją rodzinną. Myślałam, że jesteś robotnikiem stalowni w Sheffield.

Robert: Jestem nim. Ojciec mój zginął (został zabity) w wypadku, gdy byłem dzieckiem, a ja zostałem wychowany przez mojego wuja na Północy. Ale w rodzinie mamy marynarzy i rybaków. Patrzcie, ten piękny żaglowiec (łódź) wychodzi.

Freddie: Te stare maszty i żagle przypominają mi opowieści z mórz południowych Stevensona.

Ronald: One raczej każą mi myśleć o powieściach Conrada, o burzach, huraganach, rozbitych okrętach i egzotycznych krajach.

Muriel: Uwaga, wracamy do śluzy.

Wycieczka dookoła doku została ukończona. Wkrótce statek przewijał się w górę rzeki, z powrotem do punktu odjazdu. Widok z pokładu był wspaniały. Na pierwszym planie widać było kilka barek i łodzi, (kilka barek i łodzi wypełniało front obrazu) gdzie słońce odbijało się w wodzie (odbicie pokazywało się). Wzdłuż obu brzegów dźwigi uformowały się w szereg (delikatny szlak), stojąc nieruchomo, lub poruszając, jak dziwne ptaki, wysmukłymi, długimi szyjami. Dalej w głębi most „Tower" stał ciemny na tle nieba, dachy i wieże różnych budynków z kopułą Św. Pawła, górującą nad nimi, tworzyły malowniczy horyzont.

Większość pasażerów statku wycieczkowego spoglądała w milczeniu.

Muriel: Oto widok dla malarza. Nie zapomnę go tak łatwo. Teraz jesteśmy znowu z powrotem. Bardzo dziękuję, Ronaldzie. To była cudowna myśl ta wizyta w dokach. Będę polecała ją wszystkim moim przyjaciołom. Jestem pewna, że będzie im się podobała tak, jak mnie.

Ćwiczenie I. 1. The level of the water inside the dock was raised 20 feet. 2. The Australian ship was loaded with meat and wool. 3. Robert noticed the lifeboats with propellers. 4. Barges help to load and unload ships. 5. The biggest exports of the port of London are cement, cars and coal. 6. The loudspeaker answered Freddie's questions .7. I can see a military port in Plymouth. 8. A submarine is a boat which can go under the waves of the sea. 9. An aircraft carrier is a large ship which carries aeroplanes. 10. Stevenson wrote about the sea and adventures.

Ćwiczenie II. — gangway, pleasure-boat, afternoon, boyscout, warehouse, loudspeaker, power-station, Greenland, something, ice-cream, overboard, anything, cargoliner (ship), inside, alongside, life-boat, warship, aircraft--carrier, fishing-boat, fishing-harbour, sailing-vessel, grandfather, shipwrecks, background, skyline.

Ćwiczenie III. Np.: lane, late, linen, early, pair, pantry, part, plate, tear, itd.

Ćwiczenie IV. 1. — anybody, 2. — somebody, 3. — anybody, 4. — nobody, 5. — anybody.

Ćwiczenie VI. A zatem dobrnąłem do końca książki wreszcie. Ponieważ jestem pracowitym uczniem, wyszukałem wszystkie nowe słowa, napisałem wszystkie ćwiczenia w specjalnym zeszycie, chociaż czasami kusiło mnie, aby pisać niektóre z najłatwiejszych w książce. Na ogół opowiadania w tej książce podobają mi się, jak również obrazki, które czynią ją bardziej atrakcyjną. Nawet ćwiczenia podobają mi się. Podoba mi się również mój nauczyciel. A kto był moim nauczycielem? Ja sam, oczywiście! Więc jako nauczyciel, muszę powiedzieć memu uczniowi, aby nie zapomniał(ła) czego się nauczył(ła). Mój uczeń musi dalej czytać angielskie książki i rozpocząć czytanie gazet.

Do zobaczenia! Trzymaj się mocno!

PAŃSTWOWE WYDAWNICTWO ›WIEDZA POWSZECHNA‹ WARSZAWA

Irena Dobrzycka

JĘZYK ANGIELSKI DLA SAMOUKÓW

Zeszyt 12

SŁOWNIK ANGIELSKO-POLSKI

Zeszyt XII

A

a [*ej, ə*] — przedimek nieokreślony
abbey [*'æby*] opactwo
A. 1. [*ej'uan*] — pierwszorzędny
able [*ejbl*] — zdolny
about [*ə'baut*] — o, około
abroad [*ə'bro:d*] — za granicą
abstract [*'æbstrækt*] — abstrakcyjny, oderwany
to accept [*ək'sept*] — przyjąć
accident [*'æksydənt*] — wypadek
accommodation [*ə,komə'dejszən*] — pomieszczenie
accusative [*ə'kju:zətyw*] — biernik, 4-ty przypadek
acquaintance [*ə'kuejntəns*] — znajomy, znajomość
across [*ə'kros*] — w poprzek, na krzyż
to act [*ækt*] — działać
action [*'ækszən*] — akcja
active [*'æktyw*] — czynny
actual [*'ækczuəl*] — faktyczny, istniejący (czasem tylko: aktualny)
to add [*'æd*] — dodać
additional [*ə'dysznl*] — dodatkowy
address [*ə'dres*] — adres
adjective [*'ædżyktyw*] — przymiotnik
to admire [*əd'majə*] — podziwiać
to adorn [*ə'do:n*] — dekorować
advance [*ə'dwa:ns*] — posuwanie się naprzód, postęp
adventure [*ə'dwenczə*] — przygoda
adverb [*'ædwə:b*] — przysłówek
to advertise [*'ædwətajz*] — ogłaszać, robić reklamę
advertisement [*ə'dwə:tismənt*] — ogłoszenie, reklama
advisable [*ə'dwajzəbl*] — wskazany
aeroplane [*'eərəplejn*] — aeroplan, samolot
aerial [*'eəriəl*] — antena
affirmative [*ə'fə:mətyw*] — twierdzący
to afford [*ə'fo:d*] — dostarczyć, pozwolić sobie na
afraid of [*ə'frejdow*] — przerażony, bojący się czegoś
to be afraid of — obawiać się
after [*'a:ftə*] — po
afternoon [*a:ftə'nu:n*] — popołudnie
again [*ə'gejn*] — znów
against [*ə'gejnst*] — przeciw, wbrew, na tle
age [*ejdż*] — wiek
ago [*ə'gou*] — temu (w zwrocie: rok, dawno temu)
to agree [*ə'gri*] — zgadzać się
agricultural [*,ægry'kalczurəl*] — rolniczy
air [*eə*] — powietrze, aria, mina
Air Force [*'eə'fo:s*] — Siły Powietrzne
aircraft-carrier [*'eəkra:ft'-kæriə*] — lotniskowiec
airman [*'eəmæn*] — lotnik
Alfred [*'ælfryd*] — Alfred
alike [*ə'lajk*] — podobny, jednakowy
alive [*ə'lajw*] — żywy
all [*o:l*] — wszystek, wszyscy
all over — cały, na całej przestrzeni
all right [*o:l rajt*] — w porządku, zdrów
to allow [*ə'lau*] — pozwolić
almost [*'o:lmoust*] — prawie
alone [*ə'loun*] — sam
along [*ə'loŋ*] — wzdłuż
alongside [*ə'loŋsajd*] — obok, przy
alphabet [*'ælfəbyt*] — alfabet
already [*o:l'redy*] — już
also [*'o:lsou*] — także, też
always [*'o:luəz*] — zawsze
a.m. [*'ej'em*] (ante meridiem) — przed południem
amazing [*ə'mejzyŋ*] — zadziwiający
amount [*ə'maunt*] — ilość
among [*ə'maŋ*] — wśród

ample [*'æmpl*] — obszerny
an [*æn, ən*] — przedimek nieokreślony przed wyrazami zaczynającymi się od samogłoski
and [*ænd, ənd*] — i, a
angry [*'æŋgry*] — zły, rozgniewany
animal [*'ænyməl*] — zwierzę
Anne, Ann, Anna [*æn, æn, ænə*] — Anna
to announce [*ɒ'nauns*] — ogłosić
announcer [*ə'naunsə*] — spiker radiowy
to annoy [*ə'noj*] — irytować, drażnić
another [*ə'naðə*] — inny
answer [*'a:nsə*] — odpowiedź
to answer [*'a:nsə*] — odpowiadać
antiquities [*æn'tykuytyz*] — zabytki starożytności
Atlantic [*ət'læntyk*] — Atlantyk
any [*'eny*] — jakiś, jakikolwiek
anybody [*'eny,body*] — ktoś, ktokolwiek
anyhow [*'enyhau*] — jakoś, byle jak, bądź co bądź
anyone [*'enyuan*] — ktoś, ktokolwiek
anything [*'enyθyŋ*] — coś, cokolwiek
anyway [*'enyuej*] — w każdym razie, w jakikolwiek sposób
anywhere [*'enyueə*] — gdzieś, gdziekolwiek
apostrophe [*ə'postrəfy*] — apostrofa lub znak pisarski „'"
to appear [*ə'piə*] — ukazać się
appendix [*ə'pendyks*] — dodatek
apple [*'æpl*] — jabłko
apple-tart [*'æpl'ta:t*] — placek z jabłkami
apposition [*,æpo'zyszn*] — przydawka
apron [*'ejprən*] — fartuch
are [*a:*] — są, jesteśmy itd.
arm [*a:m*] — ramię
armchair [*'a:m'czeə*] — fotel
to arrest [*ə'rest*] — aresztować
to arrive [*ə'rajw*] — przybyć
article [*'a:tykl*] — przedimek
artist [*'a:tyst*] — artysta
as... as... [*æz... æz*] — tak,... jak...
as [*æz*] — jak, jako, ponieważ
as soon as [*æz 'su:n əz*] — skoro tylko
to ask [*a:sk*] — prosić, pytać
asleep [*ə'sli:p*] — uśpiony, we śnie
association [*ə,sousy'ejszən*] — stowarzyszenie
astronomer [*əs'tronəmə*] — astronom
at [*æt, ət*] — przy, w
athletics [*æθ'letyks*] — atletyka
atmosphere [*'ætməsfiə*] — atmosfera
at night [*ət'najt*] — w nocy
atomic [*'ətomik*] pm. — atomowy
at once [*ət'uans*] — od razu
attendant [*ə'tendənt*] — dozorujący, obsługujący
attention [*ə'tenszn*] — uwaga
to attract [*ə'trækt*] — przyciągać
attractive [*ə'træktyw*] — pociągający
aunt [*a:nt*] — ciotka
the Atlantic Ocean [*ði: ə'tlæntyk 'ouszn*] — Ocean Atlantycki
Australian [*o:s'trejljən*] — australijski
autumn [*'o:təm*] — jesień
auxiliary [*o:g'zyljəry*] — posiłkowy
to avoid [*ə'wojd*] — unikać
away [*ə'uej*] — precz, zdala
awful [*'o:ful*] — straszny
axe [*æks*] — siekiera

B

baby [*'bejby*] — niemowlę, małe dziecko
back [*bæk*] — z powrotem
back [*bæk*] — plecy, grzbiet
to back [*bæk*] — popierać

bacon [*bejkn*] — bekon, boczek
bad [*bœd*] — zły, niedobry
badly [*'bœdly*] — źle, dotkliwie
bag [*bœg*] — torba, worek
bagpiper [*'bœgpajpə*] — kobziarz
balcony [*'bœlkəny*] — balkon
ball [*bo:l*] — piłka
banana [*bə'na:nə*] — banan
band [*bœnd*] — orkiestra
bank [*bœŋk*] — bank, brzeg rzeki
bar [*ba:*] — bar
to bar [*ba:*] — zatarasować, zagrodzić
barge [*ba:dż*] — barka
to bark [*ba:k*] — szczekać
basin [*bejsn*] — miednica
basket [*'ba:skyt*] — kosz
bath [*ba:θ*] — kąpiel, wanna
to bath [*ba:θ*] — kąpać się (w wannie)
to bathe [*bejð*] — kąpać się (w morzu, rzece itp.)
bathe [*bejð*] — kąpiel (w morzu itp.) dla przyjemności
bathing-suit [*'bejðyŋ'sju:t*] — kostium kąpielowy
bathroom [*'ba:θrum*] — łazienka
battle [*bœtl*] — bitwa
to be, was, been [*bi:, bi, ᵘoz, ᵘəz, bi:n, byn*] — być
to be off — odejść
beach [*bi:cz*] — plaża
bean [*bi:n*] — fasola
bear [*beə*] — niedźwiedź
beast [*bi:st*] — zwierzę, bydlę
beautiful [*'bju:təful*] — piękny
beauty [*'bju:ty*] — piękność, piękno
because [*by'koz*] — ponieważ, dlatego że
to become, became, become [*by'kam, by'kejm, by'kam*] — stać się
bed [*bed*] — łóżko
bedroom [*'bedrum*] — sypialnia
beef [*bi:f*] — wołowina
beer [*biə*] — piwo
before [*by'fo:*] — przed
to beg [*beg*] — prosić, błagać, żebrać
to begin, began, begun [*by'gyn, by'gœn, by'gan*] — zacząć
behind [*by'hajnd*] — z tyłu, za
bell [*bel*] — dzwonek
to believe [*by'li:w*] — wierzyć, sądzić
to belong [*by'loŋ*] — należeć
bench [*bencz*] — ławka
to bend, bent, bent [*bend, bent, bent*] — zginać, pochylać (się)
Benham [*benm*] — nazwa miejscowości
Berkeley [*'ba:kly*] — nazwisko filozofa angielskiego
beside [*by'sajd*] — obok
besides [*by'sajdz*] — ponadto
best [*best*] — najlepiej, najlepszy
bet [*bet*] — zakład (założenie się)
to bet, bet, bet [*bet*] — założyć się o...
better [*'betə*] — lepiej, lepszy
betting [*'betyŋ*] — stawianie pieniędzy na, granie w totalizatora
Betty [*'bety*] — imię żeńskie (skrót od: Elizabeth [*y'lyzəbəθ*] — Elżbieta)
between [*by'tᵘi:n*] — między
bicycle [*'bajsykl*] — rower
big [*byg*] — duży, wielki
bill [*byl*] — rachunek, afisz
bird [*bə:d*] — ptak
birthday [*'bə:θdej*] — urodziny
a bit [*byt*] — trochę, odrobina
to bite, bit, bitten [*bajt, byt, bytn*] — gryźć
black [*blœk*] — czarny
block [*blok*] — blok
to blossom [*'blosəm*] — zakwitać, rozkwitać
to blow, blew, blown [*blou, blu:, bloun*] — dąć, dmuchać

blue [*blu:*] — niebieski
bluish [*'blu:ysz*] — niebieskawy
board [*bo:d*] — stołowanie się; pokład (statku)
boarding-house [*'bo:dyŋ'haus*] — pensjonat
boarding-school [*'bo:dyŋ'sku:l*] — szkoła z internatem
boat [*bout*] — łódź, statek, okręt
Bobby [*'boby*] — popularna nazwa policjanta angielskiego
bobsled, bobsleigh [*'bobsled, 'bobslej*] — sanki, bobslej
body [*'body*] — ciało
to boil [*bojl*] — gotować (warzyć)
boiled [*bojld*] — gotowany
to bomb [*bom*] — bombardować
book [*buk*] — książka
bookcase [*'bukkejs*] — biblioteka (szafa na książki)
booking hall [*'bukyŋ'ho:l*] — hol, sala z kasami (na stacji)
bookish [*'bukysz*] — książkowy, niepotoczny (o języku)
bookseller [*'bukselə*] — księgarz
bookshop [*'bukszop*] — księgarnia
border [*'bo:də*] — brzeg; obramowanie, szlak
bore [*bo:*] — nudziarz
to bore [*bo:*] — nudzić
boring [*'bo:ryŋ*] — nudny
born [*'bo:n*] — urodzony
to borrow [*'borou*] — pożyczać (od kogoś)
both [*bouθ*] — obaj, obie
both... and... — i... i...
to bother [*'boðə*] — kłopotać, dręczyć
bother! [*'boðə*] — niech tam! do licha!
bottle [*botl*] — butelka
bow [*bau*] — ukłon
to bow [*bau*] — kłaniać się
bowl [*boul*] — wazon, czara
box [*boks*] — pudełko
to box [*boks*] — boksować się
boxing [*'boksyŋ*] — boks
boy [*boj*] — chłopiec, młodzieniec
boyscout [*'boj'skaut*] — skaut, harcerz
bread [*bred*] — chleb
bread and butter [*'bredən'batə*] — chleb z masłem
to break, broke, broken [*brejk, brouk, broukn*] — łamać
breakfast [*'brekfəst*] — śniadanie
to breed, bred, bred [*bri:d, bred, bred*] — hodować, wychować
brick [*bryk*] — cegła
bridge [*brydż*] — most; brydż
bright [*brajt*] — jasny, żywy
to brighten [*brajtn*] — rozjaśnić (się)
to bring, brought, brought [*bryŋ, bro:t, bro:t*] — przynieść
broad [*bro:d*] — szeroki
to broadcast, broadcast, broadcast [*'bro:dka:st*] — nadawać przez radio
bronze [*bronz*] — brąz (stop metali)
brother [*'braðə*] — brat
brother-in-law [*'braðəryn'lo:*] — szwagier
brown [*braun*] — brązowy (kolor)
Brown [*braun*] — nazwisko
brown bread — czarny chleb, razowiec
brush [*brasz*] — szczotka, pędzel
to brush [*brasz*] — szczotkować
buffet [*'bufej*] — bufet
to build, built, built [*byld, bylt, bylt*] — budować
building [*'byldyŋ*] — budynek
built-in [*'bylt,yn*] — wbudowany
bunch [*bancz*] — wiązka, pęczek
to burn, burnt, burnt [*bə:n, bə:nt, bə:nt*] — palić (się)
to burst, burst, burst [*bə:st*] — wybuchnąć

to bury [*'bery*] — grzebać, chować
bus [*bas*] — autobus
bush [*busz*] — krzak
busily [*'byzyly*] — pilnie
business [*'byznys*] — interes, handel, przedsiębiorstwo
businessman [*'byznysmən*] — człowiek interesu, handlowiec
busy [*byzy*] — zajęty, ruchliwy
but [*bat, bət*] — ale, lecz
butcher [*'buczə*] — rzeźnik
butter [*'batə*] — masło
to butter [*'batə*] — smarować masłem
button [*batn*] — guzik
buttonhole [*'batnhoul*] — dziurka od guzika
to buy, bought, bought [*baj, bo:t, bo:t*] — kupić
by [*baj*] — przy, przez
by day [*baj'dej*] — w dzień, za dnia
by heart [*baj'ha:t*] — na pamięć

C

cabin [*'kæbyn*] — kajuta, kabina
café [*'kæfej*] — kawiarnia
cake [*kejk*] — ciastko, ciasto
Caledonian [*ˌkæly'dounjən*] — kaledoński, szkocki
call [*ko:l*] — rozmowa telefoniczna; wizyta
to call [*ko:l*] — wołać, nazywać
to call at (somebody's) — odwiedzić (kogoś), zajść do
Cambridge [*'kejmbrydż*] — miasto uniwersyteckie w Anglii
camera [*'kæmərə*] — aparat fotograficzny; filmowy
can, could [*'kæn, kud*] — mogę, mogłem itp.
canal [*kə'næl*] — kanał
canoe [*kə'nu:*] — czółno, kajak
can't [*ka:nt*] — skrót od: cannot
cap [*kæp*] — czapka
capital [*'kæpytl*] — stolica
capital letter [*'kæpytl 'lettə*] — duża litera
captain [*'kæptyn*] — kapitan
car [*ka:*] — samochód
card [*ka:d*] — karta
cardinal [*'ka:dynl*] — główny
cardinal number [*'ka:dynl'nambə*] — liczebnik główny
care [*keə*] — troska
cargo [*'ka:gou*] — ładunek statku
carpet [*'ka:pyt*] — dywan
carriage [*'kærydż*] — wagon, powóz
to carry [*'kæry*] — nieść
to carry away [*'kæry ə'uej*] — unieść, odnieść
case [*kejs*] — wypadek, sprawa, przypadek
castle [*ka:sl*] — zamek
cat [*kæt*] — kot
to catch, caught, caught [*kæcz, ko:t, ko:t*] — łapać
to catch hold of [*'kæcz 'hould ow*] — chwycić
caught [*ko:t*] — złapałem
cautious (ly) [*'ko:szjəs*] — przezorny (nie)
ceiling [*'si:lyŋ*] — sufit
cellar [*'selə*] — piwnica
cement [*sy'ment*] — cement
centipede [*'sentypi:d*] — stonoga
centre [*'sentə*] — centrum, środek
century [*'senczury*] — stulecie, wiek
certainly [*'sə:tnly*] — z pewnością, oczywiście
chair [*czeə*] — krzesło
championship [*'czæmpjənszyp*] — mistrzostwa
change [*czejndż*] — zmiana; reszta (drobne pieniądze)
charm [*cza:m*] — urok

charming (ly) [*'cza:myŋ*] — czarujący (o)
chat [*czœt*] — gawęda
to chat, chatted [*czœt*] — gawędzić
chatter [*'czœtə*] — gadanie
check [*czek*] — krata (deseń)
cheers! [*cziə:z*] — hurra!
cheerfully [*'cziəfuly*] — wesoło, pogodnie
cheerio! [*'cziərj'ou*] — cześć, czuwaj, do widzenia (poufałe pożegnanie)
cheese [*czi:z*] — ser
chemist [*'kemyst*] — aptekarz
chemist's shop — apteka
chess [*czes*] — szachy
chest [*czest*] — pierś
child [*czajld*] **children** [*'czyldrn*] — dziecko, dzieci
chimney [*'czymny*] — komin
China [*'czajnə*] — Chiny
China tea — chińska herbata
chocolate [*'czoklyt*] — czekolada
to choose, chose, chosen [*czu:z, czouz, czouzn*] — wybierać
to christen [*krysn*] — nazwać, ochrzcić
church [*czə:cz*] — kościół
cider [*'sajdə*] — jabłecznik
cigarette [*ˌsygə'ret*] — papieros
cinema [*'synymə*] — kino
cinerama [*synə'ra:mə*] — film stereoskopowy
circle [*sə:kl*] — koło
circus [*'sə:kəs*] — cyrk; okrągły plac
city [*'syty*] — miasto
clan [*klœn*] — klan, ród
class [*kla:s*] — klasa, kurs
classes [*'kla:syz*] — kursy, wykłady, ćwiczenia
classical [*'klœsykl*] — klasyczny
clause [*klo:z*] — zdanie (w gramatyce)
clean [*kli:n*] — czysty
clear [*kliə*] — przejrzysty, jasny
to clear [*kliə*] — przejaśnić się
clear soup [*'kliə 'su:p*] — rosół
clever [*'klewə*] — mądry, sprytny
climate [*'klajmyt*] — klimat
to climb [*klajm*] — wspinać się
to climb down [*ˌklajm 'daun*] — zejść z pewnej wysokości
clock [*klok*] — zegar
close [*klous*] — blisko (bliski)
to close [*klouz*] — zamykać
clothes [*kloudz*] — ubranie (w ogólności)
cloud [*klaud*] — chmura
club [*klab*] — klub
coach [*koucz*] — autokar, autobus (na większe odległości), powóz
coal [*koul*] — węgiel
coat [*kout*] — płaszcz, marynarka, żakiet
coat and skirt — kostium damski (dosł.: żakiet i spódnica)
cocktail [*'koktejl*] — napój alkoholowy mieszany
coffee [*'kofy*] — kawa
coin [*kojn*] — moneta
cold [*kould*] — zimny, zimno
cold [*kould*] — zaziębienie, katar
colleague [*'koli:g*] — kolega
college [*'kolydż*] — kolegium, wydział, oddział wyższej szkoły
collection [*kə'lekszn*] — zbiór
colonnade [*kolə'nejd*] — kolumnada
colossus [*kə'losəs*] — kolos, olbrzym
colour [*'kalə*] — kolor
coloured future [*ˌkaləd 'fju:czə*] — czas przyszły „zabarwiony"
column [*'koləm*] — kolumna
combination [*ˌkomby'nejszn*] — kombinacja
to come, came, come [*kam, kejm, kam*] — przyjść
to come across [*'kamə'kros*] — natrafić
to come into — wejść

comfortable [*'kamftəbl*] — wygodny
to comment [*'koment*] — komentować
commerce [*'koməs*] — handel
commercial [*kə'mə:szl*] — handlowy
common [*'komən*] — pospolity
common room — świetlica
communicate [*kə'mjunykejt*] — komunikować się
company [*'kampəny*] — towarzystwo
to compare [*kəm'peə*] — porównać
comparatively [*kəm'pœrətywly*] — stosunkowo, względnie
comparison [*kəm'pœryzn*] — porównanie
competitor [*kəm'petytə*] — zawodnik
to complain of [*kəm'plejn ow*] — skarżyć się na
to complete [*kəm'pli:t*] — dopełnić, uzupełnić
to complicate [*'komplykejt*] — komplikować
compliment [*'komplymənt*] — komplement
composition [*ˌkompə'zyszn*] — wypracowanie
compulsion [*kəm'palszn*] — przymus
concert [*'konsət*] — koncert
condition [*kən'dyszn*] — warunek
conditional [*kən'dysznl*] — warunkowy
conductor [*kən'daktə*] — konduktor; dyrygent orkiestry
conjugation [*kondżu'gejszn*] — koniugacja
conjunction [*kən'dżaŋkszn*] — spójnik
congratulate [*kən'grœtjulejt*] — winszować
to connect [*kə'nekt*] — łączyć
to consider [*kən'sydə*] — uważać, brać pod uwagę
consonant [*'konsənent*] — spółgłoska
construction [*kən'strakszn*] — konstrukcja, budowa
continuous [*kən'tynjuəs*] — ciągły, trwający
conversation [*konwə'sejszn*] — rozmowa
to cook [*kuk*] — gotować, kucharzyć
to copy [*'kopy*] — przepisywać
corn [*ko:n*] — zboże
corner [*'ko:nə*] — róg, kąt
correspondence [*'korys'pondəns*] — korespondencja
to cost, cost, cost [*kost*] — kosztować
cosy [*'kouzy*] — przytulny
cottage [*'kotydż*] — domek na wsi, chata
cotton [*kotn*] — bawełna
couch [*kaucz*] — tapczan
could [*kud*] — mogłem, mogłeś itd.
counter [*'kauntə*] — lada, okienko (w urzędach)
country [*'kantry*] — kraj; wieś (w ogólności)
country place — posiadłość na wsi, majątek
couple [*kapl*] — para (dwa)
courageous [*kə'rejdżəs*] — odważny
course [*ko:s*] — kurs, wykłady
of course [*of'ko:s*] — oczywiście
court of justice [*'ko:t əw 'dżastys*] — sąd
courtyard [*'ko:t'ja:d*] — podwórze
cow [*kau*] — krowa
to cover [*'kawə*] — przykryć
crane [*krejn*] — żóraw, dźwig
cream [*kri:m*] — krem, śmietana
to create [*kry:'ejt*] — tworzyć
creature [*'kri:czə*] — stworzenie
cricket [*'krykyt*] — krykiet (popularna gra w piłkę, nie mylić z krokietem)
to cross [*kros*] — przekroczyć
crowd [*kraud*] — tłum
crowded [*'kraudyd*] — natłoczony

cruel [*kruəl*] — okrutny
cruise [*kru:z*] — przejażdżka po rzece, morzu
to cry [*kraj*] — krzyczeć, wołać, płakać
to cry out — wykrzyknąć
cup [*kap*] — filiżanka
cupboard [*'kabəd*] — szafa
curiosity [*ˌkjuərj'osyty*] — ciekawość
curtain [*'kə:tn*] — firanka
cushion [*'kuszn*] — poduszka (kolorowa)
to cut, cut, cut [*kat*] — ciąć, krajać
to cycle [*sajkl*] — jechać na rowerze

D

daddy [*'dœdy*] — tatuś
daffodil [*'dœfədyl*] — żonkil, żółty narcyz
daily [*'dejly*] — codzienny
daily [*'dejly*] — dziennik
daisy [*'dejzy*] — stokrotka
to damage [*'dœmydż*] — uszkodzić, zniszczyć
damp [*'dœmp*] — wilgotny
dancer [*'da:nsə*] — tancerz, członek baletu
dark [*da:k*] — ciemny
to darken [*'da:kən*] — zaciemnić
darling [*'da:lyŋ*] — kochanie
dash! [*dœsz*] — niech tam! do licha!
date [*dejt*] — data
daughter [*'do:tə*] — córka
day [*dej*] — dzień
dazzling [*'dœzliŋ*] — olśniewający
dead [*ded*] — zmarły, nieżywy
deaf [*def*] — głuchy
to deafen [*defn*] — ogłuszyć
dear [*diə*] — drogi
death [*deθ*] — śmierć
decent [*'di:snt*] — porządny, przyzwoity
to decide [*dy'sajd*] — decydować
decision [*dy'syżn*] — zdecydowanie, decyzja
deck [*dek*] — pokład (statku)
deck-chair [*'dek'czeə*] — leżak
deep [*di:p*] — głęboki
defective verb [*dy'fektyw 'wə:b*] — czasownik ułomny
do define [*dy'fajn*] — określić
definite [*'defynyt*] — określony
definition [*ˌdefy'nyszn*] — definicja
degree [*dy'gri:*] — stopień
delicate [*'delykyt*] — delikatny
delicious [*dy'lyszəs*] — pyszny, smakowity
delight [*dy'lajt*] — rozkosz
delightful [*dy'lajtful*] — rozkoszny, cudowny
department [*dy'pa:tment*] — oddział, wydział
departure [*dy'pa:czə*] — odjazd
depressed [*dy'prest*] — przygnębiony
depth [*depθ*] — głębokość
descent [*dy'sent*] — schodzenie w dół, lot w dół
to describe [*dys'krajb*] — opisać
description [*dys'krypszn*] — opis
desk [*desk*] — biurko; kasa
dessert [*dy'zə:t*] — deser
to destroy [*dys'troj*] — niszczyć
destroyer [*dys'trojə*] — torpedowiec
destruction [*dys'trakszn*] — zniszczenie
devoid [*dy'wojd*] — pozbawiony
dictionary [*'dykszənry*] — słownik
to die [*daj*] — umierać (dying — umierający)
difference [*'dyfrəns*] — różnica
different [*'dyfrənt*] — różny
difficult [*'dyfyklt*] — trudny
difficulty [*'dyfyklty*] — trudność
diligent (ly) [*'dylydżent*] — pilny (nie)
dimension [*dy'menszn*] — wymiar
to dine [*dajn*] — jeść obiad

to dine out — jeść obiad poza domem, (być na proszonym obiedzie)
dining-room [*'dajnyŋ'rum*] — jadalnia
dinner [*'dynə*] — obiad
direction [*dy'rekszn*] — kierunek
dirty [*'də:ty*] — brudny
district [*'dystrykt*] — dzielnica
to disturb [*dys'tə:b*] — przeszkadzać
to divide [*dy'wajd*] — dzielić
to do, did done [*du., du, dyd, dan*] — czynić, robić
dock [*dok*] — dok
doctor [*'doktə*] — doktor
dog [*dog*] — pies
doll [*dol*] — lalka
dome [*doum*] — kopuła
domestic [*də'mestyk*] — domowy
door [*do:*] — drzwi
doorway [*'do:ᵘej*] — brama
double [*dabl*] — podwójny
down [*daun*] — w dół
downstairs [*'daun'steəz*] — na dole, w dół po schodach
dozen [*dazn*] — tuzin
to draw, drew, drawn [*dro:, dru:, dro:n*] — ciągnąć, rysować
drawer [*dro:*] — szuflada
dream [*dri:m*] — sen
dress [*dres*] — ubranie, suknia
to dress [*dres*] — ubierać się
dressing-gown [*'dresyŋ'gaun*] — szlafrok
dressing-table [*'dresyŋ'tejbl*] — toaleta, gotowalnia
drill [*dryl*] — ćwiczenie, musztra
to drink, drank, drunk [*dryŋk, drœŋk, draŋk*] — pić
to drive, drove, driven [*drajw, drouw, drywn*] — jechać, kierować pojazdem
to drop, dropped [*drop*] — upuścić
dry [*dʳaj*] — suchy
to dry [*draj*] — suszyć
duck [*dak*] — kaczka
duke [*dju:k*] — książę
dull [*dal*] — nudny, bezbarwny
during [*'djuəryŋ*] — podczas
Dutch [*dacz*] — holenderski

E

each [*i:cz*] — każdy z osobna
each other [*'i:cz'aðə*] — nawzajem
eager [*i':gə*] — gorliwy, żarliwy
Ealing [*'i:lyŋ*] — przedmieście Londynu
ear [*iə*] — ucho
early [*'ə:ly*] — wczesny, wcześnie
earth [*ə:θ*] — ziemia
east [*i:st*] — wschód
easy, easily [*'i:zy, 'i:zyly*] — łatwy, łatwo
to eat, ate, eaten [*i:t, et, i:tn*] — jeść
economical [*ˌi:kə'nomykl*] — oszczędny, gospodarny
Edinburgh [*'edynbrə*] — Edynburg, stolica Szkocji
editor [*'edytə*] — redaktor, wydawca
effect [*y'fekt*] — efekt, skutek
egg [*eg*] — jajko
eight [*ejt*] — osiem
eighteen [*'ej'ti:n*] — osiemnaście
eighth [*'ejtθ*] — ósmy
eighty [*'ejty*] — osiemdziesiąt
either [*'ajðə*], [*'i:ðə*] — jeden z dwóch
either... or... [*'ajðə... 'o:...*] — albo... albo...
e.g. [*'i: 'dżi*] — na przykład (skrót od łacińskiego: exempli gratia)
Egypt [*'i:dżypt*] — Egipt
Egyptian [*y'dżypszn*] — egipski
elbow [*'elbou*] — łokieć
elder, eldest [*'eldə, 'eldyst*] — starszy, najstarszy
elderly [*'eldəly*] — starszawy
electric fire [*y'lektryk 'fajə*] — kominek elektryczny, piecyk
elephant [*'elyfənt*] — słoń

eleven [*y'lewn*] — jedenaście
else [*els*] — inny, jeszcze (w złożeniach)
embankment [*ym'bœŋkmnt*] — wybrzeże rzeki
emphatic [*ym'fœtyk*] — podkreślony, z emfazą
empty [*'empty*] — pusty
encourage [*yn'karydż*] — zachęcać, ośmielać
end [*end*] — koniec
to end [*end*] — kończyć
energetically [*ˌenə'dżetykly*] — energicznie
engaged [*yn'gejdżd*] — zaręczony, zajęty
engagement [*yn'gejdżmənt*] — zaręczyny
engine [*endżyn*] — maszyna, motor, lokomotywa
engineer [*ˌendży'niə*] — inżynier, mechanik
engineering [*endży'niəˌryŋ*] — inżynierka
England [*'yŋglənd*] — Anglia
English [*'yŋglysz*] — angielski (the English — Anglicy w ogólności)
Englishman [*'yŋglyszmən*] — Anglik; **Englishwoman** — Angielka
enjoy [*yn'dżoj*] — rozkoszować się, cieszyć się
enough [*y'naf*] — dosyć
to enter [*'entə*] — wejść
entrance [*'entrns*] — wejście
enumeration [*y'nju:mə'rejszn*] — wyliczanie
envelope [*'enwyloup*] — koperta
Eros [*eros*] — Eros, bożek w mitologii greckiej
escalator [*'eskələjtə*] — schody ruchome
especially [*ys'peszly*] — szczególnie
essay [*'esej*] — szkic, wypracowanie
to essay [*e'sej*] — próbować
Europe [*'juərəp*] — Europa
European [*ˌjuərə'piən*] — europejski
even [*i:wn*] — nawet
evening [*'i:wnyŋ*] — wieczór
ever [*'ewə*] — kiedyś, kiedykolwiek
every [*'ewry*] — każdy
everybody [*'ewrybody*] — każdy, każdy człowiek
everyday [*'ewrydej*] — codzień, codzienny
everyone [*'ewry*[u]*an*] — każdy, każdy człowiek
everything [*'ewryθyŋ*] — wszystko
everywhere [*'ewry*[u]*eə*] — wszędzie
exact [*yg'zœkt*] — dokładny
to exaggerate [*yg'zœdżərejt*] — przesadzać
examination [*ygˌzœmy'nejszn*] — egzamin (skrót: exam)
to examine [*yg'zœmyn*] — badać
example [*yg'za:mpl*] — przykład
exceedingly [*yk'si:dyŋly*] — niezmiernie
excellent [*'eksələnt*] — znakomity
except [*yk'sept*] — z wyjątkiem, oprócz
exception [*yk'sepszn*] — wyjątek
excited (ly) [*yk'sajtyd*] — podniecony (z podnieceniem)
to exclaim [*yks'klejm*] — wykrzyknąć
to excuse [*yks'kju:z*] — wybaczyć
exercise [*'eksəsajz*] — ćwiczenie, ruch, ćwiczenia fizyczne
exercise-book [*'eksəsajzˌbuk*] — zeszyt
exit [*'eksyt*] — wyjście
expedition [*ˌekspy'dyszn*] — ekspedycja
expert [*'ekspə:t*] — ekspert
to explain [*yks'plejn*] — wytłumaczyć
to express [*yks'pres*] — wyrazić
extremely [*yks'tri:mly*]—niezmiernie
eye [*aj*] — oko

F

face [*fejs*] — twarz
to face — stać frontem do
fact [*fækt*] — fakt
factory [*'fæktəry*] — fabryka
fair [*feə*] — piękny, jasny, uczciwy
fairly [*'feəly*] — dość, dosyć
faithful (ly) [*'fejθful*] — wierny (nie)
to fall, fell, fallen [*fo:l, fel, foln*] — upaść
family [*'fæmyly*] — rodzina
famous [*'fejməs*] — sławny
fantastic [*fən'tæstyk*] — fantastyczny
far [*fa:*] — daleki, daleko
fare [*feə*] — opłata za przejazd
farewell [*'feə'ᵘel*] — pożegnanie; żegnaj!
farm [*fa:m*] — ferma, gospodarstwo
farther [*'fa:ðə*] — dalszy, dalej
fascinating [*'fæsynejtyŋ*] — fascynujący
fashion [*'fæszn*] — moda
fast [*fa:st*] — szybki(ko)
fat [*fæt*] — tłusty, gruby
father [*'fa:ðə*] — ojciec
fault [*fo:lt*] — wina
favourite [*'fejwryt*] — ulubiony
fed up [*'fedap*] — znudzony
to feel, felt, felt [*fi:l, felt, felt*] — czuć, odczuwać
feeling [*'fi:lyŋ*] — uczucie
fellow [*'felou*] — człowiek, „jegomość", kolega, towarzysz
female [*'fi:mejl*] — rodzaju żeńskiego
feminine [*'femynyn*] — żeński, kobiecy
to ferment [*fə'ment*] — fermentować
few [*fju:*] — mało, niewielu
a few [*ə'fju:*] — kilka. kilkoro
fiancé, fiancée [*fi'aŋsej*] — narzeczony, narzeczona
fiction [*'fykszn*] — beletrystyka
field [*fi:ld*] — pole
fifteen [*'fyf'ti:n*] — piętnaście
fifth [*fyfθ*] — piąty
fifty [*'fyfty*] — pięćdziesiąt
to fight, fought, fought [*fajt, fo:t, fo:t*] — walczyć
figuratively [*'fygjurətywly*] — w przenośni
to fill [*fyl*] — napełnić
film [*fylm*] — film, błona
final [*fajnl*] — końcowy; celowy (w gramatyce)
finance [*fy'næns*] — finanse
finally [*'fajnəly*] — ostatecznie, w końcu
to find, found, found [*fajnd, faund, faund*] — znaleźć
to find out — wynaleźć, dowiedzieć się
fine [*fajn*] — piękny, delikatny
finger [*'fyŋgə*] — palec
finish [*'fynysz*] — skończyć, finisz
fiord [*fjo:d*] — fiord
fire [*'fajə*] — ogień, pożar, piecyk
fireplace [*'fajəplejs*] — kominek
first [*fə:st*] — pierwszy
first-rate [*'fə:st'rejt*] — pierwszorzędny
fish [*fysz*] — ryba
fit [*fyt*] — odpowiedni
five [*fajw*] — pięć
flag [*flæg*] — flaga
flash [*flæsz*] — błysk
flat [*flæt*] — płaski
flight [*flajt*] — lot
to flirt [*flə:t*] — flirtować
flock [*flok*] — stado
floodlit [*'fladlyt*] — oświetlony reflektorem, zalany światłem
floor [*flo:*] — podłoga
to flow [*flou*] — płynąć
flower [*'flaᵘə*] — kwiat
to fly, flew, flown [*flaj, flu:, floun*] — latać
fog [*fog*] — mgła
foggy [*'fogy*] — mglisty(to)

to follow [*'folou*] — iść za, następować po
fond of [*'fond əw*] — rozmiłowany (to be fond of — lubić coś)
fool [*fu:l*] — głupiec
foot [*fut*], **feet** [*fi:t*] — stopa, stopy; miara długości: 30,5 cm.
football [*'futbo:l*] — piłka nożna
for [*fo:, fə*] — dla, na; ponieważ, bo
foreign [*'foryn*] — zagraniczny
foreigner [*'forynə*] — cudzoziemiec
to forget, forgot, forgotten [*fə'get, fə'got, fə'gotn*] — zapomnieć
form [*fo:m*] — kształt, forma
to form [*fo:m*] — tworzyć, kształtować
formal [*'fo:məl*] — formalny, oficjalny
former [*'fo:mə*] — poprzedni
fortnight [*'fo:tnajt*] — dwa tygodnie
fortress [*'fo:trys*] — forteca
forty [*'fo:ty*] — czterdzieści
fountain [*fauntn*] — fontanna
fountain-pen [*'fauntyn pen*] — wieczne pióro
four [*fo:*] — cztery
fourteen [*'fo:'ti:n*] — czternaście
fourth [*fo:θ*] — czwarty
fox [*foks*] — lis
fraction [*'frœkszn*] — ułamek
France [*fra:ns*] — Francja
free [*fri:*] — wolny
Freddie [*'fredy*] — zdrobniałe imię od: Alfred
French [*frencz*] — francuski
French window — drzwi oszklone na balkon lub werandę (można również pisać: **french)**
Frenchman [*'frenczmn*] — Francuz
Frenchwoman — Francuzka
Friday [*'frajdy*] — piątek
friend [*frend*] — przyjaciel, przyjaciółka
friendly [*'frendly*] — przyjazny, przyjacielski
frock [*frok*] — suknia
from [*from, frəm*] — od, z (np.: z domu)
front [*frant*] — front, przód; **in front of** [*yn'frant əw*] — przed, wobec
fruit [*fru:t*] — owoc, owoce
full [*ful*] — pełny; **in full** — w pełni, pełnymi słowami
fun [*fan*] — uciecha, zabawa
funnel [*fanl*] — komin (statku)
funny [*'fany*] — zabawny
fur [*fə:*] — futro
furious (ly) [*'fjuərjəs*] — wściekły (kle)
furniture [*'fə:nyczə*] — umeblowanie
future [*'fju:czə*] — przyszły
Future Perfect Tense [*ðə'fju:czə 'pə:fykt*] — czas przyszły dokonany

G

Gaelic [*'gejlyk*] — celtycki język, zachowany w niektórych częściach Szkocji
gaily [*'gejly*] — wesoło
gallery [*'gœləry*] — galeria
game [*gejm*] — gra
gangway [*'gœŋ^{u}ej*] — pomost
garage [*'gœra:ż*] — garaż
garden [*ga:dn*] — ogród
gardening [*'ga:dnyŋ*] — ogrodownictwo, uprawianie ogrodu
gasworks [*'gœs^{u}ə:ks*] — gazownia
gather [*'gœðə*] — zbierać
gate [*gejt*] — brama, furtka
gay [*gej*] — wesoły
general (ly) [*dżenrl*] — ogólny(nie)
genitive [*'dżenytyw*] — dzierżawczy przypadek
gentleman, gentlemen [*dżentlmn*] — pan, panowie; człowiek dobrze wychowany
geography [*dży'ogrəfy*] — geografia

George [*dżo:dż*] — Jerzy
gerund [*'dżerənd*] — gerundium, rzeczownik odsłowny
to get, got, got [*get, got, got*] — dostać (się)
to get mixed [*'get'mykst*] — pomieszać (się), pomylić
to get ready [*'get'redy*] — przygotować się
to get up [*'get'ap*] — wstać
girl [*gə:l*] — dziewczyna, (nka), panna
to give, gave, given [*gyw, gejw, gywn*] — dać
to give up [*'gyw'ap*] — zrezygnować z, zaprzestać
glad [*glœd*] — rad, zadowolony
Glasgow [*'gla:sgou*] — miasto w Szkocji
glass [*gla:s*] — szkło; szklanka (a glass)
to glide [*glajd*] — sunąć
glorious [*'glo:rjəs*] — świetny, wspaniały
glove [*glaw*] — rękawiczka
glow [*glou*] — poświata, jasność
to go, went, gone [*gou, ᵘent, gon*] — iść
to go on [*'gou'on*] — kontynuować, robić coś dalej
to go round [*'gou'raund*] — obejść, zwiedzić
to go away [*'gouə'ᵘej*] — odejść, odjechać
to go up to [*'gou'ap tu*] — podejść do
goalkeeper [*'goulki:pə*] — bramkarz
golf [*golf*] — golf (gra)
good [*gud*] — dobry
good afternoon [*'gud'a:ftənu:n*] — dobre popołudnie (zamiast dzień dobry)
good-bye [*'gud'baj*] — dowidzenia
Good Heavens! [*'gud'hewnz*] — Dobre Nieba! Mój Boże!
good-looking [*'gud'lukiŋ*] — przystojny
good-night [*'gud'najt*] — dobranoc
goods [*gudz*] — towar, towary
goods-train [*'gudz'trejn*] — pociąg towarowy
goose, geese [*gu:s, gi:s*] — gęś, gęsi
gorge [*go:dż*] — wąwóz
gosh! [*gosz*] — Na Boga! No wiecie!
to gossip [*'gosyp*] — plotkować
got — zob. to get
Gothic [*'goθyk*] — gotycki
government [*'gawnmənt*] — rząd
graceful [*'grejsful*] — wdzięczny, zgrabny
grain [*grejn*] — ziarno, zboże
grammar [*'grœmə*] — gramatyka
gramophone [*'grœməfoun*] — gramofon
grass [*gra:s*] — trawa
grassy [*'gra:sy*] — trawiasty
grave [*grejw*] — grób
gravitation [*,grœwy'tejszn*] — przyciąganie ziemi
great [*grejt*] — wielki
greedy [*'gri:dy*] — chciwy
green [*gri:n*] — zielony
Greek [*gri:k*] — grecki; Grek
to greet [*gri:t*] — pozdrowić, powitać
grey [*grej*] — szary
greyhound [*'grejhaund*] — chart
grin [*gryn*] — uśmiech (często zakłopotany lub przymuszony)
to grin [*gryn*] — uśmiechać się, szczerzyć zęby (grinned, grinning)
grocer [*'grousə*] — kupiec sprzedający towary spożywcze, kolonialne
grocer's shop [*'grousəz 'szop*] — sklep spożywczy
ground [*graund*] — ziemia, grunt
ground-floor [*'graund'flo:*] — parter
group [*gru:p*] — grupa
to grow, grew, grown [*grou, gru:, groun*] — rosnąć

grown up [*'groun'ap*] — dorosły
guard [*ga:d*] — strażnik; **railway guard** [*'rejluej 'ga:d*] — kolejarz
to guess [*ges*] — zgadywać
guest [*gest*] — gość
guide [*gajd*] — przewodnik
gymnasium [*dżym'nejzjəm*] — sala gimnastyczna

H

hair [*heə*] — włosy (hairs — poszczególne włoski)
half, halves [*ha:f, ha:wz*] — połowa, połowy
half an hour [*'ha:fə'nauə*] — pół godziny
half past two [*'ha:f,pa:st'tu:*] — wpół do trzeciej
hall [*ho:l*] — hall, przedpokój, sala
hall stand [*'ho:l 'stænd*] — stojak do płaszczy
hand [*hænd*] — ręka
handbag [*'hændbæg*] — torebka damska
handbook [*'hændbuk*] — podręcznik
handkerchief [*'hæŋkəczyf*] — chustka do nosa
handsome [*'hænsəm*] — przystojny
to hang, hung, hung [*hæŋ, haŋ, haŋ*] — wisieć, wieszać
happy [*'hæpy*] — szczęśliwy
harbour [*'ha:bə*] — przystań, port
hard [*ha:d*] — twardy, trudny
hare [*heə*] — zając
hardly [*'ha:dly*] — zaledwie, ledwo
hard-working [*'ha:d'uə:kiŋ*] — pracowity
Harry [*'hæry*] — zdrobniałe imię, Henryk (Henry)
hat [*hæt*] — kapelusz
to hate [*hejt*] — nie znosić, nienawidzić
to have, had, had [*hæw, hæd, hæd*] — mieć
to have (breakfast) — jeść (śniadanie)
to have to (go etc.) — musieć (iść itp.)
he [*hi:, i:*] — on
head [*hed*] — głowa
heading [*'hedyŋ*] — nagłówek
health [*helθ*] — zdrowie
to hear, heard, heard [*hiə, hə:d, hə:d*] — słyszeć
heart [*ha:t*] — serce
heather [*'heðə*] — wrzos
heaven [*hewn*] — niebo, raj
heavy [*'hewy*] — ciężki
hedge [*hedż*] — żywopłot
hell [*hel*] — piekło
to help [*help*] — pomagać
hen [*hen*] — kura
her [*hə:*] — jej, ją, niej, nią
here [*hiə*] — tutaj
hero [*'hiərou*] — bohater
hers [*hə:z*] — jej
herself [*hə:'self*] — ona sama; się
to hesitate [*'hezytejt*] — wahać się
hill [*hyl*] — pagórek, góra
to hide, hid, hidden [*hajd, hyd, hydn*] — chować, ukryć (się)
high [*haj*] — wysoki, wysoko, (**highly** — wysoce)
highlands [*'hajlndz*] — góry, górska kraina
hiker [*'hajkə*] — turysta pieszy
him [*hym*] — jego, go
himself [*hym'self*] — on sam; się
his [*hyz*] — jego
history [*'hystry*] — historia
historical [*hys'torykl*] — historyczny
to hit, hit, hit [*hyt*] — trafić, uderzyć
hobby [*'hoby*] — konik, ulubione zajęcie
to hold, held, held [*hould, held, held*] — trzymać
to hold up [*'hould 'ap*] — podnieść w górę

hole [*houl*] — dziura
holiday [*'holədy*] — święto, wakacje, dzień wolny
Holland [*'holənd*] — Holandia
Holyrood [*'holyru:d*] — nazwa pałacu w Edynburgu
home [*houm*] — dom rodzinny
homophone [*'homəfoun*] — wyraz brzmiący jednakowo
honest [*'onyst*] — uczciwy
to hope [*houp*] — mieć nadzieję
horse [*ho:s*] — koń
hospital [*'hospytl*] — szpital
hostel [*hostl*] — gospoda, stancja, schronisko
hot [*hot*] — gorący
hotel [*hou'tel*] — hotel
hour [*auə*] — godzina
house, houses [*haus, 'hauzyz*] — dom, domy
housewife [*'haus^uajf*] — pani domu, gospodyni
how [*hau*] — jak
how many [*'hau'meny*] — jak wiele, ile
huge [*hju:dż*] — ogromny
hullo, hello [*ha'lou, hə'lou*] — serwus, dzień dobry (przywitanie poufałe, bardzo używane)
human [*'hju:mən*] — ludzki
humour [*'hju:mə*] — humor
hundred [*'handrəd*] — sto
hungry [*'haŋgry*] — głodny
to hunt [*hant*] — polować
hurry [*'hary*] — pośpiech
to hurry up [*'hary 'ap*] — pospieszyć się
to hurt, hurt, hurt [*'hə:t*] — zranić, skaleczyć
husband [*'hazbənd*] — mąż
Hyde Park [*'hajd'pa:k*] — nazwa parku w Londynie

I

I [*aj*] — ja (zawsze pisane dużą literą)
ice-cream [*'ajskri:m*] — lody (liczba pojedyncza)
idea [*aj'diə*] — pomysł
ideal [*aj'diəl*] — idealny
idiom [*'ydjəm*] — zwrot charakterystyczny dla danego języka
i.e. [*aj'i:*], that is [*'ðæt yz*] — to jest (skrót od łacińskiego: id est)
if [*yf*] — czy, jeżeli
ill [*yl*] — chory
to illustrate [*'yləstrejt*] — ilustrować
immediately [*y'mi:djətly*] — natychmiast
imperative [*ym'perətyw*] — rozkazujący
importance [*ym'po:tns*] — ważność
important [*ym'po:tnt*] — ważny
imposing [*ym'pouzyŋ*] — imponujący, okazały
impossible [*ym'posəbl*] — niemożliwy
to improve [*ym'pru:w*] — ulepszyć
in [*yn*] — w
inch [*yncz*] — cal (2,5 cm.)
incredible [*yn'kredəbl*] — niewiarygodny
indeed [*yn'di:d*] — rzeczywiście
indefinite [*yn'defynyt*] — nieokreślony
independence [*ˌyndy'pendəns*] — niezależność
Indian [*'yndjən*] — indyjski
indicative mood [*yn'dykətyw mu:d*] — tryb oznajmujący
indirect [*yndy'rekt*] — pośredni, nie wprost
industry [*'yndəstry*] — przemysł
infinitive [*yn'fynytyw*] — bezokolicznik
inhabitant [*yn'hæbytnt*] — mieszkaniec
ink [*yŋk*] — atrament
inn [*yn*] — zajazd, gospoda

inside [*'yn'sajd*] — wewnątrz
inside [*'yn'sajd*] — wnętrze
instance [*'ynstəns*] — przykład
instant [*'ynstənt*] — natychmiastowy
instead of [*yns'ted ow*] — zamiast
instructive [*yn'straktyw*] — pouczający
interested in [*'yntrystyd yn*] — zainteresowany
to interfere [*yntə'fiə*] — wtrącać się, przeszkadzać
interesting [*'yntrystyŋ*] — interesujący
interplanetary [*ˌyntə:'plœnytəry*] — międzyplanetarny
interrogative [*ˌyntə'rogətyw*] — pytający
into [*'yntu*] — do, do środka
invitation [*ˌynwy'tejszn*] — zaproszenie
to invite [*yn'wajt*] — zaprosić
Irishman [*'ajəryszmn*] — Irlandczyk
iron [*'ajən*] — żelazo
irregular [*y'regjulə*] — nieregularny
is [*yz*] — jest
island [*'ajlənd*] — wyspa
it [*yt*] — ono, to, je
Italian [*y'tœljən*] — włoski
Italy [*'ytəly*] — Włochy, Italia
item [*ajtem*] — pozycja, punkt (programu, na liście itp.)
its [*yts*] — jego (rodzaj nijaki)
itself [*yt'self*] — ono samo; się
ivy [*'ajwy*] — bluszcz

J

jam [*dżem*] — dżem, marmolada
Jane [*dżejn*] — Janina
jar [*dża:*] — słoik
Joan [*dżoun*] — Joanna
job [*dżob*] — zajęcie, robota
John [*dżon*] — Jan
Johnson [*dżonsn*] — nazwisko angielskie
to join [*dżojn*] — przystąpić do, przyłączyć się do
jolly [*'dżoly*] — pyszny, nielada
Jones [*dżouns*] — nazwisko angielskie
journalist [*'dżə:nəlyst*] — dziennikarz
joy [*dżoj*] — radość
judge [*dżadż*] — sędzia
jump [*dżamp*] — skok
to jump [*dżamp*] — skakać
jumper [*'dżampə*] — skoczek
June [*dżu:n*] — czerwiec
just [*dżast*] — akurat, właśnie

K

keen [*ki:n*] — gorliwy, ostry
to keep, kept, kept [*ki:p, kept, kept*] — trzymać, utrzymywać
to keep away [*'ki:p ə'uej*] — trzymać z dala
to keep up — utrzymywać (stosunki)
kettle [*ketl*] — kociołek, czajnik
kid [*kyd*] — dzieciak
to kill [*kyl*] — zabić
kilt [*kylt*] — spódniczka szkocka, noszona zarówno przez mężczyzn jak i kobiety
kind [*kajnd*] — gatunek
kind [*kajnd*] — dobry, uprzejmy
kind-hearted [*'kajnd'ha:tyd*] — dobry, poczciwy
kindness [*'kajndnys*] — dobroć, uprzejmość
king [*kiŋ*] — król
kiss [*kys*] — pocałunek
to kiss [*kys*] — pocałować
kitchen [*kyczn*] — kuchnia
knee [*ni:*] — kolano
knife, knives [*najf, najwz*] — nóż, noże

knob [*nob*] — gałka (przy aparacie)
to knock at [*nok*] — stukać do
to know, knew, known [*nou, nju:, noun*] — wiedzieć, znać
knowledge [*'nolydż*] — wiedza

L

lady [*'lejdy*] — pani
lake [*lejk*] — jezioro
lamb [*lœm*] — jagnię
lamented [*lə'mentyd*] — opłakiwany
lamp [*lœmp*] — lampa
lampshade [*'lœmpszejd*] — abażur na lampę
land [*'lœnd*] — ląd, ziemia, kraj
to land [*lœnd*] — lądować
landscape [*'lœnskejp*] — krajobraz
lane [*lejn*] — ścieżka
language [*'lœŋguydż*] — język, mowa
large [*la:dż*] — duży
last [*la:st*] — ostatni
late [*lejt*] — późno, późny, spóźniony
latest [*'lejtyst*] — ostatni, najświeższy
latter [*'lœtə*] — późniejszy, ostatni z dwu
to laugh [*la:f*] — śmiać się
laughter [*'la:ftə*] — śmiech
lavatory [*'lœwətry*] — ustęp, umywalnia
law [*lo:*] — prawo
lawn [*lo:n*] — trawnik
lazy [*'lejzy*] — leniwy
to lead, led, led [*li:d, led, led*] — prowadzić, kierować
leaf, leaves [*li:f, li:wz*] — liść, liście
to learn, learnt, learnt [*lə:n, lə:nt, lə:nt*] — uczyć się, dowiedzieć się
least [*li:st*] — najmniej, najmniejszy
leave [*li:w*] — urlop
to leave, left, left [*li:w, left, left*] — zostawić, opuścić
lecture [*'lekczə*] — wykład
left [*left*] — lewy
leg [*leg*] — noga
legal [*'li:gəl*] — prawny
Leicester Square [*'lestəskuеə*] — plac w Londynie
leisure [*'leżə*] — czas wolny, swobodny
lemon [*lemn*] — cytryna
lemonade [*'lemənejd*] — lemoniada
to lend, lent, lent [*lend, lent, lent*] — pożyczyć (komuś)
lesser [*'lesə*] — mniejszy
lesson [*lesn*] — lekcja
to let, let, let [*let*] — pozwolić
to let go — puścić
letter [*'letə*] — list, litera
level [*'lewəl*] — poziom
library [*'lajbrəry*] — biblioteka
to lie [*laj*] — kłamać
to lie, lay, lain [*laj, lej, lejn*] — leżeć
life, lives [*lajf, lajwz*] — życie, żywoty
life-boat [*'lajf'bout*] — łódź ratunkowa
lift [*lyft*] — winda
light [*lajt*] — jasny, lekki; światło
to light [*lajt*] **lit, lit,** [*lyt*] — zapalić (papierosa), oświecić (również i regularna forma)
like [*lajk*] — podobnie do, tak jak
to like [*lajk*] — lubić
lily of the valley [*'lyly ow ðə 'wœly*] — konwalja
limerick [*'lymərуk*] — limeryk (rodzaj wiersza)
limit [*'lymyt*] — granica
line [*lajn*] — linia; **skyline** — linia horyzontu
linen [*'lynən*] — płótno
lion [*'lajən*] — lew
list [*lyst*] — spis, lista
to listen to [*lysn*] — słuchać, przysłuchiwać się

little [*lytl*] — mało, mały (**little** — trochę)
to live [*lyw*] — żyć, mieszkać
load [*loud*] — ładunek, ciężar
loch [*loh*] — jezioro (wyraz szkocki)
lock [*lok*] — śluza na rzece
to lock [*lok*] — zamykać na klucz
London [*'landən*] — Londyn
Londoner [*'landənə*] — londyńczyk
lonely [*'lounly*] — samotny
long [*loŋ*] — długi, długo
to look [*luk*] — wyglądać
to look at [*luk*] — patrzeć na
to look after — doglądać
to look for — szukać
to look over — przeglądać
looking-glass [*'lukiŋgla:s*] — lustro
lord [*lo:d*] — lord; Bóg
lorry [*'lory*] — ciężarówka
to lose, lost, lost [*lu:z, lost, lost*] — gubić, tracić
loss [*los*] — strata
a lot of [*ə'lotəw*], lots of [*'lotsəw*] — dużo, mnóstwo
loud [*laud*] — głośny, głośno
loudspeaker [*'laudspi:kə*] — głośnik
lounge-chair [*'laundż'czeə*] — fotel klubowy
love [*law*] — miłość
to love [*law*] — kochać
love from... — serdeczności od... (zakończenie listu)
lovely [*'lawly*] — śliczny
low [*lou*] — niski(o); cichy(o)
lowlands [*'loulǝndz*] — niziny
lucky [*'laky*] — szczęśliwy, taki co ma szczęście
luckily [*'lakyly*] — na szczęście
luggage [*'lagydż*] — bagaż
luminous [*'lu:mynəs*] — świetlny, jarzący się
lunch [*lancz*] — lancz, drugie śniadanie jadane około pierwszej
Lynn [*lyn*] — nazwa miejscowości

M

mackintosh [*'mækyntosz*] — płaszcz nieprzemakalny
madam [*'mædəm*] — pani (w zwrocie: proszę pani, itp.)
magazine [*'mægəzi:n*] — czasopismo tygodniowe lub miesięczne ilustr.
magnificent [*mæg'nyfysnt*] — wspaniały
maid [*mejd*] — dziewczyna, służąca
main(ly) [*mejn*] — główny(nie)
main road [*'mejn'roud*] —szosa, główna droga
to make, made, made [*mejk, mejd, mejd*] — robić, fabrykować
to make up — malować się, szminkować się
male [*mejl*] — rodzaju męskiego
man, men [*mæn, men*] — człowiek, mężczyzna; mężczyźni, ludzie
manager [*'mænydżə*] — kierownik, dyrektor
many [*'meny*] — dużo, liczni
map [*mæp*] — mapa
March [*ma:cz*] — marzec
to march [*ma:cz*] — maszerować
Margaret [*'ma:gəryt*] — Małgorzata
mark [*ma:k*] — znak
marmalade [*'ma:məlǝjd*] — dżem z pomarańcz i cytryn
Mars [*ma:s*] — planeta Mars
Martian [*'ma:szjən*] — marsjański, z Marsa (planety)
Mary [*'meəry*] — Maria
married [*'mæryd*] — żonaty, zamężna
to marry [*'mæry*] — poślubić, ożenić się, wyjść za mąż
masculine [*'mæskjulyn*] — męski
master [*'ma:stə*] — pan, zwierzchnik
match [*mæcz*] — mecz; zapałka
material [*mə'tiərjəl*] — materialny
mathematics [*ˌmæθy'mætyks*] — matematyka

matter [*'mœtə*] — rzecz, sprawa
May [*mej*] — maj
may [*mej*], might [*majt*] — mogę wolno mi; mogłem itd.
maybe [*'mej'bi:*] — może, możliwe, że
me [*mi:*] — mnie, mi
meadow [*'medou*] — łąka
meal [*mi:l*] — posiłek
to mean, meant, meant [*mi:n, ment, ment*] — znaczyć, mieć na myśli, zamierzać
meat [*mi:t*] — mięso
mechanical [*my'kœnykl*] — mechaniczny
medicine [*'medsyn*] — lekarstwo
medium [*'mi:djəm*] — średni, średniej jakości
to meet, met, met [*mi:t, met, met*] — spotkać, poznać kogoś
meeting-place [*'mi:tyŋ 'plejs*] — miejsce spotkania
to mend [*mend*] — naprawiać
Merchant Navy [*'mə:cznt 'nejwy*] — flota handlowa
mess [*mes*] — bałagan
metallic [*my'tœlyk*] — metalowy, metaliczny
mice [*majs*] — myszy (l. mn. od: mouse)
Michael [*majkl*] — Michał
microphone, mike [*'majkrəfoun, majk*] — mikrofon
middle [*mydl*] — środek
midnight [*'mydnajt*] — północ (godz. 24)
might [*majt*] — mogłem itd. (czas przeszły od: **may**)
mild [*majld*] — łagodny
mile [*majl*] — mila (zob. „Dodatek", str. 315)
milk [*mylk*] — mleko
mind [*majnd*] — umysł
to mind [*majnd*] — zważać na
mine [*majn*] — mój
mint [*mynt*] — mięta
minute [*'mynyt*] — minuta
miss [*mys*] — panna (przed nazwiskiem); używane bez nazwiska ma charakter gwarowy lub żartobliwy
to miss [*mys*] — chybić; stracić okazję, spóźnić się na (np. pociąg), tęsknić do
mistake [*mys'tejk*] — omyłka
mistress [*'mystrys*] — pani, zwierzchniczka
misunderstanding [*'mysandə'stœndyŋ*] — nieporozumienie
to mix [*myks*] — mieszać
modern [*'modən*] — nowoczesny
Molly [*'moly*] — imię żeńskie, zdrobnienie od Mary
moment [*'moumənt*] — moment, chwila
Monday [*'mandy*] — poniedziałek
money [*'many*] — pieniądze (liczba pojedyncza)
monotonous [*mə'notnəs*]—monotonny
month [*manθ*] — miesiąc
monster [*'monstə*] — potwór
monument [*'monjumənt*] — pomnik
mood [*mu:d*] — tryb
moon [*mu:n*] — księżyc
more [*mo:*] — więcej
morning [*'mo:nyŋ*] — rano
most [*moust*] — najwięcej
mother [*'maðə*] — matka
motion [*mouszn*] — wniosek
to motor [*'moutə*] — jechać autem, motorówką
motor-boat [*'moutə'bout*] — motorówka
motor-bike, motor-bicycle [*'moutə 'bajk, 'moutə'bajsykl*] — motocykl
motor-car [*'moutə'ka:*] — samochód
to mount [*maunt*] — wsiąść na (np. rower)

mountain [*mauntn*] — góra
mouse, mice [*maus, majs*] — mysz, myszy
mouth, mouths [*mauθ, mauðz*] — usta (l. poj.), usta (l. mn.)
to move [*mu:w*] — ruszać się
movement [*'mu:wmənt*] — ruch, poruszenie
Mr [*'mystə*] **Mrs** [*'mysys*], **Miss** [*mys*] — pan, pani, panna (używane tylko przed nazwiskiem)
much [*macz*] — dużo
mummy [*'mamy*] — mamusia
Muriel [*'mju:rjəl*] — imię żeńskie
museum [*mju:'ziəm*] — muzeum
music [*'mju:zyk*] — muzyka
must [*mast*] — muszę itd.
my [*maj*] — mój
myself [*maj'self*] — ja sam; się
mysterious [*mys'tiərjəs*] — tajemniczy

N

name [*nejm*] — imię, nazwisko
narrow [*'nœrou*] — wąski
nation [*nejszn*] — naród
nationality [*ˌnœszə'nœlyty*] — narodowość
natural [*nœczrl*] — naturalny
naval [*nejwl*] — marynarski, dotyczący marynarki
Navy [*'nejwy*] — marynarka wojenna
near [*niə*] — bliski, blisko
necessary [*'nesysəry*] — potrzebny
neck [*nek*] — szyja, kark
need [*ni:d*] — potrzeba
to need [*ni:d*] — potrzebować
negative [*'negətyw*] — przeczący, negatywny
neighbour [*'nejbə*] — sąsiad
neither... nor... [*najðə... no:*] — ani... ani...
nephew [*'newju*] — siostrzeniec, bratanek
neuter [*'nju:tə*] — rodzaju nijakiego
never [*'newə*] — nigdy
new [*nju:*] — nowy
news [*nju:z*] — wieść, nowina (liczba pojedyncza)
newsman [*'nju:zmen*] — sprzedawca gazet
newspaper [*'nju:spejpə*] — gazeta
next [*nekst*] — następny
next to [*'nekst tu*] — obok
nice [*najs*] — miły, przyjemny, porządny
night [*najt*] — noc
nightgown [*'najtgaun*] — koszula nocna
nine [*najn*] — dziewięć
nineteen [*'najn'ti:n*] — dziewiętnaście
ninety [*'najnty*] — dziewięćdziesiąt
no [*nou*] — nie (używane samodzielnie, bez czasownika)
no [*nou*] — żaden
nobody [*'noubədy*] — nikt
noise [*nojz*] — hałas
noisy [*'nojzy*] — hałaśliwy
nonsense [*nonsns*] głupstwa, bzdury
non-smoking [*'non'smoukyŋ*] — dla niepalących
noon [*nu:n*] — południe (godz. 12)
nor [*no:*] — ani
normal [*no:ml*] — normalny
north [*no:θ*] — północ (strona świata)
Norway [*'no:uej*] — Norwegia
nose [*nouz*] — nos
not [*not*] — nie (przy czasownikach, przymiotnikach, itd., niesamodzielnie)
not so... as [*not sou... œz*] — nie tak... jak
note [*nout*] — notatka; nuta; banknot
notebook [*'noutbuk*] — notatnik

nothing [*'naθyŋ*] — nic
to notice [*'noutys*] — zauważyć
noun [*naun*] — rzeczownik
novel [*nowl*] — powieść
now [*nau*] — teraz
nuisance [*nju:sns*] — coś nudnego, przykrego („piła")
number [*'nambə*] — numer, liczba
numeral [*nju:mrl*] — liczebnik
nurse [*nə:s*] — niańka; pielęgniarka
nursery [*'nə:sry*] — pokój dziecinny
nut [*nat*] — orzech

O

to observe [*əb'zə:w*] — obserwować
to oblige [*ə'blajdż*] — zobowiązać
obliging [*ə'blajdżyŋ*] — uprzejmy
to obscure [*əb'skjuə*] — zaciemnić, zasłonić
ocean [*ouszn*] — ocean
to occupy [*'okjupaj*] — zajmować
o'clock [*ə'klok*] — godzina (w zwrocie: five o'clock, ten o'clock itp.)
October [*ok'toubə*] — październik
of [*ow, əw, of*] — z (czegoś), o (kimś)
of course [*of 'ko:s*] — oczywiście
off [*o:f*] — precz, zdala
office [*'ofys*] — biuro, urząd
officer [*'ofysə*] — oficer, urzędnik
official [*ə'fyszl*] — urzędnik
often [*o:fn*] — często
old [*ould*] — stary
old-fashioned [*'ould'fœsznd*] — staroświecki
omission [*o'myszn*] — opuszczenie
omitted [*o'mytyd*] — opuszczony
on [*on*] — na
once [*ᵘans*] — raz; **at once** — natychmiast
one [*ᵘan*] — jeden, raz
onion [*'anjən*] — cebula
only [*'ounly*] — tylko; jedyny
to open [*oupn*] — otworzyć
open [*oupn*] — otwarty
opposite [*'opəzyt*] — naprzeciwko, przeciwny
or [*o:*] — albo, lub
orange [*'oryndż*] — pomarańcza
orchestra [*'o:kystrə*] — orkiestra
order [*'o:də*] — porządek, szyk
to order [*'o:də*] — zamówić
in order to [*yn'o:də tu:*] na to, żeby, aby
ordinal [*'o:dynl*] — porządkowy
other [*'aðə*] — inny
ought [*o:t*] — powinienem itd.
our [*auə*] — nasz
ours [*auəz*] — nasz
ourselves [*auə'selwz*] — my sami; się
out [*aut*] — poza, na zewnątrz
out of doors [*'autəw'do:z*] — na dworze, na świeżym powietrzu
outside [*'aut'sajd*] — na zewnątrz, przed (drzwiami)
over [*'ouwə*] — ponad,: to be over — być skończonym
overboard [*'ouwə'bo:d*] — za burtą
overcoat [*'ouwəkout*] — płaszcz
own [*oun*] — własny
owner [*'ounə*] — właściciel
ox, oxen [*oks, oksn*] — wół, woły

P

to pack up [*'pœk 'ap*] — pakować
packet [*'pœkyt*] — paczka
page [*pejdż*] — strona (w książce)
to paint [*pejnt*] — malować
painter [*'pejntə*] — malarz
painting [*'pejntyŋ*] — malowidło, malowanie
pair [*peə*] — para (dwa, dwie)
pal [*pœl*] — towarzysz, zażyły przyjaciel
palace [*'pœlys*] — pałac
pale [*pejl*] — blady
pantry [*'pœntry*] — spiżarnia

paper [*pejpə*] — papier; gazeta
parcel [*pa:sl*] — paczka
pardon [*pa:dn*] — przepraszam; przebaczenie
to pardon [*pa:dn*] — przebaczyć
parents [*pejrnts*] — rodzice
park [*pa:k*] — park
parliament [*'pa:ləmənt*] — parlament
participle [*'pa:tsypl*] — imiesłów
particular [*pə'tykjulə*] — szczególny
party [*'pa:ty*] — grupa, towarzystwo; przyjęcie, zabawa
to pass [*pa:s*] — podać; mijać
passenger [*'pœsyndżə*] — pasażer
passive [*'pœsyw*] — bierny
past [*pa:st*] — po, przeszły
past tense [*'pa:st'tens*] — czas przeszły prosty
past perfect tense [*pa:st'pə:fykt 'tens*] — czas zaprzeszły
path [*pa:θ*] — ścieżka
pattern [*'pœtən*] — deseń, wzór
Paul [*po:l*] — Paweł; **St. Paul's Cathedral** [*snt'po:lz kə'θi:drl*] — Katedra św. Pawła w Londynie
pavement [*'pejwmənt*] — trotuar, chodnik
to pay, paid, paid [*pej, pejd, pejd*] — płacić
pea [*pi:*] — groch, groszek
peaceful [*'pi:sful*] — spokojny
peculiar [*py'kju:ljə*] — szczególny
pen [*pen*] — pióro
pencil [*pensl*] — ołówek
penny [*'peny*] — pens (miedziana moneta angielska, 1/12 szylinga) liczba mnoga: pennies (poszczególne monety) lub pence (kwota) (zob. „Dodatek", str. 314)
people [*pi:pl*] — ludzie (**the people** — naród; lud; **the peoples** — narody, ludy)
perfect (ly) [*'pə:fykt*] — doskonały, znakomity; dokonany, przeszły
perfect tense [*'pə:fykt 'tens*] — czas przeszły złożony
perhaps [*pə'hœps*] — może
person [*'pə:sn*] — osoba
personal [*'pə:snl*]—osobisty, osobowy
to persuade [*pə'sᵘejd*] — przekonać, wytłumaczyć
Peter [*'pi:tə*] — Piotr
petrol [*petrl*] — benzyna
phone [*foun*] — telefon
phone call [*'foun'ko:l*] — rozmowa telefoniczna
phonetic [*fo'netyk*] — fonetyczny
photo [*'foutou*] — **photograph** [*'foutə'grœf*] — fotografia
phrase [*frejz*] — krótkie zdanie, grupa wyrazowa
physician [*fy'zyszn*] — lekarz
piano [*'pjœnou*] — pianino, fortepian
Piccadilly [*ˌpykə'dyly*] — ulica i plac w Londynie
to pick up [*'pyk 'ap*] — zbierać
picture [*'pykczə*] — obraz, film
picture-house [*'pykczə 'haus*] — kino
picturesque [*ˌpykczə'resk*] — malowniczy
piece [*pi:s*] — kawałek
pier [*piə*] — molo
pig [*pyg*] — świnia
pigeon [*'pydżyn*] — gołąb
pile [*pajl*] — stos
pillar-box [*'pylə'boks*] — skrzynka do listów w kształcie słupa
pink [*pyŋk*] — różowy
pioneer [*pajə'niə*] — pionier
pipe [*pajp*] — fajka
pity [*'pyty*] — litość
place [*plejs*] — miejsce
to place oneself [*'plejs ᵘan'self*] — umieścić się
plain [*plejn*] — zwyczajny, gładki, bez deseniu
plane, aeroplane [*plejn, 'eəroplejn*] — samolot

planet [*'plœnyt*] — planeta
plate [*plejt*] — talerz
platform [*'plœtfo:m*] — peron, podwyższenie
to play [*plej*] — bawić się, grać
pleasant [*pleznt*] — przyjemny
please [*pli:z*] — proszę
to please [*pli:z*] — podobać się
pleasure [*'pleżə*] — przyjemność
plenty of [*'plenty ow*] — dużo, mnóstwo
plum [*plam*] — śliwka
plump [*plamp*] — pulchny, tęgi
pluperfect [*'plu:'pə:fykt*] — czas zaprzeszły
plural [*plurəl*] — liczba mnoga
p.m. [*'pi: 'em*] — po południu (skrót od łacińskiego: post meridiem)
pocket [*'pokyt*] — kieszeń
point [*pojnt*] — punkt
to point out [*'pojnt'aut*] — wykazać, wskazywać
Poland [*'poulənd*] — Polska
Pole [*poul*] — Polak
policeman [*pə'li:smən*] — policjant
Polish [*'poulysz*] — polski
polite [*pə'lajt*] — uprzejmy, grzeczny
poor [*puə*] — biedny
popular [*'popjulə*] — popularny
porridge [*'porydż*] — gotowane płatki owsiane
port [*po:t*] — port
possessive [*pə'zesyw*] — dzierżawczy
possible [*'posəbl*] — możliwy
to post [*poust*] — wysłać pocztą
post office [*'poust,ofys*] — urząd pocztowy
postcard [*'poustka:d*] — pocztówka
pot [*pot*] — naczynie, garnek, dzbanek
potato [*pə'tejtou*] — ziemniak, kartofel
pound [*paund*] — funt (zob. „Dodatek", str. 314)
to pour [*po:*] — nalewać
power [*pauə*] — moc, siła
power station [*'pauə 'stejszn*] — elektrownia
practically [*'prœktykly*] — faktycznie, prawie zupełnie
preceding [*pry'si:dyŋ*] — poprzedzający
preposition [*prepə'zyszn*] — przyimek
present [*preznt*] — aktualny, teraźniejszy
present [*prezent*] — podarunek
Present Perfect Tense [*preznt 'pə:fykt*] — czas przeszły złożony
president [*'prezydnt*] — prezydent
press [*pres*] — prasa
to pretend [*pry'tend*] — udawać
pretty [*'pryty*] — ładny
pretty [*'pryty*] — dosyć
price [*prajs*] — cena
prime [*prajm*] — najlepsza część czegoś, kwiat
Prime Minister [*'prajm 'mynystə*] — premier
primrose [*'prymrouz*] — pierwiosnek
principle [*'prynsəpl*] — zasada, podstawa
prison [*pryzn*] — więzienie
to proceed [*prə'si:d*] — postępować, posuwać się naprzód
to produce [*prə'dju:s*] — wytwarzać
profession [*prə'feszn*] — zawód, zajęcie
professor [*prə'fesə*] — profesor
programme [*'prougrœm*] — program
promise [*'promys*] — obietnica
pronoun [*'prounaun*] — zaimek
to pronounce [*prə'nauns*] — wymawiać
pronunciation [*prə'nansy'ejszn*] — wymowa
propeller [*prə'pelə*] — śruba, śmigło
proper (ly) [*'propə*] — właściwy (ie)

to propose [*prə'pouz*] — proponować
to protest [*prə'test*] — protestować
P.S., postscript [*'pousskrypt*] — dopisek
to pull [*pul*] — ciągnąć
to pull up [*'pul 'ap*] — zatrzymać, zahamować
punctuation [*ˌpanktju'ejszn*] — przestankowanie
pupil [*pju:pl*] — uczeń
puppy [*'papy*] — szczeniak
purple [*pə:pl*] — purpurowy, fioletowy
to push [*pusz*] — pchać
pussy [*'pusy*] — kotek, „kici"
to put, put, put [*put*] — kłaść, położyć
to put on — wkładać, ubrać
to put up with — znosić cierpliwie
pyjamas [*pə'dża:məz*] — piżama

Q

quality [*'kuolyty*] — gatunek
quarrel [*'kuorəl*] — kłótnia
quarter of an hour [*'kuo:tərow ə'n auə*] — kwadrans
queer [*kuiə*] — dziwny
question [*'kuesczən*] — pytanie
queue [*kju:*] — ogonek, kolejka
quick (ly) [*kuyk*] — szybki (o)
quiet [*'kuajət*] — spokojny
quite [*kuajt*] — zupełnie
quiz [*kuyz*] — zagadka, zgadywanka, „zgaduj zgadula"

R

rabbit [*'ræbyt*] — królik
race [*rejs*] — wyścigi
to race [*rejs*] — ścigać się
racket [*'rækyt*] — rakieta
radio [*'rejdjou*] — radio
rail [*rejl*] — szyna
railway — [*'rejluej*] — kolej żelazna
rain [*rejn*] — deszcz
raincoat [*'rejnkout*] — płaszcz nieprzemakalny
to raise [*rejz*] — podnieść
to range [*rejndż*] — uszeregować
rather [*'ra:ðə*] — dosyć, raczej
to reach [*ri:cz*] — dosięgnąć, dojść
to read, read, read [*ri:d, red, red*] — czytać
reader [*'ri:də*] — czytelnik
reading-room [*'ri:dyŋ rum*] — czytelnia
ready [*'redy*] — gotowy
real [*riəl*] — prawdziwy
really [*'riəly*] — rzeczywiście
to recommend [*rekə'mend*] — zalecić
reckless [*'reklys*] — nierozważny
record [*'reko:d*] — rekord
to record [*ry'ko:d*] — zapisać, utrwalić
red [*red*] — czerwony
to refer to [*ry'fə tu*] — odnosić się dc
referee [*'refəri:*] — sędzia (w sporcie)
refinery [*ry'fajnəry*] — rafineria
reflection [*ry'flekszn*] — odbicie, odblask
refreshments [*ry'freszmənts*] — przekąska
to refuse [*ry'fju:z*] — odmówić
regard [*ry'ga:d*] — wzgląd
regular [*'regjulə*] — regularny, prawdziwy
to relate [*ry'lejt*] — opowiadać
relation [*ry'lejszn*] — stosunek; krewny
relative [*'relətyw*] — względny
reliable [*ry'lajəbl*] — solidny, na którym można polegać
to remain [*ry'mejn*] — pozostać
to remember [*ry'membə*] — pamiętać
to remind of [*ry'majnd ow*] — przypominać o
report [*ry'po:t*] — raport, reportaż

to report [*ry'po:t*] — raportować
to represent [*ˌrepry'zent*] — przedstawiać
representative [*repry'zentətyw*] — reprezentacyjny
to request [*ry'kᵘest*] — upraszać
to require [*ry'kᵘajə*] — wymagać
resolution [*'rezə'lu:szn*] — zdecydowanie
rest [*rest*] — odpoczynek
to rest [*rest*] — odpoczywać
restaurant [*'restəra:ŋ*] — restauracja
to resume [*ry'zju:m*] — rozpocząć ponownie
to return [*ry'tə:n*] — wracać
rich [*rycz*] — bogaty
ride [*rajd*] — przejażdżka
to ride, rode, ridden [*rajd, roud, rydn*] — jechać wierzchem
riddle [*rydl*] — zagadka
ridiculous [*ry'dykjuləs*] — śmieszny
Riga [*'ri:gə,'rajgə*] — Ryga, stolica Łotwy
right [*rajt*] — słuszny, akurat, prawy, prawo
to ring, rang, rung [*ryŋ, rœŋ, raŋ*] — dzwonić
to ring up [*'ryŋ 'ap*] — zadzwonić, zatelefonować
river [*'rywə*] — rzeka
road [*roud*] — droga
roadway [*'roudᵘej*] — jezdnia
to roast [*roust*] — piec (mięso itd.)
roast beef [*'rouzbi:f*] — pieczeń wołowa, rozbef
robot [*'roubot*] — robot (automat)
rock [*rok*] — skała
rocket [*'rokyt*] — rakieta, pocisk rakietowy
roll [*roul*] — bułka
Roman [*'roumən*] — rzymski
Rome [*roum*] — Rzym, stolica Włoch
Ronald [*ronld*] — Ronald, imię męskie
roof [*ru:f*] — dach
room [*rum*] — pokój; miejsce
rose [*rouz*] — róża
rough [*raf*] — szorstki; wzburzony (o falach)
round [*raund*] — okrągły; dookoła
row [*rou*] — szereg
rowing [*'rouyŋ*] — wioślarka
royal [*'rojəl*] — królewski
to rub [*rab*] — wycierać, pocierać
rubber [*'rabə*] — guma
rude [*ru:d*] — niegrzeczny, nieuprzejmy
rug [*rag*] — dywan, pled
rugby [*'ragby*] — gra w piłkę
rule [*ru:l*] — zasada, prawidło
to run, ran, run [*ran, rœn, ran*] — biec
to run after — biec za
rural [*'ru:rəl*] — wiejski, wsiowy
to rush [*rasz*] — gnać, pędzić
Ruth [*ru:θ*] — Rut, imię żeńskie

S

sad [*sœd*] — smutny
safe [*sejf*] — bezpieczny
to sail [*sejl*] — żeglować, płynąć statkiem
sailor [*'sejlə*] — marynarz
saint [*sejnt*] — święty
salad [*'sœləd*] — sałatka
salutation [*ˌsœlju'tejszn*] — pozdrowienie, przywitanie
same [*sejm*] — ten sam (w zwrocie: the same)
sand [*sœnd*] — piasek
sandwich [*'sœnᵘydż*] — kanapka (do jedzenia)
sardine [*sa:'di:n*] — sardynka
sash window [*'sœsz'ᵘyndou*] — okno zasuwane z góry na dół, lub z dołu w górę
Saturday [*'sœtədy*] — sobota

sauce [*so:s*] — sos
to save [*sejw*] — ratować
Saxon Genitive [*'sæksn 'dżenytyw*] — dopełniacz saksoński
to say, said, said [*sej, sed, sed*] — mówić, rzec
scarf [*ska:f*], **scarves** [*ska:wz*] — szalik
to scare [*skeə*] — wystraszyć
to scatter [*'skœtə*] — rozrzucić, rozsypać (się), rozproszyć (się)
scene [*si:n*] — scena
scent [*sent*] — zapach, perfumy
school [*sku:l*] — szkoła
science [*'sajəns*] — nauka, wiedza
scone [*skoun*] — rodzaj słodkiej bułeczki z rodzynkami
Scotch [*skocz*] — szkocki. Używa się również form: **Scottish** [*skotysz*] i **Scots** [*skots*].
Scotland [*'skotlənd*] — Szkocja
Scotsman [*'skotsmən*] — Szkot
screen [*skri:n*] — ekran
sea [*si:*] — morze
to search [*sə:cz*] — przeszukiwać, rewidować
seaside [*'si:sajd*] — brzeg morza, wybrzeże
season [*si:zn*] — pora roku, okres
seat [*si:t*] — miejsce siedzące w pociągu, teatrze itp.
second [*seknd*] — drugi
to second [*seknd*] — popierać
secretary [*'sekrətry*] — sekretarz
to see, saw, seen [*si:, so:, si:n*] — widzieć
to seem [*si:m*] — wydawać się
seldom [*'seldəm*] — rzadko
self-service [*'self'sə:wys*] — samoobsługa
to sell, sold, sold [*sel, sould, sould*] — sprzedawać
to send, sent, sent [*send, sent, sent*] — posyłać
sensation [*sen'sejszn*] — uczucie, sensacja
sense [*sens*] — sens, poczucie; zmysł
sentence [*'sentəns*] — zdanie
to separate [*'sepərejt*] — rozdzielić oddzielić
series [*'siəri:z*] — seria
sequence [*'si:kᵘəns*] — następstwo
set [*set*] — komplet, grupa, serwis
settee [*se'ti:*] — kanapka, tapczan
setter [*'setə*] — seter (gatunek psa)
to settle [*setl*] — umieścić się
seven [*sewn*] — siedem
seventh [*sewnθ*] — siódmy
seventeen [*'sewn'ti:n*] — siedemnaście
seventy [*'sewnty*] — siedemdziesiąt
several [*'sewrəl*] — kilka
severely [*sy'wiəly*] — okrutnie, dotkliwie
shade [*szejd*] — cień
shall [*szœl, szl*] **should** [*szud*] — czasownik posiłkowy służący do tworzenia czasu przyszłego i innych
shame [*szejm*] — wstyd
shape [*szejp*] — kształt
sharp [*sza:p*] — ostry
to shave [*szejw*] — golić (się)
she [*szi:*] — ona
sheep [*szi:p*] — owca, owce
shelf [*szelf*], **shelves** [*szelwz*] — półka, półki
shilling [*'szylyŋ*] — szyling (zob. „Dodatek", str. 314).
to shimmer [*'szymə*] — skrzyć się
to shine, shone, shone [*szajn, szon, szon*] — świecić, błyszczeć
ship [*szyp*] — statek, okręt
shipwreck [*'szyprek*] — rozbicie okrętu
shipyard [*'szypja:d*] — stocznia
shock [*szok*] — szok, wstrząs
shoe [*szu:*] — but, trzewik

to shoot, shot, shot [*szu:t, szot, szot*] — strzelać
shop [*szop*] — sklep
shop-assistant [*'szopə'systənt*] — subjekt, ekspedient
shopping [*'szopyŋ*] — kupowanie, załatwianie sprawunków
shore [*szo:*] — brzeg (morza, jeziora)
short [*szo:t*] — krótki
short story [*'szo:t 'sto:ry*] — nowela, krótkie opowiadanie
to shout [*szaut*] — wykrzykiwać
show [*szou*] — wystawa; widowisko, przedstawienie
to show, showed, shown [*szou, szoud, szoun*] — pokazać
shriek [*szri:k*] — krzyk, wrzask przenikliwy
to shriek [*szri:k*] — krzyczeć, wrzeszczeć przenikliwie
shrub [*szrab*] — krzew, krzak
to shut, shut, shut [*szat*] — zamykać
side [*sajd*] — bok, strona
sideboard [*'sajdbo:d*] — kredens
sigh [*saj*] — westchnienie
to sigh [*saj*] — wzdychać
sight [*sajt*] — widok
sight-seeing [*'sajt si:yŋ*] — zwiedzanie
silence [*sajlns*] — cisza
silly [*'syly*] — głupi, niemądry
similar [*'symylə*] — podobny, jednakowy
simple (ply) [*sympl*] — zwykły, po prostu
Simple Future Tense [*sympl fju: czə*] — czas przyszły zwykły (prosty)
Simple Past Tense — zob. Past Tense
since [*syns*] — od, od czasu
sincerely [*syn'siəly*] — szczerze
to sing, sang, sung [*syŋ, sæŋ, saŋ*] — śpiewać
single [*syŋgl*] — pojedynczy; zwykły (o bilecie), niepowrotny
to sink, sank sunk [*syŋk, sæŋk, saŋk*] — zanurzyć (się), zatopić
to sip [*syp*] — pić małymi łykami (sipped, sipping)
sir [*sə:*] — pan, gdy mówimy do kogoś starszego, młodzi do zwierzchnika. Nie używane w tym znaczeniu przy nazwisku („Sir", tak jak „lady", przed imieniem i nazwiskiem oznacza tytuł szlachecki)
sister [*'systə*] — siostra
to sit, sat, sat [*syt, sæt, sæt*] — siedzieć
to sit down [*'syddaun*] — usiąść
sitting-room [*'sytyŋ 'rum*] — pokój mieszkalny, w którym najwięcej się przebywa w domu
situated [*'sytjuejtyd*] — położony
situation [*ˌsytju'ejszn*] — sytuacja, położenie
six [*syks*] — sześć
sixteen [*'syks'ti:n*] — szesnaście
sixth [*syksθ*] — szósty
sixty [*'syksty*] — sześćdziesiąt
size [*sajz*] — wielkość, rozmiar, miara
sketch [*skecz*] — skecz
ski [*szi:, ski*] — narty
to ski [*szi:, ski*] — jeździć na nartach
skirt [*skə:t*] — spódnica
sky [*skaj*] — niebo
skyscraper [*'skajˌskrejpə*] — wieżowiec, drapacz chmur
to sleep, slept, slept [*sli:p, slept, slept*] — spać
sleeve [*sli:w*] — rękaw
to slide, slid, slid [*slajd, slyd, slyd*] — suwać (się), zsuwać (się)
slightly [*'slajtly*] — lekko, nieco
slim [*slym*] — wysmukły
to slip [*slyp*] — zsunąć się (**slipped, slipping**)

slope [*sloup*] — stok
slot-machine [*'slot mə'szi:n*] — automat działający po wrzuceniu monety
slow (ly) [*slou*] — powolny (li)
small [*smo:l*] — mały
smart [*sma:t*] — elegancki
to smell, smelt, smelt [*smel, smelt, smelt*] — wąchać; pachnąć
smile [*smajl*] — uśmiech
to smile [*smajl*] — uśmiechać się
to smoke [*smouk*] — palić (tytoń); dymić
smooth [*smu:ð*] — gładki
snack [*snœk*] — zakąska
snow [*snou*] — śnieg
so [*sou*] — tak, więc
so... as [*sou... əz*] — tak... jak...
so long [*'sou 'loŋ*] — do zobaczenia
soap [*soup*] — mydło
sober [*'soubə*] — trzeźwy, spokojny
soda-water [*'soudə'ᵘo:tə*] — woda sodowa
sofa [*'soufə*] — kanapa
soft [*so:ft*] — miękki
soldier [*'souldżə*] — żołnierz
Solomon Grundy [*'soləmən 'grandy*] — Salomon Grundy (postać z książki dla dzieci)
to solve [*solw*] — rozwiązać, rozwikłać
some [*sam*] — kilka, trochę, jakiś, niektórzy
somebody [*'sambody*] — ktoś
somehow [*'samhau*] — jakoś
someone [*'samᵘan*] — ktoś
something [*'samθyŋ*] — coś
sometimes [*'samtajmz*] — czasem
somewhere [*'samᵘeə*] — gdzieś
son [*san*] — syn
soon [*su:n*] — wkrótce
sorry [*'sory*] — zmartwiony; przepraszam
sound [*saund*] — dźwięk
soup [*su:p*] — zupa
south [*sauθ*] — południe (strona świata)
space [*spejs*] — przestrzeń
Spain [*spejn*] — Hiszpania
Spaniard [*'spœnjəd*] — Hiszpan
Spanish [*'spœnysz*] — hiszpański
spare [*speə*] — zapasowy
to speak, spoke, spoken [*spi:k, spouk, spoukn*] — mówić, rozmawiać przemawiać
special [*speszl*] — specjalny
speciality [*speszj'œlyty*] — specjalność
spectacles [*'spektəklz*] — okulary
speed [*spi:d*] — szybkość
to spell, spelt, spelt [*spel, spelt, spelt*] — sylabizować (mówić po kolei litery, z których składa się dane słowo)
spelling [*'spelyŋ*] — sylabizowanie, pisownia
to spend, spent, spent [*spend, spent spent*] — spędzać; wydawać
spire [*'spajə*] — wieża szpiczasta
to spit, spat, spat [*spyt, spœt, spœt*] — pluć
in spite of [*yn'spajt ow*] — mimo, wbrew
splash [*splœsz*] — plusk
to splash [*splœsz*] — pluskać, chlapać
splendid [*'splendyd*] — wspaniały
to spoil [*spojl*] — psuć
spoon [*spu:n*] — łyżka
sport [*spo:t*] — sport
spot [*spot*] — miejsce; plama
spring [*spryŋ*] — wiosna
sprinter [*'spryntə*] — biegacz
square [*skᵘeə*] — plac; kwadrat
squash [*skᵘosz*] — napój odświeżający z wyciśniętych cytryn, pomarańcz itp
squeeze [*skᵘi:z*] — zgnieść, ściskać
stadium [*'stejdjəm*] — stadion
staircase [*'steəkejs*] — klatka schodowa

stairs [*steəz*] — schody
to stammer [*'stœmə*] — jąkać się
stand [*stœnd*] — trybuna
to stand, stood, stood [*stœnd, stud, stud*] — stać
Stanley [*'stœnly*] — imię męskie
star [*sta:*] — gwiazda
starling [*'sta:lyŋ*] — szpak
to start [*sta:t*] — startować, zaczynać
station [*stejszn*] — dworzec
statue [*'stœtju:*] — statua, pomnik
stay [*stej*] — pobyt
steady (ily) [*'stedy*] — równy, regularny (nie)
to steal, stole, stolen [*sti:l, stoul, stouln*] — kraść
steel [*sti:l*] — stal
step [*step*] — stopień; krok
to step — postąpić krok
stern (ly) [*stə:n*] — surowy (wo)
stick [*styk*] — kij, laska
still [*styl*] — nadal, jeszcze
stingy [*'styndży*] — skąpy
stocking [*'stokyŋ*] — pończocha
stone [*stoun*] — kamień
to stop [*stop*] — zatrzymać (stopped, stopping)
store [*sto:*] — dom towarowy; składnica
storm [*sto:m*] — burza
story [*'sto:ry*] — opowiadanie, historia
story [*'sto:ry*] — piętro
stove [*stouw*] — piec
straight [*strejt*] — prosty (to)
straight on — prosto naprzód
strange (ly) [*strejndż*] — dziwny(nie), obcy(co)
stranger [*'strejndżə*] — obcy, nieznajomy
straw [*stro:*] — słoma; the straw — słomka
street [*stri:t*] — ulica
to stress [*stres*] stawiać nacisk na, podkreślać
strict [*strykt*] — ścisły, formalistyczny
to strike, struck, struck [*strajk, strak, strak*] — uderzyć
string [*stryŋ*] — sznurek
to stroll [*stroul*] — spacerować, iść pomału
strong [*stroŋ*] — silny
structure [*'strakczə*] — budowla
student [*stjudnt*] — student
study [*'stady*] — gabinet
to study [*'stady*] — studiować
stuff [*staf*] — materiał, rzeczy
to stumble [*stambl*] — potknąć się
style [*stajl*] — styl
subject [*'sabdżykt*] — podmiot; temat
subjunctive [*səb'dżaŋktyw*] — tryb łączący
submarine [*'sabməri:n*] — łódź podwodna
subordinate [*sə'bo:dnyt*] — podrzędny, zależny
subscription [*səb'skrypszn*] — podpis, zakończenie listu
suburb [*'sabə:b*] — przedmieście
such [*sacz*] — taki
sudden (ly) [*sadn*] — nagły(gle)
sugar [*'szugə*] — cukier
to suggest [*sə'dżest*] — zaproponować, podsunąć (myśl)
suit [*sju:t*] — ubranie męskie; kostium damski
to suit [*sju:t*] — być dobranym do, pasować do
suit-case [*'sju:tkejs*] — walizka
suite of furniture [*'sui:t əw'fə:nyczə*] — komplet mebli
summer [*'samə*] — lato
sun [*san*] — słońce
to sunbathe [*'sanbejð*] — opalać się na słońcu

sunburnt [*'sanbə:nt*] — opalony

Sunday [*'sandy*] — niedziela

sunglasses [*'sangla:syz*] — okulary ochronne od słońca

sunny [*'sany*] — słoneczny

sunshade [*'sanszejd*] — parasolka

sunshine [*'sanszajn*] — światło słoneczne, radość

superstition [*ˌsju:pə'styszn*] — przesąd

supper [*'sapə*] — kolacja

to suppose [*sə'pouz*] — przypuszczać

sure [*szuə*] — pewny

surprise [*sə'prajz*] — niespodzianka

surprised [*sə'prajzd*] — zdumiony

sweater [*'s^{u}etə*] — swetr

Swede [*s^{u}i:d*] — Szwed

sweet [*s^{u}i:t*] — słodki, miły

sweets [*s^{u}i:ts*] — słodycze, cukierki

to swim, swam, swum [*s^{u}ym, s^{u}œm, s^{u}am*] — pływać

to switch on [*'s^{u}ycz'on*] — włączyć; switch off [*'s^{u}ycz'of*] — wyłączyć

Sylvia [*'sylwjə*] — Sylwia

symbol [*'symbəl*] — symbol

synonym [*'synənym*] — synonim (słowo o podobnym znaczeniu)

system [*'systym*] — system

T

T.B. [*'ti:'bi:*], tuberculosis [*tjuˌbə:kju'lousys*] — gruźlica

table [*tejbl*] — stół

tail [*tejl*] — ogon

tailor [*'tejlə*] — krawiec

to take, took, taken [*tejk, tuk, tejkn*] — brać

to take off [*'tejk 'of*] — zdejmować (ubranie)

to take part in — brać udział w

to take to something — zabrać się do (jakiegoś zajęcia)

tale [*tejl*] — opowiadanie

talk [*to:k*] — pogadanka, rozmowa

to talk [*to:k*] — rozmawiać, gadać

tall [*to:l*] — wysoki

tape [*tejp*] — taśma

tartan [*ta:tn*] — materiał szkocki w kratę

to taste [*tejst*] — smakować, próbować

tea [*ti:*] — herbata; **afternoon tea** [*'a:ftəˌnu:n 'ti:*] — podwieczorek

tea-pot [*'ti:pot*] — czajnik do herbaty

to teach, taught, taught [*ti:cz, to:t, to:t*] — uczyć

teacher [*'ti:czə*] — nauczyciel, nauczycielka

team [*ti:m*] — zespół, drużyna

to tear, tore, torn [*teə, to:, to:n*] — drzeć

teaspoonful [*'ti:spunˌful*] — zawartość łyżeczki do herbaty

technical [*'teknykl*] — techniczny

Teddy bear [*'tedy'beə*] — miś

teenager [*'ti:nˌejdżə*] — podlotek, chłopak, młodzież od lat 12 do 20

teeth — zob. tooth

telephone [*'telyfoun*] — telefon

television [*tely'wyżn*] — telewizja

to tell, told, told [*tel, tould, tould*] — mówić, opowiadać, kazać

temporal [*temprl*] — czasowy

to tempt [*tempt*] — kusić

temptation [*temp'tejszn*] — pokusa

ten [*ten*] — dziesięć

tenth [*tenθ*] — dziesiąty

tennis [*'tenys*] — tenis

tense [*tens*] — czas (w gramatyce)

terrier [*'terjə*] — terier (rasa psów)

terrified [*'teryfajd*] — bardzo przerażony

to test [*test*] — wypróbować

Thames [*temz*] — Tamiza

than [*ðœn*] — aniżeli, niż

to thank [*θœŋk*] — dziękować

thanks [*θæŋks*] — dzięki
that [*ðæt*], **those** [*ðouz*] — tamten, tamci (czasem również — ten, ci)
that [*ðæt*] — który; że
that is why ['*ðæts* '*uaj*] — dlatego więc, przeto
the [*ði:; ðə*] — rodzajnik określony
theatre ['*θiətə*] — teatr
their [*ðeə*] — ich (zaimek dzierżawczy)
theirs [*ðeəz*] — ich (zaimek dzierżawczy)
them [*ðem; ðəm*] — ich, je (zaimek osobowy)
themselves [*ðəm'selwz*] — oni sami; się
then [*ðen*] — potem, wtedy, więc
there [*ðeə*] — tam, no; ot
these — zob. this
they [*ðej*] — oni, one
thick [*θyk*] — gruby, gęsty
thief [*θi:f*], **thieves** [*θi:wz*] — złodziej, złodzieje
thin [*θyn*] — cienki
thing [*θyŋ*]— rzecz
to think, thought, thought [*θyŋk, θo:t, θo:t*] — myśleć
third [*θə:d*] — trzeci
thirsty ['*θə:sty*] — spragniony
thirteen ['*θə:'ti:n*] — trzynaście
thirty ['*θə:ty*] — trzydzieści
this [*ðys*] **these** [*ði:z*] — ten, ci
thorough (ly) ['*θarə*] — gruntowny (nie)
those — zob. that
though [*ðou*] — chociaż
thought [*θo:t*] — myśl
thousand [*θauznd*] — tysiąc
three [*θri:*] — trzy
thrill [*θryl*] — dreszczyk (przyjemności, sensacji)
thriller ['*θrylə*] — sensacyjna książka, sztuka
through [*θru:*] — przez, na wylot
to throw, threw, thrown [*θrou, θru:, θroun*] — rzucać
thumb [*θam*] — kciuk
Thursday ['*θə:zdy*] — czwartek
ticket ['*tykyt*] — bilet
tidy ['*tajdy*] — porządny
to tidy up ['*tajdy* '*ap*] — sprzątać, porządkować
tie [*taj*] — krawat, wiązanie
to tie [*taj*] — wiązać
tiger ['*tajgə*] — tygrys
till [*tyl*] — aż, dopóki
time [*tajm*] — czas
times [*tajmz*] — razy, w zwrotach: dwa razy, trzy razy itd.
Tipperary [*ˌtypə'reəry*] — miasto w Irlandii
tired ['*tajəd*] — zmęczony
title [*tajtl*] — tytuł, nagłówek
to [*tu:*] — do
toast [*toust*] — tost, kawałek chleba przyrumieniony, grzanka
today [*tə'dej*] — dzisiaj
together [*tə'geðə*] — razem
tomato [*tə'ma:tou*] — pomidor
tomb [*tu:m*] — grobowiec,
tomorrow [*tə'morou*] — jutro
too [*tu:*] — zbyt, zanadto; również
tooth [*tu:θ*], **teeth** [*ti:θ*] — ząb, zęby
top [*top*] — szczyt, górna część
to touch [*tacz*] — dotykać
to tour [*tuə*] — objeżdżać, być na okrężnej wędrówce
tournament ['*tuənəmənt*] — turniej, zawody
towel ['*tauəl*] — ręcznik
tower ['*tauə*] — wieża
to tower [*tauə*] — górować nad
town [*taun*] — miasto
town-bred ['*taun'bred*] — wychowany w mieście
toy [*toj*] — zabawka
track [*træk*] — tor
trade [*trejd*] — handel

traffic [*'trœfyk*] — ruch uliczny
train [*trejn*] — pociąg
to train [*trejn*] — trenować, ćwiczyć
tramway [*'trœm^{u}ej*] — tramwaj
to translate into [*trœn'slejt*] — tłumaczyć na
translation [*trœn'slejszn*] — tłumaczenie
travel [*trœwl*] — podróżowanie
to travel [*trœwl*] — podróżować, wędrować
trawler [*'tro:lə*] — trawler (statek rybacki)
tree [*tri:*] — drzewo (pojedyncze, nie drewno)
tremendous [*try'mendəs*] — ogromny
trick [*tryk*] — sztuczka
trip [*tryp*] — wycieczka, podróż
trouble [*trabl*] — kłopot
true [*tru:*] — prawdziwy
trousers [*'trauzəz*] — spodnie
trunk [*traŋk*] — kufer; korpus
truth [*tru:θ*] — prawda
to try [*traj*] — próbować
tube [*tju:b*] — kolej podziemna w Anglii
Tuesday [*'tju:zdy*] — wtorek
tug [*tag*] — holownik
tunnel [*tanl*] — tunel
to turn [*tə:n*] — obrócić (się)
to turn away [*'tə:nə'^{u}ej*] — odwrócić się
to turn on [*'tə:n 'on*] — otworzyć (kran), włączyć aparat, radio, prąd
to turn red — zaczerwienić się
turning [*'tə:nyŋ*] — zakręt
T.V. [*'ti: 'wi:*] — telewizja (**television**)
twelve [*t^{u}elw*] — dwanaście
twenty [*'t^{u}enty*] — dwadzieścia
twice [*t^{u}ajs*] — dwa razy
twins [*t^{u}ynz*] — bliźnięta
twinkle [*t^{u}yŋkl*] — błysk, migotanie
to twinkle [*t^{u}yŋkl*] — mrugać, migotać
two [*tu:*] — dwa
type [*tajp*] — typ
typical (ly) [*'typykl*] — typowy (wo)

U

U.S.A. [*'ju es 'ej*], the United States of America [*ðə ju:'najtyd 'stejts əw ə'meryk*ə] — Stany Zjednoczone
umbrella [*am'brelə*] — parasol
uncle [*aŋkl*] — wuj
uncommon (ly) [*an'komən*] — niezwykły (kle)
under [*'andə*] — pod
underground [*'andəgraund*] — podziemny
underground railway [*'andəgraund 'rejl^{u}ej*] — kolejka podziemna
underneath [*ˌandə'ni:θ*] — poniżej, pod, z dołu
to understand, understood, understood [*ˌandə'stœnd, ˌandə'stud, ˌandə'stud*] — rozumieć
unfortunate [*an'fo:cznyt*] — nieszczęsny
unfortunately [*an'fo:cznytly*] — niestety
uniform [*'ju:nyfo:m*] — jednolity; mundur
unique [*ju:'ni:k*] — jedyny
university [*ˌjuny'wə:syty*] — uniwersytet
unknown [*'an'noun*] — nieznany
unlike [*'anlajk*] — niepodobny (bnie)
to unload [*'an'loud*] — rozładować, wyładować
unoccupied [*'an'okjupajd*] — nie zajęty, wolny
untidy [*an'tajdy*] — nieporządny
unvoiced [*'an'wojst*] — bezdźwięczny
up [*ap*] — w górę

upper [*'apə*] — górny
upstairs [*'ap'steəz*] — na górze, na górę po schodach
to urge [*ə:dż*] — ponaglać
us [*as*] — nas, nam
use [*ju:s*] — użytek
to use [*ju:z*] — używać
used to [*'ju:stu*] — przyzwyczajony do
useful [*'ju:sful*] — pożyteczny
usual [*'ju:żuəl*] — zwykły
usually [*'ju:żuəly*] — zazwyczaj, zwykle
utensils [*ju'tensylz*] — przybory

V

vain [*wejn*] — próżny; **in vain** — na próżno
to vanish [*'wœnysz*] — niknąć
various [*'weərjəs*] — różny, rozmaity
vegetable [*'wedżytəbl*] — jarzyna
verb [*wə:b*] — czasownik
verbal [*wə:bl*] — czasownikowy, słowny
very [*'wery*] — bardzo (przed przymiotnikami i przysłówkami)
very much [*'wery 'macz*] — bardzo (używane samodzielnie)
vessel [*wesl*] — statek
vet [*wet*] — weterynarz (skrót od: veterinary)
view [*wju:*] — widok
violent (ly) [*'wajələnt*] — gwałtowny (nie)
visit [*'wyzyt*] — wizyta, zwiedzanie
to visit [*'wyzyt*] — odwiedzać
Vistula [*'wystjulə*] — Wisła
vocabulary [*wə'kœbjuləry*] — słownik
voice [*wojs*] — głos; strona (w gramatyce)
voiced [*wojst*]— dźwięczny

W

waggon [*'uœgən*] — wóz
to wait [*uejt*] — czekać
waiter [*'uejtə*] — kelner
waiting-room [*'uejtyŋ,rum*] — poczekalnia
waitress [*'uejtrys*] — kelnerka
to wake up, woke, waked [*uejk ap, uouk, uejkt*] — obudzić (się)
to walk [*uo:k*] — chodzić, spacerować
wall [*uo:l*] — ściana, mur
wall-paper [*'uo:l,pejpə*] — tapeta
to wander [*'uondə*] — wędrować
to want [*uont*] — chcieć
war [*uo:*] — wojna
wardrobe [*'uo:droub*] — garderoba, szafa
warehouse [*'ueəhaus*] — składnica, magazyn
warm [*,uo:m*] — ciepły
to warm [*uo:m*] — ogrzewać, przygrzać
warship [*'uo:szyp*] — okręt wojenny
to wash [*uosz*] — myć (się), prać
to wash up [*'uosz 'ap*] — zmywać
wash-basin [*'uosz 'bejsn*] — miednica umywalnia
to waste [*uejst*] — trwonić
watch [*uocz*] — zegarek
to watch [*uocz*] — obserwować, pilnować
water [*uo:tə*] — woda
wave [*uejw*] — fala
way [*uej*] — droga, sposób
we [*ui:*] — my
weak [*ui:k*] — słaby
to wear, wore, worn [*ueə, uo:, uo:n*] — nosić na sobie, zdzierać
weather [*'ueðə*] — pogoda
Wednesday [*'uenzdy*] — środa
week [*ui:k*] — tydzień
week-end [*'ui:k'end*] — koniec tygodnia, wyjazd wypoczynkowy na koniec tygodnia (sobota, niedziela)

weekly [*'ui:kly*] — tygodniowy; tygodnik
welcome [*'uelkəm*] — mile widziany, miłe przywitanie
well [*uel*] — dobrze; no, więc
well-kept [*'uel 'kept*] — dobrze utrzymany
Welsh [*uelsz*] — walijski
Welsh rabbit [*'uelsz 'ræbyt*] — grzanka zapiekana ze serem
west [*uest*] — zachód
wet [*uet*] — mokry
wharf [*uo:f*], **wharves** [*uo:wz*] — przystań, przystanie (w porcie)
what [*uot*] — co
what colour? [*'uot 'kalə*] — jakiego koloru?
whatever [*uo'tewə*] — cokolwiek
wheel [*ui:l*] — koło; kierownica
when [*uen*] — kiedy
where [*ueə*] — gdzie
whether [*ueðə*] — czy (w pytaniach zależnych)
which [*uycz*] — który (zaimek względny stosowany tylko dla rzeczy)
which [*uycz*] — który spośród (zaimek pytajny dla osób i rzeczy)
while [*uajl*] — podczas gdy
while [*uajl*] — chwila
to whistle [*uysl*] — gwizdać
white [*uajt*] — biały
who [*hu:*] — kto; który (dla osób)
whole [*houl*] — cały
whose [*hu:z*] — którego, czyj
why [*uaj*] — dlaczego
wife [*uajf*], **wives** [*uajwz*] — żona, żony
wild (ly) [*uajld*] — dziki (ko)
will [*uyl*] **would** [*uud*] — czasownik posiłkowy służący do tworzenia czasu przyszłego i innych
willingness [*'uylyŋnys*] — chęć, dobra wola
Willy [*'uyly*] — imię męskie, zdrobnienie od William [*'uyljəm*]
to win, won, won [*uyn, uan, uan*] — wygrać, zdobyć
wind [*uynd*] — wiatr
to wind, wound, wound [*uajnd, uaund, uaund*] — wić się; nakręcać
window [*'uyndou*] — okno; French window — drzwi oszklone
winner [*'uynə*] — zwycięzca
winter [*'uyntə*] — zima
wireless [*'uajəlys*] — radio
wish [*uysz*] — życzenie
with [*uyð*] — z (kimś), za pomocą
without [*uy'ðaut*] — bez (czegoś)
woman [*'uumən*], **women** [*'uymyn*] — kobieta, kobiety
to wonder at [*'uandəræt*] — dziwić się (czemuś), podziwiać
wonderful [*'uandəful*] — cudowny
wood [*uud*] — drzewo, drewno; las
wooden [*uudn*] — drewniany
woollen [*'uulyn*] — wełniany
word [*uə:d*] — słowo
work [*uə:k*] — praca
to work [*uə:k*] — pracować
worker [*'uə:kə*] — robotnik
world [*uə:ld*] — świat
to worry [*'uary*] — martwić (się), dręczyć (się)
worse [*uə:s*] — gorszy, bardziej chory
wounded [*'uundyd*] — ranny, zraniony
to write, wrote, written [*rajt, rout, rytn*] — pisać
writer [*'rajtə*] — pisarz
wrong [*roŋ*] — niesłuszny, niewłaściwy; źle

Y

to yawn [*jo:n*] — ziewać
year [*jə:*] — rok
yard [*ja:d*] — jard, miara długości (około 91 cm)

yellow [*'jelou*] — żółty
yes [*jes*] — tak
yesterday [*'jestədy*] — wczoraj
yet [*jet*] — jednak; jeszcze (w zwrocie: jeszcze nie — not yet i w zdaniach pytających)
you [*ju:*] — ty, wy, pan, pani, państwo (w rozmowie, kiedy zwracamy się do kogo); ciebie, tobie, was, wam
young [*jaŋ*] — młody
your [*jo:*] — twój, wasz, pański
yours [*jo:z*] — twój, wasz, pański
yourself [*jo:'self*] — ty sam; się
yourselves [*jo:'selwz*] — wy sami; się
youth [*ju:θ*] — młodość; młodzież, młodzieniec

Z

zebra crossing [*'zi:brə 'krosyŋ*] — przejście przez jezdnię oznaczone pasami (gdzie pierwszeństwo mają piesi)

PAŃSTWOWE WYDAWNICTWO »WIEDZA POWSZECHNA« WARSZAWA

Irena Dobrzycka

JĘZYK ANGIELSKI DLA SAMOUKÓW

Zeszyt 13

SŁOWNIK POLSKO-ANGIELSKI

Zeszyt XIII

A

A — and
abażur na lampę — the lampshade
abstrakcyjny — abstract
adres — the address
aeroplan — the aeroplane
afisz — the bill
akcja — the action
aktualny — present
akurat — just
albo — or
albo... albo... — either... or...
ale — but
alfabet — the alphabet
Alfred — Alfred
angielski — English
Anglicy w ogólności — the English
Anglik — the Englishman (l. mn. the Englishmen)
ani... ani... — neither... nor...
aniżeli — than
Anna — Anne, Ann, Anna
antena — the aerial
aparat fotograficzny — the camera
apostrof — the apostrophe
apteka — the chemist's (shop)
aptekarz — the chemist
aresztować — to arrest
aria — the air
artysta — the artist
astronom — the astronomer
Atlantyk — the Atlantic
atletyka — athletics
atmosfera — the atmosphere
atrament — ink
australijski — Australian
autobus — the bus
autokar — the coach
aż — till

B

badać — to examine
bagaż — the luggage
balkon — the balcony
bałagan — the mess
banan — the banana
bank — the bank
bar — the bar
bardzo (przed przymiotnikami i przysłówkami) — very
bardzo (po czasownikach i przedmiocie) — very much
barka — the barge
bawełna — cotton
bawialnia — the sitting-room
bawić się — to play
bądź co bądź — anyhow
bekon — bacon
beletrystyka — fiction
benzyna — petrol
bez — without
bezdźwięczny — unvoiced
bezokolicznik — the infinitive
bezpieczny — safe
biały — white
biblioteka (szafa do książek) — the bookcase
biblioteka — the library
biec — to run, ran, run
biec za — to run after
biedny — poor
biegacz — the runner, the sprinter
biernik (4-ty przypadek) — the accusative
bierny — passive
bieżącego miesiąca — instant
bilet — the ticket
biurko — the desk
biuro (urząd) — the office
blady — pale
blisko — close, near
bliski — near
bliźniaki — the twins
blok — the block
bluszcz — the ivy
błagać — to beg

błona — the film
błysk — twinkle
bo — for
bogaty — rich
bohater — the hero
bok — the side
boks — boxing
bombardować — to bomb
Bóg — the Lord
brać — to take, took, taken
brać udział w... — to take part in...
bramkarz — the goalkeeper
brama — the gate, the doorway
brat — the brother
brązowy — brown (kolor)
brąz (stop metali) — bronze
brudny — dirty
brzeg morski — the seaside
brzeg (morza, jeziora) — the shore
brzeg (obramowanie) — the border
budowa — construction
budować — to build, built, built
budowla — the structure
budynek — the building
bułka — the roll
bułka z rodzynkami — the scone
burza — the storm
but — the shoe
butelka — the bottle
być — to be, was, were, been
być dobranym do... — to suit (something)
być może — perhaps
być skończonym — to be over
bydlę — the beast
bzdury — nonsense

C

cały — whole
cały, na całej przestrzeni — all over
cebula — the onion
cegła — the brick
celowy, końcowy — final
celtycki — Gaelic
cement — cement
cena — the price
centrum — the centre
chart — the greyhound
chcieć — to want
chciwy — greedy
chodnik (na ulicy) — the pavement
cienki — thin
cień — the shade
ciepły — warm
cierpliwie znosić — to put up with
cieszyć się, rozkoszować się (czymś) — to enjoy (something)
ciężar — the load
ciężarówka — the lorry
ciężki — heavy
ciotka — the aunt
cisza — silence
co — what
codzienna gazeta, dziennik — the daily
co dzień, codzienny — everyday
cokolwiek — whatever
coś — something
córka — the daughter
cudowny — wonderful, delightful
cudzoziemiec — the foreigner
cukier — sugar
cukierki, słodycze — the sweets
cyrk — the circus
cytryna — the lemon
czajnik, kociołek — the kettle
czajnik do herbaty — the tea-pot
czapka — the cap
czara — the bowl
czarny — black
czarny chleb — brown bread
czarujący (co) — charming (ly)
czas — time
czas teraźniejszy — the present
czas (w gramatyce) — the tense

czas przeszły prosty — the past tense
czas przeszły złożony — the perfect tense
czas przyszły — the future
czas zaprzeszły — the pluperfect tense
czasem — sometimes
czasopismo tygodniowe, miesięczne itp. **ilustrowane** — the magazine
czasownik — the verb
czasownik niezupełny, ułomny — the defective verb
czasownikowy, słowny — verbal
czasowy — temporal
czekać na — to wait for
czekolada — chocolate
czemu, dlaczego — why
czerwiec — June
czerwony — red
często — often
część — the part
członek baletu, tancerz (rka) — the dancer
człowiek — the man
człowiek, „jegomość", „gość", kolega — the fellow
człowiek interesu, handlowiec, przemysłowiec — the businessman
czółno, kajak — the canoe
czterdzieści — forty
czternaście — fourteen
cztery — four
czuć — to feel, felt, felt
czuwaj, cześć, do widzenia — cheerio
czwartek — Thursday
czwarty — fourth
czy (w zdaniach zależnych) — whether
czy, jeżeli — if
czyj — whose
czynić, robić — to do, did, done
czysty — clean
czytać — to read, read, read
czytelnik — the reader
czytelnia — the reading-room
ćwiczenie, musztra — the drill
ćwiczenie fizyczne, ruch — exercise

D

dach — the roof (l. mn. the roofs)
dać — to give, gave, given
daleki (ko) — far
dalszy, dalej — farther
dalszy z kolei — further
data — the date
dąć, dmuchać — to blow, blew, blown
decydować — to decide
decyzja, zdecydowanie — decision
definicja — the definition
dekorować — to adorn
delikatny — delicate, fine
deseń — the pattern
deser — the dessert
deszcz — rain
dla — for
dlaczego — why
dlatego, ponieważ — because
dlatego, przeto — that is why
długi (go) — long
do — to; **do środka** — into
dobranoc — good-night
dobra wola — willingness
Dobre nieba! — Good Heavens!
dobry — good
dobry, uprzejmy — kind
dobry, poczciwy — kind-hearted
dobrze — well
dobrze utrzymany — well kept
dodać — to add
dodatek — the appendix
dodatkowy — additional
doglądać — to look after
dok — the dock
dokładny — exact
doktor — the doctor, the physician
do licha...! niech tam! — dash, bother

dom — the house
dom rodzinny — the home
dom towarowy, składnica — the store
domek na wsi, chata — the cottage
domowy — domestic
dopełniacz saksoński — the Saxon Genitive
dopełnić, uzupełnić — to complete
dopóki — till
dorosły — grown up
doskonały (le) — perfect (ly)
dostać (się) — to get, got, got
dostarczyć, pozwolić sobie na — to afford
dosyć — pretty, enough, rather, fairly
dotkliwie, źle — badly, severely
dotykać — to touch
do widzenia — good-bye
dowiedzieć się, wynaleźć — to find out
dowiedzieć się, uczyć — to learn, learnt, learnt
do zobaczenia — so long
dreszczyk (sensacji) — the thrill
drewniany — wooden
dręczyć, kłopotać — to bother
dręczyć (się), martwić (się) — to worry
droga — the road
droga główna, szosa — the main road
droga, sposób — the way
drogi — dear
drugi — the second, the other
drugie śniadanie, lancz — lunch
drużyna — the team
drzeć — to tear, tore, torn
drzewo (pojedyncze) — the tree
drzewo (drewno) — wood
drzwi — the door (liczba poj.)
drzwi oszklone na balkon lub werandę — the French window
duża litera — the capital letter
dużo — much, many, a lot of, lots of, plenty of
duży — large, big
dwa — two
dwa razy — twice
dwa tygodnie — the fortnight
dwadzieścia — twenty
dwanaście — twelve
dworzec — the station
dyrektor — the manager
dywan — the carpet, the rug
dzbanek — the pot
działać — to act
dzieciak — the kid
dziecko — the child (l. mn. the children)
dzielić — to divide
dzielnica — the district
dziennik — the daily
dziennikarz — the journalist
dzień — the day
dzierżawczy — possessive
dziesięć — ten
dziesiąty — tenth
dziewczyna, (nka), panna — the girl
dziewczyna, służąca — the maid
dziewięć — nine
dziewięćdziesiąt — ninety
dziewiętnaście — nineteen
dzięki — thanks
dziękować — to thank
dziki (ko) — wild (ly)
dzisiaj — today
dziura — the hole
dziurka do guzika — the buttonhole
dziwić się (czemuś) — to wonder at
dziwny (nie) — strange (ly), queer (ly)
dzwonek — the bell
dzwonić — to ring, rang, rung
dźwięczny — voiced
dźwięk — the sound
dżem, odmiana marmolady — jam
dżem z pomarańcz lub cytryn — marmalade

E

efekt — the effect
egipski — Egyptian
egzamin — the examination
egzotyczny — exotic
ekran — the screen
ekspedient (ka) — the shop assistant
ekspedycja — the expedition
ekspert — the expert
elegancki — smart
elektryczny kominek lub piecyk — the electric fire
energicznie — energetically
Europa — Europe
europejski — European

F

fabryka — the factory
fabrykować, robić — to make, made, made
fajka — the pipe
fakt — the fact
faktycznie — practically, actually
faktyczny — actual
fala — the wave
fantastyczny — fantastic
fartuch — the apron
fasola — the bean
ferma — the farm
fermentować — to ferment
filiżanka — the cup
film, błona — the film
film, obraz — the film, the picture
film stereoskopowy — the cinerama
finanse — finance
fioletowy — purple
firanka — the curtain
flirtować — to flirt
fonetyczny (nie) — phonetic (ally)
fontanna — the fountain
forma, kształt — the form, the shape
formalny — formal
forteca — the fortress
fortepian — the piano
fotel — the armchair
fotel klubowy — the lounge-chair
fotografia — the photo (graph)
Francja — France
francuski — French
Francuz — the Frenchman
front — the front
funt — the pound
futbol — football
futro — the fur

G

gabinet — the study
gadać — to talk
gadanie — the chatter
galeria — the gallery
garaż — the garage
garderoba, szafa — the wardrobe
garnek — the pot
gatunek — the kind
gawędzić — to chat
gazeta — the newspaper, the paper
gazownia — the gas works
gdzie — where
gdzieś — somewhere
geografia — geography
gerundium, rzeczownik odsłowny — the gerund
gęsty — thick
gęś — the goose (l. mn. the geese)
gładki — smooth
gładki (bez deseniu) — plain
głęboki — deep
głębokość — depth
głodny — hungry
głos, strona (w gramatyce) — the voice
głośnik — the loudspeaker
głośny (no) — loud
głowa — the head
główny (nie) — main (ly), cardinal (liczebniki)
głuchy — deaf
głupi — silly
głupiec — the fool

głupstwa, bzdury — nonsense
gnać, pędzić — to rush
go, jego — him
godzina — the hour, o'clock (np. five o'clock]
golić (się) — to shave
gołąb — the pigeon
gorący — hot
gorliwy — eager
gorszy — worse
gospoda, zajazd — the inn, the hostel
gospodarny, oszczędny — economical
gospodarstwo, ferma — the farm
gospodyni, pani domu — the housewife
gość — the guest
gotować — to cook (kucharzyć), to boil
gotowalnia, toaleta — the dressing-table
gotowy — ready
gotycki — Gothic
góra — the mountain, (góry: the mountains, the highlands)
górny — upper
górować nad — to tower
gra — the game
grać — to play
gramatyka — grammar
gramofon — the gramophone
granica — the limit
grecki — Greek
grobowiec — the tomb
groch, groszek — pea (l. mn. peas lub pease)
grób — the grave
gruby — fat (tłusty), thick
grunt — the ground
gruntowny (nie) — thorough (ly)
grupa — the group, the party
grupa, komplet — the set
grupa wyrazowa, krótkie zdanie — the phrase
gruźlica — tuberculosis
gryźć — to bite, bit, bitten
grzanka — the toast
grzanka zapiekana z serem — Welsh rabbit
grzbiet — the back
grzebać, chować — to bury
grzeczny — polite, kind
gubić — to lose, lost, lost
guma — rubber
guzik — the button
gwałtowny (nie) — violent (ly)
gwiazda — the star
gwizdać — to whistle

H

hall, przedpokój — the hall
hałas — the noise
hałaśliwy (wie) — noisy (ily)
handel — commerce, trade
handlowy — commercial
herbata — tea
historia, opowiadanie — the story
historia — history
historyczny — historical
Hiszpania — Spain
Hiszpan — the Spaniard
hiszpański — Spanish
hodować — to breed, bred, bred
Holandia — Holland
holenderski — Dutch
holownik — the tug
hotel — the hotel
humor — humour
hurra! — cheers!

I

i — and
i... i... — both... and...
ich (zaimek dzierżawczy) — their, theirs
ich, je — them
idealny — ideal
ile, jak wiele — how much, how many

ilość — the amount
ilustrować — to illustrate
imiesłów — the participle
imię własne — the proper noun
imię, nazwisko — the name
imponujący — imposing
indyjski — Indian
inny — another, other
inny, jeszcze (w złożeniach) — else
interes, handel — business
interesować — to interest
interesować się — to be interested in
interesujący — interesting
Irlandczyk — the Irishman
Irlandia — Ireland
irlandzki — Irish
inżynier — engineer, civil engineer
iść — to go, went, gone
iść za, następować po — to follow
iść pomału, spacerować — to stroll

J

ja — I (zawsze pisane dużą literą)
jabłecznik — cider
jabłko — the apple
jadalnia — the dining-room
jagnię — the lamb
jajko — the egg
jak, jako — as, like, how
jak wiele — how much, how many
jakiś, jakikolwiek — any
jakiś, niektórzy — some
jakoś — anyhow, somehow
Jan — John
Janina — Jane
jard — the yard
jarzyna — the vegetable
jaskrawy — gorgeous
jasność, poświata — the glow
jasny — bright (żywy), light (blady, lekki), clear (przejrzysty)
jąkać się — to stammer
je, ich — them
jej — her, hers
jechać — to ride, rode, ridden (wierzchem), to drive, drove, driven (kierować pojazdem), to go by... (jechać... autem itp.)
jechać na rowerze — to cycle
jeden — one
jedenaście — eleven
jednakowy — similar
jednolity — uniform
jedyny — only, unique
jego, go — him, his, its
Jerzy — George
jesień — autumn
jeszcze — still (jeszcze nie — not yet)
jeszcze inny (w złożeniach) — else
jeść — to eat, ate, eaten
jeść obiad poza domem, na proszonym obiedzie — to dine out
jeść (śniadanie itp.) — to have (breakfast itp.)
jezdnia — the roadway
jezioro — the lake
jeździć na nartach — to ski
język, mowa — the language
Joanna — Joan
jutro — tomorrow
już — already

K

kaczka — the duck
kajak — the canoe
kajuta — the cabin
kalosz — the rubber
kamień — the stone
kanał — the canal
kanapa — the sofa, the settee
kanapka (do jedzenia) — the sandwich
kapelusz — the hat
kapitan — the captain
karta — the card
kasa — the desk
katar — the cold

katedra Św. Pawła — St. Paul's Cathedral
kawa — coffee
kawałek — the piece
kawiarnia — the café
kazać — to tell, told, told
każdy — every, everyone, everybody
każdy (z osobna) — each
kąpać się — to bath (w wannie), to bathe (w morzu, rzece)
kąpiel — the bath (w wannie), the bathe (w morzu, rzece itp. dla przyjemności)
kąt — corner
kciuk — the thumb
kelner — the waiter
kelnerka — the waitress
kiedy — when
kiedyś, kiedykolwiek — ever
kierować (prowadzić) — to lead, led, led
kierować (pojazdem) — to drive, drove, driven
kierownik — the manager
kierunek — the direction
kieszeń — the pocket
kij — the stick
kilka, kilkoro — a few, several, some
kino — the cinema, the picture-house
klan — the clan
klasa — the class
klasyczny — classical
klatka schodowa — the staircase
klimat — the climate
klub — the club
kłamać — to lie
kłaniać się — to bow
kłaść — to put, put, put
kłopot — the trouble
kłopotać (się) — to bother
kłótnia — the quarrel
kobiecy — feminine
kobieta — the woman (l. mn. the women)
kobziarz — the bagpiper
kochać — to love
kochanie — darling
kochany — dear
kociołek — the kettle
kojarzyć — to connect
kolacja — supper
kolano — the knee
kolega — the colleague, the fellow
kolegium — the college
kolej — the turn (kolejność); the railway (kolej żelazna)
kolej podziemna (metro) — the underground (railway), the tube
kolejka (ogonek) — the queue
kolejarz — the railway guard
kolor — the colour, the shade
kolos — the colossus
kolumna — the column
kolumnada — the colonnade
kołnierz — the collar
koło — the circle, the wheel (u wozu lub kierownica samochodu)
kombinacja — the combination
komentować — to comment
komin — the chimney (domu), the funnel (statku)
kominek — the fireplace
kominek elektryczny — the electric fire
komplement — the compliment
komplet — the set
komplet mebli — the suite of furniture
komplikować — to complicate
komunikować — to communicate
koncert — the concert
konduktor — the conductor
koniec — the end
konik (ulubione zajęcie) — the hobby
konstrukcja — the construction
kontuar — the counter
konwalia — the lily of the valley
koń — the horse

kończyć — to end, to finish
koperta — the envelope
kopuła — the dome
korespondencja — the correspondence
kostium damski — the suit, the coat and skirt
kostium kąpielowy — the bathing-suit, the swim-suit
kosz — the basket
kosztować — to cost, cost, cost
kościół — the church
kot — the cat
kotek (kici) — pussy
kraj — the country
krajać — to cut, cut, cut
krajobraz — the landscape
kraść — to steal, stole, stolen
krata — the check (deseń)
krawat — the tie
krawiec — the tailor
kredens — the sideboard
krem — cream
krok — the step
krowa — the cow
król — the king
królewski — royal
królik — the rabbit
krótki — short
krykiet (popularna gra w piłkę — nie mylić z krokietem) — cricket
krzak — the bush, shrub
krzesło — the chair
krzyczeć — to cry, to shriek (przenikliwie)
krzyk (przenikliwy) — the shriek
książę — the duke
książka — the book
książkowy (niepotoczny — o języku) — bookish
księgarnia — the bookshop, the bookseller's (shop)
księżyc — the moon
kształt — the form, the shape
kto — who
ktoś — somebody, someone
którego, czyj — whose
który (dla osób) — who, that
który (dla rzeczy) — which, that
kucharzyć — to cook
kuchnia — the kitchen
kufer — the trunk
kupiec (sklep spożywczy) — the grocer
kupować — to buy, bought, bought
kupowanie — shopping
kura — the hen
kurs — the course, classes (wykłady, ćwiczenia)
kusić — to tempt
kwadrans — a quarter of an hour
kwadrat — the square
kwiat — the flower

L

lalka — the doll
lampa — the lamp
lancz — lunch (lekki obiad, drugie śniadanie)
las — the wood
laska — the stick
latać — to fly, flew, flown
lato — summer
ląd — the land
lądować — to land
lecz — but
ledwie, ledwo — hardly
lekarstwo — the medicine
lekarz — the doctor, the physician
lekcja — the lesson
lekki — light
lekko — slightly
lemoniada — the lemonade
leniwy — lazy
lepiej, lepszy — better
lew — the lion
lewy — left

leżak — the deck-chair
leżeć — to lie, lay, lain; leżący — lying
liczba — the number; liczba mnogo — plural
liczebnik — the numeral
liczebnik główny — the cardinal number
liczebnik porządkowy — the ordinal number
liczni — many
limeryk (rodzaj wiersza) — the limerick
linia — the line
lis — the fox
list — the letter
lista — the list
liść — the leaf, liście — the leaves
litera — the letter
litość — pity
lody — ice-cream (liczba pojedyncza)
lokomotywa — the engine
Londyn — London
londyńczyk — the Londoner
lord — the lord
lot — the flight
lotnik — the airman
lub — or
lubić — to like
ludzie — people, men
ludzki — human
lustro — the looking-glass

Ł

ładunek okrętu — the cargo
łagodny — mild
łapać — to catch, caught, caught
łatwy (o) — easy (ily)
ławka — the bench
łazienka — the bathroom
łąka — the meadow
łokieć — the elbow
łódź — the boat
łódź podwodna — the submarine
łódź ratunkowa — the lifeboat
łóżko — the bed
łyżka — the spoon; łyżeczka do herbaty (miara, zawartość) — the teaspoonful

M

maj — May
malarz — the painter
malować — to paint
malowidło — the painting
malowniczy — picturesque
Małgorzata — Margaret
mało, niewiele — few, little
mały — small, little
mamusia — mummy
mapa — the map
Maria — Mary
marsjański (z Marsa) — Martian
martwić (się) — to worry
marynarka (żakiet) — the coat
marynarka wojenna — the navy
marynarski — naval
marynarz — the sailor
marzec — March
masło — butter
maszerować — to march
maszyna — the engine
matematyka — mathematics
materialny — material
materiał — stuff
matka — the mother
mądry — clever
mąż — the husband
mechaniczny — mechanical
mecz — the match
metalowy — metallic
męski — masculine
mężczyzna — the man; mężczyźni — the men
mglisty — foggy
mgła — the fog.

miara — the size
miasto — the town, the city (większe miasto, lub centrum miasta)
Michał — Michael
mieć — to have, had, had
mieć nadzieję — to hope
mieć na myśli — to mean
miednica — the basin;
miejsce — the place, room; miejsce siedzące w pociągu, kinie — the seat; **na miejscu** — on the spot
miejsce spotkania — the meeting-place
miesiąc — the month
mieszać — to mix
mieszkanie — the home
mieszkaniec — the inhabitant
między — between (dwie rzeczy), among (wśród)
międzyplanetarny — interplanetary
miękki — soft
mięso — meat
mięta — mint
migotanie — the twinkle
migotać — to twinkle
mijać — to pass
mikrofon — the microphone, the mike
mila — the mile
mile widziany — welcome
miłość — love
miły — sweet, nice
mimo — in spite of
mina (wyraz twarzy) — the air
minuta — the minute
mistrzostwa — the championship
miś — the teddy bear
mleko — milk
młodość — youth; (the youth — młodzi, młoda osoba)
młody — young
młodzieniec — the young man, the youth, the teenager
mnie, mi — me
mnóstwo — a lot of, lots of, plenty of
moc — the power
moda — the fashion
mogę — I can (mogę, potrafię) mogłem, mógłbym — I could; I may (wolno mi); mogłem, mógłbym — I might
mokry — wet
molo — the pier
moment — the moment
morze — the sea
monotonny — monotonous
most — the bridge
motocykl — the motor-bike, the motor-cycle
motor — the engine
motorówka — the motor-boat
może — may be, perhaps
możliwy — possible
mój — my, mine
mówić — to say, said, said (rzec, powiedzieć), to speak, spoke, spoken (mówić, rozmawiać, przemawiać), to tell, told, told (powiedzieć, opowiadać, kazać)
mrugać — to twinkle (migotać)
mundur — the uniform
mur — the wall
musieć — to have to
muszę, musisz itd. — must
musztra — the drill
muzeum — the museum
muzyka — music
my — we
myć (się) — to wash
mydło — the soap
mylić się — to get mixed
mysz — the mouse; myszy — the mice
myśl — the thought
myśleć — to think, thought, thought

N

na — on, for
na dworze — out of doors
na górze — upstairs
na krzyż — across
na pamięć — by heart
na tle — against
na zewnątrz — outside
naczynie — the pot
nadal — still
nadawać przez radio — to broadcast, broadcast, broadcast
nagłówek — the heading
nagły (le) — sudden (ly)
najlepiej, najlepszy — best
najmniej, najmniejszy — least
najstarszy — oldest, eldest
najwięcej — most
nalewać — to pour
należeć — to belong
nam — us
napełniać — to fill
naprawiać — to mend
naprzeciwko — opposite
naprzód — straight on
narodowość — the nationality
naród — the nation
narty — the ski, skiing
narzeczony (a) — the fiancé, the fiancée
nas — us
nasz — our, ours
następny — next
następować po — to follow
następstwo — sequence
natłoczony — crowded
natrafić na — to come across
naturalnie — of course
naturalny — natural
natychmiast — at once
natychmiastowy — instant
nauczyciel (ka) — the teacher
nauka — science
nawet — even
nawzajem — each other, one another
nazwisko — the name
nazywać — to call
negatywny — negative
niańka — the nurse
nic — nothing
nie — no (używane samodzielnie); not (przy czasowniku)
nie tak... jak — not so... as
nie zajęty — unoccupied
niebieski — blue; niebieskawy — bluish
niebo — sky, heaven (raj)
niech tam! do licha! — bother! dash!
niedobry — bad
niedziela — Sunday
niedźwiedź — the bear
niegrzeczny — rude
nie lada — jolly
niemowlę — the baby
niemożliwy — impossible
nienawidzić — to hate
nieokreślony — indefinite
niepalący — non-smoking
niepodobny — unlike
nieporozumienie — the misunderstanding
nieporządny — untidy
nieregularny — irregular
nierozważny — reckless
niesłuszny — wrong
niespodzianka — the surprise
nieszczęsny — unfortunate
nieść — to carry
niewiarygodny — incredible
niewielu — few
niezależność — independence
niezmiernie — exceedingly, extremely
nieznajomy — the stranger
nieznany — unknown

niezwykły (le) — uncommon (ly)
nieżywy — dead
nigdy — never
niknąć — to vanish
nikt — nobody
niski (o) — low, short (o człowieku)
niszczyć — to destroy
niż, aniżeli — than
noc — the night
noga — the leg
normalny — normal
Norwegia — Norway
nos — the nose
nosić — to carry, nosić na sobie — to wear, wore, worn
notatka — the note
notatnik — the note-book
nowela — the short story
nowina — the news (liczba pojedyncza)
nowoczesny — modern
nowy — new
nóż — the knife, **noże** — the knives
nudny — boring, dull
numer — the number

O

o — about
obaj — both
obiad — dinner
obie — both
obietnica — the promise
oboje — both
obok — beside, next to
obraz — the picture, the painting
obrócić — to turn
od — from, of
od czasu — since
od razu — at once
odejść — to go away, to be off
odjazd — the departure
odpoczywać — to rest
odrobina — a bit
odwiedzić — to call on, to call at
odwrócić — to turn away
oficer — the officer
ogień — the fire
ogon — the tail
ogromny — huge, tremendous,
ogród — the garden
okno — the window; okno zasuwające się z góry na dół — the sash window
oko — the eye
około — about
okrągły — round
okres — the season
określony — definite
okręt — the boat, the ship
okręt wojenny — the warship
okulary — the spectacles, okulary na słońce — sun- glasses
omyłka — the mistake
on — he
ona — she
one — they
oni — they
opalony — sunburnt
opowiadać — to relate, to tell
opuszczanie — omission
opuszczony — omitted, lonely (samotny)
orkiestra — the orchestra, the band
orzech — the nut
osiem — eight
osiemdziesiąt — eighty
osiemnaście — eighteen
osoba — the person
osobisty — personal
osobowy — personal
ostatni — last, latest (najświeższy)
ósmy — eighth
otwierać — to open
owca, owce — the sheep

P

pachnąć — to smell, smelt, smelt
paczka — the parcel, the packet
pagórek — the hill
palec — the finger
palić (tytoń) — to smoke
palić (się) — to burn, burnt, burnt
pakować — to pack
pamiętać — to remember
pan — the gentleman, Mr. (przed nazwiskiem), sir (w znaczeniu proszę pana), the master (zwierzchnik)
pani — the lady, Mrs. (przed nazwiskiem mężatki), madam (w znaczeniu: proszę pani), the mistress (zwierzchniczka)
panna — the girl, the teenager (podlotek), Miss (przed nazwiskiem), the miss (wyrażenie żartobliwe lub gwarowe)
papier — paper (the paper — gazeta)
papieros — the cigarette
para (dwa) — the couple, the pair
parasol — the umbrella, parasolka — the sunshade
park — the park
parlament — the parliament
parter — the ground-floor
pas — the stripe (deseń)
pasażer — the passenger
pasować do — to suit
patrzeć na — to look at,
październik — October
pchać — to push
pełny — full; w pełni — in full
pens — the penny; pensy — pennies lub pence
pensjonat — the boarding-house
perfumy — the scent
peron — the platform
pewny — sure
pęczek — the bunch
pędzel — the brush
pędzić — to rush
pianino — the piano
piasek — sand
piątek — Friday
piąty — fifth
pić — to drink, drank, drunk; to sip (pić małymi łykami)
piec — the stove
piec — to roast
piecyk elektryczny — the electric fire
pieczeń wołowa — roast-beef
piekło — hell
pielęgniarka — the nurse
pieniądze — money (liczba poj.)
pierś — the chest (klatka piersiowa)
pierwiosnek — the primrose
pierwszorzędny — A.1., first-rate
pierwszy — first
pies — the dog
pięć — five
pięćdziesiąt — fifty
piękny — beautiful, fine, fair
piętnaście — fifteen
piętro — the story, the floor (w wyrażeniu: the second floor — drugie piętro)
pilnie — busily
pilny (-ie) — diligent (ly)
pilnować — to watch
piłka — the ball; football (piłka nożna)
pionier — the pioneer
Piotr — Peter
pióro — the pen
pisać — to write, wrote, written
pisarz — the writer
pisownia — spelling
piszczeć — to shriek
piwnica — the cellar
piwo — beer
piżama — pyjamas (liczba mnoga)
plac — the square

placek z jabłkami — the apple-tart
plama — the spot
planeta — the planet
plaża — the beach
plecy — the back
pled — the rug
plotkować — to gossip
pluć — to spit, spat, spat
pluskać — to splash
płacić — to pay, paid, paid
płaski — flat
płaszcz — the coat, overcoat
płaszcz nieprzemakalny — the mackintosh, the mack, the raincoat
płótno — linen
płynąć (statkiem) — to sail
pływać — to swim, swam, swum
po — after, past
po południu — after noon, p.m. (post meridiem)
pobyt — the stay
pocałunek — the kiss
pocałować — to kiss
pochylać się — to bend, bent, bent
pociąg — the train, the goods-train (pociąg towarowy)
pociągający — attractive
pocierać — to rub (rubbed, rubbing)
poczciwy — kind-hearted
poczekalnia — the waiting-room
pocztówka — the postcard
poczucie — the sense
pod — under
podać — to pass
podarunek — the present
podczas — during
podczas gdy — while
podejść do — to go up to
podkreślać — to stress
podłoga — the floor
podmiot — the subject
podniecony — excited
podnieść w górę — to hold up, to raise
podobać się — to please
podobny do — like, alike
podręcznik — the handbook
podróż — the travel, the trip
podróżować — to travel
podrzędny — subordinate
podstawa — the principle
poduszka — the cushion
podwieczorek — the afternoon tea
podwójny — double
podziemny — underground
podziemna kolej — the underground railway, the underground, the tube
podziwiać — to admire, to wonder at
pogadanka — the talk
pogoda — the weather
pogodnie — cheerfully
pojedynczy — single
pokazać — to show
pokład — the deck; na pokładzie — on board (np. the ship)
pokój — the room
pokój dziecinny — the nursery
pokusa — the temptation
Polak — the Pole
pole — the field
policjant — the policeman
Polska — Poland
polski — Polish
połowa — the half, połowy — the halves
położenie — the situation
położony — situated
położyć — to put, put, put
południe — noon (12 godzina); the south (strona świata)
pomagać — to help
pomarańcza — the orange
pomidor — the tomato, pomidory — the tomatoes
pomieszczenie — the accommodation

pomnik — the statue, the monument
pomost — the gangway
pomysł — the idea
ponad — over, above
ponadto — besides
ponaglać — to urge
poniedziałek — Monday
ponieważ — as, because, for
poniżej — underneath
pończocha — the stocking
popierać (wniosek) — to second
popołudnie — the afternoon
po prostu — simply
poprzedni — former
poprzedzający — preceding
popularny — popular
pora roku — the season
porównać — to compare
porównanie — the comparison
port — the port, the harbour
poruszenie — the movement
porządek — order
porządkować — to tidy up
porządny — tidy
porządkowy — ordinal
porządny — decent, nice
posiłek — the meal
posiłkowy — auxiliary
pospolity — common
postępować naprzód — to proceed
post scriptum — P.S. postscript (dopisek)
posyłać — to send, sent, sent
poślubić — to marry
pośpiech — hurry
pośpieszyć się — to hurry up
pośredni — indirect
poświata — glow
potem — then
potknąć się — to stumble
potrzeba — need
potrzebować — to need, to want
potrzebny — necessary
potwór — the monster
pouczający — instructive
powieść — the novel
powietrze — the air
powitać — to greet
powoli — slowly
powolny — slow
powyżej — above
poza, na zewnątrz — out
pozbawiony — devoid
pozdrowienie — the salutation
pozdrowić — to greet
poziom — the level
poznać (kogoś) — to meet, met, met
pozostać — to remain
pozwolić — to let, let, let, to allow; to afford (pozwolić sobie na)
pozycja — the item
pożar — the fire
pożyczyć (komuś) — to lend, lent, lent
pożyczyć (od kogoś) — to borrow
pożyteczny — useful
pół godziny — half an hour
północ — midnight (24 godzina), the north (strona świata)
późno, późny — late; późniejszy — later, latter (ten drugi)
praca — work
pracować — to work
pracowity — hard-working
prawda — truth
prawdziwy — true, regular (istny)
prawidło — the rule
prawie — almost
prawny — legal
prawo — the law
prawy — right
precz — away, off
premier — the prime minister
prezydent — the president
profesor — the professor, the teacher
proponować — to propose
prosić — to ask, to beg

prosto — straight on
prosty — straight
proszę — please
protestant — the protestant
protestować — to protest
prowadzić — to lead, led, led
próbować — to try, to essay, to taste (smakować)
próżny — vain, na próżno — in vain
przebaczenie — pardon
przeciw — against
przeciwny — opposite
przeczący — negative
przed — before, in front of
przed południem — before noon, a.m. (ante meridiem)
przedimek — the article
przedmieście — the suburb
przedpokój — the hall
przedstawić — to present
przedstawienie — the show
przeglądać — to look over
przejażdżka — the ride
przejrzysty — clear
przekąska — the refreshments, the snack
przekonać — to persuade
przekroczyć — to cross
przemysł — industry
przepisywać — to copy
przepraszać — to beg somebody's pardon, to be sorry
przerażony — afraid
przesąd — superstition
przestankowanie — punctuation
przestrzeń — the space
przeszkadzać — to disturb
przeszły — past
przeszukiwać — to search
przewodnik — the guide
przez — by, through (na wylot)
przezorny (nie) — cautious (ly)
przy — at, by, alongside
przybory — the utensils
przybyć — to arrive
przyciągać — to attract
przyciąganie ziemi — gravitation
przydawka — the apposition
przygoda — the adventure
przygnębiony — depressed
przygotować się — to get ready
przygrzać — to warm
przyimek — the preposition
przyjaciel, przyjaciółka — the friend
przyjacielski — friendly
przyjąć — to accept
przyjemność — pleasure
przyjemny — nice, pleasant
przyjęcie (zabawa) — the party
przyjść — to come, came, come
przykład — the instance
przykryć — to cover
przymiotnik — the adjective
przymus — compulsion
przynieść — to bring, brought, brought
przypadek — the case
przypominać o — to remind of
przypuszczać — to suppose
przysłuchiwać się — to listen to
przysłówek — the adverb
przystąpić do — to join
przystojny — good-looking, handsome
przyszły — future
przytulny — cosy
przyzwoity — decent
przyzwyczajony do — used to
psuć — to spoil
ptak — the bird
pudełko — the box
pulchny — plump
punkt (programu, na liście) — the item, the point
pusty — empty
puścić — to let go

pytać — to ask
pytający — interrogative
pytanie — the question

R

rachunek — the bill
rad — glad
radio — the radio, the wireless
radość — joy
rafineria — the refinery
rakieta — the racket (tenisowa) the rocket (pocisk)
ramię — the arm
ranek — the morning
ranny — wounded (skaleczony)
raport — the report
ratować — to save
raz — one, once
regularny (nie) — regular, steady (ily)
reprezentacyjny — representative
restauracja — the restaurant
reszta (drobne pieniądze) — the change
rewidować — to search
ręcznik — the towel
ręka — the hand
rękaw — the sleeve
rękawiczka — the glove
robić — to do, did, done
robot — the robot
robota — the job, the work
robotnik — the worker
rodzice — the parents
rodzina — the family
rok — the year
rolniczy — agricultural
rosnąć — to grow, grew, grown
rosół — clear soup
rower — the bicycle
rozbef — roast beef
rozdzielać — to separate
rozgniewany — angry
rozjaśnić się — to brighten, to clear
rozkazujący — imperative
rozkosz — delight
rozkoszny — delightful
rozkwitać — to blossom
rozładować — to unload
rozmawiać — to talk, to speak, spoke, spoken
rozmowa — the talk, the conversation
rozmowa telefoniczna — the phone call, the call
rozpocząć ponownie — to resume
rozrzucić — to scatter
rozumieć — to understand, understood, understood
rozwiązać (problem) — to solve
ród — the clan
róg (ulicy, domu) — the corner
również — too
równy — steady
róża — the rose
różnica — the difference
różny — different
różowy — pink
ruch — the movement
ruch uliczny — traffic
ruszać się — to move
rugby — rugby
ryba — the fish (liczba mnoga: the fish lub the fishes)
Ryga — Riga
rysować — to draw, drew, drawn
ryzykowny — reckless
rzadko — seldom
rząd — the government
rzec, mówić — to say, said, said
rzecz — the thing
rzeczownik — the noun
rzeczy — the stuff
rzeczywiście — really, indeed
rzeka — the river
rzucać — to throw, threw thrown
Rzym — Rome
rzymski — Roman

S

sala — the hall
sala gimnastyczna — the gymnasium
sałatka — salad
samochód — the motor-car, the car
samolot — the aeroplane, the plane
samoobsługa — self-service
samotny — lonely
sardynka — the sardine
sąd — the court of justice
sądzić — to think, thought, thought; to believe (wierzyć)
sąsiad — the neighbour
scena — the scene
schody — the stairs (klatka schodowa — the staircase)
schody ruchome — the escalator
sekretarz — the secretary
sen — the dream
sens — sense
sensacyjna książka, sztuka — the thriller
seter (rodzaj psa) — the setter
ser — cheese
serce — the heart
seria — the series
serwis — the set
serwus — hullo, hello
sędzia — the judge, the referee (w sporcie)
siedem — seven
siedemdziesiąt — seventy
siedemnaście — seventeen
siedzieć — to sit, sat, sat
siekiera — the axe
się — oneself, myself, yourself, himself, herself, itself, ourselves, yourselves, themselves
silny — strong
siła — power
siostra — the sister
siostrzeniec — the nephew
siódmy — seventh
skakać — to jump
skaleczyć (się) — to hurt, hurt, hurt
skała — the rock
skarżyć się na — to complain of
skaut (harcerz) — the scout, the boyscout (the girlscout — harcerka)
skąpy — stingy
skecz — the sketch
sklep — the shop, the store
sklep spożywczy — the grocer's (shop)
skład — the store
składnica — the store
skoczek — the jumper
skok — the jump, the high jump (wzwyż), the long jump (w dal)
skoro tylko — as soon as
skrzyć się — to shimmer
skrzynka do listów — the pillar-box (w kształcie słupa)
skutek — the result
słaby — weak
sławny — famous
słodki — sweet
słodycze — the sweets
słoik — the jar
słoma — straw
słomka — the straw
słoneczny — sunny
słoń — the elephant
słońce — the sun
słownik — the dictionary
słowo — the word
słuchać — to listen to
słuszny — right
służąca — the maid
słyszeć — to hear, heard, heard
smakować — to taste
smarować masłem — to butter
smoking — the dinner-jacket
smutny — sad
sobota — Saturday
solidny — reliable
sos — the sauce

spacerować — to walk, to stroll
spać — to sleep, slept, slept
specjalność — the speciality
specjalny (nie) — special (ly)
spędzać — to spend, spent, spent
spis — the list
spiżarnia — the pantry
spodnie — the trousers
spodziewać się — to expect
spokojnie — quietly
spokojny — quiet, peaceful, sober
sposób — the way
sport — sport
spotkać — to meet, met, met
spódnica — the skirt, the kilt (szkocka)
spółgłoska — the consonant
spóźnić się na — to be late for, to miss (chybić)
spóźniony — late
spragniony — thirsty
sprawa — the case
sprytny — clever
sprzątać — to tidy up
sprzedać — to sell, sold, sold
sprzedany — sold
sprzedawca — the shop-assistant
sprzedawca gazet — the newsman
stać — to stand, stood, stood
stadion — the stadium
stado — the flock (owiec)
stancja — the hostel
Stany Zjednoczone — the United States of America
staroświecki — old-fashioned
starszawy — elderly
starszy — older, elder
stary — old
statek — the ship, the boat
statua — the statue, the monument
stawiać (kłaść) nacisk na — to stress
sto — hundred
stocznia — the shipyard
stojak do płaszczy — the hall stand
stok — the slope
stokrotka — the daisy
stolica — the capital
stołowanie się — board, boarding
stonoga — the centipede
stopa, stopy — the foot, the feet
stopień — the step (schody); the degree
stos — the pile
stosunek — the relation
stosunkowo — comparatively
stół — the table
stracić okazję — to miss
straszny — awful
strata — the loss
strażnik — the guard
strona — the side, the page (w książce itp.)
strzelać do — to shoot (at), shot, shot
student — the student
studiować — to study
stukać do — to knock at
stworzenie — the creature
styl — style
subiekt — the shop-assistant
suchy — dry
sufit — the ceiling
suknia — the frock, the dress
surowy — severe, stern
suszyć — to dry
suwać — to slide, slid, slid; to glide
swetr — the sweater
sylaba — the syllable
sylabizować — to spell, spelt, spelt
symbol — the symbol
syn — the son
synonim — the synonym
sypialnia — the bedroom
system — the system
sytuacja — the situation
szachy — chess
szafa — the cupboard; the wardrobe

szalik — the scarf (l. mn. the scarves)
szary — grey
szczególnie — especially
szczególny — particular, peculiar
szczekać — to bark
szczeniak — the puppy
szczerze — sincerely
szczęśliwy — happy, lucky (taki co ma szczęście)
szczotka — the brush
szczotkować — to brush
szczyt — the top
szereg — the row
szeroki — broad
szesnaście — sixteen
sześć — six
sześćdziesiąt — sixty
szkic — the essay
szklanka — the glass
szkło — glass
Szkocja — Scotland (łacińska nazwa — Caledonia)
szkocki — Scottish, Scots, Scotch
szkoła — the school
szkoła z internatem — the boarding-school
Szkot — the Scotsman
szlafrok — the dressing-gown
szlak — the band (deseń)
szminkować się — to make up
sznurek — the string
szok — the shock
szorstki — rough
szósty — sixth
szpak — the starling
szpital — the hospital
sztuczka — the trick
szuflada — the drawer
szukać — to look for
szwagier — the brother-in-law
Szwecja — Sweden
Szwed — the Swede
szybki — fast, quick
szybkość — speed
szyja — the neck
szyk — order
szyling — the shilling
szyna — the rail
ściana — the wall
ścieżka — the lane, the path
ścigać się — to race
ścisły — strict
śliczny — lovely
śliwka — the plum
śmiać się — to laugh
śmiech — laughter
śmierć — death
śmieszny — funny, ridiculous
śmietana — cream
śniadanie — breakfast
śnieg — snow
śpiewać — to sing, sang, sung
średni — medium
środa — Wednesday
środek — the middle
śruba, śmigło — the propeller
świat — the world
światło — light, sunshine — (słońca)
świecić — to shine, shone, shone
świetlica — the common room
świetlny — luminous (jarzący się)
świetny — glorious
święto — the holiday
święty — saint (skrót: St.)

T

tajemniczy — mysterious
tak — yes, so
tak... jak... — as... as...
taki — such, so
także — also, too
talerz — the plate
tam — there
tamten — that (l. mn. — those)
tancerz — the dancer
tapczan — the couch, the settee
tapeta — wall-paper

taśma — tape
tatuś — daddy
teatr — the theatre
techniczny — technical
telefon — the telephone, the phone
telewizja — the television, T.V.
temat — the subject
ten — this (l. mn. these)
ten sam — the same
tenis — tennis
teraz — now
terier — the terrier
tłum — the crowd
tłumaczenie — the translation
tłumaczyć — to translate into; to explain (wyjaśniać)
tłusty — fat
to — this, it
toaleta — the dressing-table (gotowalnia), the lavatory (ubikacja)
tobie — you
tor — the track
torba — the bag
torebka damska — the handbag
torpedowiec — the destroyer
towary — goods (zawsze w liczbie mnogiej)
towarzystwo — company
towarzysz — the fellow, the pal
tracić — to lose, lost, lost
trafić — to hit, hit, hit
tramwaj — the tramway
trawa — grass
trawiasty — grassy
trawler — the trawler
trawnik — the lawn
trenować — to train
trochę — a bit, a little
trotuar — the pavement
trudność — the difficulty
trudny — difficult
trwający — continuous
trwonić — to waste
tryb — the mood (w gramatyce)
trybuna — the stand (na stadionie)
trzeci — third
trzewik — the shoe
trzeźwy — sober
trzy — three
trzymać — to hold, held, held; to keep, kept, kept
trzymać z dala — to keep away
trzydzieści — thirty
trzynaście — thirteen
tunel — the tunnel
turniej — the tournament
turysta pieszy — the hiker
tutaj — here
tuzin — the dozen
twardy — hard
twarz — the face
twierdzący — affirmative
tworzyć — to create, to form
twój — your, yours
ty — you
tydzień — the week
tygodnik — the weekly
tygodniowy — weekly
tygrys — the tiger; tygrysica — the tigress
tylko — only
typ — the type
typowy — typical
tysiąc — a thousand
tytuł — the title

U

ubierać się — to put on, to dress
ubranie — the clothes
ubranie męskie — the suit
ucho — the ear
uciecha — fun
uczciwy — honest, fair
uczucie — feeling, sensation
uczyć (kogoś) — to teach, taught, taught
uczyć się — to learn, learnt, learnt

udawać — to pretend
uderzyć — to strike, struck, struck; to hit, hit, hit
udział — the part
ukazać się — to appear
układ — the system
ukłon — the bow
ukryć — to hide, hid, hidden
ulepszyć — to improve
ulica — the street
ulubione zajęcie — the hobby
ulubiony — favourite
ułamek — the fraction
umeblowanie — the furniture
umierać — to die (dying)
umieścić — to place, to settle
umysł — the mind
umywalnia — wash-basin
unikać — to avoid
uniwersytet — the university
unieść — to carry away
upaść — to fall, fell, fallen
upraszać — to request
uprzejmość — politeness
uprzejmy — polite, obliging
upuścić — to drop (dropped, dropping)
urlop — the leave
urodziny — the birthday
urodzony — born
urok — charm
urząd — the office
urząd pocztowy — the post office
urzędnik — the official
usiąść — to sit down, sat, sat
usta — the mouth (liczba pojedyncza)
ustęp — the lavatory
uszeregować — to range
uszkodzić — to damage
uśmiech — the smile
uśmiechać się — to smile, to grin (grinned, grinning)
utrwalić — to record
uwaga — attention
uważać — to consider
uzupełnić — to complete
użytek — use
używać — to use

W

w — in, at
w dół — down, downstairs
w dzień — by day
w każdym razie — anyway
w nocy — at night
w poprzek — across
w porządku — all right
w przenośni — figuratively
w końcu — finally
wabić — to attract
wagon — the carriage
wahać się — to hesitate
walczyć — to fight, fought, fought
Walia — Wales
walijski — Welsh
walizka — the suitcase
wam — you
wanna — the bath
warunek — the condition
warunkowy — conditional
was — you
wasz — your, yours
wazon — the bowl
ważność — importance
ważny — important
wąchać — to smell, smelt, smelt
wąski — narrow
wąwóz — the gorge
wbrew — against
wbudowany — built-in
wczesny — early
wczoraj — yesterday
wdzięczny — graceful
wejście — the entrance
wejść do — to come into, came, come
wełniany — woollen

wesoło — cheerfully, gaily
wesoły — gay
westchnienie — the sigh
weterynarz — the vet
wewnątrz — inside
wędrować — to wander
wiatr — the wind
wiązać — to tie (tying)
wiązka — the bunch
wić się — to wind, wound, wound
widok — the sight
widzieć — to see, saw, seen
wieczne pióro — the fountain-pen
wieczór — the evening
wiedza — knowledge
wiedzieć — to know, knew, known
wiejski — rural
wiek — the age, the century (stulecie)
wielki — great
wielkość — size (miara)
wierny — faithful
wierzyć — to believe
wieś — the country (wieś w ogólności)
wieża — the tower
wieżowiec — the skyscraper
więc — well, so
więcej — more
więzienie — the prison
wilgotny — damp
wina — the fault
winda — the lift
winszować — to congratulate
wiosna — spring
wioślarka — rowing
wisieć — to hang, hung, hung
Wisła — the Vistula
wizyta — the call, the visit
wkładać na siebie — to put on
wkrótce — soon
własny — own
właściciel — the owner
właściwy — proper
właśnie — just
włączyć — to switch on (np. aparat)
Włochy — Italy
włoski — Italian
włosy — hair (liczba pojedyncza, całe uwłosienie głowy)
wnętrze — the inside
wniosek — the motion
woda — water
woda sodowa — soda-water
wojna — the war
wołać — to call
wołowina — beef
worek — the bag
wół, woły — the ox, the oxen
wóz — the waggon
wracać — to return
wręczyć — to hand
wrzask — the shriek
wrzos — heather
wschód — the east
wsiąść na — to mount
wskazany — advisable
wspaniały — glorious, splendid, magnificent
wspinać się — to climb
wstać — to get up, got, got
wstyd — shame
wszędzie — everywhere
wszyscy — all, everybody (z czasownikiem w liczbie pojedynczej)
wszystko — all
wśród — among
wtedy — then
wtorek — Tuesday
wtrącać się — to interfere
wuj — the uncle
wy — you
wybaczyć — to excuse
wybierać — to choose, chose, chosen
wybrzeże — the seaside (morskie)
wybuchnąć — to burst, burst, burst
wychować — to breed, bred, bred
wycieczka — the trip

wycierać — to rub (rubbed, rubbing)
wydawać się — to seem
wydawca — the editor
wyglądać — to look
wygodny (nie) — comfortable (bly)
wygrać — to win, won, won
wyjątek — the exception
wyjście — the exit
wyjść — to go out, went, gone
wyjść za mąż — to marry
wykazać — to point out
wykład — the lecture
wykrzykiwać — to shout
wykrzyknąć — to cry out, to exclaim
wymagać — to require
wymawiać — to pronounce
wymiar — the dimension
wymowa — the pronunciation
wynaleźć — to find out, found, found
wypadek — the accident, the case
wypracowanie — the essay, the composition
wypróbować — to test
wyrazić — to express
wysłać pocztą — to post
wysmukły — slim
wysoki — tall, high
wyspa — the island
wystawa — the show
wystraszyć — to scare
wyścigi — the race
wyśmienity — delicious
wytłumaczyć — to explain, to persuade
wytwarzać — to produce
wzburzony — rough (o morzu)
wzdłuż — along
wzdychać — to sigh
wzgląd — regard
względny — relative
wzór — pattern

Z

z — from (np. z domu), with (np. z nim)
z pewnością — certainly
z powrotem — back
z tyłu — behind
z wyjątkiem — except
za — behind, for
za burtą — overboard
zabarwienie — the shade
zabawa — fun (uciecha), the party (przyjęcie)
zabawny — funny
zabić — to kill
zabrać — to take, took, taken
zabrać się do — to take to
zabytki starożytności — antiquities
zachód — the west
zaciemniać — to darken, to obscure (zasłonić)
zaczerwienić się — to turn red
zaczynać — to start; to begin, began, begun
zadowolony — glad
zadziwiający — amazing
zadzwonić — to ring up, rang, rung
zagadka — the riddle, the quiz („zgaduj zgadula")
za granicą — abroad
zaimek — the pronoun
zainteresowany — interested in
zajazd — the inn
zając — the hare
zajęcie — the job
zajęty — busy
zajmować — to occupy
zakąska — the snack
zakład — the bet (założenie się o coś)
zakończenie listu — the subscription
zakręt — the turning
zakwitnąć — blossom
zalecić — recommend
zaledwie — hardly

zależny — subordinate
założyć się — to bet (betted, betting)
zamek — the castle
zamężna — married
zamiast — instead of
zamówić — to order
zamykać — to close, to shut, shut, shut
zamykać na klucz — to lock
zanurzyć — to sink, sank, sunk
zapach — the scent
zapalić (papierosa, ogień) — to light
zapałka — the match
zapasowy — spare
zapisać — to record
zapomnieć — to forget, forgot, forgotten
zaproponować — to suggest
zaprosić — to invite
zaproszenie — the invitation
zaręczony — engaged
zaręczyny — the engagement
zasada — the principle, the rule
zatarasować — to bar (barred, barring)
zatrzymać — pull up, to stop (stopped, stopping)
zauważyć — to notice
zawodnik — the competitor
zawód — the profession
zawsze — always
zaziębienie — the cold
ząb, zęby — the tooth, the teeth
zbierać — to gather, to pick up
zbiór — the collection
zboże — corn
zbyt — too (zbytnio)
z dala — away
zdanie — the sentence, the clause
zdecydowanie — decision, resolution
zdejmować — to take off, took, taken
zdobyć — to win, won, won
zdolny — able
zdrowie — health
zdrów — all right
zdumiony — surprised
zdzierać (ubranie) — to wear, wore, worn
zegar — the clock
zegarek — the watch
zespół — the team
zeszyt — the exercise-book
zgadywać — to guess
zgadzać się — to agree
zgnieść — to squeeze
zgrabny — graceful
ziarno — grain
zielony — green
ziemia — the earth, the ground (grunt)
ziemniak — the potato
ziewać — to yawn
zima — winter
zimny — cold
zirytować — to annoy
złodziej — the thief (l. mn. thieves)
zły — bad
zmarły — dead
zmartwiony — sorry
zmęczony — tired
zmiana — the change
zmienić — to change
zmywać — to wash up
zmysł — the sense
znać — to know, knew, known
znaczyć — to mean, meant, meant
znajomy — the acquaintance, the friend
znak — the mark
znakomity — excellent, perfect
znaleźć — to find, found, found
zniszczenie — destruction
znosić (cierpliwie) — to put up with
znudzony — fed up with, bored
zobowiązać — to oblige
zostawić — to leave, left, left
zranić — to hurt, hurt, hurt
zraniony — wounded

zrezygnować z — to give up
zsunąć się — to slip (slipped, slipping)
zupa — the soup
zupełnie — quite
zważać na — to mind
zwiedzanie — sight-seeing
zwiedzić — to go round, to visit
zwierzchnik — the master (pan)
zwierzę — the animal, the beast
zwycięzca — the winner
zwyczajny — plain
zwykły — usual
źle — badly

Ż

żaden — no
żakiet — the coat
żarliwy — eager
że — that
żeby — to, in order to
żeglować — to sail
żelazo — iron
żeński — feminine
żołnierz — the soldier
żona — the wife (l. mn. the wives)
żonaty — married
żonkil (żółty narcyz) — the daffodil
żółty — yellow
żuraw — the crane
życie — life (żywoty — lives)
żyć — to live
życzenie — the wish
żywopłot — the hedge
żywy — alive (przy życiu), bright (kolor, usposobienie).